Kolumbien · Ecuador

Gesine Froese

Inhalt

Länder der Extreme

Reisen in Kolumbien und Ecuador

Santa Fé de Bogotá

Die Ostkordillere

Die Karibikküste

Das kolumbianische Andenhochland und die Pazifikküste

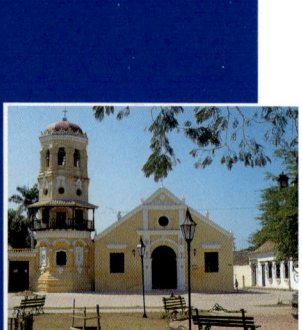

Die Llanos und das kolumbianische Amazonastiefland

Quito und das nördliche Andenhochland

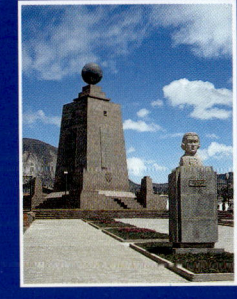

Das Andenhochland südlich von Quito

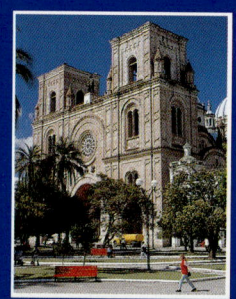

El Litoral – Die ecuadorianische Pazifikküste

Das Amazonasbecken in Ecuador

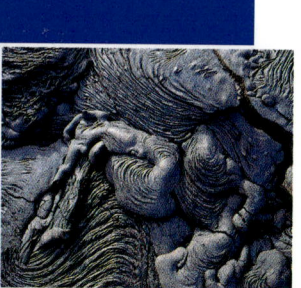

Die Galápagos-Inseln

Serviceteil

Verzeichnis der Karten und Pläne

Länder der Extreme

Landschaften und Menschen zwischen Karibik und Andenhochland

Ecuador, das nach Abzug seiner an Peru verlorenen Amazonasregion zum kleinsten Andenstaat schrumpfte, und Kolumbien, das mit seiner stattlichen Ausdehnung von 1 114 748 km^2 der hinter Brasilien, Argentinien und Peru viertgrößte Staat Südamerikas ist, bilden zusammen die nordwestliche Flanke des südamerikanischen Kontinents zwischen dem Pazifik und dem Atlantik. Eine prominente Lage, von der besonders Kolumbien als einziges Land Südamerikas durch den Zugang zu beiden Weltmeeren profitiert. Obwohl die Kolumbianer Anfang dieses Jahrhunderts auf Druck der USA Panama und damit ihre alte Schlüsselposition auf der mittelamerikanischen Landbrücke gegen eine Schadensersatzzahlung abtreten mußten, blieb Kolumbien wirtschaftlich wie geographisch das Schwellenland zwischen Nord und Süd.

Aus den heißen Flußsenken der Küsten beider Länder erheben sich die nördlichsten Ausläufer der insgesamt 8000 km langen Anden auf gewaltige Höhen bis knapp unter die 6000er-Grenze. In Ecuador überschreitet der Chimborazo mit 6310 m sogar diese Marke. Ganz in seiner Nähe ragt der 5897 m hohe Cotopaxi, der höchste tätige Vulkan der Welt, in den Himmel – an der Spitze von ewigem Eis bedeckt. Die lavagedüngten Hänge am Fuß der Berge überziehen Flickmuster landwirtschaftlich genutzter Felder, und über die kargen *páramo*-Wiesen auf den Hochebenen bläst ein kräftiger kühler Wind.

Die geschichtlich bedeutendste Verkehrsstraße der südlichen Andenländer, der Río Magdalena, durchquert halb Kolumbien und teilt die Andenkordillere wie die Finger einer Hand in zwei große Höhenzüge, bevor er bei der Hafenstadt Barranquilla in die Karibik mündet. Mit einer Länge von 1550 km, von denen 1295 km schiffbar sind, gilt er als der längste Andenfluß Südamerikas. Vor allem in der Kolonialzeit, aber auch schon unter den Inka verbanden die von Nord nach Süd verlaufenden Andenhochtäler ebenfalls auf natürliche Weise die bedeutendsten Andenstädte Cuzco, Quito, Pasto, Popayan und Bogotá. Die Straße durch das Hochland zwischen Cuzco und Quito zählte sogar zu den wichtigsten Verbindungswegen des Inka-Staates. Die Inka betraten die historische Bühne in Kolumbien und Ecuador freilich erst kurz vor Ankunft der Spanier. Davor entwickelten sich in diesem Raum über Jahrtausende verschiedene präkolumbische Kulturen, die zum einen die ältesten Keramiken Südamerikas (Puerto Hormiga, Valdivia) und zum anderen feinste Goldschmiedearbeiten hervorbrachten.

Im Süden Kolumbiens, bzw. Osten Ecuadors fallen die Anden ziemlich abrupt aus schwindelnden Höhen in die dampfend-heiße Senke des Amazonasbeckens ab. Die gigantische Region immergrünen Regenwalds, in der die Grenzen zwischen den hier aneinanderstoßenden Ländern – Brasilien, Peru, Ecuador und Kolumbien – vom Urwald verschluckt werden, entführt in eine völlig andersartige Welt: Feuchtheiße Luft ist hier das Lebenselexier von üppig wuchernden Pflanzen, schillerndern Faltern und Fröschen, von Kolibris und Papa-

Campesinos im Andenhochland von Ecuador

geien wie von Affenhorden und Scharen verschiedenster Insekten. Davon kann man sich auf den zahlreichen naturkundlichen Exkursionen überzeugen, die in beiden Ländern für die Amazonasregion angeboten werden. Wer dort weniger Tiere als erwartet sah – die Artenvielfalt wird zu oft mit Tierreichtum verwechselt –, den wird spätestens auf den Galápagos-Inseln Ecuadors die verblüffende Zutraulichkeit von Seelöwen und Kormoranen begeistern. Mit der eigentümlichen Vulkanlandschaft des Archipels, vom Verfasser ›Moby Dicks‹ einst wenig schmeichelhaft als ›Aschehaufen‹ bezeichnet, erreichen die landschaftlichen Kontraste zweifellos ihren Höhepunkt.

Schließlich werden die Begegnungen mit den Menschen beider Länder immer wieder Anlaß dazu geben, mitgebrachte Vorurteile zu revidieren oder die Grenzen der eigenen Wertmaßstäbe zurückzulassen und sich neuen zu öffnen. So äußern sich Erstbesucher immer wieder angenehm überrascht über die Herzlichkeit und Offenheit der Kolumbianer, obgleich die Bewohner der Karibikküste und der Andenprovinz Antioquia sicherlich kontaktfreudiger sind als die konservativen und vornehmen Hauptstädter oder die traditionsbewußten Mitglieder des Kogui-Stammes. Im Indianerland Ecuador dagegen hat man noch ausgiebig Gelegenheit, die aus der spanischen Kolonialzeit herüberreichende scharfe Trennung zwischen *indígenas* und Weißen zu studieren. Nicht alle so farbenprächtig in ihre Trachten gehüllten *indígenas* stehen dabei auf der Seite der Armen. Die Otavaleños beispielsweise haben sich mit ihrer Webkunst immerhin zu den reichsten Indianern Südamerikas emporgearbeitet.

Kolumbien:
Landeskunde im Schnelldurchgang

Fläche: 1,14 Mio. km^2
Einwohner: 35,1 Mio.
Hauptstadt: Bogotá
Amtssprache: Spanisch
Währung: Kolumbianischer
Peso (kol$)
Zeit: MEZ/MESZ – 5 Std.

Geographie: Der viertgrößte Staat Südamerikas ist zugleich der einzige des Subkontinents, der eine Karibik- und eine Pazifikküste besitzt. Durchzogen wird er in Nord-Süd-Richtung von drei Andenkordilleren, die Flußtäler voneinander trennen: Zwischen der niedrigen Westkordillere (Cordillera Occidental), die parallel zur 1330 km langen Pazifikküste verläuft, und der mächtigen Zentralkordillere (Cordillera Central) fließt der Río Cauca. Im Osten sinkt die Zentralkordillere zum gigantischen Flußbett des Río Magdalena ab, hinter dem die Ostkordillere (Cordillera Oriental) aufsteigt. An der Grenze zu Ecuador vereinen sich alle drei Kordilleren zum Knoten von Pasto. Im Südosten fällt die Cordillera Oriental zum Amazonasbecken ab, das rund ein Drittel der Landesfläche ausmacht. Die Karibikküste beginnt im Osten mit dem höchsten Küstengebirge Südamerikas, der Sierra de Santa Marta. Westlich sind ihr Koralleninselgruppen wie die Islas del Rosario vorgelagert. Zum Staatsgebiet gehören auch die 800 km nördlich des Festlands gelegenen Inseln des Archipels San Andrés.

Geschichte: An der Karibikküste versteht man sich bereits vor gut 5000 Jahren in der Keramikherstellung. Dort entwickeln sich auch regionale Kulturen wie die der Sinú und der Tayrona, die sich ausgezeichnet auf Goldschmiedearbeiten verstehen. Verbreitet sind Kriegstänze und Kannibalismus. An der Pazifikküste werden die ersten Gold-Platin-Legierungen hergestellt. Im Hochland entsteht ein Zeremonienzentrum bei San Agustín, weiter nördlich gründen die hochentwickelten Muisca ein Reich. Von Santa Marta aus macht sich Jiménez de Quesada 1538 auf die Suche nach *El Dorado,* besiegt die Muisca und gründet Bogotá, das Hauptstadt des spanischen Vizekönigreichs Neu-Granada wird. Simón Bolívar aus Caracas führt ab 1810 die Unabhängigkeitsbewegung an. 1819 befreit er Neu-Granada, nach weiteren Siegen entsteht Großkolumbien, das schon bald in Einzelstaaten zerfällt. 1830 wird die Republik Kolumbien ausgerufen. Es beginnt ein zäher Machtkampf zwischen Liberalen und Konservativen, der sich 1899–1902 in einen blutigen Bürgerkrieg ausweitet. Auch der Bürgerkrieg von 1948–53, der wegen seiner Intensität und Grausamkeit den Namen ›La Violencia‹ erhält, steht noch unter dem Vorzeichen des liberal-konservativen Elitenkonflikts. In den Nachkriegsjahren gehen verschiedene politische Gruppen in den Untergrund (Guerilla), zugleich entwickeln sich die illegalen Kokainkartelle zu Machtblöcken. Guerilla und Drogenkartelle terrorisieren nun gemeinsam Regierung und Bevölkerung mit Attentaten. Unter Druck der USA wird in den 80er Jahren der Kampf gegen die Drogenmafia verstärkt. Die Friedensgespräche, die parallel dazu mit der

Guerilla geführt werden, scheitern. 1990 erarbeitet der Liberale Cesar Gaviara eine der fortschrittlichsten Verfassungen Lateinamerikas. Es gelingt ihm auch, das Medelliner Drogenkartell zu zerschlagen. 1998 kommt es unter Präsident Pastrana erneut zu Friedensgesprächen mit der Guerilla.

Wirtschaft: Trotz der Unruhen im Land wächst Kolumbiens Wirtschaft kontinuierlich. Seit der Liberalisierung des Markts nach 1991 gilt das Land nach Chile in Lateinamerika als größter Wachstumsmarkt. Neben den alten Exportprodukten wie Kaffee, Gold und Smaragden spielen Kohle, Erdöl und Erdgas aber auch verarbeitete Erzeugnisse (Textilien) und Agrarprodukte wie Schnittblumen, Tropenfrüchte und Bananen als Devisenbringer eine immer größere Rolle. Eine konservativ-liberale Wirtschaftspolitik unterstützte den Ausbau einer Konsumgüterindustrie für den inneren und den lateinamerikanischen Markt. Daneben verfügt Kolumbien über beträchtliche Vorkommen an Kohle, Eisen, Kupfer, Asbest, Bauxit, Phosphaten, Schwefel und Zink. Auch der Kokainanbau ist als Wirtschaftsfaktor nicht zu unterschätzen. Seinen Anteil am jährlichen Bruttosozialprodukt schätzen Experten auf rund 10 %.

Bevölkerung: Rund 75 % aller Kolumbianer leben heute in den zahlreichen Städten des Landes; außer Barranquilla befinden sich fast alle Millionenstädte im Hochland. Trotz seiner multi-ethnischen Zusammensetzung (Europäer, *indígenas*, Schwarze, Libanesen) versteht sich Kolumbien als Mestizengesellschaft. Jeder dritte gilt als *trigeño* (dreifach gemischt), Unterschiede lassen sich nur regional aufzeigen. So dominiert an der Karibikküste der *costeño* mit indianischen, afrikanischen, europäischen und oft auch arabischen Vorfahren. Im östlichen Hochland leben überwiegend Mestizen und Weiße (etwa 20 %). Relativ unvermischt ist die ursprünglich überwiegend baskischstämmige Bevölkerung im Departamento Antioquia. Im benachbarten Chocó blieben die Nachfahren der afrikanischen Sklaven nahezu unter sich, bzw. teilen sich die Region mit letzten heimischen *indígenas*. Einige Indianerstämme leben zurückgezogen auf gesicherten Territorien wie die Guajira oder die Kogui.

Fauna und Flora: Die Zivilisation hat die natürliche Vegetation an der Karibikküste und im dicht besiedelten Hochland in Schutzgebiete und Nationalparks zurückgedrängt, dennoch ist das Land immer noch überreich an phantastischen und vor allem sehr unterschiedlichen unzerstörten Ökosystemen. Besonders leicht zugänglich ist der Parque Tayrona mit seiner typischen Tropenwald-Vegetation am Fuß der Sierra Nevada de Santa Marta oder der Nationalpark Los Nevados mit seinen *páramo*-Wiesen. Für seine höchste Artenvielfalt ist neben dem Amazonasgebiet bei Leticia vor allem der Regenwald des Chocó bekannt. Auf der Isla Gorgona im Pazifik kann man saphirblaue Echsen und andere eigentümliche Tiere beobachten.

Klima und Reisezeit: Bis auf die Regionen des Chocó an der Pazifikküste und das Amazonastiefland, wo es das ganze Jahr über regnet, kann man sich in ganz Kolumbien inklusive des Andenhochlands auf trockene und klare Sonnentage in den Monaten Dezember–Mai einstellen (Trockenzeit). Dies ist die beste Reisezeit. In den übrigen Monaten regnet es in unterschiedlicher Stärke. Meist steigern sich die Niederschläge ab August–November unter dem Einfluß karibischer Tropenstürme.

Ecuador:
Landeskunde im Schnelldurchgang

Fläche: 283 561 km²
Einwohner: 11,46 Mio.
Hauptstadt: Quito
Amtssprache: Spanisch
Währung: Sucre (S/.)
Zeit: MEZ – 5 Std.;
MESZ – 6 Std.

Geographie: Das kleinste Andenland wird nördlich von Quito vom Äquator durchzogen, nach dem es benannt ist. Auf relativ engem Raum besitzt es alle Höhenstufen. Vom Tiefland der 650 km langen Pazifikküste im Westen und dem Amazonasbecken im Osten eingeschlossen, steigt in der Mitte des Landes der durchschnittlich 3000 m hohe Doppelgebirgszug der Cordillera Real auf. Im geologisch jüngeren Norden erheben sich aus den beiden Hauptkämmen der Kordillere über 20 Vulkane, darunter der höchste tätige Vulkan der Welt, der Cotopaxi (5897 m), und der mit 6310 m höchste Berg des Landes, der Chimborazo. Das Amazonasgebiet, Oriente genannt, nimmt etwa ein Drittel der Landesfläche ein. Rund 1000 km westlich, der Pazifikküste vorgelagert, breiten sich die Galápagos-Inseln aus.

Geschichte: Bei Valdivia fand man Keramik-Figürchen, die etwa auf das Jahr 3200 v. Chr. datiert und neben denen aus Puerto Hormiga in Kolumbien zu den ältesten des Kontinents gezählt werden. Nach der Machallila- und Chorrera-Kultur kommt es bei La Tolita zu den ersten Platin-Gold-Legierungen. Zur Hochblüte gelangt die seefahrende Manta-Kultur (500–900), die mit ihren Balsa-Booten vermutlich bis nach Mexiko segelt. Ab 900 begründen die Cara von der Küste im Hochland ein erstes Großreich. Im Süden grenzt es an das Reich der Cañari. 1450 unterwerfen die Inka alle Völker im heutigen Ecuador. Die Herrschaft der Inka findet mit der Eroberung Perus durch Francisco Pizarro ein Ende. 1542 entdeckt Francisco Orellana aus Quito den Amazonas. Bis 1739 untersteht das heute ecuadorianische Gebiet dem Vizekönigreich Peru (Regierungssitz Lima) und bis 1820 dem Vizekönigreich Neu-Granada (Sitz Bogotá). Die Unabhängigkeit erkämpfen die Venezolaner Simón Bolívar und Antonio José Sucre. Im Jahr 1830 entsteht nach dem Zerfall Großkolumbiens die Republik Ecuador. Es folgt eine lange Zeit der Grenzstreitigkeiten mit Kolumbien und Peru und ein Ringen um die Macht im Land. Der wirtschaftliche Niedergang wird zwischen 1880 und 1912 durch den Kakaoboom gestoppt. Die Reformen aus dieser Zeit, u. a. die Trennung von Staat und Kirche, beendet ein Militärputsch. Nach der Besetzung des Amazonasbeckens durch peruanische Truppen muß Ecuador das Protokoll von Rio de Janeiro unterzeichnen und verliert zwei Fünftel seines Staatsgebiets. Ab 1948 bringen der Bananen-, ab 1967 der Erdölboom neue Einkünfte, doch die Gewinne versickern in Korruption und Mißwirtschaft der Militärregierungen. 1979 wird Jaime Roldós erster demokratisch gewählter Präsident. Gesunkene Erdölpreise beschwören 1987 eine neue Wirtschaftskrise. In der Regierungszeit von Sixto Durán Ballén rettet ein

Umschuldungsabkommen mit der Weltbank Ecuador vor dem Staatsbankrott. 1996 wird Präsident Abdalá Bucaram Ortiz vom Parlament wegen Korruption abgesetzt. 1998 wird Jamil Mahud, der Bürgermeister von Quito, zum Präsidenten gewählt.

Wirtschaft: Wichtigste Einnahmequelle ist das Erdöl, das von der nationalen Gesellschaft CEPE im Amazonastiefland gefördert und per Pipeline über die Anden bis zum Ölhafen Esmeraldas transportiert wird. An zweiter Stelle stehen die Bananenexporte von der südlichen Küste. An Bedeutung gewann neben den tradionellen Produkten wie Kaffee und Kakao, Zuckerrohr und Reis vor allem die Garnelenzucht, die auf Kosten der natürlichen Mangrovenvegetation betrieben wird. Die Exporterlöse aus der Landwirtschaft gingen in den letzten 50 Jahren um fast 30 % zurück. Das verarbeitende Gewerbe ist so schwach ausgeprägt, daß ein Großteil der Bevölkerung sich als fliegende Händler im informellen Sektor betätigt, um zu überleben.

Bevölkerung: Mit mindestens 36 % *indígenas* gehört Ecuador zu den Ländern Lateinamerikas mit dem höchsten Anteil an indianischer Bevölkerung. Die meisten *indígenas* leben im Hochland und sprechen Quechua. Eine kleine Anzahl indigener Völker bewohnt noch den Amazonasurwald, darunter die Shuar, Cofán, Siona, Huaorani und Achuar. Ebenfalls rund 42 % der Ecuadorianer gelten als Mestizen, wobei die Zahlen ungesichert sind. Der harte Kern der spanischstämmigen Oberschicht, Einwanderer aus China oder dem Libanon, Schwarze und die Mulatten der Küste teilen sich die restlichen 22 %. Die Mehrheit der Gesamtbevölkerung lebt in den Städten, ein Viertel der Bevölkerung allein in Quito und Guayaquil.

Flora und Fauna: Verschiedenste Ökosysteme auf engstem Raum und ausgedehnte Schutzgebiete machen das Land zu einem leicht bereisbaren Naturparadies. Biologen zählten die immense Vielfalt von über 25 000 Pflanzen-, 320 Säugetier-, 1550 Vogel- und 375 Amphibienarten. Charakteristisch für die Vegetation der Anden sind die *páramo*-Wiesen oder Höhensteppen mit den wachsblättrigen *frailejones,* Flechten und Moos in den oberen und Gräsern in den tieferen Höhenlagen, wo der Kondor, Kolibris, Hirsche und letzte Pumas leben. Typisch für die Pazifikküste sind Mangrovenwälder, die natürliche Kinderstube für Krabben, Austern und Fische. Im Norden um den Río Esmeraldas wuchert dichte Regenwaldvegetation, die dem Amazonasbecken ähnelt. Eine Sonderstellung nimmt schließlich der Nationalpark Galápagos mit seiner eigentümlichen endemischen Tier- und Pflanzenwelt ein, die Charles Darwin zu seiner Evolutionstheorie anregte.

Klima und Reisezeit: Ecuador kann man das ganze Jahr über gut bereisen, doch gibt es regionale Besonderheiten: So fällt die Regenzeit von Oktober–Mai im nördlichen Teil der Küste besonders heftig aus. Wie im Oriente (Amazonastiefland) kommt es dort auch in den übrigen Monaten zu regelmäßigen Niederschlägen. Da der südliche Teil der Küste und vor allem die Galápagos-Inseln stärker im Einflußbereich des Humboldtstroms liegen, kommt es dort in den Monaten zwischen Juni und September kaum zu Niederschlägen; Luft und Wasser kühlen allerdings merklich ab. Im Hochland bestehen in dieser Zeit gute Aussichten, die Vulkanspitzen wolkenfrei zu sehen. Zugleich aber sinken die Temperaturen nachts auf den Gefrierpunkt.

Ewiges Eis und undurchdringlicher Urwald – Geographie

Die Landschaften Kolumbiens und Ecuadors verdanken ihre Entstehung dem wohl dramatischsten Ereignis der Erdgeschichte: der Auffaltung der Anden, die ihren Höhepunkt vor ca. 65 Mio. Jahren erreichte, und dem gleichzeitigen Absenken des Amazonasbeckens. Ausgelöst wurde diese gewaltige geologische Bewegung durch das Aufeinandertreffen der nach Westen driftenden amerikanischen Kontinentalplatte auf die pazifische. An den von Nord nach Süd verlaufenden Schwächepunkten stieg Magma aus dem Erdinnern auf und türmte sich zu Vulkanen, die noch immer aktiv sind. Auch die Spannungen an der Bruchstelle der großen Erdplatten entlang der Küste ließen die Erde nicht zur Ruhe kommen, bis heute verursachen sie immer wieder schwere Beben. Vier große Eiszeiten taten ihr übriges und überformten die Anden durch starke Klimaschwankungen und Gletscherschliffe. Die weiten Hochebenen und tief eingeschnittenen Täler entstanden, in den Senken lagerten die zahlreichen von den abschmelzenden Eismassen gespeisten Flüsse fruchtbares vulkanisches Schwemmland ab. Geographisch lassen sich in Ecuador und Kolumbien drei große Naturräume unterscheiden: die *costa* – die Pazifik- und Karibikküste –, die *sierra* – die Anden – und die *selva* – das Amazonastiefland.

Spektakuläre Landschaftswechsel prägen die 1600 km lange, kolumbianische **Karibikküste** vor allem im Osten. Staubtrockener Auftakt ist die Halbinsel La Guajira, die der Nordostpassat so dürftig mit Regen versorgt, daß nur anspruchsloses Gestrüpp gedeiht. Nur wenige Kilometer weiter westlich erhebt sich das höchste Küstengebirge Südamerikas, die Sierra Nevada de Santa Marta mit dem schneebedeckten Pico Colón (5780 m), dem höchsten Berg Kolumbiens. Nach Westen sinkt die Sierra Nevada zum ausgedehnten Schwemmland der Río Magdalena-Mündung ab. Bedeckt von Bananenplantagen mit ihrem grünen Blättermeer, reicht es im Landesinnern bis Mompós. Im weiteren Verlauf unterbrechen zahlreiche Lagunen mit kleinen vorgelagerten Halbinseln und Inseln die hier dicht besiedelte und landwirtschaftlich intensiv genutzte Küste.

Mit der Senke des Río Sinú beginnt erneut ein riesiges für den Bananenanbau genutztes Schwemmland, das von Flüssen, die in der Cordillera Central entspringen, durchzogen wird. Die Karibikküste endet im Golfo de Urabá mit der Mündung des aus dem Chocó kommenden Río Atrato in einem steilen Bogen nach Panama.

Im weitesten Sinne zur Karibikküste gehören noch die Inseln des Archipels San Andrés, obwohl sie 800 km vom Festland entfernt unterhalb von Jamaica auf der Höhe von Nicaragua liegen. Mit ihren schönen Stränden vor palmenbestandenen Bergrücken laden sie besonders zum karibischen Badeurlaub ein.

Die **Pazifikküste** beginnt im Norden Kolumbiens an der Landenge zu Panama mit einer wilden zerklüfteten Küstenlandschaft voller Felsen, Grotten und kleinen von Steilküsten umschlossenen Badebuchten am Fuß der Serranía de Baudó und der bis auf 1400 m

Der Gipfel des Chimborazo

aufsteigenden Serranía de los Saltos. Sie ist die am schlechtesten erschlossene Region Kolumbiens. Flüsse wie der Río Atrato oder der Río Baudó und Río San Juan dienen hier noch als Hauptverkehrswege. Umwuchert ist das dichte Netz aus kleineren und größeren Flußarmen von ungewöhnlich dichtem tropischen Regenwald, der dem des Amazonasbeckens stark ähnelt, doch seine ureigene Pflanzen- und Tierwelt besitzt: In keiner anderen südamerikanischen Region soll es so viele endemische Pflanzen-, Vogel- und Amphibienarten geben wie hier.

Etwas offener gestaltet sich die Pazifikküste dann hinter der Hafenstadt Buenaventura. In diesem kaum besiedelten Gebiet der kolumbianischen Departamentos Cauca und Nariño münden kleinere, von den Anden abfließende Flüsse in den Pazifik. Mangrovensümpfe wechseln mit dunklen, durch die Gezeiten des

Meeres in ihrer Breite stark schwankenden Stränden ab.

Auf ecuadorianischer Seite geht die Pazifikküste unmittelbar in das von Mangrovenwäldern und Inselchen durchsetzte Mündungsgebiet der Andenflüsse Mira und Cayapas über. Ein sanfter bis zu 600 m hoher Gebirgszug durchzieht ab der Mündung des Río Esmeraldas mit der gleichnamigen Ölhafenstadt das Küstenhinterland von Nord nach Süd, einzig unterbrochen vom Delta des Río Chone beim Badeort Bahía de Caráquez. Weitere sandige Küstensäume, die gelegentlich wie beim Machalilla-Nationalpark zwischen Manta und Las Salinas dem Ideal von Traumstränden nahe kommen, folgen Richtung Süden bis zum Golf von Guayaquil, in den sich die Wassermassen des Río Guayas ergießen. Am Oberlauf des Guayas liegt die größte Stadt Ecuadors, Guayaquil.

Dominiert werden beide Länder von den **Anden.** In Kolumbien gliedern sie sich in drei Kordilleren: Die westlichste und mit ihren durchschnittlich ›nur‹ 2000 m Höhe zugleich niedrigste ist die Cordillera Occidental. Sie verläuft längs der Pazifikküste ohne einen einzigen schneebedeckten Gipfel. Fast parallel dazu, nur durch das Tal des Río Cauca getrennt, erhebt sich dahinter die Cordillera Central, die dank des 5325 m hohen Nevado del Ruiz und des 5750 m hohen Nevado del Huila auch die höchste Kolumbiens ist. Die breite Cordillera Orien-tal schließlich steigt östlich des Río Magdalena-Tals empor und setzt sich in Venezuela in der Sierra de Perija und der Cordillera de Mérida fort, ihr höchster Gipfel ist der 5493 m hohe Cocuí.

Alle drei kolumbianischen Kordilleren verbinden sich bei Pasto zu einem gewaltigen Gebirgszug – der Cordillera Real – mit zwei durch ein zentrales Längstal voneinander getrennten Hauptketten. Weiter südlich, im Norden Ecuadors, ragen aus den Hauptkämmen zahlreiche schneebedeckte Vulkane wie der noch aktive Cotopaxi (5897 m) und der

von unzähligen Flüssen durchzogene **Amazonasbecken** aus, das sich von hier über Tausende von Kilometern bis zur Mündung des Río Amazonas an der Atlantikküste erstreckt. Es ist die Region der endlosen immergrünen Regenwälder, unter deren dichtem wie hohem Dach eine ungeheuer vielfältige Tier- und Pflanzenwelt zu Hause ist. Das Tiefland, das am Fuß der Anden noch Höhen von ca. 500 m, in der Sierra de Chiribiquete sogar von 600–900 m erreicht, fällt nach Osten hin auf 100 m und darunter ab, so daß alle Flüsse, die es durchziehen, entsprechend der Neigung direkt oder indirekt über einen Nebenfluß dem Amazonas zufließen.

Nordöstlicher Ausläufer der Senke ist in Kolumbien das Stromland der Llanos zwischen Ostkordillere und Orinoco. Weite Teile dieses Gebiets werden alljährlich in der Regenzeit überschwemmt, wenn die in den Anden entspringenden Flüsse Arauca, Casanare, Meta, Vichada, Guaviare und Inrídia über ihre Ufer treten. Dennoch werden die Llanos landwirtschaftlich genutzt, besonders als Weideland für Vieh und zum Anbau tropischer Früchte. In Ecuador entdeckte man in den 70er Jahren an den Oberläufen der Amazonaszuflüsse Río Aguarico und Río Napo und im Süden zwischen dem Río Pastaza und dem Río Santiago größere Erdölvorkommen. Ohne Rücksicht auf Umweltschäden wird das schwarze Gold weiterhin gefördert und in einer Pipeline über die Anden bis zum Pazifikhafen Esmeraldas gepumpt.

In Ecuador wie auch in Kolumbien macht die *Región Amazónica*, meist *Oriente* genannt, ein Drittel der Landesfläche aus. In ihr leben noch zahlreiche Amazonas-Völker wie die Ticuna, Siona, Cofán und Shuar.

Chimborazo (6310 m) heraus. Verschiedene Quertäler unterteilen das zwischen 2000 und 3000 m gelegene Längstal in mehrere Hochlandbecken, in denen sich auch wichtige Städte wie Quito, Riobamba und Cuenca ausbreiten. Tief im ecuadorianischen Süden geben die Anden dann ein weniger spektakuläres Bild ab, die Höhen reichen nur noch bis 4000 m, vulkanische Aktivität gibt es schon lange keine mehr.

Vom Ostrand der Andenkordilleren wie von der Beuge eines Beins umschlossen, breitet sich das feuchtheiße,

Im Wechsel zwischen Tag und Nacht – Klima

Als Alexander von Humboldt 1802 den Chimborazo (6310 m) in Ecuador bis auf eine Höhe von 5500 m erklomm, befand er sich auf einer Erkundungsreise, die Geschichte machte. Damals ging man noch davon aus, ein tropisches Gebirge wiederhole von unten nach oben sämtliche Klimazonen der Erde. Doch Humboldt widerlegte diese Annahme und hob den speziellen Charakter der tropischen Klimate hervor: In den Tropen der Anden, so waren seine Erkenntnisse, kommen unsere Jahreszeiten mit den thermischen Wechseln zwischen Winter und Sommer überhaupt nicht vor. Vielmehr herrsche dort – abgesehen von Regen- und Trockenperioden, den sogenannten hygrischen Jahreszeiten – ein Tageszeitenklima: Der Unterschied zwischen Tag und Nacht sei bestimmend für die Entfaltung der Vegetation.

Ausgangsposition ist die Lage beider Länder im Bereich der inneren Tropen, also mehr oder weniger unter und über dem Äquator. So geht die Sonne in Ecuador und Kolumbien an 365 Tagen im Jahr relativ pünktlich gegen 6 Uhr morgens auf, steigt steil in den Zenit und versinkt wieder gegen 18 Uhr, um einer hier waagrecht im Sternenhimmel ruhenden Mondsichel Platz zu machen. Unmittelbar am Äquator, in der Gegend um Quito z. B., ist die Tag- und Nachtgleiche sogar perfekt.

Das **Tageszeitenklima** fällt je nach Höhenlage sehr unterschiedlich aus. Es lassen sich für Kolumbien und Ecuador vier **Temperaturzonen** mit einem jeweils eigenen Tageszeitenklima unterscheiden. Da die Küsten, das Amazonasbecken und die Andenausläufer unter

1000 m liegen, gehören sie zur Temperaturzone der *tierra caliente* (›heißes Land‹). Die Temperaturen schwanken hier von brütend heiß bis angenehm warm, im Jahresdurchschnitt zwischen 25 und 30 °C. Besonders im östlichen Tiefland kennzeichnet der tropische Regen, der im Tagesverlauf durch die stärker werdende Sonneneinstrahlung kondensiert und in kurzen heftigen Schauern meist am Nachmittag und oft unter heftiger Spannungsentladung in Form von Blitzen niedergeht, das Tageszeitenklima. Nach einem Wolkenbruch kühlt die Luft geringfügig ab, die Nächte bleiben aber wegen der hohen Luftfeuchtigkeit schwül.

Darauf folgt in den höheren Andenlagen die *tierra templada* (›gemäßigtes Land‹). Sie reicht von 1000–2000 m; tägliche Durchschnittstemperaturen um 25 °C sorgen hier für den ›ewigen Frühling‹. In der Trockenzeit klettert die Quecksilbersäule über 30 °C, die Nächte sind dann mit 10 °C empfindlich kalt. Noch ungemütlicher wird es nachts in der zwischen 2000–3000 m gelegenen *tierra fría* (›kaltes Land‹), wenn das Barometer auf ca. 5 °C fällt. Tagsüber wird es in dieser schon spürbar dünneren Hochlandluft, in der u. a. Quito (2850 m) und Bogotá (2630 m) ausbreiten, trotz starker Sonneneinstrahlung durchschnittlich nur 15 °C warm. Ausnahme ist die Trockenzeit, in der die Temperaturen in der Sonne auch schon mal auf 30 °C ansteigen, im Schatten bleibt es allerdings kühl. Nachts wird es winterlich kalt, bis tief unter den Gefrierpunkt.

In der *tierra helada* (›eisiges Land‹) schließlich, den über 3000 m gelegenen

Die wichtigsten Sehenswürdigkeiten

Kolumbien

- Museo del Oro in Bogotá: ausgezeichnetes Museum für präkolumbische Goldarbeiten.
- San Agustín: altindianisches Zeremonienzentrum mit geheimnisvollen meterhohen Steinstatuen.
- Villa de Leyva: Auf der Plaza Principal fühlt man sich in die tiefste spanische Kolonialzeit versetzt.
- La Guajira: Den selbstbewußten Wayú-Frauen mit ihren schwarz bemalten Gesichtern zu begegnen, ist ein besonderes Erlebnis.
- Parque Tayrona: schönster Abschnitt der Karibikküste mit feinsandigen Stränden.
- Quinta de San Pedro Alejandrino in Santa Marta: Ein blühender Park, ein Mausoleum und ein Museum erinnern an Simón Bolívar.
- Cartagena de las Indias: wunderschön restaurierter alter Schatzhafen der Spanier.
- San Andrés-Archipel: Die Inseln auf der Höhe Nicaraguas sind Kolumbiens Palmenparadies.
- Santa Fé de Antioquia: verschlafenes Kolonialstädtchen.
- Bahía Tebada: Pazifikerlebnis für Hobbytaucher und Tiefseefischer.
- Nationalpark Los Nevados: Wandern und Klettern in allen Höhenlagen.
- Natlonalpark Amacayacu: riesiges Regenwald-Schutzgebiet mit Beobachtungstürmen und Tausenden von Vögeln.

Ecuador

- Quito: barocke Kirchen inmitten einer grandiosen Vulkanlandschaft.
- La Mitad del Mundo: Ein putziges Dorf erinnert an den Namengeber des Landes, den Äquator.
- Otavalo: das Schaufenster eines Webwaren-Imperiums mit einem farbenprächtigen Markt.
- Cotopaxi: Der schlafende Riese ist der höchste tätige Vulkan der Erde.
- Guamote: der ursprünglichste Indiomarkt.
- Ingapirca: Ruine der Inka-Zeit, die mit ihrem Museum einen guten Einblick in den Sonnenkult der Inka-Eroberer gibt.
- Cuenca: nach Quito die schönste Kolonialstadt des Landes mit der faszinierenden Ausgrabungsstätte von Tomebamba.
- Vilcabamba: Das idyllische Dorf der Hundertjährigen liegt gleich in der Nähe eines ökologisch besonders interessanten Nationalparks.
- Las Salinas: ein gepflegter Badeort mit elegantem Yachtclub.
- Nationalpark Machalilla: archäologische Ausgrabungsstätten und ein Stück unverfälschte Küste.
- Río Napo: der Fluß zum Amazonas, Straße in den tiefen Regenwald. Am Wegesrand: erstklassige Dschungellodges für Urwaldabenteurer.
- Galápagos: Wunder des Lebens und der Evolution, hautnah erlebt an den zahlreichen Besucherstandorten.

Zonen des ›ewigen Eises‹ wie auf den Schneekuppen der Nevados in Kolumbien oder des Cotopaxi in Ecuador, ist das ganze Jahr über Bergsteiger-Saison.

Zum Tageszeitenklima gesellen sich die **hygrischen Jahreszeiten** – Regen- und Trockenzeit –, die den einzigen beständigen jährlichen Wetterwechsel in Kolumbien und Ecuador bringen. Die Regenzeit entfällt in Kolumbien durch den Einfluß der Karibik im Großen und Ganzen auf die Monate April bis Oktober; im pazifikzugewandten Ecuador dagegen umgekehrt etwa auf die Monate Oktober bis Mai. Dabei gibt es wiederum jeweils starke regionale Unterschiede zu beachten. Der trockene karibische Nordostpassat z. B. transportiert selbst in der Regenzeit kaum Niederschläge auf die kolumbianische Halbin-

sel La Guajira, während die restliche Karibikküste besonders gegen Ende der Regenzeit von Tropenstürmen und Hurrikans, die sich jedes Jahr aufgrund der aufeinanderprallenden nördlichen und südlichen Kontinentalluftmassen über der Karibik bilden, erfaßt wird. Ein kompliziertes hydrographisches System bringt wiederum dem zwischen den Ozeanen gelegenen, flußreichen und von Regenwald bedeckten Chocó in Kolumbien das ganze Jahr über extrem viele Niederschläge, die sich in der Regenzeit lediglich steigern. Gleiches gilt auch für die Amazonasregion.

Ähnlich wie der an der Karibikküste Trockenheit bringende Nordostpassat verändern Meeresströmungen wie der kalte **Humboldtstrom,** der antarktische Wassermassen an die Westküste Süd-

Die kolumbianische Badeinsel San Andrés liegt mitten in der Karibik

amerikas heranführt, das Großklima beider Länder. Letzterer verwandelt einen Teil der Pazifikküste Ecuadors in eine fast subtropische Region. Besonders spürbar sind seine Auswirkungen auf der weit in den Pazifischen Ozean ragenden Halbinsel Santa Elena mit dem Badeort Las Salinas: Weil die über dem Meer abgekühlten Luftmassen meist schon vor ihr abregnen, gehört sie zu den trockensten Gebieten am Pazifik.

Eine Sonderstellung im klimatischen Gefüge der südamerikanischen Pazifikküste nimmt **El Niño** (›Das Kind‹) ein. Der Name bezieht sich auf das Christkind, weil die gefürchtete Warmwasserfront immer um die Weihnachtszeit auftritt. Unter spezifischen meteorologischen Bedingungen braut sich El Niño alle drei bis neun Jahre im Pazifik vor Panama zusammen und bringt nicht nur das Wetter in Ecuador und Kolumbien, sondern auf der ganzen Welt durcheinander, wie zuletzt zum Jahreswechsel 1997/98. Das El Niño-Phänomen kehrt die klimatischen Verhältnisse um, erwärmt das sonst kühle Wasser vor der Pazifikküste bis hinunter nach Peru um nahezu 5 °C, lockt Fische an, die sich normalerweise nicht in diese Breiten begeben würden, läßt die Vögel früher brüten, den normalerweise über dem Pazifischen Ozean wehenden Südostpassat abflauen oder sogar um 180° drehen. Folge: Über dem Meer verdunstet mehr Wasser als normal, bildet Wolken und regnet in solchen Mengen ab, daß die Küsten überfluten, die dünnen Asphaltdecken der Straßen brechen und ganze Regionen unpassierbar werden.

Vegetationszonen – Wachstum in Höhenlagen

Die Vegetation der Anden wird in Ecuador und Kolumbien von den jeweiligen Höhenlagen bestimmt. Je höher die Lage, desto stärker müssen die Pflanzen an abnehmende Temperaturen und gleichzeitig zunehmende UV-Strahlung angepaßt sein. In der Temperaturzone der *tierra templada* (1000–2000 m) und der *tierra fría* (2000–3000 m) wurde allerdings die natürliche Fauna und Flora durch eine intensive landwirtschaftliche Nutzung verdrängt: Ein in verschiedenen Grüntönen schillernder Flickenteppich aus Weiden und Feldern bedeckt die mächtigen Andenhänge rund um die Siedlungen und urbanen Ballungsgebiete. In Höhen zwischen 2000 und 3000 m erhöht sich die tägliche UV-Einstrahlung der Sonne spürbar. Fast alle auch bei uns bekannten Gemüsesorten, seien es Tomaten, Zwiebeln, die verschiedenen Kartoffelsorten, Mais oder Kohl, reifen hier mit einem ausgesprochen intensiven Aroma heran. Auch Rosen und Nelken gedeihen prächtig, was sie zum jüngsten Exportschlager beider Länder gemacht hat.

Typisch für die natürliche Vegetation der *tierra templada* und der *tierra fría* ist der in Naturschutzgebieten noch häufige **immergrüne tropische Bergwald.** Ihn prägt dichter Unterwuchs mit Araceen, Saumfarngewächsen, Narzissen oder Begonien und ein gemischter Bestand aus Baumfarnen, Palmen, immergrünen und laubabwerfenden Bäumen sowie Koniferen, zu denen auch Zedern und Zypressen gehören.

Wo Regenwolken aus dem Tiefland heraufziehen, wie z. B. im Naturpark La Planada (1300–2100 m) an der Ostflanke der kolumbianischen Cordillera Central oder östlich des Cayambe oder Sanguy in Ecuador, entwickelte sich der **tropische Nebelwald.** Er benötigt zum kühlen Klima viel Feuchtigkeit und eine relativ beständige Wolkendecke, die die Sonneneinstrahlung mildert. Schwer tragen dort die Äste der Bäume an darauf wachsenden Epiphyten, Moosen und Farnen, an Orchideen und Bromelien. Besonders häufig tritt die Anden-Erle und ein Behang von Tillandsien auf. Im Naturpark La Planada lassen sich außerdem noch die fast ausgestorbenen großen Bewohner dieses Waldes bewundern: die Brillenbären *(osos de anteojos)*. Sie werden hier im Rahmen eines Wiederauswilderungsprojekts aufgezogen.

Ein besonderer, von zwei Nadelbaum-Gattungen geprägter Waldtypus breitet sich im Podocarpus-Nationalpark (1000–3600 m) bei Vilcabamba in den südlichen, geologisch älteren Anden Ecuadors aus. Die Podocarpus-Koniferen mit ihren typischen astlosen Stämmen wachsen an den zahlreichen Lagunen und in den breiten Flußtälern des Parks. Unter den vielen Tierarten, die hier leben, soll es neben dem Andenfuchs, dem Tapir und unzähligen Vogelarten auch noch den Puma geben.

In den Regionen über 3000 m beginnt die oft geheimnisvoll von Nebelschwaden umwaberte Welt der dunklen Kraterseen und ***páramo*-Wiesen.** Mit dem spanischen Wort für Ödland, *páramo,* werden in Kolumbien und Ecuador andine Hochplateaus bezeichnet, deren

ganz eigentümliche Vegetation stark durch die Anpassung an extreme Sonneneinstrahlung einerseits und nächtliche Temperaturen um den Gefrierpunkt andererseits geprägt ist. Mancherorts sind die Wiesen übersät von den seltsamen, gelbblühenden und z. T. mannshohen *frailejones* (›Mönchen‹), deren dicke Stämme zum Schutz gegen die Kälte von abgestorbenen Blättern bedeckt sind. Typische *páramo*-Landschaften finden sich z. B. im Nationalpark Chingaza östlich von Bogotá und in den oberen Regionen des Puracé-Nationalparks bei Popayán, wo auch der Kondor wieder ausgewildert wird. Zahlreiche Vogel-

arten, darunter Spechte, Wildgänse, Berghühner und Kolibris, beleben die kargen Wiesen. Wo die *tierra helada* (ab 3000 m) schließlich mit ihren von ewigem Eis bedeckten Gipfeln beginnt, gedeiht unterhalb der Schneegrenze nur eine karge subarktische Vegetation.

Ein höchst komplexes und geschlossenes Ökosystem stellt der tropische Regenwald in der *tierra caliente* (unter 1000 m) dar. Man unterscheidet dabei je nach Vegetation, Artenvielfalt, Bodenbeschaffenheit und Lage verschiedene Typen. Der **tropische immergrüne Tieflandregenwald,** wie er im Amazonasbecken Kolumbiens und Ecuadors

vorkommt, weist auf einer Fläche von rund 2000 m^2 trotz nährstoffarmem Boden über 500 verschiedene Baum- und Palmenarten und insgesamt fast 100 000 verschiedene Pflanzenarten auf. Daneben gibt es den **tropischen immergrünen Überschwemmungswald,** wie er im Chocó in Kolumbien und in Cuyabeno in Ecuador anzutreffen ist; er bietet ein eindrucksvolles Landschaftserlebnis, da die Fahrt auf den Flüssen einen freien Blick auf Ufer und Baumetagen ermöglicht. Auf schlecht entwässerten, nassen Talböden gedeihen Sumpfwälder mit hohen Palmen, Röhricht- und Schwimmpflanzengesellschaften. An den Fluß-

El Condor – König der Anden

Das Reich des sagenumwobenen Kondors *(vultur gryphus),* der schon bei den Inka als Götterbote zwischen Himmel und Erde galt, sind die kühlen herben Höhen der Anden zwischen 3000 und 7000 m, wo er in unzugänglichen Felsnischen über schwindelnden Abgründen einen dürftigen Horst errichtet. Oft legt das Weibchen seine zwei Eier auf den nackten Stein. Bis das Junge schlüpft, brüten beide Eltern 65 Tage lang. Der Kükenflaum weicht bald schwarzem bis stahlblauem Gefieder mit weißen Außenfahnen an den Schwingen, und am Hals wächst eine wollige weiße Krause. Die Männchen kennzeichnen rote Hautlappen an der Kehle sowie ein hoher Hautkamm, der sich von der Schnabelwurzel bis über den Scheitel zieht. Ausgewachsen bringt es der Andenkondor bei ausgebreiteten Flügeln auf eine Spannweite von fast 3 m, und seine Kraft ist so legendär, daß die *indígenas* ihn auf manchem Jahresfest sogar symbolisch den ›spanischen Stier‹ besiegen lassen.

Reichlich mit Legendengut befrachtet und oft der ›König der Anden‹ genannt, ist er ein prächtiges Identifikationssymbol. In Peru nannten sich Rebellenführer ›Kondor der Anden‹, und der aus Japan stammende Staatschef Fujimori soll sich als Samurai, der auf den Schwingen des Kondors herbeieilte, beim Volk beliebt gemacht haben. Schließlich gibt es kaum ein Andenland, das diesen stattlichen Vogel nicht in seinem Wappen trägt, so auch Kolumbien und Ecuador.

Im krassen Gegensatz zu seiner Popularität steht jedoch heute sein Vorkommen. Anfang der 90er Jahre war er sogar beinahe ausgestorben, einerseits gejagt von Viehhirten, die befürchteten, daß er ihre Kälber reißt – obwohl der Kondor als Aasgeier nur tote Tiere frißt, andererseits durch die Zivilisation verdrängt, die sich in den Hochländern ausbreitete. Damals begann der Zoo von San Diego (Kalifornien), die Tiere für ein groß angelegtes Wiederauswilderungsprojekt zu züchten. Nach und nach brachte man die jungen Kondore in die Naturparks in Venezuela, Kolumbien und Ecuador. Im Nationalpark Puracé von Kolumbien beispielsweise leben heute etwa 50 Kondore in freier Wildbahn. In Ecuador zählte man zuletzt wieder 20.

mündungen im direkten Küstenbereich wachsen **Mangroven,** die an salzige Böden gebunden sind.

Die Bäume und Pflanzen des tropischen Regenwalds ziehen ihre Nahrung nicht aus der Erde, sondern aus Dunst und Wasser und aus dem Sonnenlicht. Verwesende Pflanzen oder Tiere spielen dabei eine lebenswichtige Rolle als Nährstoffspender. Als Beispiel für eine typische **Nahrungskette** im Regenwald werden häufig die Blattschneiderameisen angeführt. Kolonnenweise transportieren sie die von den Bäumen herabgefallenen Blätter, nachdem sie sie fein säuberlich in kleinste Teilchen zersäbelt haben, in ihren Bau zwischen den Baumwurzeln. Die Blätterteilchen werden dort solange gelagert und regelrecht kultiviert, bis sie von genau der Pilzart befallen sind, von denen sich die Ameisen ausschließlich ernähren. Die Pilzkulturen spenden dem Baum nun ebenfalls wertvolle Nährstoffe, die er im mageren Regenwaldboden sonst nicht finden würde.

Auf den Zweigen und Ästen der Bäume gedeihen Bromelien und Epiphyten wie Orchideen und Farne in großer Artenvielfalt. Sie ernähren sich durch die Zellwände aus dem nährstoffreichen Regenwasser, das in ihre Blattkelche tropft, oder direkt aus der Feuchtigkeit in der Luft. Die mit Wasser gefüllten Blattkleche dienen Kolibris oder Fledermäusen als Trinknapf. Die herrlichen Blüten der Bromelien locken Schmetterlinge, Bienen und zahlreiche andere Insekten an.

Je nach Lichteinfall bilden sich die verschiedenen **Etagen des Regenwaldes.** Das unterste abgeschattete Stockwerk ist nicht undurchdringlich, sondern gleicht eher einer Säulenhalle: Die Säulen sind die gewaltigen Bretter- und Stelzenwurzeln, die den Bäumen in der dünnen Bodenschicht Stand und Halt geben. Die Erde bedecken Laubreste, lichtscheue Pflanzenarten und zahlreiche Pilze; hier tummeln sich Nager wie das Aguti, der Tapir, Gürteltiere oder Ameisenbären, die sich von Insekten, Mäusen oder Schlangen ernähren. Darüber wächst eine breite Schicht ineinander verwobener Laubkronen voller Bromelien und Lianen, in der auch die meisten Tiere leben, Affen der verschiedensten Arten, Baumschlangen, Vögel,

Faultiere. Sie erreicht eine Höhe von 18–25 m und wird dann noch von vereinzelt das Blätterdach durchstoßenden Baumriesen, die bis zu 40 m hoch werden, überragt. Zu den typischen Regenwaldbaumarten gehören neben dem Mahagoni, dessen Bestand durch systematische Ausbeutung schon stark dezimiert wurde, der Balsa-, der Kautschuk-, der Kapok- und der wilde Paranußbaum.

Auch bei den zahlreichen Flüssen, die das Amazonasbecken durchziehen, spielt die Nährstoffzusammensetzung des Wassers eine wichtige Rolle. Man unterscheidet Weiß- von Schwarzwasserflüssen. **Weißwasserflüsse** sind sauerstoffreiche Flüsse, die aus dem Hochland kommen und viel nährstoffreiches Schwemmaterial mit sich führen, das das Wasser trübt. Ein Bad in einem solchen Fluß teilt man mit zahlreichen Lebewesen. **Schwarzwasserflüsse** dagegen speisen sich aus den Wassern von Sumpfwäldern, denen dort schon der Sauerstoff entzogen wurde; sie sind nährstoffarm, klar und dunkel wie Tee. In ihnen kann man unbesorgt baden.

Eine Sonderposition im Pazifik nehmen die der ecuadorianischen Küste 1000 km vorgelagerten **Galápagos-Inseln** ein. Auf ihnen entwickelte sich aufgrund der isolierten Lage und des Vulkanismus eine ganz eigentümliche Tier- und Pflanzenwelt (s. S. 254 ff.).

Lavamöwen, Galápagos-Archipel

Von Valdivia bis zur Unabhängigkeit – Geschichte

Die Anfänge

Die Frage, woher denn die ersten Menschen überhaupt kamen, ist für den südamerikanischen Raum nicht endgültig geklärt. Da alle Spuren menschlichen Lebens, die Archäologen und Anthropologen zwischen Alaska und Feuerland fanden, altersmäßig ein deutliches Gefälle von Nord nach Süd aufweisen, gehen die meisten Wissenschaftler heute davon aus, daß der amerikanische Doppelkontinent von Norden her besiedelt wurde. Tatsächlich möglich war das während der letzten Eiszeit vor etwa 30–50 Mio. Jahren, als die nur rund 80 km breite und flache Beringstraße zwischen Asien und Alaska eine begehbare Brücke bildete.

Nun war der Isthmus von Panama zweifellos die wichtigste Passage für diese Nord-Süd-Besiedelung; deshalb kann die Region Kolumbiens als Einfallstor nach Süden gelten. Dennoch sind die ältesten Funde hier und in Ecuador nur 13 000, im südlicher gelegenen Peru dagegen 22 000 Jahre alt. Einige Wissenschaftler, die sich wie der französische Anthropologe Paul Rivet (1876–1958) besonders mit dem südamerikanischen Raum beschäftigten, gehen deswegen von einer zweifachen Besiedlung aus. Rivet zufolge kamen die ersten Kolumbianer und Ecuadorianer aus dem heutigen Melanesien, Polynesien und Australien. Seine These versuchte er mit linguistischen und ethnologischen Vergleichen zwischen den Völkern dieser Regionen zu stützen.

Die ältesten Zeugnisse menschlicher Existenz in Kolumbien und Ecuador stammen von den sogenannten *paleoindios,* Jägern und Sammlern, die etwa um 12 000 v. Chr. in Felsnischen oder Höhlen lebten und Holzschwerter, Steinschleudern und -schaber benutzten, um Kaninchen, Meerschweinchen, Füchse, Hirsche oder letzte urzeitliche Tierkolosse zu erlegen und zu zerschneiden. Die berühmtesten Fundstellen in Ecuador sind **Inga** bei Quito, in Kolumbien **El Abra** bei Zipaquirá und **Tequendama** bei Bogotá, wo das fast vollständige Skelett des rund 9000 Jahre alten *homo tequendama* entdeckt wurde.

Frühe Hochkulturen: Valdivia und Chorrera

Zwischen 3500–1800 v. Chr. (Frühe Formative Phase) werden die ersten Nomaden seßhaft, beginnen den Anbau des süßen Yucca wie des im Rohzustand giftigen Maniok, erlernen die Kunst der Keramikherstellung und erreichen mit dem Anpflanzen von Mais schließlich ihre höchste Entwicklungsstufe. Die berühmtesten Funde aus dieser Zeit stammen aus **Puerto Hormiga** in Kolumbien und aus **Valdivia** an der ecuadorianischen Pazifikküste. Die Keramiken beider Kulturen ähneln sich in den schlichten Formen, den geometrischen oder stilisierten eingeritzten und mit Punktierungen ausgefüllten Mustern und gelegentlichen Verzierungen des Gefäßrands mit Tierköpfen.

Noch verblüffender als diese Parallelen ist aber die Ähnlichkeit der Valdivia-Keramiken mit denen der etwa zeitgleich in Japan blühenden Jomon-Kultur. Selbst Fachleute sollen kaum imstande sein, zwei ähnliche Stücke korrekt zuzuordnen. Wurde diese Keramikkunst also von japanischen Seefahrern, die absichtlich oder versehentlich vom rechten Kurs abkamen, nach Südamerika gebracht?

Besonders typisch für die Valdivia-Kultur sind kleine, massiv mit der Hand modellierte Tonfigürchen – nach dem derzeitigen Forschungsstand handelt es sich um die ältesten Plastiken Amerikas. Sie wurden unter dem Sammelbegriff ›Venus von Valdivia‹ bekannt. Meist sind ihre Gesichtszüge im Gegensatz zu den sorgfältig gestalteten Haaren nur grob ausgearbeitet.

In der Späten Formativen Phase (1300– 500 v. Chr.) entwickeln sich an der Ciénaga Grande und der Sinú-Mündung in Kolumbien die **Malambo-** und die **Momil-Kultur;** bei der einen erscheint erstmals die *budare* (›Tonpfanne‹), die für das Rösten von Maniokfladen benutzt wurde. In Ecuador breitet sich jetzt an der Guayas-Mündung weitflächig die **Chorrera-Kultur** mit neuartigen Krügen und Flaschen mit Steigbügelausguß, feinlinigen Ritzmustern und Bemalungen in Form roter Parallellinien aus. Es kommt für den südamerikanischen Kontinent erstmalig zur Metallverarbeitung, wie die Funde von Schmuck- und Gebrauchsgegenständen aus Gold, Silber, Kupfer oder Blei bezeugen.

Entstehung und Blüte der Regionalstaaten

Die Jahrhunderte zwischen 500 v. Chr. und 500 n. Chr. kennzeichnen eine starke regionale Entwicklung verbunden mit der Bildung ausgeprägterer gesellschaftlicher Strukturen. In Kolumbien

Quimbaya-Figur,
Archäologisches Museum, Cali

entstehen jetzt bedeutende Zeremonialzentren: das durch seine Monolithe in Phallusform bekannte **Moniquirá** (s. S. 106) und die von Steinfiguren bewachten Gräberanlagen **Tierradentro** (s. S. 171) und **San Agustín** (s. S. 174).

An der Pazifikküste erblüht die **Tumaco-Kultur;** ihre Keramiken zeigen Verwandtschaften mit Erzeugnissen aus Mittelamerika, der nahen Esmeraldas-Zone und Peru, so daß die Experten auch hier auf eine Verbindung zwischen der pazifischen Küstenregion und dem zentralamerikanischen Raum schließen. In Tumaco versteht man sich – wie auch im nahen **La Tolita** Ecuadors, einer Insel in der Santiago-Mündung – auf die Kunst der Platinverarbeitung. Die Menschen errichten jetzt rechteckige Pyramiden mit abgeflachter Spitze, die wahrscheinlich als Unterbauten für Paläste oder Tempel dienten.

In der sogenannten Periode der Integration (500–1500 n. Chr.) dominiert ein intensiver Handel zwischen den Völkern, obwohl gleichzeitig zahlreiche Abgrenzungs- und Eroberungskriege geführt werden. Die größten Sprachfamilien (Kariben, Arawak und Chibcha) vermischen sich, und die Gesellschaften der einzelnen Völker bilden größere Staatssysteme aus. An der Karibikküste Kolumbiens entstehen Kazikenreiche mit stattlichen Städten, wie z. B. an der Sinú-Mündung das Reich der **Zenú.** Die Spanier erzählen von Tempeln und prunkvollen Bestattungsritualen, von Giftpfeilen und Kannibalismus. Die Fürsten und andere höherstehende Persönlichkeiten halten sich mehrere Frauen und Sklaven und unterstreichen ihre gottgleiche Würde mit Schmuck aus Gold, dem Metall, das den Glanz der Sonne widerspiegelt. Typische Motive der filigranen Goldarbeiten sind Fabeltiere aus der eng mit der Tierwelt verbundenen Mythologie. Frösche galten als Symbole der Fruchtbarkeit, Vögel als Mittler zwischen Erde und Sonne. Am weitesten entwickelten die **Tayrona** von der Karibikküste bei der heutigen Sierra Nevada de Santa Marta die Goldschmiedekunst.

Im besonders goldreichen Südwesten an der pazifischen Küste erblühen im Chocó die **Cupica-,** zwischen Cali und Buenaventura die **Calima-** und in der

Vogelmann

Region der heutigen Departamentos Quindío, Risalda und Caldas die **Quimbaya-Kultur.** Letztere benutzen während ihrer Zeremonien große Masken, Brustplatten, Kronen und Helme aus Gold wie kultische Gefäße für die Mischung von Koka mit Kalk *(poporó).*

Zu höchster Kulturblüte bringen es die **Muisca** im Hochland: Die spanischen Chronisten schätzten ihre Zahl auf etwa 1 Mio. Menschen, die in großen, von Palisaden umgebenen Städten lebten. Bacatá (Bogotá) soll aus mindestens 20 000 mit Strohdächern bedeckten Holzhäusern bestanden haben. Die Muisca gewinnen Salz, Smaragde und Gold aus Minen, bauen auf den fruchtbaren Böden ihres Hochlands neben zahlreichen Gemüsesorten (vor allem Kartoffeln und Mais) auch Baumwolle zur Herstellung von Textilien an und halten wöchentlich Märkte ab.

Den größten Machtzuwachs erfährt die **Manta-Kultur.** Die Menschen beten den weiblichen Mond an, stimmen ihre Götter mit Menschenopfern milde und tragen die zu Schrumpfköpfen verarbeiteten Häupter von Feinden als Trophäen. Sie bauen Paläste und Tempel für pompöse Zeremonien, verarbeiten Gold und Silber zu wertvollem Schmuck und verstehen sich auf eine Steinmetzkunst, die an mittelamerikanische Kulturen erinnert, wie ein im Hinterland von Manta gefundener U-förmiger Thron beweist. Außerdem stellen die Bewohner von Manta Kupferäxte her, wie sie sonst nur noch an der mexikanischen Pazifikküste gefunden wurden. Ihre mit Segeln ausgestatteten Boote aus Balsa-Stämmen sind nicht nur für den Transport von großen Lasten und vielen Personen, sondern auch für Seereisen bis nach Mexiko stabil genug.

Parallel zur Manta-Kultur entwickelt sich an den Flußläufen zwischen Que-

Von Kannibalen und Frauenräubern

Dem Kunstsinn und der großen Fertigkeit in der Herstellung von Keramiken wie von Goldschmuck standen, was Feinde angeht, bei den Karib- und Amazonas-Indianern radikale Vernichtungsstrategien, oft mit Abschreckungscharakter, gegenüber: Dazu ist zunächst die Kopfjagd zu zählen, die darin gipfelte, daß der getötete Feind bis auf den Kopf aufgegessen wurde.

Der amerikanische Anthropologe Jared M. Diamond vermutet, daß Kannibalismus zu ›quasi religiösen Ritualen‹ gehörte. Er unterscheidet die Kopfjagd als Exokannibalismus vom Endokannibalismus. Die Kopfjagd sieht der Forscher als »ein Nebenprodukt politisch verursachter Stammeskriege«, die sich auf den Verzehr von Feinden beschränkte. Sie war zweifellos der bevorzugte Kannibalismus. Und wie die spanischen Chronisten berichten, ging man dabei gründlich vor: Trank das Blut, aß das Fleisch und benutzte das Körperfett für Fackeln. Zur Abschreckung wurden die Köpfe als Trophäen ausgestellt oder zu Schrumpfköpfen verarbeitet.

Aus Südamerika sind keine belegten Fälle von Kopfjagd in den letzten Jahrzehnten mehr bekannt geworden. Dafür wird der Endokannibalismus, bei dem verwandte Tote – meist nur deren Asche – verspeist werden, von den Yanomami im Amazonasgebiet zwischen Brasilien und Venezuela heute noch praktiziert. Jared M. Diamond:

»Mit dieser Form der Bestattung wird dem Toten die letzte Ehre erwiesen, sie garantiert ihm das Weiterleben seiner Seele und die Weitergabe seiner Kräfte.«

Eine andere Form der Feindvernichtung war der Raub von Frauen eines verfeindeten Stamms mit dem offensichtlichen Ziel, das Weiterbestehen des Stamms zu verhindern und dessen Blutlinien im eigenen aufgehen zu lassen. Mitunter stand jedoch diese männliche Vernichtungsstrategie auch auf verlorenem Posten. Dann nämlich, wenn die eigenen Frauen den Gegner als den Stärkeren ansahen und freiwillig überliefen. Beseelt von der Rolle als Mutter und Lebensspenderin, setzten sie – wie die Natur selbst – auf den Überlebenstüchtigeren, indem sie sich ihm anschlossen. Eine höchst selbständige Handlungsweise, wie sie nur im ausgeprägten präkolumbischen Dualismus möglich war, der Mann und Frau jeweils klare Aufgaben zuteilte: Die Frau sorgte mit Nachwuchs für das Erstarken des Stamms, und der Mann tat dasselbe, indem er Feinde gründlichst vernichtete, Eroberungskriege begann und neue Frauen mitbrachte.

Viele Frauen sicherten viele Nachfahren. Inka-Fürsten hielten sich angeblich bis zu 200 »wunderschöne Jungfrauen«, so ein spanischer Chronist. Im Kriegsfall töteten viele Stämme ihre Frauen und Kinder lieber, als mit ansehen zu müssen, wie der Feind sie sich einverleibte.

vado und der heutigen Grenze nach Peru die **Milagro-Quevado-Kultur** mit ihrem filigranen Goldschmuck. Manche Halsketten bestehen nur aus zu Spiralen oder Schleifen gedrehtem Golddraht.

Das Hochland beherrscht damals die mächtige Kultur von **Puruhá** im Tal des Río Chanchán in der heutigen Provinz Chimborazo. Ihre Götter wohnen auf den Gipfeln des Chimborazo und Tungurahua, und auch ihnen sollen, wie der ecuadorianische Geschichtsforscher Jijón y Caamaño herausfand, Menschen, vorzugsweise Jungfrauen, geopfert worden sein. Typisch für die Keramikkunst von Puruhá sind große Krüge mit Darstellungen von Gesichtern. Die friedlichen im Norden hinter dem Cotopaxi lebenden **Quitú** werden in dieser Zeit von den **Cara,** die von der Küste heraufkommen, erobert. Die Cara begründen das neue Herrschergeschlecht der Schyri, was so viel wie ›Herren‹ bedeutet. Die Schyri-Fürsten von Quitú schließen mit Puruhá bald ein Wirtschaftsbündnis. Das Reich grenzt im Süden an das der **Chimbos** und weiter südlich an das der **Cañari.**

Die Inka-Invasion

Rund 100 Jahre bevor die ersten Europäer amerikanischen Boden betreten, erleidet das heutige Ecuador eine andere Invasion: die der Inka. Den Auftrag zur Eroberung des Nordens gibt der neunte Inka-Herrscher **Pachacutec Yupanqui (1438–63)** seinem Sohn und Thronfolger **Tupac Yupanqui (1463– 93).** Dieser scheitert zunächst am heftigen Widerstand der Cañari. Angesichts der Verstärkung, die er schließlich in seinem Lager bei Saraguro um sich versammelt, erfüllen diese jedoch bald alle Bedingungen für eine Kapitulation. Tupac Yupanqui beginnt sofort mit dem Bau von Wegen, Tempeln und Festungen, die alle mit dem zentralen Zeremonienplatz in Cuzco (Peru) verbunden sind, der ganz im Zeichen des Inka-Sonnenkults steht.

Unter den kultischen Zentren, die auch zugleich Festungsanlagen waren, befindet sich Tomebamba im heutigen Cuenca (s. S. 221), wo Tupac Yupanqui schließlich um 1480 ein Sohn und Thronfolger, der elfte Inka **Huayna Cápac (1493–1525),** geboren wird. Huayna Cápac führt die Eroberungen nach dem Tod des Vaters fort und kann Quito einnehmen. Als er aber weiter in den Norden vordrängt, verbünden sich die Caranquis, Cayambes, Otavalos, Peruches und Cochaquíes unter der Führung des Kaziken Nazacota Puento gegen ihn. In einer blutigen Schlacht an der Laguna Yaguarcocha (›Blutsee‹, s. S. 207) siegt Huayna Cápac und wütet furchtbar unter den Gegnern.

Huayna Cápac besiegelt seinen Sieg wie damals üblich, indem er die Quitú-Prinzessin Pacha zur Frau nimmt. 1525 fällt er einer tödlichen Epidemie zum Opfer. Vor seinem Tod teilt er sein inzwischen von Argentinien bis Pasto im heutigen Kolumbien reichendes Großreich in eine nördliche und eine südliche Hälfte auf. Als Thronfolger für den Norden setzt er den dort von der Prinzessin Pacha geborenen **Atahualpa** ein; sein Sohn aus reiner Inka-Linie, **Huáscar,** erhält den Süden. Kurz nach Huayna Cápacs Ableben brechen Unruhen aus. Die Cañari und Puná fühlen sich nicht mehr an ihren alten Treueeid gebunden und schließen sich Huáscar an, der die Gunst der Stunde zum Bruderkrieg nutzt. Die Schlachten bei Tomebamba, Mocha und Ambato kann Huáscar noch für sich entscheiden, doch Atahualpa gibt nicht auf. Höchstpersönlich schreitet er nun mit seinen Quitú-Generälen Quisquis und Calicuchima ins Gefecht und kann schließlich Huáscars General Atoco gefangennehmen und töten. Ermutigt durch den Sieg, zieht er nach Tomebamba, um an der abtrünnigen Heimatstadt seines Vaters Rache zu nehmen; nach einem entsetzlichen Massaker unter den Bewohnern zündet er die Häuser an. Nun ist Atahualpa nicht mehr aufzuhalten, er zieht weiter nach Peru; in Cotabamba bei Cuzco kommt es zur entscheidenden Schlacht gegen die Truppen seines Bruders. Als es Calicuchima gelingt, Huáscar gefangenzunehmen, ist der Sieg Atahualpas besiegelt. Doch er kann ihn kaum genießen. Während er seine Kriegsverletzungen in den Thermen von Cajamarca kuriert, erfährt er von der Ankunft weißer bärtiger Männer an der Küste.

Die Konquista

Die Entdeckung der Neuen Welt durch Christoph Kolumbus im Jahr 1492 kommt Spanien mehr als gelegen. Nach der Vertreibung der Mauren, die das Land sieben Jahrhunderte lang beherrscht hatten, ist der spanische Staat zwar durch die Heirat der Katholischen Könige Isabella von Kastilien und Ferdinand II. von Aragonien erneut erstarkt, seine Schatzkammern aber sind leer. Zahlreiche verarmte junge Adelssöhne suchen neue Perspektiven. Daneben scheint für die nach der muslimischen Zeit wiedergeborene katholische Staatskirche nichts wichtiger, als das wiedererlangte Selbstbewußtsein durch spektakuläre Taten zu unterstreichen.

Die Konquista war eine Zeit der Räuberei vor dem Hintergrund eines auf Expansion drängenden Kirchenstaats. Beflügelt wurde sie zum einen von dem Missionierungsdrang der Kirche und zum anderen von der fast unstillbaren Gier der Spanier nach Gold. Die Inquisition, die unter dem Großinquisitor Torquemada (1493–98) erneuert worden war, pflanzte in so manchen Konquistadoren einen religiösen Fanatismus, der auch gleichzeitig den unmenschlichen Umgang mit der Urbevölkerung und deren Ausbeutung rechtfertigte.

Die Kunde von *El Dorado* (›Der Vergoldete‹, s. S. 97) erreichte die Spanier schon früh und stachelte die Konquistadoren an, immer weiter in den südamerikanischen Kontinent vorzudringen. *El Dorado* wurde zum Synonym für ein an Gold und Schätzen überreiches Land, das irgendwo im Südwesten der Karibik liegen mußte. Daß es tatsächlich existierte, und zwar in Gestalt des Inka-Reichs, das vom heutigen Kolumbien bis hinunter nach Chile reichte, entdeckten die Spanier erst Jahrzehnte nach Kolumbus.

Drei Anläufe waren nötig, um mit der **kolumbianischen Karibikküste** in Berührung zu kommen: Kolumbus erreichte sie als erster auf seiner dritten und letzten Reise – aber er betrat sie nicht. 1499 steuern zwei seiner ehemaligen Reisegefährten, Alonso de Ojeda und der Navigator und Kartograph Juan de la Cosa in Begleitung von Amerigo Vespucci, die venezolanische Karibikküste an, um im Auftrag von sevillanischen Kaufleuten die Perlenfischerei zu organisieren. Bevor sie heimsegeln, erkunden sie die Küste noch bis La Guajira in Nordostkolumbien. 1500 finanziert Rodrigo de Bastides, ein Notar aus Sevilla, eine zweite Reise von Juan de la Cosa, die nun zur ersten Erkundung der kolumbianischen Karibikküste führt. Mit von der Partie ist der Sohn verarmter Adelsleute aus Jérez de los Caballeros: Vasco Núñez de Balboa.

Vasco Núñez de Balboa und seine Mannen erbeuten Goldschätze
von den Indianern, Stich von 1594

1501 kommt es auf La Guajira zur
Gründung eines befestigten Stützpunkts;
als Statthalter wird Alonso de Ojeda eingesetzt. Entnervt vom unerträglich heißen Klima und den ständigen Attacken
der Indianer, kehren De la Cosa und
Núñez de Balboa 1502 nach Santo Domingo (Dominikanische Republik) zurück. In der Junta von Burgos wird 1508
schließlich entschieden, daß Alonso de
Ojeda mit Juan de la Cosa und Vasco
Núñez de Balboa den weiteren Verlauf
der Küste erkunden soll. Erstmals kommen die Spanier jetzt mit den Goldschmiedearbeiten der Tayrona und Sinú
in Kontakt und erreichen den Darién und
den Golfo de Urabá. Alonso de Ojeda
wird offiziell der Titel ›Gouverneur von
Urabá‹ zugestanden, worauf er zwischen den Mündungen der Flüsse
Cañaflechal und Necoclí ein Fort mit
dem Namen San Sebastian de Urabá errichtet, das allerdings wenig später von
Indianern zerstört wird. Im Giftpfeilha-
gel stirbt Juan de la Cosa zusammen mit
70 anderen Spaniern; Ojeda kann sich
zwar retten, doch fällt er danach bei den
spanischen Königen in Ungnade. Sie er-
teilen einem unerfahrenen Abgesand-
ten den Auftrag, mit Kolonisten eine
erste Stadt anstelle des Forts zu er-
bauen: Santa Maria de La Antigua del
Darién (s. S. 151). Die Kolonisten aber
wenden sich lieber dem erfahrenen
Vasco Núñez de Balboa zu und wählen
ihn zum Bürgermeister dieser ersten kolumbianischen Kolonialstadt mit Kathedrale, Franziskanerkonvent, Wohnhäu-

sern für die Konquistadoren und einem ersten Regierungsrat. Núñez de Balboa gelingt es, mit den Indianerstämmen der Umgebung Frieden zu schließen, er freundet sich sogar mit dem Kaziken Careta an, dessen Tochter Anayanci ihm von einem nahen Meer, das zu Ländern voller Goldschätze führt, erzählt. 1513 bricht er mit 190 Landsleuten, 600 indianischen Lastenträgern und Bluthunden auf und zieht über die Randgebirge und durch den dichten Regenwald landeinwärts, bis er am 25. September 1513 sein Ziel erreicht: die Pazifikküste.

In der Zwischenzeit allerdings gibt die Spanische Krone der Region um Santa Maria de La Antigua del Darién den Namen ›Castilla de Oro‹ (›Goldenes Kastilien‹), ernennt den Ort zur Hauptstadt und setzt als ersten Gouverneur Pedro Arias Dávila ein. Es kommt zu schweren Auseinandersetzungen zwischen dem zurückgekehrten Vasco Núñez de Balboa und Pedro Arias Dávila: Im Januar 1517 stirbt der Entdecker des Pazifiks durch die Hand seines Nachfolgers. Danach wird die Hauptstadt an den Pazifik verlegt und erhält 1519 einen neuen Namen: Nuestra Señora de Panama. Von der neuen Hauptstadt aus wird die systematische Besiedlung der kolumbianischen Karibikküste mit der Gründung von Städten begonnen: 1525 errichtet Rodrigo de Bastidas Santa Marta und verwaltet von hier aus das Gebiet von der Mündung des Río Magdalena bis zum Cabo de la Vela auf der Halbinsel La Guajira. 1533 gründet Pedro de Heredia Cartagena de las Indias und erhält dazu das Gebiet vom Río Magdalena bis zum Río Atrato.

Ebenfalls von Panama startet 1522 Pascual de Andagoya gen Süden mit dem königlichen Auftrag, die **Pazifikküste** weiter zu erforschen. Stürme werfen sein Schiff auf die Küstenklippen des nördlichen Chocó, und er strandet schon an der Mündung des Río Baudó. Auch er erfährt dort von den Indianern Einzelheiten über das südlicher gelegene Reich der Inka. Nach seiner Rückkehr stößt er bei seinen Bemühungen, Verstärkung für eine größere Expedition aufzutreiben, auf die beiden Haudegen Diego de Almagro und Francisco Pizarro. Als die drei Abenteurer im November 1524 aufbrechen, zwingen sie schwere Unwetter zu mehreren Zwischenlandungen an der Küste und schließlich zur Rückkehr nach Panama. Ein Jahr später segeln sie erneut bis San Juan und erbeuten dort große Mengen Gold. Jetzt teilen sie sich auf: Diego de Almagro segelt sofort zurück nach Panama, um mit dem Gold als Beweis weitere Mittel für das Unternehmen locker zu machen. Pizarro bleibt in San Juan, und Bartolomé Riuz, der Leiter der Expedition, segelt weiter nach Süden. Als erster Europäer gelangt er bis nach Punta Jama in der ecuadorianischen Provinz Manabí, von hier tritt auch er die Rückreise nach Panama an. Pizarro allerdings soll sich geweigert haben, nach Panama zurückzufahren. Mit zwölf Getreuen flüchtet er vor den immer heftiger werdenden Attacken der Indianer am Río San Juan auf eine Insel voller Schlangen, die er deshalb Gorgona nennt (s. S. 164). Von hier nimmt Pizarro Kurs gen Süden entlang der ecuadorianischen Küste bis nach Túmbez (im heutigen Peru), wo er weitere Details über den Reichtum und den Krieg der Inka-Brüder erfährt. Mit diesem Wissen kehrt er zurück nach Panama und weiter nach Spanien, wo er sich umgehend um eine Audienz beim Hof bemüht. Dort verspricht ihm Karl V. vorab alle Titel des erst zu erobernden Reichs der Inka.

Seine dritte Reise tritt Pizarro 1531 wieder mit Diego de Almagro und seinen Brüdern Hernando und Gonzalo an; 1532 erreicht er Túmbez. Hier hält die spanische Geschichtsschreibung meist inne und betont, daß Pizarro keine andere Wahl blieb, als Atahualpa mit List und Tücke zu überwältigten: »Er entschied, den Feind zu eliminieren, bevor dieser ihn ausschalten konnte.« Pizarro schickt Atahualpa eine Delegation mit einer Einladung zu einem Treffen. Atahualpa wähnt sich offenbar so sicher, daß er sie annimmt. Er erscheint im Pomp des Inka-Fürsten. Ein Übersetzer teilt ihm sogleich angeblich förmlich mit, sein Land sei im Namen Karl V. und des Papstes besetzt. Als der dominikanische Pater Vicente Valverde ihn nun noch dazu auffordert, seinen Göttern abzuschwören, und ihm eine Bibel überreicht, soll Atahualpa sie wütend auf den Boden geworfen haben. Darauf hatten die Spanier nur gewartet: Sie nehmen ihn gefangen und richten ihn am 26. 7. 1533 hin. Die Pizarro-Brüder erheben daraufhin Anspruch auf den peruanischen Teil des Inka-Reichs, weisen Diego de Almagro den heute chilenischen Andenraum zu und schicken den Hauptmann Sebastián de Benalcázar in den Norden nach Quito, wo in der Zwischenzeit der letzte Inka-General Rumiñahui den Widerstand vorbereitet. Benalcázar genießt jedoch die Unterstützung der Cañari, an denen Atahualpa so grausam Rache genommen hatte, als sein Heer südlich von Quito auf die Truppen Rumiñahuis trifft. Feuerwaffen und Pferde, mit denen die Spanier aus der Sicht der Indianer wie Zentauren verwachsen scheinen, und schließlich ein Vulkanausbruch schlagen die Inka-Krieger in die Flucht. Rumiñahui beeilt sich nun, den Spaniern auf ihrem Vormarsch nach Norden nur verbrannte Erde zu hinterzulassen. In Quito versteckt er alle Schätze, ordnet angeblich

die Exekution aller Jungfrauen an und zündet die Stadt am 17. Juni 1534 an, bevor er weiter in den Norden flüchtet. Das Ende Rumiñahuis ist von Legenden umwoben. Es heißt, daß er sich selbst das Leben nahm, um nicht in die Hände der Spanier zu fallen.

Benalcázar stoppt die Verfolgung des Inka-Generals bei Caranqui, als ihn die Nachricht von der Ankunft eines Konkurrenten in Bahía de Caráquez, es ist Pedro de Alvarado aus Guatemala, erreicht. Nach einem Treffen finden die Pizarro-Brüder ihn mit 100 000 Goldmünzen ab. Auch Diego de Almagro ist aus dem goldarmen Chile zurückgekehrt und stellt Forderungen, da er sich von den Pizarros betrogen fühlt. Es beginnt ein Bürgerkrieg unter den Spaniern, der seinen Höhepunkt am 6. 4. 1538 im ecuadorianischen Las Salinas findet und mit dem Sieg Francisco Pizarros endet. Almagro wird hingerichtet. Seine Anhänger wiederum ermorden Pizarro.

1536 bereiten drei Konquistadoren unabhängig voneinander Vorstöße ins **Landesinnere** vor. Gonzalo Jiménez de Quesada will von Santa Marta an der kolumbianischen Karibikküste aus die Quelle des Río Magdalena finden, wo sich das gesuchte *El Dorado* befinden soll. Außerdem hat er in Panama von einem Landweg nach Peru erfahren. Seine Expedition folgt den Wassern des Río Magdalena durch dichten Dschungel; auf der Höhe von Barrancabermeja ist seine Truppe aber bereits wegen des Klimas, den allgegenwärtigen Gefahren des Urwalds und Krankheiten derart demoralisiert, daß er sie nur mit Mühe zum Weitermaschieren bewegen kann. 1537 erreicht er endlich die Nordhänge der Ostkordillere beim Tal von Moniquirá. Von hier zieht er weiter westwärts bis zum heutigen Zipaquirá, ohne daß die Muisca Widerstand leisten. Bereits im Besitz reicher Beute, die er auf seinem Weg eingesammelt hat, steht er am 22. März vor der weiten Sabana von Bogotá *(indian. Bacatá)*. Beim Anblick der zahlreichen von Palisaden umzäunten Muisca-Hütten soll er das Tal spontan Valle de los Alcázares (›Tal der Festungen‹) genannt haben. Der Goldschmuck der Indianer stachelt Quesadas Truppe an, die Quellen des Muisca-Reichtums zu finden. Dabei stößt sie auf die Smaragdminen von Muzo. Am 20. August 1537 erbeuten die Spanier 136 500 Münzen aus *oro fino* (Gold mit mehr als 16 Karat), 14 000 Münzen aus *oro bajo* (9–15 Karat) und 280 Smaragde aus dem Besitz des Muisca-Kaziken Quemuenchatocha. Schließlich plündern sie auch den Sonnentempel im Kazikenreich Sugamuxi (heute Sogamoso). Ein Jahr später, am 6. August 1538, gründet Quesada auf den Trümmern von Bacatá eine neue Stadt und nennt sie zu Ehren der spanischen Könige Santa Fé de Bogotá. In Anlehnung an seinen früheren Wohnsitz in Spanien erhält das gesamte von ihm entdeckte Gebiet den Namen Nuevo Reino de Granada.

Die Muisca sehen den Aktivitäten der Spanier nicht tatenlos zu. Unter dem Kaziken Sajipa organisiert sich der Muisca-Widerstand. Die Überlieferung nennt ihn einen großen Krieger, der »mehrere Männer wert war«. Die Spanier jedoch können einen Aufstand nach dem anderen niederschlagen. Um sein Volk vor weiterem Blutvergießen zu bewahren, beschließt Sajipa schließlich, sich den Spaniern zu stellen. In der Hoffnung, von ihm den Platz zu erfahren, an dem der Muisca-Goldschatz vergrabe wurde, nimmt Quesada seine Kapitulation an. Sajipa ist kaum eingekerkert, da bricht in Santa Fé ein verheerendes Feuer aus, ein hervorragender Vorwand, Sajipa der Brandstiftung zu beschuldigen und ihn grausamster Folter zu unterziehen. Doch selbst als die Spanier ihm die Füsse verbrennen, kommt angeblich kein Ton über seine Lippen. Einen Monat später

Die Entdeckung des Pazifiks, Stich 16. Jh.

Die Entdeckung des Amazonas

Im Dezember 1539 startet in Quito eine hervorragend ausgerüstete Expedition, um im Auftrag von Francisco Pizarro das legendäre Zimtland ›La Canela‹ zu suchen. Mit dabei sind Pizarros Halbbruder Gonzalo, die Patres Gonzalo de la Vera und Gaspar de Carvajal sowie Francisco de Orellana. Zusammen mit 350 Spaniern in voller Kampfrüstung, 4000 indianischen Lastenträgern, unzähligen Schweinen, Hunden und Lamas steigen sie die Anden hinunter. Als sie endlich den Río Napo beim heutigen Coca erreichen, geht ihnen der Proviant aus, so daß Gonzalo Pizarro Francisco de Orellana mit 55 Mann auf eine Erkundungsfahrt über den Fluß sendet. Trotz anders lautendem Befehl kehrt Orellana aber nicht zurück. Am 2. Februar 1542, nach 39 Tagen vergeblichen Wartens, bricht Gonzalo Pizarro die Expedition ab. Was derweil mit Orellana geschieht, hält Gaspar de Carvajal fest: »Obwohl wir sehr wünschten, flußaufwärts zurückzukehren, war dies wegen der starken Strömung nicht möglich. Der Versuch, über Land zu marschieren, stand außerhalb jeder Frage ...«

Francisco de Orellana ist erst 30 Jahre alt, ein junger, mehr in der Diplomatie als in der Seefahrt bewanderter Mann, als die starke Strömung des Río Napo ihn und seine Mannschaft wider Willen in die Entdeckung des Amazonas mitreißt. Etwa östlich von Nueva Rocafuerte – gestern wie heute eine historische Landmarke, denn hier verläuft seit 1941 die ecuadorianische Grenze zu Peru (s. S. 56) – begegnet Orellana dem ersten Waldindianer. »Sie umarmten einander«, notiert Carvajal, »und der Häuptling äußerte große Befriedigung über den guten Empfang.«

Orellana und seine mittlerweile durch Unterernährung, Malaria oder Skorbut dezimierte Schiffsbesatzung kann im Dorf des Häuptlings Apuria bleiben, wo sie neue Schiffsnägel aus den Rüstungen schmieden. Nach vier Wochen zieht die Truppe weiter flußabwärts bis zum heutigen Iquitos, das bis 1941 auch

stirbt er, ohne das Versteck des Schatzes verraten zu haben. Gonzalo Jiménez de Quesada gründet Santa Fé de Bogotá am 27. April 1539 zum zweiten Mal. Nur wenige Tage später erhält Quesada die Nachricht vom Heranrücken zweier anderer Konquistadoren: Aus dem Südwesten kommen Sebastián de Benalcázar und aus dem Osten Nikolaus Federmann.

Sebastian Benalcázar war 1535 zur weiteren Erkundung des nördlich von Quito gelegenen Gebiets aufgebrochen, u. a. um sich vom Mandat Pizarros zu befreien und sich ein eigenes Gebiet zu erobern. Beflügelt von den Erzählungen eines Quitú, der ihm die Lage von *El Dorado* beschreibt, zieht er über die Cordillera Central und gründet die Städte Pasto, Popayán und Cali. Hier schickt er

noch zu Ecuador gehörte. Hinter Iquitos häufen sich die Überfälle von Indianern, und immer wieder treibt der reißende Strom die kleine Expedition voran bis zum heutigen Manaus, wo sich Río Negro und Amazonas vereinen. Fünf Monate nach dem unfreiwilligen Abdriften in die Tiefen des Urwalds sehen sich die Spanier nun von einem Dutzend kampfbereiter Frauen, »hellhäutig, hochgewachsen, das lange Haar um den Kopf geflochten« (Carvajal), umzingelt. Carvajal, ein gebildeter Priester aus dem Abendland, denkt bei ihrem Anblick an die Amazonen von Troja, die sich die rechte Brust ausbrannten, um den Pfeil besser ansetzen zu können (*amazo* = griech. ›ohne Brust‹). In seinen Aufzeichnungen schildert er den folgenden Kampf mit dem kriegerischen Frauenstamm so ausführlich, daß die Nachwelt bei der späteren Benennung des Stroms den Namen des Entdeckers außer Acht läßt.

Orellana erreicht am 26. August 1542 den Atlantik. Pater Carvajal, der zwar ein Auge bei den Kämpfen eingebüßt hat, setzt sich fortan für die Rechte der Indianer in Peru ein. Orellana wird von Karl V. noch einmal in das Mündungsdelta des Amazonas geschickt, wo er eine spanische Kolonie gründen soll. Doch jetzt scheitert er: Er findet die Einfahrt zum Strom nicht mehr. Die Besatzung stirbt unter Indianerpfeilen, er selbst im November 1546, wie und wo genau, das überliefert dieses Mal keiner.

seinen Hauptmann Jorge Robledo mit 40 Soldaten weiter nach Norden. Robledo gründet Cartago und 1541 im Land der Katío-Indianer die Stadt Santa Fé de Antioquia. Robledo gelingt es als erstem Europäer, von der Cordillera Central kommend die Karibikküste zu erreichen. Dort wird er allerdings vom Gouverneur von Cartagena verhaftet und nach Spanien ausgewiesen.

Benalcázar schwenkt nach der Trennung von Robledo nach Osten und erreicht über das Tal des Río Magdalena das Tal von Neiva, wo er auf die umherstreifenden Truppen von Quesada trifft. Diese können ihn schließlich stoppen und für ein Treffen mit ihrem Anführer in Bogotá gewinnen.

Nikolaus Federmann, der dritte Konquistador, den es auf der Suche nach

Nikolaus-Federmann-Denkmal in Riohacha

El Dorado in die Nähe von Bogotá verschlägt, ist ein Deutscher. Nachdem Karl V. den Welsern das Gebiet des heutigen Venezuela als Pfand überlassen hatte, beauftragt das welsische Bankhaus in Augsburg den Ulmer Bürgersohn 1530 ursprünglich damit, Siedler und Bergleute in die Region zu holen. Allerdings belassen es die von Ambrosius Dalfinger angeführten Deutschen bei der Gründung der Stadt Coro an der Karibikküste und ziehen es vor, sich auf die Suche nach *El Dorado* zu begeben. Auf einer Expedition kommt Ambrosius Dalfinger ums Leben, während Federmann die Halbinsel La Guajira erkundet und dort auf die Stadt Riohacha stößt. Er verfehlt den westlichen Zugang zur Cordillera Oriental und steigt schließlich über die Ebene der Llanos ins Hochland auf, passiert Villa de Leyva und trifft im März 1539 in der Sabana de Bogotá ein.

Die drei Konquistadoren einigen sich, die spanische Krone als Schiedsgericht zu konsultieren. Benalcázar wird daraufhin zum Gouverneur der Provinz zwischen Pasto und Urabá ernannt, Jiménez de Quesada dagegen der Unterschlagung von Goldfunden bezichtigt und zu einer Gefängnisstrafe verurteilt. Ein ähnlich unglückliches Schicksal ereilt Nikolaus Federmann. Er wird von den Welsern des Hochverrats angeklagt, stirbt aber schon 1542, kurz nach seiner Rückkehr, an einem Tropenfieber.

Die spanische Kolonialzeit

Die Reaktionen des spanischen Hofs auf den Streit der drei Konquistadoren von Bogotá spricht für sich: Die Zeit des Jubels über Neuentdeckungen ist vorbei; jetzt gilt es, die Herrschaft über die Neue Welt nicht zu verlieren, d. h. nach innen wie nach außen zu sichern. Die Instruktion vom 29. Mai 1493, die erste Verwaltungsmaßnahmen für das neue Reich ›Las Indias‹ und die Verpflichtung der Konquistadoren, einen Teil ihrer Gewinne an die spanische Krone abzuführen und die Indianer zu missionieren, enthielt, muß verfeinert und um weitere Gesetze und Kontrollen ergänzt werden, um selbstherrlichen Aneignungsversuchen bei der Besiedlung, Ausbeutung und Verwaltung der eroberten Länder einen Riegel vorzuschieben. Dabei müssen ganz widersprüchliche Interessen unter einen Hut gebracht werden: zum einen der päpstliche Missionsauftrag und zum anderen das Bestreben des spanischen Mutterlandes, die Gewinne aus den Kolonien noch zu steigern.

Das *encomienda*-**System,** das die Verteilung der Indianer an die Kolonisten regelte, scheint zunächst das Problem zu lösen, da es die wirtschaftliche Ausbeutung der *indígenas* mit deren Missionierung verband. In den Dokumenten heißt es: »Es werden Euch ... 50 (oder 100) Indianer zusammen mit dem Kaziken anvertraut *(span. encomendar),* damit sie Euch in Euren Unternehmen und Bergwerken dienen und damit ihr sie in den Wahrheiten unseres heiligen katholischen Glaubens unterweist.« Die *encomienda* begründete in Kolumbien und Ecuador den Großgrundbesitz, der bis heute die Wirtschaft beider Länder prägt.

Wie die Kolonisten darüber hinaus mit den Indianer zu verfahren hatten, war ebenfalls geregelt. An den z. T. vorbildlich anmutenden Texten hatte die Theologenschule von Salamanca entscheidenden Anteil. Sie enthielten viele Passagen zum Schutz der Indianer, darunter ausdrücklich für schwangere Frauen, Minderjährige und Greise, daneben Vorschriften für Freizeit und ausreichend Nahrung. Weiterhin wurde der kastilischen Krone für ewige Zeiten der Zehnte aller Einnahmen zugesichert. Diese verpflichtete sich im Gegenzug, in den neuen Kolonien Kirchen zu gründen.

Den teilweise vorbildlichen Gesetzen stand eine grausame Realität gegenüber. Als Bartolomé de Las Casas (1474–1566), ein zum Priester geweihter Adelssohn aus Limousin, seine 40 Inspektionsreisen in die ›westindischen Länder‹ unternimmt, ist er über die unwürdigen Bedingungen, unter denen die Indianer Frondienst leisten müssen, schockiert und verfaßt seinen aufrüttelnden **Bericht ›Von der Verwüstung der westindischen Länder‹.** Als seine Anklage in Spanien Gehör findet, ist die indianische Bevölkerung jedoch bereits extrem dezimiert. Viele Stämme wie die Tahamié, Nutabae und Tunebo entzogen sich durch kollektiven Selbstmord dem Schreckensregiment der Spanier oder starben wie die Heere der Kaziken Nutibara oder Tundama im verzweifelten Widerstand gegen die Unterwerfung. Andere wurden von eingeschleppten Krankheiten wie der Grippe, gegen die ihre Körper keine Abwehrstoffe besaßen, hinweggerafft oder erlagen den unmenschlichen Anstrengungen in den Bergwerken oder auf den Zuckerrohrplantagen.

Karl V. erläßt 1542 die **Nuevas Leyes de las Indias,** ›neue Gesetze‹, die den Schutz der Indianer erhöhen sollen, freilich ohne die Interessen der Grundbesitzer und der Krone zu sehr zu verletzen. Das *encomienda*-System wird abgeschafft, die Indianer dafür gegen geringe Bezahlung zur Arbeit *(mita)* verpflichtet. Als Lebensraum übergibt man ihnen *resguardos*, einen gemeinschaftlichen Landbesitz, der allerdings von geringem wirtschaftlichem Wert war. Meist handelte es sich um Randzonen großer Plantagen oder um unwegige Gebiete in den Bergen.

Gleichzeitig wird die Verwaltung des Kolonialreichs gestrafft. Um 1520 entsteht der **Consejo Real y Supremo de las Indias** (›Königlicher Spanischer Oberster Indienrat‹). Die entdeckten Provinzen, die zunächst einem Gouverneur und jeweils dem Gerichtshof *(Audiencia)* in Quito und Santa Marta unterstellt waren, werden neu strukturiert und jetzt einer **Real Audiencia,** die detaillierte Befugnisse für die Kontrolle der Kolonisten und die Gerichtsbarkeit erhält, untergeordnet. Santa Fé de Bogotá erlangt den Status einer Real Audiencia 1550 für die Provinz Nueva Granada, während Santa Marta in den Stand einer normalen Stadt zurückfällt. Quito wird 1563 Real Audiencia für die damals noch über Popayán bis Santa Fé de Antioquia ins heutige Kolumbien hineinreichende ecuadorianische Provinz. Beide Provinzen unterstehen von Beginn an dem Vizekönigreich Peru, das mit dem Vizekönigreich Neu-Spanien (Mexiko) die beiden ersten Vizekönigreiche in Amerika bildet, die nach dem spätmittelalterlichen Vorbild der spanischen Vizekönigtümer auch auf amerikanischem Boden eingerichtet wurden. Zum Kontrollsystem der Provinzen gehören regelmäßige Inspektionen *(visitas)* durch Abgesandte Spaniens. Die immer wieder veränderten Gesetze werden erstmals 1680 in dem Kolonialgesetzbuch ›Recopilación de Leyes de las Indias‹ zusammengefaßt.

Im Übrigen wird der Handel einigen wenigen **Handelshäusern** übertragen. Fremde Waren dürfen nicht nach Amerika gebracht werden. Diese strengen Monopolvergaben, die bis zu den Unabhängigkeitskriegen andauern, verhindern in Lateinamerika die Ausbildung eigener Instanzen und ziehen Schmuggel und Schleichhandel nach sich.

Ende des 16. Jh. wird die als Schatzhafen des Vizekönigreichs Peru aufgeblühte Stadt Cartagena de las Indias zum größten **Sklavenumschlagplatz** in der neuspanischen Welt. Moralische Bedenken gegen diese Art von Handel gibt es nicht. Einzig der Jesuit Pedro Cla-

ver erbarmt sich der Sklaven und versorgt sie mit den nötigsten Lebensmitteln und Medikamenten – vorausgesetzt, sie schwören ihren afrikanischen Göttern ab. Gebraucht werden die Schwarzen vor allem als Arbeitskräfte in den Gold- und Platinminen und auf den Bananenplantagen im Westen Kolumbiens wie an der ecuadorianischen Küste. In all diesen Regionen stellen ihre Nachfahren bis heute den Hauptteil der Bevölkerung. Besonders schwarze Frauen arbeiten als Personal in den Hacienda-Haushalten, als Ammen und Kindermädchen, wobei sie nicht selten von den erwachsenen Söhnen oder dem Patron sexuell mißbraucht werden. Neben den Schwerstarbeiten in den Plantagen und Minen werden männliche Schwarze auch als Handwerker, Lastenträger oder Ruderer auf den Magdalena-Schiffen eingesetzt.

Ohne Widerstand und **Revolten** läuft der Sklavenhandel allerdings nicht ab. Die flüchtigen Sklaven werden *cimarrones* genannt; ihr berühmtester Anführer ist Benkos Bohio. 1600 – also lange vor der Französischen Revolution, die eine ganze Welle von Sklavenaufständen auslöst – gründet er im schwer zugänglichen Hinterland von Cartagena mit 30 flüchtigen Sklaven eine eigene, selbstverwaltete Siedlung *(palenque),* die sich so lange erfolgreich gegen Strafexpeditionen verteidigen kann, bis sie offiziell anerkannt wird. Als Benkos Bohio, der sich in der Zwischenzeit zum König krönen läßt, gefaßt wird, verurteilt ihn ein spanisches Gericht jedoch zum Tod durch den Strang.

Im Laufe des 17. Jh. verschärft sich die **Krise des Mutterlandes.** Die spanische Großmachtpolitik in Europa verschlingt große Geldsummen und führt wiederholt zur Zahlungsunfähigkeit der spanischen Krone. Chronische Finanz-

Im Auftrag der Könige – Piraten vor den Küsten

Während die spanische Krone sich um Befriedung und Ordnung im Innern ihres Weltreichs bemüht, sieht sie sich auch von außen angegriffen. 1494 hatte der Papst zwar die Streitigkeiten zwischen der portugiesischen und spanischen Nation durch den Weltverteilungsvertrag von Tordesillas geschlichtet, indem er eine Linie durch die damals noch kaum bekannte Neue Welt zog und den einen Teil (Brasilien) Portugal, den anderen Teil Spanien zugestand, doch die übrigen Seefahrernationen wie England, Holland und Frankreich erkennen diese Regelung nicht an. Der Machtkampf zwischen den Engländern und Spaniern um die Vorherrschaft in Europa verschärft sich unter Heinrich VIII. (1509–47), der seine eigene (anglikanische) Staatskirche gründet, um sich von Katharina von Aragonien scheiden zu lassen. Die seit Luther (1483–1546) auf dem europäischen Kontinent tobenden Glaubenskämpfe zwischen Nord und Süd, zwischen Katholiken und Protestanten, werden nun, gehörig vermischt mit machtpolitischen Interessen, in die Karibik verlagert, wobei besonders Piraten die Auseinandersetzung tragen.

»No peace beyond this line« ist denn auch die Devise, die sich Freibeuter und Flibustier wie Francis Drake auf ihre Totenkopffahnen schreiben. Der später vom englischen Königshof geadelte englische Pirat kapert, plündert und brandschatzt ab 1577 die spanischen Flotten und neuen Siedlungen, darunter Riohacha und im Jahr 1586 auch Cartagena de las Indias.

Danach eilt er auf den Kriegsschauplatz Europa zurück, um seinen Landsleuten im Kampf gegen die große Spanische Armada beizustehen, die Philipp II. (1555–98) gegen England auslaufen läßt. Die Engländer siegen 1588, sichern sich ihre Vormachtstellung in Europa und leiten den Niedergang Spaniens ein.

Auf dem Kriegsschauplatz Karibik verliert Spanien zahlreiche Ländereien an die Engländer, darunter Jamaika. Die Insel Santa Catalina im heute kolumbianischen Archipel San Andrés wird das Hauptquartier des Freibeuters Henry Morgan (1635–88). Von dort greift er die spanischen Besitzungen in Mittel- und Südamerika an. 1671 plündert und zerstört er die stolze Stadt Panama, bevor er zum stellvertretenden Gouverneur von Jamaika ernannt wird. In Cartagena de las Indias wird in dieser Zeit eifrig an der Erweiterung der größten Festungsanlage der Karibik gebaut.

Auch vor Ecuador geben sich die Piraten ein Stelldichein. Der erste ist 1587 Thomas Cavendish. Es folgen Richard Hawkins, der Holländer Spielbergen, die Franzosen Picard und Hewit und schließlich Woodoe Rogers. Als Operationsbasis nutzen sie überwiegend die Galápagos-Inseln; ihr Ziel sind meist die Häfen Perus oder Guayaquil.

not bestimmt von nun an die Kolonial-
politik, wodurch die Verwaltung in den
Kolonien keine effektive Kontrolle mehr
ausüben kann. Steuerhinterziehung,
Machtmißbrauch und Korruption stehen auf der Tagesordnung. Die zunehmende Verunsicherung der Seewege
durch rivalisierende Flotten und feindli-
che Piraten läßt die Kosten für den Ge-
leitschutz der Galeeren enorm steigen
und schädigt den Amerikahandel nach-
haltig. Schließlich wird der Niedergang
der *madre patria* durch die spanischen
Erbfolgekriege (1701–14) nach dem Tod
Karls II. endgültig besiegelt.

Die Veränderungen im europäischen
Mächtegleichgewicht gehen an den
überseeischen Provinzen nicht spurlos
vorüber. Entscheidende Einschnitte sind
der **Frieden von Utrecht (1713),** in
dem sich Großbritannien das Monopol
für den Sklavenhandel mit Spanisch-
Amerika sichert, und der **Frieden von
Rastatt und Baden (1714),** durch den
ein Enkel des französischen Königs Lud-
wig XIV. den spanischen Thron besteigt:
der **Bourbone Philipp von Anjou.** Als
Philipp V. von Spanien ordnet er die
neuspanischen Besitzungen in kleinere
Einheiten. 1717 ernennt er Bogotá zur
Hauptstadt des neugeschaffenen Vizekönigreichs Nueva Granada, das nun
die Provinzen Venezuela, Panama, Kolumbien und Ecuador umfaßt. Die Neuordnung kennzeichnet einen Zeitab-
schnitt, in dem die Entwicklung Europas
in rasanten Schritten vorangeht, während die neuspanische Welt in Übersee
in den alten Strukturen stecken bleibt.
So bildet sich in den Ländern Mittel- und
Nordeuropas seit der Reformation ein
selbstbewußtes Bürgertum heraus, das
die Aufklärung in besonderem Maße
vorantreibt. Das Zeitalter der bedin-
gungslosen Religiosität geht endgültig
in das Zeitalter der Vernunft über.

Mit den Bourbonen siegt der kühle
Norden über den Süden, und damit ist
auch die Schonzeit für Korruption und
Mißwirtschaft vorbei. Verschärfte Steu-
ereinziehung, neue Staatsmonopole
(z. B. Tabak) und eine Tendenz zur Eineb-
nung althergebrachter Privilegien rufen
den Unmut der reichen Oberschicht in
Nueva Granada hervor. Als 1765 der
Verkauf von Alkohol monopolisiert wird,
kommt es in Quito – acht Jahre nach
dem ›Bostoner Teesturm‹, der 1776
zur Unabhängigkeitserklärung der USA
führt – zur ersten Revolte. Die Aufständi-
schen fordern die Vertreibung der *cha-
petones* (›Neulinge‹), wie die in Europa
geborenen Spanier im Gegensatz zu
den in Übersee geborenen *criollos* (›Einheimische‹) genannt werden. Den *cha-
petones* sind die höchsten Ämter in den
Kolonien vorbehalten. In Bogotá rotten
sich nicht weniger als 20 000 aufge-
brachte Kreolen und Mestizen zu einem
Aufmarsch zusammen, der als ***comu-
nero*-Aufstand** in die Geschichte der ersten Unabhängigkeitsbewegungen ein-
geht. 1794 – knapp fünf Jahre nach dem
Ausbruch der Französischen Revolution
– übersetzt Antonio Nariño in Bogotá
eigenmächtig die **Menschenrechte** ins
Spanische, wofür er mit einer langen
Haftstrafe büßen muß.

Die Unabhängigkeits-
kriege

Abschaffung der Feudalordnung, Bau-
ernbefreiung, Erklärung der Menschenrechte – als die Französische Revolution
die Alte Welt erbeben läßt und in der
Neuen Welt für zahlreiche Sklavenauf-
stände sorgt, ist Simón Bolívar (1783–
1830) gerade sechs Jahre alt. Der Sohn
einer reichen aristokratischen Großgrundbesitzerfamilie aus Caracas in Ve-

Die Plaza de la Independencia in Quito

nezuela, geht später nach Paris und erlebt dort die Krönung Napoleons zum Kaiser. Die Ideen der Revolution bewegen ihn ebensosehr wie die darauf folgende Schreckensherrschaft der Jakobiner und die Machtübernahme durch Napoleon Bonaparte. Als schließlich 1808 französische Truppen in Spanien einmarschieren und Joseph Bonaparte, der Bruder Napoleons, den spanischen Königsthron besteigt, muß er fassungslos mitansehen, wie konzeptlos die Kreolenschicht von Neu-Granada versucht, sich von diesem neuen Herrn zu befreien. Den Anfang macht Quito 1809 mit einer **Unabhängigkeitserklärung.** Wenig später setzen die von Kreolen dominierten Stadträte *(cabildos)* von Mompós, Cartagena und Santa Fé de Bogotá kurzerhand die spanischen Regierungsvertreter ab. In Bogotá geht man sogar so weit, sich zur Hauptstadt einer neuen zentralistischen Republik Neu-Granada zu ernennen und beruft

als ersten Präsidenten Antonio Nariño. Als Antwort auf diese Anmaßung schließen sich die anderen Provinzen jedoch auf dem Kongreß von Tunja (1811) empört zum ›Staatenbund der Vereinigten Provinzen Neu-Granadas‹ zusammen. Erstmals stehen sich damit auf kolumbianischem Gebiet Anhänger des Föderalismus und Verfechter des Zentralismus unvereinbar gegenüber. Alle Schlichtungsversuche Bolívars schlagen fehl, so daß die zerstrittenen Parteien nicht in der Lage sind, den Widerstand gegen den aus Spanien mit 10 000 Soldaten anrückenden General Pablo Morillo zu organisieren. Cartagena kann nur 106 Tage Widerstand leisten. General Morillo wütet in Cartagena wie ein Schlächter, bevor er weiter nach Bogotá zieht und sein Terrorregime errichtet. Die Zeit der ersten Aufstände geht in die Geschichte der Provinzen Neu-Granadas als *patría boba* (›Dummes Vaterland‹) ein.

Simón Bolívar triumphiert in Caracas (Venezuela), Stich von 1832

Simón Bolívar fühlt sich berufen, die Widerstandsbewegung in Neu-Granada anzuführen. Im Exil verfaßt er ein strategisches, bereits von der großen Vision eines zentralistischen zukünftigen Einheitsstaats getragenes Manifest, mit dem es ihm tatsächlich gelingt, die Kreolen Neu-Granadas zu einen. Kampfgefährten findet er in seinem Landsmann Antonio José de Sucre, in dem kolumbianischen General Paula de Santander und in José Antonio Páez, dem Anführer der eigenwilligen Männergesellschaft von den Viehweiden der Llanos. 1813 schließlich erklärt Bolívar Spanien den Krieg. Nach ersten kleineren

Siegen wird 1817 Angostura, eine heiße Stadt am Orinoco in Venezuela, die man später zu Ehren des *Libertadors,* des Befreiers, in Ciudad Bolívar umtauft, zur provisorischen Hauptstadt des geplanten Staats Großkolumbien ernannt. Bolívar erhält dort wenig später alle Vollmachten eines Präsidenten in spe. Für die beiden entscheidenden Befreiungsschlachten im Kernland von Neu-Granada führt er schließlich sein bunt aus Kreolen, Mestizen, zwangsverpflichteten Schwarzen und englischen Söldnern zusammengewürfeltes Heer aus der venezolanischen Llanos-Ebene über den 4077 m hohen Andenpaß Pico de

Aguila bis nach Boyacá im heutigen Kolumbien. Am 25. Juli 1819 trifft er auf das Heer des spanischen Colonels José María Barreiro und siegt in der Schlacht von Pantano de Vargas. Die endgültige Befreiung Neu-Granadas wird schließlich am 7. August 1819 bei der Schlacht an der Brücke von Boyacá besiegelt. Auf dem konstituierenden Kongreß von Cúcuta (1821) sprechen sich die Abgeordneten aller Regionen nun für Bogotá als neue Hauptstadt von **Großkolumbien** aus, Bolívar wird als Präsident bestätigt, sein General Paula de Santander zum Vizepräsident ernannt.

Doch noch ist die Vision Bolívars nicht komplett. Der *Libertador* zieht weiter nach Süden, wo er im Februar 1822 in Guayaquil auf den argentinischen General José de San Martín, der von Peru herkommend nach Norden vorstößt, trifft. Kurz darauf, am 22. Mai 1822, befreit **Antonio José Sucre** mit seiner siegreichen Schlacht von Pichincha Quito endgültig von den Spaniern. Großkolumbien hat jetzt seine größte Ausdehnung erreicht. Es dauert freilich nicht lange, bis innere Streitigkeiten diesen Traum mehr und mehr zunichte machen. Bolívar sieht sein Lebenswerk bedroht und setzt eine autoritäre Verfassung durch, um notfalls mit militärischer Gewalt für die Einheit Großkolumbiens zu sorgen. Der schwelende Konflikt zwischen ihm und seinem Stellvertreter Paula de Santander bricht jetzt offen aus. 1828 überlebt Bolívar ein Attentat, sein Freund Sucre, Präsident in Bolivien, wird gestürzt, und Venezuela gibt seine Trennung von Großkolumbien bekannt. Als der *Libertador* 1830 von der Ermordung Sucres erfährt, tritt er schließlich zurück und beschließt, ins Exil zu gehen. Ein Boot bringt ihn – schon kränkelnd – über den Río Magdalena bis an die Küste nach Santa Marta. Bevor er dort den zweiten Teil seiner Reise antreten kann, verstirbt er am 17. Dezember 1830.

Nun ist der Zerfall Großkolumbiens in Einzelstaaten nicht mehr aufzuhalten. Es entstehen u. a. die Republik Ecuador und die Republik Neu-Granada (ab 1850 Kolumbien).

Kolumbien im 19. und 20. Jahrhundert

Kolumbien ist nach dem Unabhängigkeitskrieg ein Land mit kaum mehr als 1 Mio. Menschen; die Indianer sind seit dem Kongreß von Cúcuta gleichgestellt, sie müssen keinen Tribut mehr zahlen, aber dafür nun um ihre *resguardos* (s. S. 41) bangen, die die herrschende Oberschicht verkaufen oder bewirtschaften will, um ihre durch den Krieg leeren Kassen wieder zu füllen.

Mit der Freiheit des Landes beginnt auf der politischen Szene auch eine schier endlose Serie bewaffneter Abgrenzungs- und Machtkämpfe, die von ungewöhnlicher Radikalität und Kompromißlosigkeit geprägt sind und von einem unbändigen Widerwillen gegen Obrigkeiten getragen werden. Die Gegensätze heißen Konservatismus (ehem. Zentralisten) und Liberalismus (ehem. Föderalisten), Religiosität und aufgeklärtes Denken, Oligarchie und Bauern- oder Arbeiterschaft, Monopolisten und Kleinunternehmer. Verschiedene Regierungen und Verfassungen folgen rasch aufeinander. Die politische Landschaft verändert sich erst ab 1848, als sich unter Ezequiel Rojas viele der ehemaligen Föderalisten zur **Liberalen Partei** zusammenschließen und ein Jahr später die ehemaligen Zentralisten unter Mariano Ospina Rodríguez und José Eusebio Caro die **Konservative Partei** gründen. In beiden Parteien soll es in Zukunft auch immer wieder Verfechter der Gegenseite geben. Nur in bezug auf die katholische Kirche sind die Haltungen äußerst gegensätzlich. Die Liberalen sehen in der Macht des Klerus ein Hindernis für die Modernisierung des Landes, die Konservativen dagegen verstehen sie als Garant einer moralischen Ordnung.

Unter José Hilario López (1849–53), der auch die Sklaverei endgültig abschafft, beginnt zunächst eine 37 Jahre währende Regentschaft der Liberalen, unter der mit der Kündigung des staatlichen Tabakmonopols (1851) ein neuer florierender Exportzweig – z. T. schon auf Kosten der *resguardos* – entsteht. Es beginnt die Dampfschiffahrt auf dem Río Magdalena, erste Eisenbahnstrecken werden angelegt. Ein Militärputsch von 1854 wird noch mit großer Einigkeit von beiden Parteien niedergeschlagen, erst als 1861 die Enteignung der katholischen Kirche unter dem liberalen Präsidenten Tomás Cipriano de Mosquera beginnt, kommt es zur Entzweiung der Nation mit rund 40 Aufständen. In der gleichen Zeit bleibt der Fortschritt im Land stecken, und die Exportbeträge gehen drastisch zurück. 1880 gewinnt der Konservative Rafael Núñez die Wahlen. Seine Verfassung von 1886 stellt die alten Privilegien der Kirche wieder her und damit ihre in Erziehung und Bildung führende Rolle. Der ›**Krieg der Tausend Tage**‹ **(1899–1902)** entbrennt nun zwischen der Armee und den Guerillatruppen der Liberalen: rund 100 000 Menschen kommen in diesem mit Haß geführten Krieg ums Leben. Er lähmt fürs erste auch die Entwicklung der Kaffeewirtschaft in Antioquia und bringt das Land an den Rand des Ruins.

Derart geschwächt, kann Kolumbien kaum noch die von den USA betriebe-

nen Verhandlungen über den **Panamakanal** beeinflussen. 1903 tritt es Panama gegen eine Schadensersatzzahlung und einen Zugang zum Amazonas bei Leticia ab. Der **Kaffeeanbau** verlagert sich von Cundinamarca und Santander nach Antioquia, die Produktion versechsfacht sich allein von 1898–1932. Ohne Rücksicht auf die traditionellen *resguardos* der *indígenas* wird der Landbesitz ausgedehnt, häufig auf Betreiben von Großkonzernen aus den damals imperialistisch agierenden USA. Zwischen 1915 und 1929 investieren US-Firmen in Kolumbien außerdem in den Ausbau der **Erdölgewinnung** und in den **Bananenanbau**. Letzterer befindet sich ganz in der Hand der United Fruit Company. Gleichzeitig wird mit Hilfe überwiegend US-amerikanischer Finanzanleihen in Antioquia eine eigene **Textilindustrie** auf die Beine gestellt, außerdem die Verarbeitung von Kaffeebohnen modernisiert. Die erste Gewerkschaft formiert sich schon 1909 mit Unterstützung der nach ihrer Vertreibung ins Land zurückgekehrten Jesuiten. **Gewerkschaften** stellen bald die dritte Kraft in den blutigen Konflikten Kolumbiens.

Ohnmächtiger Haß staut sich auf, als die United Fruit Company 1928 Militär zur Niederschlagung eines Arbeiterstreiks einsetzt und die Soldaten wahllos in die Menge schießen. Die Fronten zwischen Kapital auf der einen und Arbeitnehmer- und Bauernschaft auf der anderen Seite verhärten sich durch den im Vergleich zu Europa extrem verkürzten Weg vom Feudalismus zum Gewerkschaftsstaat; im besonderen hier zunächst durch die **Bodenreform von 1936,** nach der Pachtbauern ihr Recht auf Landbesitz einklagen können. Noch steht die Oligarchie, die landbesitzende Oberschicht, diesen Entwicklungen zerstritten gegenüber. Die Fortschrittlicheren schaffen modernisierte Produktionsbetriebe nach US-amerikanischem Vorbild. Unter Lopez Pumarejo (1934–38) werden auch soziale Reformen übernommen wie das Streikrecht, der Acht-Stunden-Tag und die soziale Verantwortung des Landbesitzers. Die Gegenbewegung bleibt nicht aus. Angeführt von der Kirche, stellen die Konservativen ab 1946 wieder die Präsidenten. Ein Gesetz, das die Bodenreform praktisch aufhebt und die Landbesitzer vor den Forderungen der Pächter schützt, läßt nicht lange auf sich warten. Es führt zu zahlreichen gewalttätigen Racheakten und löst eine verstärkte Flucht der armen Landbevölkerung in die Städte aus. Dort findet diese während des Wahlkampfs 1945 erstmals in **Jorge Elécier Gaitán,** dem Führer der Liberalen Partei, einen Mann, der ihr mit seinen Forderungen aus dem Herzen spricht. Die Konservativen reagieren auf Gaitáns Popularität mit hektischen Säuberungsaktionen. Im Vorfeld der anstehenden Wahlen kommt es zu derart vielen Gewaltakten, daß Gaitán am 7. Februar 1948 einen Schweigemarsch mit 100 000 Menschen zum Präsidentenpalast anführt und dort eine »Garantie für das Menschenleben« fordert. Die Antwort ist seine Ermordung am 9. April 1948.

Politik ist in Lateinamerika auch immer eine Art Geschäft

Die Kolumbianer reagieren darauf mit spontanen Gewalttätigkeiten *(Bogotázo),* ein Aufschrei des Volkszorns, der rund 1000 Todesopfer fordert. Der Haß richtet sich gegen die Vertreter der Macht wie gegen alle ihre Insignien und zieht auch bald die ländlichen Regionen in die Spirale der Gewalt hinein, die in den darauffolgenden Jahren eine erschreckende Eigendynamik entwickelt. Bis 1965 kostet der Bürgerkrieg über 200 000 Menschenleben; rund 1 Mio. Kolumbianer wandern aus, davon viele nach Venezuela. Die Kämpfe münden am 13. Juni 1953 in den **Militärputsch von Rojas Pinilla**, der sich jedoch bei der Oberschicht so unbeliebt macht, daß ihn 1957 eine ›Nationale Front‹ aus Liberalen und Konservativen, die sich alle vier Jahre in der Regierung abwechseln will, stürzt. Die ›**Nationale Front‹** legalisiert viele Untergrundkämpfer im Rahmen eines Amnestieangebots und säubert 1964 die letzten Bastionen von ›Sozialbanditen‹ mit Hilfe der USA. Im Gegenzug dazu konstituiert sich die Guerilla-Gruppe FARC (Revolutionäre Streitkräfte Kolumbiens).

Ein Ende der kriegerischen Auseinandersetzungen ist nicht abzusehen, dennoch lautet die Bilanz dieser Jahre: »Der Wirtschaft geht es gut, dem Land schlecht.« Gestiegene Kaffeepreise haben die Kaffeewirtschaft gestärkt, größere Investitionen im Gesundheits- und Erziehungswesen brachten der Mittelschicht neue Aufstiegsmöglichkeiten.

Die Gewalt lebt nun im Untergrund als politisch organisierte **Guerillabewegung** fort, die sich dem traditionellen Parteiensystem verweigert und sich ideologisch und programmatisch an Fidel Castro und Ché Guevara orientiert. Der FARC folgt 1964 die Nationale Befreiungsarmee (ELN) mit Hauptquartier in Santander. 1965 gründet der charismatische Pater Camilo Torres die Einheitsfront Frente Unido. 1967 entsteht als bewaffneter Flügel der Marxistisch-Leninistischen Kommunistischen Partei (PC-ML) die Volksbefreiungsarmee (EPL). Vor allem die ELN und die EPL wird stark von den gegen den Imperialismus der USA kämpfenden Studenten aus der Oberschicht getragen, deren Sprache und Ziele vom Volk nicht verstanden werden. Um dem Trend der Zeit gerecht zu werden und den Subversiven den Wind aus den Segeln zu nehmen, gründet Präsident Carlos Lleras Restrepo 1968 den Bauernverband ANUC, der ihm jedoch bald entgleitet und lieber mit Mitgliedern der FARC die M-19-Bewegung bildet. Die Arbeiterselbstverteidigung (ADO), die Bewegung Quintín Lame und die Revolutionäre Arbeiterpartei (PRT) formieren sich zwischen 1970–80.

In dieser Zeit entwickelt sich eine weitere politisch destabilisierende Kraft im Untergrund: der **internationale Kokainschmuggel.** Die Kartelle von Medellín und Cali teilen sich das Drogengeschäft untereinander auf. Ihre Aktionen im Abseits der Gesetze schützen sie mit einem durch Gewaltandrohung errichteten Ring des Schweigens; wer ihn durchbricht, hat sein Todesurteil gesprochen. Die Racheakte der Kartelle zeichnen sich durch besonders widerwärtige Abschreckungsmaßnahmen wie schwere Folterungen aus. Damit sorgt der illegale Kokainhandel zwar einerseits für eine weitere Herabsetzung der Gewaltschwelle im Land, bietet den Menschen aber andererseits ungeahnte Verdienstmöglichkeiten. Über den Weg der Geldwäsche beeinflussen die Drogenkartelle zunehmend Wirtschaft und Kultur, was von den Regierungen schweigend toleriert wird; allerdings unterminieren die zahlreichen Bestechungen auch auf höchster Ebene langfristig den Staats-

apparat. Die USA, die in erster Linie Kolumbien für den weltweit zunehmenden Konsum von Kokain verantwortlich machen, fordern die Regierungen unter Androhung von Sanktionen immer wieder zu Säuberungsaktionen auf. Innenpolitisch ist es nur eine Frage der Zeit, daß die Guerilla mit den Kokainkartellen zu sympathisieren beginnt. Beide verbinden das Dasein in der Illegalität und der gemeinsame Feind USA; außerdem eröffnet das Drogengeschäft der Guerilla eine sichere Finanzierung ihres Untergrundkrieges.

Die ELN erleidet 1973 eine Niederlage in der Großoffensive unter dem Präsidenten Julio César Turbay Ayala (1978–82). 1974 entwendet die M-19 demonstrativ Bolívars Schwert, um ihre patriotischen Motive zu unterstreichen. Doch längst wachsen im Volk die Aversionen gegen den bewaffneten Untergrundkampf. Immer mehr Randgruppen wählen den legalen Weg durch die Institutionen, um ihre Rechte durchzusetzen. 1982 schließen sich beispielsweise die Indianervölker Kolumbiens in der Organisation ONIC und die schwarzen Gemeinschaften Kolumbiens in der Organisation CIMARRON zusammen.

Anfang der 80er Jahre spitzt sich unter dem Druck der USA die Konfrontation zwischen den Kokainkartellen und der Regierung zu. Präsident Turbay beugt sich dem Wunsch nach einem Auslieferungsvertrag, durch den gefaßten Drogenhändlern in den USA der Prozeß gemacht werden kann. Außerdem läßt er die Marihuanafelder systematisch mit Pflanzengift besprühen. Sein Nachfolger Belisario Betancur stoppt diese Maßnahme wieder, ermöglicht den Umtausch von Narcodollars bei der Staatsbank, während sein Justizminister Rodrigo Lara Unnachgiebigkeit signalisiert und Kokainlabors zerstört.

Lara wird 1984 ermordet, worauf Betancur nun auch auf einen härteren Kurs gegen die Kartelle einschwenkt. Unter seiner von guten Absichten wie glücklosen Verläufen gezeichneten Regentschaft kommt es schließlich zu Friedensverhandlungen (1982–85) mit der Guerilla. Sie scheitern 1985. Im November nimmt die M-19 Geiseln im Justizpalast von Bogotá und stellt höchst unrealistische, von fundamentalistischen Ideen getragene Forderungen. Betancur läßt das Gebäude stürmen, in den Flammen kommen rund 100 Menschen um, darunter zahlreiche Unbeteiligte. Wieder einmal säte Gewalt wieder nur Gewalt; die Regierung war offenbar nicht mehr in der Lage, gelassener zu reagieren.

Nach der Stürmung des Justizpalasts sitzt der Schock auf allen Seiten tief. Ernsthafter denn je wird nun unter Präsident Virgilio Barco um den Frieden gerungen. Tatsächlich legen die M-19, die Gruppe Quintín Lame und die meisten Mitglieder der EPL nach langen Verhandlungen die Waffen nieder. Als Demokratische Allianz ziehen sie Ende 1990 in die verfassunggebende Versammlung ein, wo die Verfassung von 1886 überarbeitet und modernisiert werden soll. Mit der neuen, äußerst fortschrittlichen ›**Constitución política de Colombia**‹ von 1991 überrascht Kolumbien die Welt. Zu den wichtigsten Neuerungen zählt die umfassende Sicherung der Rechte von Indianern und Schwarzen, die durch gesonderte Schutzbestimmungen verstärkt wird. Auch das Verbot einer Auslieferung von Kriminellen an die USA wird verankert, was zur Folge hat, daß sich der flüchtige Medellíner Drogenboß **Pablo Escobar** stellt. Den zahlreichen, von Amnesty International immer wieder angeprangerten Menschenrechtsverletzungen im Justizapparat wird durch eine Reform des Justizwesens begegnet. Es werden einheitliche Stimmzettel eingeführt, die alten Wahlkreise für Senatoren abgeschafft und die Dezentralisierung mit der direkten Wahl von Provinzgouverneuren vorangetrieben. Der erste Präsident unter der neuen Verfassung ist der damals gerade 40jährige Liberale **César Gaviria;** er versammelt um sich kaum ältere Minister. Wirtschaftlich stehen die Zeichen auf Öffnung *(apertura)*. Unter Gaviria wird das Land von einem neuen Optimismus erfaßt, den auch die verheerenden Autobomben, mit denen der erneut flüchtige Pablo Escobar seine Verfolgung stoppen will, nur wenig erschüttern – zumal der Drogenboß schließlich bei seiner Überwältigung erschossen wird. Der Optimismus weicht freilich Ratlosigkeit, als bekannt wird, daß der Wahlkampf von Gavirias Nachfolger **Ernesto Samper** z. T. mit Geldern des Cali-Kartells finanziert wurde. Samper weigert sich zurückzutreten und wird daraufhin von den USA geschnitten. Um seine Glaubwürdigkeit wiederherzustellen, unterstützt er in den darauffolgenden Jahren die amerikanische Drogenbehörde DEA im Kampf gegen die noch verbliebenen Drogenbosse von Cali. Nachdem alle gefaßt sind, setzt offenbar ein Strukturwandel im Drogenhandel ein: Er bleibt fortan überwiegend in der Hand von Kleinhändlern.

Im Herbst 1997 macht der deutsche **Agent Mauss** mit Verhandlungen, die er unter stillschweigender Zustimmung der Bundesregierung mit der Guerilla führt, um Entführte freizukaufen, Schlagzeilen. Die kolumbianische Regierung sieht das als Einmischung in die inneren Angelegenheiten und verhaftet ihn. Mitte 1998 gewinnt der Konservative **Andrés Pastrana** die Wahlen. Kurz danach kommt es in Mainz zu ersten Friedensverhandlunge mit der Guerilla.

Ecuador im 19. und 20. Jahrhundert

Befreit von den Fesseln des Mutterlandes wie vom Phantasten Bolívar, beginnt im zerfallenden Großkolumbien der Kampf um politische Führungspositionen – innerhalb Ecuadors vorrangig zwischen den alten Machtzentren Guayaquil und Quito, was zu einer **Teilung des Landes** zwischen liberaler Küste und konservativer Sierra führt.

Entscheidend für diese Polarisierung sind tiefgreifende strukturelle Unterschiede. So hält die Oberschicht von Quito auch noch nach der Unabhängigkeit an der kolonialen Gesellschaftsstruktur und der Vormacht der katholischen Kirche fest; diese Einstellung prägt auch ihr Verhältnis zu den Indios, die nach wie vor als heidnische Wilde eingestuft werden. Mit Unterstützung der Kirche führen die Großgrundbesitzer der Hauptstadt das *huasipungo*-System ein. Es bietet den *indígenas* zwar jetzt die Möglichkeit, Land zu pachten, als Gegenleistung dafür aber müssen sie sich zu lebenslanger Arbeit beim Großgrundbesitzer verpflichten. Da es außerhalb der Latifundien aber kein Land gibt, von dem man sich ernähren könnte, befinden sich die *indígenas* erneut in einer sklavenähnlichen Abhängigkeit. Das *huasipungo*-System ist somit nur eine Wiederauflage alter *encomienda*-Zustände (s. S. 40) – mit dem Unterschied, daß für den Großgrundbesitzer jetzt die Verpflichtung zur Seelsorge entfällt.

Im Gegensatz dazu zeichnet sich die wohlhabende und politisch einflußreiche Schicht in der Pazifikhafenstadt Guayaquil, die vom überseeischen Handel und einer beginnenden Exportwirtschaft profitiert, durch eine liberale Weltoffenheit aus. In den schwarzen Arbeitskräften auf den Kakaoplantagen sieht sie nicht in erster Linie teuflische Heiden, sondern hegt eher ein materialistisches Interesse an ihnen wie zu einer teuer bezahlten Ware.

Neben den erbittert geführten Auseinandersetzungen zwischen Liberalen und Konservativen belasten aber auch der finanzielle Ruin des Landes und ein durch die Unabhängigkeitskriege erstarktes Militär die Arbeit des ecuadorianischen Kongresses. Außerdem sind die genauen **Grenzverläufe,** besonders nach Peru hin, umstritten. In dieser Situation kommt der Venezolaner **Juan José Flores,** ein in Quito hängengebliebener Haudegen aus der Armee Sucres, an die Macht. Verheiratet mit einer Dame aus bester Quiteñer Gesellschaft und befreundet mit dem General Urdaneta, wird er erster Präsident der Republik Ecuador. Er verstrickt sich jedoch in Grenzstreitigkeiten, indem er in den Augen der Ecuadorianer zu nachgiebig Cali, Pasto und Popayán an Kolumbien abtritt. Schon 1835 wird er von Vicente Rocafuerte aus Guayaquil gestürzt. Dieser wiederum stolpert bald über seine Kriegsschuldenregelung mit Kolumbien. Nach Ansicht der Oberschicht ist die Schuldsumme, die Ecuador an Bogotá zahlen muß, zu hoch. Flores kehrt 1839 an die Staatsspitze zurück. Er hebt 1845 die Sklaverei auf. Bald hat er erneut einen Teil der *hacendados* (›Großgrundbesitzer‹) gegen sich.

Die Auseinandersetzungen zwischen den Liberalen der Küste und den Konservativen der Sierra werden schon bald nicht mehr um Inhalte, sondern um Personen geführt, gekämpft wird mit Waffen und nicht mit Worten. Zur Durchsetzung der jeweiligen Interessen ernennen sich die politischen Anführer bald im Wechsel zu *Jefes Supremos*, ändern die Verfassung und schaffen nach eigenem Gutdünken Volksvertretungen. Zeitweise existieren vier verschiedene **Regionalregierungen** mit Sitz in Quito, Cuenca, Guayaquil und Loja parallel nebeneinander.

Während der siebten Kongreßversammlung wird **Gabriel García Moreno,** ein junger engagierter Journalist, zum Präsidenten gewählt. Er eint das Land – freilich mit eiserner Hand. Selbst ein religiöser Eiferer und polemischer Schreiber, verwandelt er Ecuador in einen katholischen Kirchenstaat ohne Pressefreiheit. Quito wird zum Zentrum seiner ›Republik des Heiligen Herzens Jesu‹, in der nur Katholiken wählen dürfen. In die Geschichte Ecuadors geht er als Despot ein, der alle liberalen Bestrebungen brutal unterdrückt, gleichzeitig aber verdankt ihm das Land eine erste spürbare Verbesserung der Infrastruktur. Er baut Straßen und Krankenhäuser, erweitert die Hafenanlagen von Guayaquil, öffnet die Schulen für Frauen und Indianer. Politisch macht er sich zunehmend unbeliebt, vor allem, als er einen verdienten General wegen angeblichen Verrats öffentlich geißeln und einen anderen, Maldonado, sogar erschießen läßt. Am 6. August 1875 wird er beim Verlassen der Kathedrale in Quito von einem Unbekannten ermordet.

Die provisorische Interimsregierung nach dem Tod Morenos wird schnell durch den Diktator Ignacio Veintimilla zu Fall gebracht. Aber auch er bleibt nur kurz an der Macht. Die Parteikämpfe zwischen den Liberalen und Konservativen leben wieder auf und führen zu anarchischen Zuständen, die jede Entwicklung hemmen.

Ende des 19. Jh. ändert sich die wirtschaftliche Situation Ecuadors durch einen beachtlichen **Kakaoboom.** Er bringt der Küste neuen Wohlstand und stärkt den Einfluß der Liberalen. 1895

machen sie ihn mit ihrem Wortführer **Eloy Álfaro** in Quito geltend. Er ernennt sich in Guayaquil zum *Jefe Supremo* (›Oberbefehlshaber‹) und marschiert in Quito ein. Die Regierungszeit »des alten Kämpfers«, wie ihn die Ecuadorianer nennen, ist von einer Reihe liberaler Reformen geprägt. Eine seiner ersten Amtshandlungen ist die konsequente Entmachtung der katholischen Kirche. Auf dem Bildungssektor führt er die allgemeine Schulpflicht ein, baut Schulen und Universitäten, außerdem erschließt er das Land durch den Bau der Eisenbahnstrecke Guayaquil-Quito. Das Militär wird zu einem Berufsheer geordnet. Finanziell werden die Investitionen vom bis 1925 anhaltenden Kakaoboom getragen. Mit dem Zusammenbruch der Weltmarktpreise aber endet auch das Reformprogramm. Inflation und Massenentlassungen sind die Folge. Die politische Antwort ist eine kurzlebige sozialistische Revolution. Alfaro flüchtet mit seiner Familie nach Panama.

1934 betritt der Jahrhundert-Präsident **José María Velasco Ibarra** erstmals die politische Bühne. Der demagogisch begabte Politiker aus Quito wird – mit etlichen Unterbrechungen – bis 1972 an der Spitze des Staats stehen. Für die erste Pause, nur ein Jahr nach Antritt seiner Amtszeit, sorgt er selbst: Er erklärt sich zum Diktator und wird daraufhin umgehend durch das Militär vom Dienst suspendiert. Im Exil erlebt er, wie Ecuador 1941 unter Präsident Carlos Arroyo del Río von Peru angegriffen wird. Auf Druck der USA, die keine weiteren Brandherde neben dem Krieg in Europa wünschen, kommt es im Januar 1942 zur vorschnellen Schlichtung im **Protokoll von Río de Janeiro**. Ecuador sieht sich gezwungen, 185 000 km^2 des Amazonasgebiets an Peru abzutreten, erklärt das Abkommen aber kurz darauf für ungültig.

In dieser scheinbar günstigen Situation inszeniert Velasco Ibarra seine Rückkehr. Eine Welle von Sympathie empfängt ihn. Er wird wieder Präsident. In seiner Amtszeit errichtet die in Kolumbien politisch gescheiterte US-amerikanische United Fruit Company nun rund um Machala an der Pazifikküste ein Bananenimperium (1945–56). So sehr Velasco Ibarra bei seiner Ankunft umjubelt worden war, so kläglich ist nun sein nächster Abschied. Die Staatsgeschäfte hatte er so lasch geführt, daß sich der Kongreß mit zahlreichen Unregelmäßigkeiten befassen muß.

Wieder greift das Militär ein. Am 23. August 1947 ernennt sich Colonel Carlos Mancheno zum *Jefe Supremo.* Der Guayaquiler Bankkaufmann Carlos Julio Arosemena Tola wird zum Interimspräsidenten gewählt. Auf ihn folgt der Verwaltungsexperte Galo Plaza (1948–52), dem es gelingt, Ecuador aus der Abhängigkeit der USA im Bananengeschäft zu lösen und die Exporte weltweit auszudehnen.

In der Zwischenzeit nimmt Velasco Ibarra den Kampf um seine Wiederwahl auf. Als die nächste Präsidentschaftswahl ansteht, wird er trotz negativer Presse und Ablehnung durch die Parteien 1952 von seinen zahlreichen Anhängern wiedergewählt. Die Gegner bleiben ihm ebenfalls erhalten.

Bis zu seinem letzten Amtsjahr 1972 ›unterstützt‹ ihn eine Militärjunta bei der ordnungsgemäßen Abwicklung der Staatsgeschäfte. In dieser Zeit kommt es zu einer **Landreform;** an die besitzlosen Indiobauern werden überwiegend landwirtschaftlich weniger wertvolle Kleingrundstücke (Minifundien) abgetreten. Als die **US-Ölmultis** Texaco und Gulf im Oriente, dem Amazonasgebiet,

1967 auf große Erdölvorkommen stoßen, wandern viele Arbeitskräfte aus der Landwirtschaft in die Ölindustrie ab. Damit verändert sich die wirtschaftliche Situation vor allem im Andenhochland. Dort wird die großflächige Landwirtschaft zunehmend vernachlässigt, und die Bevölkerung wird mehr und mehr abhängig von den Erträgen der Minifundien (Kartoffeln, Zwiebeln, Mais, Bohnen, Weizen u. a.).

Im Ölrausch nimmt die Militärjunta für das Straßenbauprojekt ›Plan vial quinquenal‹ einen 62-Mio.-Dollar-Kredit im Ausland auf. Von staatlicher Seite werden zahlreiche Unternehmen, darunter eine große Erdölgesellschaft (CEPE), gegründet – der Anfang einer staatlichen Wirtschaftspolitik. Darüberhinaus startet die Junta eine Alphabetisierungskampagne und dehnt zugleich das Wahlrecht auf Analphabeten aus. Ab 1972 herrschen die Militärs allein, um schließlich 1979 einem demokratisch gewählten Präsidenten unter einer neuen Verfassung Platz zu machen.

Jaime Roldós Aguillera (1979–81), ein linksliberaler Politiker, beginnt ein ehrgeiziges Programm mit politischen Aufklärungskampagnen, neuen Landzuteilungen für besitzlose Bauern und Lohnerhöhungen für Arbeiter. Doch der Verfall der Ölpreise bringt den hochverschuldeten Staat in eine schwere Finanzkrise und bremst alle Reformen. 1981 kommt Roldós bei einem Flugzeugabsturz ums Leben. Sein Nachfolger Osvaldo Hurtado setzt seine Reformen fort, doch steht Ecuador nach El-Niño-Überschwemmungen (s. auch S. 61) wegen verheerender Ernteverluste bei Bananen und Reis und gigantischer Straßenschäden nahezu vor dem Staatsbankrott.

1984 gewinnt **León Febres Cordero** von der Christlich-Sozialen Partei (PSC)

Die indigenen Völker Ecuadors haben begonnen, eigene Organisationen zu gründen, um ihre Interessen zu verteidigen

die von ihm lange propagandistisch begleitete Wahl. Seine Amtszeit endet mit der Anklage der Bestechung. Nachfolger wird **Rodrigo Borja Cevallos** von der Izquierda Democrática (ID). Er verwirklicht einige soziale Reformen, darunter die Einführung eines zweisprachigen Schulunterrichts (Spanisch-Ketchua) für die indianische Landbevölkerung. Andere Reformen bleiben mangels staatlicher Finanzierungsmöglichkeiten in den Ansätzen stecken. Cevallos übernimmt bei seinem Regierungsantritt eine 11 Mia. US-Dollar hohe Auslandsschuld mit einem Zahlungsrückstand von 1,6 Mia. US-Dollar. Alle Devisenreserven sind aufgezehrt, die Inflationsrate befindet sich auf dem historischen Höchststand von 80 %; die schwindende Kaufkraft des Sucre vergrößert die Armut im Land.

Cevallos verabschiedet ein Notstandsprogramm, erhält aber weder die gewünschte Unterstützung von der Privatwirtschaft, noch von der Weltbank und dem Internationalen Währungsfond (IWF). Während seiner Präsidentschaft richtet ein Erdbeben überdies enorme Schäden an der transandinen Ölpipeline an. Sechs Monate lang kann nicht gefördert werden – Einnahmeverlust: ca. 1 Mia. US-Dollar.

Das ausströmende Öl verteilt sich im Oriente und bedroht die Natur und den Lebensraum der dort heimischen Indiostämme. Erstmals tritt die nationale Indio-Organisation CONAIE massiv mit Schutzforderungen in Erscheinung. Bei einer Protestaktion im Jahr 1990, an der sich rund 100 000 *indígenas* beteiligen, werden der Regierung zahlreiche Zugeständnisse abgerungen.

Urwaldgefechte

Im Amazonasgebiet gehen die Länder Kolumbien, Brasilien, Peru und Ecuador ohne erkennbare Schnittstellen ineinander über. Ehe man sich versieht, ist man beispielsweise von Leticia (Kolumbien) aus zu Fuß oder mit dem Boot in Peru oder Brasilien. Dabei sind gerade die Grenzen in diesem ansonsten eher unwegsamen Gebiet immer wieder Gegenstand höchster politischer und militärischer Auseinandersetzungen zwischen den Nachbarstaaten.

Kolumbien erhielt seinen Amazonaszugang Leticia durch einen Grenzkonflikt mit Peru, was zur Folge hatte, daß sich Peru wiederum am Amazonasgebiet Ecuadors bediente. Anlaß des einen und schließlich des anderen bis in die jüngste Vergangenheit andauernden Streits war das Kautschukfieber in den 20er Jahren. Es weckte erstmals ein ernsthaftes Interesse an der bis dahin vernachlässigten Amazonasregion.

Die Einigungsvorgänge waren schwierig. Im Fall Leticias mischten die USA mit, die Kolumbien gerade Panama abgekauft hatten. Die US-Empfehlung für den Grenzvertrag zwischen Kolumbien und Peru lautete: Das von den Peruanern gegründete Leticia sollte sozusagen als Schadensersatz für Panama an Kolumbien gehen. Die Peruaner ließen sich darauf ein, suchten aber bald nach einem Ausgleich für das verlorene Gebiet. 1941 überschritten peruanische Truppen die Grenzen zu Ecuador und besetzten den Oberlauf des Amazonas bis über Iquitos hinaus. Im Laufe der folgenden Friedensverhandlungen sah sich nun das kleine und militärisch schwache Ecuador gezwungen, das besetzte Gebiet von nicht weniger als 174 565 km^2 an Peru abzutreten. Abgefunden hat sich Ecuador, das nun zum kleinsten Land der Anden schrumpfte, damit nie. Vor allem, als 1995 erneut peruanische und ecuadorianische Grenzposten aneinandergerieten, schlugen die Wellen der Empörung wieder hoch, und schon sprach man von Krieg. Die Feuergefechte wurden zwar mit internationaler Hilfe schnell beigelegt, aber der alte Konflikt hatte neuen Zündstoff bekommen. 1998 bemühten sich die Regierungen beider Länder erneut um einen diplomatischen Kompromiß. Die bisherigen Ergebnisse befrieden die Situation allerdings noch lange nicht, denn Ecuador fordert alles zurück.

Unter dem Christ-Demokraten Sixto Durán Ballén (1992–96) beruhigt sich die Situation äußerlich. Kernstück seines Reformprogramms ist eine ›Modernisierung des Staats‹. Ihm gelingt jetzt ein **Umschuldungsabkommen** mit der Weltbank (Brady-Plan). Der Tourismus gewinnt als Devisenquelle an Bedeutung, neue Exportprodukte wie Schnittblumen (Rosen und Nelken) erschließen den Sierra-Großgrundbesitzern neue Verdienstquellen; an der Küste beginnt man mit der Zucht von Garnelen. Auf spektakuläre Protestaktionen von seiten der Indio- und Bauernorganisationen jedoch stößt Duráns Agrarentwicklungsgesetz, durch das die Rechte und Sicherheiten des kommunalen Eigentums in Indiohand zugunsten freier Marktregeln beschnitten werden sollen.

1995 flackert der **Grenzkonflikt mit Peru** erneut auf. Die Kampfhandlungen in dem unwegsamen Gebiet werden jedoch bald wieder eingestellt – die Friedensverhandlungen ziehen sich über Jahre hin und sind 1998 noch nicht abgeschlossen – in der Zwischenzeit erlebt Ecuador wieder eine irregulär kurze Präsidentschaft: Der 1996 gewählte Abdalá Bucaram Ortiz aus Guayaquil muß wegen Korruption vorzeitig zurücktreten. Während der El-Niño-Katastrophe im Januar 1998 verspricht sein Nachfolger, in Zukunft Korruption und Willkür im Staat einzudämmen. Anlaß ist die Veruntreuung zahlreicher Spenden für die Opfer der Überschwemmungskatastrophe an der Küste.

Zeittafel

um 12 000 v. Chr.	Erste Zeugnisse menschlicher Existenz in El Abra bei Zipaquirá, in Tequendama bei Bogotá und in Inga bei Quito.
ab 3600 v. Chr.	Die Menschen werden seßhaft, beginnen mit der Landwirtschaft (Yucca, Mais, Maniok); erste Keramiken entstehen an der Karibikküste bei Puerto Hormiga und an der Pazifikküste bei Valdivia.
1300–500 v. Chr.	Formative Phase der Kulturverfeinerung: An der Karibikküste entwickelt sich die Malambo- und die Momil-Kultur; an der Mündung des Guayas in Ecuador beginnt die Chorrera-Kultur mit der Verarbeitung von Gold, Silber und Kupfer.
500 v. Chr.–500	Geburtszeit der Muisca-Kultur im Andenhochland nördlich von Bogotá; in Tierradentro und San Agustín entstehen weitläufige Grabanlagen, bei Villa de Leyva ein astronomisches Zentrum. An der Pazifikküste erblühen die Tumaco- und die La Tolita-Kultur, die erstmals Platin verarbeiten.
500–1500	Kriegerische Kazikenreiche bilden sich heraus; Kannibalismus ist verbreitet; die Tayrona an der Karibikküste entwickeln sich zu Meistern der Goldschmiedekunst; die Muisca erbauen in der Hochebene von Bacatá erste Städte. Die Milagro-Quevado- und die Manta-Kultur an der ecuadorianischen Pazifikküste verstehen sich auf filigrane Goldverarbeitung. Das Hochland von Ecuador teilen sich von Süden nach Norden die Cañari, die Puruhá, die Chimbos und die Quitú. Letztere werden von den Cara erobert.
1450–1532	Die Inka unterwerfen alle regionalen Machtzentren bis Pasto (Kolumbien). Mit dem Nordreich gelangt der Inka-Staat unter Huayna Cápac zu seiner größten Ausdehnung. Nach sei-

nem Tod entbrennt ein Krieg um die Nachfolge: Atahualpa besiegt dabei seinen Halbbruder Huascar und reißt die Macht an sich.

1499–1539 Unter Alonso de Ojeda landen die ersten Spanier an der Karibikküste. Vasco Núñez de Balboa entdeckt den Pazifik. Pizarro startet von Panama die Eroberung Perus. Auf der Suche nach *El Dorado* erobert Jiménez de Quesada das Muisca-Reich und gründet Bogotá.

1532–1563 Pizarros Erkundungsfahrten führen zur Überwältigung des letzten Inka-Fürsten Atahualpa im peruanischen Cajamarca. Sebastian de Benalcázar erobert im Auftrag Pizarros das heutige Ecuador.

1563–1717 Die wirtschaftliche Ausbeutung der eroberten Länder beginnt. Cartagena wird zum wichtigsten Warenumschlagplatz Neuspaniens. Beginn des Skalvenhandels; 1717 wird Bogotá Hauptstadt des neuen Vizekönigreichs Nueva Granada, das auch das heutige Ecuador miteinschließt.

1794–1850 Mit der Übersetzung der Menschenrechte in Bogotá beginnt die Unabhängigkeitsbewegung. Nach etlichen Rückschlägen eint Simón Bolívar aus Caracas die überall aufflackernden Freiheitsbestrebungen mit dem Ziel, ein vereintes Großkolumbien zu schaffen. Nueva Granada ist nach der siegreichen Schlacht von Boyacá am 7. August 1819 befreit. Wenig später, am 22. Mai 1822, befreit sein Landsmann Antonio José de Sucre Quito. Bolívar wird erster Präsident von Großkolumbien. 1828 wird ein Attentat auf ihn verübt, er zieht sich zurück und stirbt am 17. Dezember 1830. Großkolumbien zerfällt. Nach einer Übergangsphase entsteht 1850 die Republik Kolumbien. Erster Präsident der Republik Ecuador wird der Venezolaner José Flores.

1850–1875 In Kolumbien wird unter Tomás Cipriano de Mosquera die katholische Kirche entmachtet – erste Aufstände und Beginn haßerfüllter Konflikte. In Ecuador herrschen chaotische politische Zustände: Wechselweise ernennen sich Vertreter konservativer und liberaler Interessengruppen zu Regierungschefs. Der Journalist Gabriel García Moreno wird zum Präsidenten gewählt, regiert aber als Diktator. Er schafft eine erste soziale Infrastruktur. Am 6. August 1875 fällt er einem Attentat zum Opfer.

1875–1902 Der Kakaoboom an der ecuadorianischen Küste bringt Eloy Álfaro aus Guayaquil an die Macht in Quito. In Kolumbien erhält die katholische Kirche unter Rafael Nuñez ihre führende Rolle in der Bildung zurück – es kommt zum ›Krieg der 1000 Tage‹. Rund 100 000 Menschen kommen um.

1903–1928 Die USA kaufen Panama; Kolumbien erhält mit Leticia einen Amazonaszugang. In Antioquia entwickelt sich eine Textilindustrie; Geburt kämpferischer Gewerkschaften. Die United Fruit Company läßt Soldaten auf aufständische Arbeiter schießen. In Ecuador stürzt der Preisverfall des Kakaos die Regierung in die Krise. Álfaro flüchtet nach Panama.

1929–1947 Der Liberale López Pumarejo führt in Kolumbien eine Bodenreform durch, doch die Konservativen drehen das Rad wieder zurück. Die empörten Massen finden in Jorge Elécier Gaitán einen charismatischen Führer. Ecuador wird von Peru angegriffen. Auf Druck der USA muß Ecuador im Protokoll von Rio de Janeiro einen großen Teil seines Amazonasgebiets an Peru abtreten. Die United Fruit Company errichtet bei Machala ein Bananenimperium.

1948–1965 Die Ermordung von Jorge Elécier Gaitán entfacht in Kolumbien den *bogotazo*. Der Konflikt setzt sich auf dem Land als blutiger Bürgerkrieg fort. Der folgenden Militärdiktatur von Rojas Pinelli setzen die Liberalen und Konservativen nach kurzer Zeit gemeinsam ein Ende. In Ecuador wird der trotz seiner diktatorischen Fehltritte beliebte José María Velasco mit Unterstützung der Militärjunta wiederholt Präsident. Er führt eine Landreform durch und nimmt nach Ölfunden im Oriente für die Erschließung gigantische Kredite auf, bevor er zugunsten einer demokratischen Regierung zurücktritt.

1966–1980 Beginn der Guerilla-Bewegung in Kolumbien. Parallel entwickeln sich Kokainkartelle in Medellín und Cali. Ecuadors Wirtschaft erleidet durch El-Niño-Überschwemmungen ihre größte Krise.

1981–1993 Die Sanktionen der USA gegen den Kokainschmuggel in Kolumbien vertiefen den Konflikt zwischen der Guerilla wie den Kokainkartellen und der Regierung. Den Teufelskreis durchbricht 1991 der Liberale Cesar Gaviria, indem er die Auslieferung von Kolumbianern an die USA verweigert. Pablo Escobar, Boss des Medelliner Drogenkartells, wird auf der Flucht erschossen. Ecuador drückt ein enormer Schuldenberg – dennoch kann Rodrigo Borja Cevallos Reformen durchsetzen. Ein Erdbeben läßt die transandine Ölpipeline zerbersten, Tausende Liter Öl laufen aus.

1994–1997 In Kolumbien kommt Ernesto Samper mit Drogengeldern ins Präsidentenamt. Die Beziehung zu den USA verschlechtert sich. In Ecuador übernimmt der Konservative Sixto Durán Ballén die Macht; ihm gelingt endlich ein Umschuldungsabkommen mit der Weltbank. Gegen Ende seiner Amtszeit flackert der Grenzkonflikt mit Peru wieder auf.

1998 Der Konservative Andrés Pastrana gewinnt die Wahl in Kolumbien. Beginn von Friedensverhandlungen mit der Guerilla in Mainz. In Ecuador wird der Bürgermeister von Quito, Jamil Mahuad, zum Präsidenten gewählt.

Erdöl und Bananen – Wirtschaft

Trotz der politischen Unruhe im Land kann **Kolumbien** auf ein relativ stabiles Wirtschaftswachstum zurückblicken. Zwischen 1965 und 1980 nahm das Brutto-Inlands-Produkt (BSP) um jährlich etwa 5,8 % und von 1981–90 um insgesamt 42 % zu, während es in anderen Ländern Lateinamerikas und der Karibik im gleichen Zeitraum um 9,6 % sank. Die Liberalisierung des Markts nach 1991 bescherte Kolumbien einen zusätzlichen Schub. Es gilt seitdem als der größte Wachstumsmarkt nach Chile in Lateinamerika. So stieg das BSP in den 90ern weiterhin um 5–6 % jährlich an.

Kaffee und Kokain, die beiden Produkte, für die Kolumbien berühmt ist, spielen dabei eine weitaus geringere Rolle als bisher angenommen: Der Export von Kaffee machte beispielsweise 1990 nur noch ein Fünftel aller Ausfuhren aus. Die Bedeutung des Kokains ist schwer einzuschätzen, da die Dollars schwarz ins Land fließen. Experten schätzen seinen Anteil am jährlichen Bruttosozialprodukt auf rund 10 %. Der Vorwurf, der den Drogenbossen oft gemacht wurde, sie würden nicht im eigenen Land investieren, wird durch zahlreiche verdeckte Investitionen, die die Politiker immer wieder zu Rechtfertigungen zwingen, entkräftet.

Dennoch ist dem Kokain allein nicht die stabile Wirtschaftssituation des Landes zuzuschreiben. Neben den alten Exportprodukten wie Gold und Smaragden, die das Land seit der Kolonialzeit ausführt, spielen Kohle, Erdöl und Erdgas eine immer wichtigere Rolle. Aufgrund neuer Funde fördert Kolumbien inzwischen täglich 1 Mio. Faß Rohöl und rückte damit in die Liga der mittleren Ölförderer auf. 40 % der Kohlereserven Lateinamerikas konzentrieren sich auf Kolumbien; daneben verfügt es über beträchtliche Vorkommen an Eisen, Kupfer, Asbest, Bauxit, Phosphaten, Schwefel und Zink, die längst noch nicht vollständig erschlossen und ausgebeutet sind. Vor allem wurde die Exportpalette um verarbeitete Erzeugnisse, Dienstleistungen und neue oder wieder verstärkt angebotene Agrarprodukte wie Schnittblumen oder Bananen erweitert.

Insgesamt machte sich eine durchgängig konservativ-liberale Wirtschaftspolitik für Kolumbien bezahlt, die sich schrittweise von einer rein landwirtschaftlichen Ausrichtung (Latifundien, bzw. Großgrundbesitz) löste und u. a. mit Textil-, Schuh- oder Möbelfabriken einen bedeutenden Industriesektor schuf, der 1990 schon 37 % des BSP ausmachte. Zu dieser Wirtschaftspolitik gehörte auch eine systematische Förderung von Landwirtschaftsbetrieben, die mit modernen Technologien bewirtschaftet werden. Im Gegensatz zu anderen lateinamerikanischen Staaten hielt Kolumbien auch seine Auslandsschulden immer so gering, daß niemals Umschuldungsverhandlungen geführt werden mußten und es nicht in die Abhängigkeit des Internationalen Währungsfonds (IWF) geriet. Darüber hinaus spielt Auslandskapital in Kolumbien keine beherrschende Rolle; seit 1967 darf es bei der Erdöl- oder Kohleförderung nicht mehr als 50 % betragen. Die Konsumgüterindustrie befindet sich ohnehin weitgehend in kolumbianischer Hand. Die steilste Karriere machten Getränkefabriken wie Leona und die Ende

Markt in Guamote

des letzten Jahrhunderts von dem deutschen Einwanderer Kopp gegründete Brauerei Bavaria; beide sind mächtige Konzerne mit einem komplizierten Netzwerk an Firmenbeteiligungen. Daneben konnte die Inflationsrate moderat gehalten werden. Lag sie in den 80er Jahren noch bei 25 %, konnte sie zwischenzeitlich sogar auf 20 % gesenkt werden. Und auch die wirtschaftliche Abhängigkeit von den USA wurde durch die Erschließung neuer Absatzmärkte überwiegend innerhalb Lateinamerikas abgebaut. Vom jüngsten Beschluß der Außenminister aller zu Mercosur gehörenden Länder (Paraguay, Argentinien, Brasilien und Uruguay) wie der Lander des Andenpakts (Peru, Kolumbien, Bolivien, Venezuela und Ecuador), sich gegenseitig die Märkte zu öffnen, wird ein erneuter Wachstumsschub erwartet. Die Zollfreiheit, die die EU Kolumbien Anfang der 90er Jahre mit der Auflage gewährte, den Anbau von Koka

durch andere Produkte zu ersetzen, erschloß Kolumbien außerdem den europäischen Markt.

Ecuador blickt auf heftige Wechselbäder in der Wirtschaft zurück, die aufgrund der beinahe schon traditionell hohen Staatsverschuldung stets von schweren Krisen begleitet waren. So standen die 70er Jahre ganz im Zeichen des Erdölbooms, der dem Land zwar jährlich eine Wachstumsrate des Bruttosozialprodukts von 8,5 % bescherte, Anfang der 80er Jahre aber ziemlich abrupt durch Mißwirtschaft wie mangelnde Investitionen sein Ende fand. Dazu kamen Naturkatastrophen wie Erdbeben und El-Niño-Überschwemmungen, die 1987 den Bruch der transandinen Ölpipeline und die Vernichtung ganzer Ernten zur Folge hatten. Erst in den 90er Jahren – nach der Umschuldung im Rahmen des Brady-Plans und nach der Einführung zusätzlicher Exportgüter wie Schnittblumen und Krabben – stabilisierte sich die

Die Nationalparks

D er ökologische Reichtum Kolumbiens ist beachtlich: In kaum einem anderen Land der Welt schwirren so viele verschiedene Vögel (insgesamt 1754 Arten) durch die Lüfte und leben so viele verschiedene Amphibien und Reptilien wie hier. Mit 49 000 Pflanzenarten steht Kolumbien in bezug auf seine Pflanzenvielfalt sogar an zweiter Stelle gleich hinter dem freilich siebenmal größeren Brasilien. Vom einzigen südamerikanischen Bär, dem Anteojos, leben noch 3000 Exemplare in kolumbianischen Wäldern.

Aber auch Ecuador steht in bezug auf Tier- und Pflanzenvielfalt Kolumbien kaum nach. Ganz besonders zu nennen, sind hier die Orchideen; allein 11 % aller weltweit bekannten Arten kommen in Ecuador vor.

In Kolumbien bieten 2 Naturreservate, 33 Naturparks, 6 *Sanctuarios de Fauna y Flora* und die *Área Natural Única* von Los Estoraques bei Pamplona im Departamento Norte de Santander Schutzräume für Tiere und Pflanzen. Insgesamt machen die Naturschutzgebiete mit 9 Mio. ha etwa 9 % der Landesfläche aus. Ecuador zählt insgesamt 8 Nationalparks, 11 biologische Reservate und 2 Erholungsgebiete.

In Kolumbien sind die Nationalparks Tayrona, Utría, Los Nevados und Islas del Rosario auf Besucher gut eingerichtet, besitzen meist ein Besucherzentrum, wo auch die jeweilige Eintrittsgebühr fällig wird und lizensierte Führer warten, ohne die man keinen Park betreten darf. Eine besondere Genehmigung von der UAESPNN benötigt man für die Isla Gorgona; sie muß vor der Abreise in Bogotá oder vom Veranstalter besorgt werden (s. S. 331).

In Ecuador sind alle Parks gefahrlos zugänglich, die meisten besitzen auch Unterkunfts- oder Campingmöglichkeiten. Eine hohe Eintrittsgebühr wird lediglich für den Nationalpark Galápagos verlangt. Die Nationalparks Cotopaxi, Chimborazo, Las Cajas, Machalilla und Podocarpus lassen sich individuell gut besuchen. Ausflüge in die Naturschutzgebiete des Oriente wie in die Reservate Cuyabeno, Limoncocha und Yasuní werden von den Urwald-Lodges angeboten.

Wirtschaft – bis zu den El-Niño-Schäden im Jahr 1998.

Hauptstütze der ecuadorianischen Exportwirtschaft ist mit rund 35 % immer noch das Erdöl, das seit 1989 überwiegend von der nationalen Holding Petroecuador gefördert wird. Sie übernahm 1992 auch die Förderbetriebe von Texaco, die sich nach der Katastrophe von 1987 aus dem Erdölgeschäft zurückzog. Experten rechnen jedoch damit, daß die Ölreserven etwa um das Jahr 2010 zur Neige gehen. Das wichtigste landwirtschaftliche Exportprodukt sind Bananen, zeitweise war Ecuador weltgrößter Bananenexporteur. Die Bedeutung von Kakao und Kaffee ging erheblich zurück (zusammen etwa 6 %). Noch von geringer Bedeutung im Gesamtvolumen der Exporterlöse sind die Schnittblumen aus dem Hochland und die Garnelen von der Küste. Die Garnelenzucht erlitt durch die Erwärmung des Pazifiks im El-Niño-Jahr 1998 einen schweren Rückschlag. Eine gewisse Rolle im Exportaufkommen spielen auch die Webwaren der Otavalo-Indianer, die sich mit der Produktion ihrer Textilien eine Sonderstellung unter den *indígenas* Amerikas erobern konnten (s. S. 203). Die wichtigsten Handelspartner von Ecuador sind die USA (rund 45 %) und die Europäische Union (rund 15 %).

Nationalparks und sanfter Tourismus – Umweltschutz

Am 23. April 1988 kam Kolumbiens damaliger Präsident **Virgilio Barco** persönlich in den Urwald des Parque Nacional Natural Cahuinari im Putomayo und schloß mit den Huitoto, Muinanes, Nanuyas, Mirañas, Boras, Yacunas und Andoques, den dort lebenden Indianern, feierlich einen Vertrag. Er erklärte den Wald für unwiderruflich zum gemeinschaftlichen Eigentum der Urvölker, zum *resguardo* (s. S. 41). Seitdem gehört nun jenen, deren Ahnen vor der spanischen Konquista einmal alles besaßen, wieder ein Viertel des kolumbianischen Bodens, eine riesige Fläche für die rund 450 000 Mitglieder der 87 Stämme, die noch in Kolumbien leben. So rühmt sich Kolumbien auch, wie kein anderer Staat die Landrechte seiner Urbevölkerung anerkannt zu haben.

Der Beschluß, durch den die kolumbianische Regierung das größte Indianerreservat der Welt schuf, hatte die Zukunft im Auge: »Das Wissen und die Lebensweise der Eingeborenen sind die beste Garantie, unserem Land einen seiner größten Schätze zu bewahren«, so äußerte sich Barco. Seit über 8000 Jahren hätten die Indianer mit oder von dem Wald gelebt, ohne wie die brandrodenden Siedler seltene Tier- und Pflanzenarten zu bedrohen. Indianer als Retter von Fauna und Flora, **Kulturschutz als Naturschutz!**

Barcos historischer Akt wurde 1991 in der neuen Verfassung Kolumbiens verankert. 1994 nahm das Umweltministerium (MINAMBIENTE), dem auch die Nationalparks unterstellt sind, seine Arbeit auf. Verwaltet werden die Gebiete von der Unidad Administrativa Especial del Sistema de Parques Nacionales Naturales (UAE), die eng mit den indianischen Kommunen oder den Vertretern ihrer Dachorganisation ONIC zusammenarbeitet. Die Verwaltung stimmt mit den *indígenas* die touristische Erschließung der Naturschutzgebiete ab oder lernt von ihnen Wertvolles über den Umgang mit dem Wald. Die Huitoto beispielsweise sagen: »Wer einen Baum fällt, muß etwas anderes, etwas Wertvolles pflanzen. Das schafft Freude und Glück und befriedet die Geister …«

Das kleine Ecuador hingegen wurde in jüngster Zeit zum Paradebeispiel für die widerstreitenden Interessen zwischen Kapital und Naturschutz. Tatsächlich schritt bis in die 90er Jahre in keinem Land Südamerikas die **Vernichtung des Regenwaldbestands** so schnell voran wie in Ecuador. Abgeholzt wurde vor allem für den Ausbau der Erdölindustrie, aber auch für Straßen und Siedlungen. So verdreifachte sich zwischen 1970 und 1990 die Bevölkerungsdichte im Amazonasgebiet, das rund 45 % des ecuadorianischen Territoriums ausmacht.

Spätestens mit der **Ölkatastrophe** von 1987 wurde vor allem der indigenen Bevölkerung klar – und mit ihnen den mächtigsten Umweltorganisation in der ganzen Welt –, daß die ökologischen Ressourcen Ecuadors besser geschützt werden müssen. Mit dem *levantamiento* (›Aufstand‹) erreichten die Indianer eine Anhörung bei der Regierung. Der Vorschlag, den Regenwald durch einen maßvoll **gesteuerten Tourismus** naturverträglich als Devisenquelle zu nutzen, brachte vorerst eine fragile Schlichtung des Konflikts (s. auch S. 244 f.). Nach dem Umweltgipfel in Rio de Janeiro wurden unter Sixto Durán Ballén neun neue Schutzgebiete, darunter zwei Nationalparks, in Ecuador zusätzlich eingerichtet und eine dem Agrarministerium unterstellte Naturschutzbehörde (INEFAN) geschaffen.

Experten wie die Autoren des 1997 erschienenen Berichts über die Situation der Naturschutzgebiete in Ecuador sehen die Lage indes alles andere als rosig. Sie beklagen den Mangel klarer Richtlinien für INEFAN und die Verwaltungsangestellten der Naturparks, prangern die immer wieder willkürlichen Verkleinerungen der Gebiete sowie ihre mangelhafte Kontrolle an.

Von wirtschaftlichen Interessen geht zweifellos nach wie vor die größte Bedrohung für die Naturschutzgebiete aus, zumal der ecuadorianische Boden neben Öl auch noch beträchtliche Vorkommen an Edelmetallen, Phosphat und Feldspat birgt. Solange die Politiker nicht entschlossener die in den letzten acht Jahren geschaffenen Schutzmaßnahmen mit Leben ausfüllen, scheint in Ecuador noch nicht viel gewonnen.

In Kolumbien spricht man von einer Mestizengesellschaft

Wandel der Sozialstruktur

»Kolumbien hat zwei Gesichter, ein politisches und ein privates«, soll Jorge Eliécier Gaitán einmal gesagt haben. Was er damit gemeint hat, ist schwer zu vermitteln, greift doch normalerweise das eine in das andere über. Und dennoch gibt es kaum einen Satz, der besser auf die Wirklichkeit **Kolumbiens** zutrifft. Er stammt von einem Mann, der in den 40er Jahren wohl der beliebteste Politiker im Land war. Ihn traf denn auch das Schicksal, das in Kolumbien immer noch alle Personen treffen kann, die sich in den Augen anderer Interessengruppen in scheinbar schädlicher Weise exponieren: Er wurde 1948 erschossen.

Wie auch die Ermordung des Fußballers Andrés Escobar, der angeblich mit seinem Eigentor bei der WM 1994 Schande über die Nation brachte, riecht das nach Gesetzlosigkeit und Anarchie. Aber dennoch trifft das für Kolumbien nicht zu. Das Land besitzt vorbildliche Gesetze und ist eine der ältesten Demokratien Lateinamerikas, in der darüber hinaus grausame Militärdiktaturen nie eine Chance hatten. Die Gewalt, die es immer wieder in die Schlagzeilen rückt, ist anderer Natur. Sie spiegelt größtenteils die Schattenseiten einer Nation mit kolonialer Vergangenheit, in der sich die Bevölkerung einst in eine Herren- und Sklavenklasse teilte und in der die stark ausgeprägten sozialen Gegensätze verbunden mit extrem ungleichen Einkommen auch in der Gegenwart fortbestehen. Wie stark diese Sozialstruktur bis heute gilt, darüber gibt es keine aktuellen Analysen. Immerhin konstatierte die Weltbank 1990, daß Kolumbien zu den wenigen Ländern Lateinamerika gehört, denen es gelang, eine ursprünglich sehr ungleiche Einkommensverteilung wenigstens zu verbessern. Danach ging die Verbreitung von Armut unter den insgesamt rund 36 Mio. kolumbianischen Bürgern schon in den 70er Jahren etwas zurück. In einer Statistik der Welternährungsorganisation (FAO) aus dem Jahr 1996 steht Kolumbien schließlich in der Riege der Länder, in denen sich der Anteil unterernährter Menschen deutlich verringerte, während er in Peru, Chile oder Argentinien anstieg. Große Fortschritte erzielte Kolumbien seit den 60er Jahren im Vergleich zu anderen lateinamerikanischen Staaten in der medizinischen Versorgung der Bevölkerung und in der Erziehung. Zwischen 1960 und 1990 stiegen die durchschnittliche Lebenserwartung von 56,6 auf 68,8 Jahre und die Alphabetisierungsrate von 78 auf 91,3 % (1996).

Neben Mexiko ist Kolumbien heute zweifellos das einzige lateinamerikanische Land, das mittlerweile durch und durch stolz auf seine multi-ethnische Vergangenheit und die aus ihr erwachsene reiche Folklore ist. Ein jahrhundertelanger Schmelzprozeß brachte eine aus der indianischen, afrikanischen und europäischen Kultur gewachsene gemeinsame kolumbianische Identität hervor. Mit Stolz tragen Kolumbianerinnen heute vorzugsweise originalgetreu nachgebildeten präkolumbischen Schmuck der Tayrona oder Quimbaya, zeigen die Manner ihre Goldketten wie kleine Ausgaben alter Häuptlings-Brustschilde, und selbst in Bogotá ist man sich nicht zu vornehm, beispielsweise die *cumbia* von der Karibikküste zu tanzen. Einzig die Indianerstämme Nordkolumbiens haben sich einer ethnischen Vermi-

Schwarze Straßenverkäuferin in Cartagena

schung bisher verweigert und leben nach den Regeln ihrer althergebrachten Kultur, äußerst zurückgezogen, am Rand der Sierra Nevada de Santa Marta und auf der Halbinsel La Guajira (s. S. 113 ff.).

Im Vergleich zu Kolumbien ist **Ecuador** eine ethnisch gespaltene Nation, die von einer jahrhundertelangen Fremdherrschaft mitsamt der ihr entspringenden Passivität, Resignation und dem Rückzug ins Private oder Religiöse geprägt ist. Bei der indigenen Bevölkerung begann die Unterwerfung mit den Inka und setzte sich in der Kolonialzeit mit den Spaniern fort. Aber auch die bis heute kleine Gesellschaft von rund 260 spanischstämmigen Großgrundbesitzerfamilien spielte lange keine tragende politische Rolle. Zuerst war Ecuador dem Vizekönigreich von Peru, danach der Real Audiencia von Bogotá unterstellt. Im Windschatten des politischen

Geschehens wuchs die weiße Oberschicht vor allem im Andenhochland zu einem katholisch-konservativen, an alten Privilegien festhaltenden und sich selbst kontrollierenden Club heran, der aus übersteigertem Selbsterhaltungswillen strikte Grenzen zur indigenen Bevölkerung zog und heute noch zieht. So sind Verhältnisse mit Indianerinnen oder Indianern nach wie vor verpönt und werden massiv sanktioniert. Im Gegenzug dazu ziehen sich die Indios in die Schutzräume ihrer Kultur zurück. Anders als im dynamischen Kolumbien entstand daher außer in den städtischen Ballungsräumen keine nennenswerte Mestizengesellschaft.

Die heute rund 11,5 Mio. Ecuadorianer kann man in drei Gruppen gliedern. Die Mestizen machen 42 % aus; sie leben überwiegend in den Städten und werden dort von der mächtigen Oberschicht sozial und wirtschaftlich in die Grenzen der Mittelschicht verwiesen. Lehrstühle, Spitzenpositionen in Wirtschaft, Kultur und Politik sind in der Hand der weißen Oberschicht.

Zwischen 36 und 50 % der Bevölkerung, je nach statistischer Erhebung, gehören zu den zehn verschiedenen indigenen Völkern Ecuadors. Die meisten dieser Völker leben in der Sierra, der kleinere Teil in den Regenwäldern des Oriente sowie an der nördlichen Pazifikküste. Vor allem die indigenen Gemeinschaften im Amazonasgebiet haben häufig noch die kommunale Lebensform mit einem Häuptling als Oberhaupt bewahrt, darunter die Huaorani oder die Shuar, ehemalige Kopfjäger, die erst von der Salesianer-Mission befriedet werden konnten, die Cofán und die Cayapas. Die Kultur der Urwaldvölker ist wie auch in vielen anderen südamerikanischen Ländern von der Zivilisation besonders bedroht. Zum Teil wurden ihnen erst nach der Ölkatastrophe von 1987 und zum Kolumbusjahr 1992 Reservate in den Nationalparks eingerichtet. Die Gebiete sind freilich zu klein, als daß sie dort ungestört leben könnten. Die meisten Urwaldstämme sind heute in touristische Projekte eingebunden.

Die ecuadorianischen *indígenas* sprechen untereinander vorzugsweise ihre traditionellen Sprachen Ketchua und Chibcha. Zweisprachiger Unterricht verringerte die lange Zeit sehr hohe Analphabetenrate; doch finden sich in dieser Bevölkerungsgruppe die meisten Kinder, die den Schulbesuch vorzeitig abbrechen, da sie frühzeitig mitverdienen müssen.

Als Ausnahme unter den meist sehr armen *indígenas* können die Otavaleños genannt werden. Sie kamen durch ihre Webwaren zu Reichtum (s. S. 203) und investieren ihn zunehmend auch in den

Indígenas auf dem Viehmarkt in Otavalo

Otovalo-Frau mit traditioneller Halskette

Tourismus. Ihr wirtschaftlicher Erfolg verführte sie jedoch nicht, sich dem Lebensstil der Weißen anzupassen. Ganz im Gegenteil, wie die meisten anderen indigenen Gruppen im Land halten sie eigenwillig an der althergebrachten, angestammten Kultur fest. Damit stellen sie einen für Lateinamerika einzigartigen indigenen Machtfaktor dar. Die übrigen Hochlandindios Ecuadors leben seit den diversen zaghaften Agrarreformen mehr schlecht als recht von der Minifundienwirtschaft, deren Produkte sie auf mittelalterlich anmutenden Märkten veräußern.

Eine zahlenmäßig nicht genau erfaßte kleine Randgruppe bilden die Nachfahren afrikanischer Sklaven, die sich mit Weißen *(mulatos)* oder Indianern *(zambos)* vermischten. Sie bevölkern die Pazifikküste und als versprengte Gemeinschaft auch das Chota-Tal der nördlichen Sierra.

Kirchen und Klöster – Koloniale Architektur

Architektur

Während in Spanien die Rechtsgelehrten und Dominikanermönche Francisco de Vitoria (1482–1546) und Francisco Suárez (1548–1617) einen weltumfassenden ökumenischen Geist als Wesensbestandteil der *hispanidad* (›Spaniertum‹) formulieren, der Maler El Greco (1541–1613) das religiöse Leben der damaligen Zeit auf die Leinwand bannt und sich die spanische Baukunst mit dem Bau der Universität von Salamanca (beg. 1515), der Kathedrale von Granada (beg. 1526 und 1528) und schließlich des Escorial von Madrid (beg. 1560) zu ihrer größten Blüte steigert, beginnt in den neuspanischen Provinzen eine Phase des intensiven **Kulturimports:** Die neuen Städte werden innerlich wie äußerlich als ziemlich getreue Abbilder der Vorbilder im spanischen Mutterland errichtet. Entscheidenden Anteil daran haben die Mönchsorden, die von der spanischen Krone mit der Missionsarbeit betraut werden: allen voran die Franziskaner, Dominikaner, Augustiner und Mercedarier.

Alle Orden werden durch das Konkordat der katholischen Kirche mit dem Staat üppig mit Privilegien ausgestattet, die sie in Ecuador 1904, in Kolumbien z. T. sogar erst mit der neuen Verfassung von 1991 verlieren. Dazu gehört die Unfehlbarkeit der Padres als Vertreter des unfehlbaren Papstes; Geistliche, die dennoch gegen das Gesetz verstoßen, erhalten eine Sonderbehandlung. Für ihre Prozeßverfahren gibt es einen eigenen Gerichtshof, und im Falle einer Verurteilung genießen sie das Privileg, in einem kirchlichen Gefängnis zu sitzen, das natürlich weitaus komfortabler als die staatlichen ist.

Bedeutendes staatlich-kirchliches Kontrollinstrument ist die in dieser Zeit in Spanien wiedererstarkte und nach Übersee exportierte Inquisition. Sie widmet sich der Aufgabe, Homosexuelle oder Hexen aufzuspüren. 1610 erhält sie ihren Sitz in Cartagena de las Indias an der Karibikküste, wo sie die Inquisition in Spanien noch um etliche Jahrzehnte überlebt.

Die Franziskaner bilden die missionarische Vorhut. Ihre dem hl. Franziskus (San Francisco) geweihten Kirchen sind fast überall in Kolumbien und Ecuador immer die ältesten. 1515 errichten sie in Santa María de la Antigua und bald darauf im heute kolumbianischen Santa Marta ihre ersten Konvente. 1531 kommen sie nach Quito, wo Fray Jodoco Ricke neben der Kirche San Francisco auch die berühmte Schule von Quito (s. S. 71) gründet, die bald nahezu alle klerikalen Bauwerke der bedeutendsten Städte im heutigen Kolumbien und Ecuador mit ihren Kunstwerken ausstattet, darunter Kirchen und Klöster in Popayán, Bogotá und Tunja.

Bei der Architektur der Kirchen und Klöster hielten sich die Baumeister im Großen und Ganzen an die Vorschriften aus Sevilla. Während für Privathäuser der traditionelle Typ des **andalusischen Landhauses** mit Patio empfohlen wurde, übernahm man für die klerikalen Gebäude die feinsten Formen der spanischen Baukunst. Es entstanden unzählige Kirchen im maurisch-andalusischen **Mudéjar-,** im barocken **Plateresco-** und etwas seltener im noch üppigeren **Churrigueresco-Stil.** Innen spiegelten die Gotteshäuser oft die reiche Beute der Konquista wider, so wur-

Kolonialbarock pur: die Kuppel der Iglesia de San Francisco in Quito

den bei der Ausstattung der Jesuitenkirche La Compañia de Jesús in Quito z. B. nicht weniger als 7 t Gold verarbeitet. Ihre prächtig verzierten Altaraufsätze in den acht Seitenkapellen sind Beispiele des Churriguerismus. Häufig finden sich alte Holzdecken im Mudéjar-Stil, wie sie in der Dominikanerkirche von Quito oder in der Franziskanerkirche von Bogotá erhalten blieben.

Die überaus prunkvolle Ausstattung der Jesuitenkirchen verweist auf den besonderen Status dieses streng hierarchischen, auf unbedingten Gehorsam gegenüber dem Papst bauenden Ordens, der erst 1540 von Papst Paul III. bestätigt wurde. Nach Ignacius von Loyola (1491–1556) benannt, betätigten sich die Jesuiten vornehmlich in Kunst und Wissenschaft und in der Erziehung. In Bogotá gründen sie 1622 mit der Universidad Javeriana die heute noch renommierteste Universität des Landes. Der Orden steigt bald zum bedeutendsten der Weltmission auf. Nicht zuletzt deshalb wird er 1767 aus allen neuspanischen Besitzungen vertrieben.

Im Wettstreit mit den Franziskanern und Jesuiten beteiligen sich auch die Dominikaner am Erziehungswesen. Es sind fast ausschließlich Dominikanermönche aus Salamanca, die die Konquistadoren Kolumbiens als Geistliche auf ihren Eroberungszügen begleiten; rund anderthalb Jahrzehnte später lassen sie sich in den überseeischen Provinzen nieder. Eine ihrer ältesten erhaltenen Kirchen ist die Iglesia Santo Domingo in Cartagena de las Indias.

Spät bemüht sich der schon im 6. Jh. gegründete Augustinerorden um die Neue Welt. Er erhält 1533 die Missionserlaubnis vom *Consejo de las Indias* (›Indienrat‹). Erst 1563 treffen die ersten Augustinermönche in Quito ein, von wo aus sie allerdings schnell ihre missionarische Arbeit bis nach Pasto, Popayán und Cali im heutigen Kolumbien ausdehnen. Weniger bekannt als die bisher genannten ist bei uns der schon 1218 in Barcelona für die Auslösung der Christen aus maurischer Gefangenschaft gegründete Orden der Mercedarier *(Orden de la Merced)*; sein hauptsächliches Wirkungsfeld ist ebenfalls die Provinz der Audiencia Quito. Im kolumbianischen Pasto errichtet er die dort heute älteste Kirche La Merced.

Kunst

Mit der **Schule von Quito**, in der junge Indianer in Malerei und in der Schnitzkunst unterrichtet wurden, waren in Ecuador schon zur Kolonialzeit die besten Voraussetzungen gegeben, wenigstens im Bereich der Schönen Künste die gesellschaftliche Kluft zwischen den Bevölkerungsgruppen zu überwinden. Tatsächlich erwarben sich damals zahlreiche indianische und mestizische Künstler mit ihren religiösen Werken große Anerkennung. Der bedeutendste Maler des 17. Jh. war Miguel de Santiago (1625–1706), der berühmteste Bildhauer des 18. Jh. Bernardo de Legarda.

In allen Epochen spiegelt die ecuadorianische Kunst den Zeitgeist wider: Nach den Unabhängigkeitskriegen beherrscht die pathetische Darstellung von Schlachten die Malerei. In der **Romantik** halten besonders Rafael Troya, Joaquín Pinto oder Antonio Salas idyllische Landschaften und Dörfer ihrer Zeit auf die gelungenste Weise auf der Leinwand fest. Unter den *costumbristas,* die den einfachen Menschen und das schlichte dörfliche Leben neu entdecken, ist Pedro León als berühmtester Vertreter zu nennen.

Die *costumbristas* zeichneten den Weg zur Sozialkritik der 30er Jahre vor, in der sich die Künstler Julio Cevallo und Camilo Egas besonders hervortaten. Der am höchsten dekorierte zeitgenössische Künstler ist indes **Oswaldo Guayasamín** (*1919), der Sohn eines Indianers und einer Mestizin. Seine düsteren Bilder und Wandgemälde überzieht eine gewisse melancholische Schwere. Die Gestalten des Mosaiks, mit dem er im Auftrag der Regierung das Rathaus von Quito schmückte, wirken versteinert und expressionistisch anklagend. Zu den jungen Künstlern gehören **Expressionisten und Realisten** wie Nelson Roman und Ramiro Jácome, der mit seinem Bild ›A la cola‹ (›An der Warteschlange‹) berühmt wurde.

Wer durch die Kunstgalerien und Museen mit zeitgenössischer Kunst in Quito spaziert, kann leicht erkennen, daß die ecuadorianische Kunstwelt sich noch schwertut, die Wertvorgaben des Westens durch eigene zu ersetzen. Die Grenzen zum Volkstümlichen werden akademisch streng gezogen und verhindern somit die Aufnahme von populären Künstlern wie von **Endara Crow,** des wohl erfolgreichsten aktuellen ecuadorianischen Malers. Seine naiv-surrealistischen Eisenbahnen im Himmel und Rieseneier auf Dorfplätzen kennt fast jedes Kind, und sein unver-

Eine Schule macht Schule

Die Gründung Quitos ist gerade erst ein paar Monate her, da beginnt der Flame Jodoco Ricke schon mit seiner Arbeit im Franziskanerkloster, dem ersten der Stadt. Sein oberstes Ziel ist natürlich die Bekehrung der *indígenas* zum christlichen Glauben. Doch er beläßt es nicht dabei: Er unterrichtet die hochgeborenen Indiosöhne in seiner kleinen Schule auch darin, wie man einen Pflug gebraucht, wie man sät und erntet; vor allem lehrt er sie musische Künste wie Singen, Musizieren, Zeichnen, Malen, Schnitzen und Bildhauern.

Seine Bemühungen fallen auf fruchtbaren Boden, vor allem im Bereich der Musen. Bald kennt man die von ihm gegründete Schule in den spanischen Überseebesitzungen nur noch als *Escuela Quiteña de Bellas Artes* (Quiteñer Schule der schönen Künste). Ihr erwächst das Kolleg San Andrés. In dieser kleinen Kunstakademie werden nun auch neben den hochgeborenen *indígenas* Mestizen und Begabte des einfachen Standes aufgenommen. Erster Lehrer für Malerei ist der Franziskanerpater Pedro Gosseal, wie Jodoco Ricke ein Flame. Seine Spezialität ist die Miniaturmalerei, vor allem die kunstvolle Ornamentierung von Choralbüchern. Bald findet er Unterstützung. Aus Santo Domingo, dem damaligen Zentrum für die Wandmalerei, gesellt sich Pedro Bedón an seine Seite.

Ende des 16. Jh. und besonders im 17. Jh. gleicht Quito einer riesigen Künstlerwerkstatt. In über 30 verschiedenen Einrichtungen werden Maler, Bildhauer, Architekten, Goldschmiede oder Weber ausgebildet. Unter den Händen der werkschaffenden *indígenas* und Mestizen entstehen Stücke von hoher Sensibilität mit ausschließlich religiösen Themen. Zeitgenossen erkennen in ihnen »einen geheimnisvollen Zauber, ein Leuchten aus ihrem Innern«. Der Malstil ähnelt dem der flämischen Meister anfangs noch sehr, doch schon bald mischen sich darunter italienische, spanische und vor allem einheimische Einflüsse. Die bekanntesten Künstler der Epoche sind Luis Rivera, Ángel Medoro, Mateo Mejía und Juan Ruiz de Salinas. Zu höchster Vollendung in der Malkunst gelangt schließlich Miguel de Santiago (1625–1706), der sich als erster auch mit Landschaften beschäftigt. Santiago erhält seine Chance 1656 im Alter von 20 Jahren, als der Augustinermönch Basilio de Rivera ihn bittet, das Leben des heiligen Antonius zu malen. Die Werke Santiagos schmücken heute die Kirchen Guápulo, San Francisco und Santo Domingo in Quito. Die berühmtesten Bildhauer der Schule lebten und arbeiteten im 18. Jh., darunter Manuel Chili, der mehr unter seinem Künstlernamen Caspicara bekannt wurde, und Bernardo de Legarda. Letzterem wurde ein gigantisches Denkmal in Quito gesetzt: Die eiserne, begehbare Jungfrau vom Panecillo ist seinen barocken Marienfiguren nachempfunden.

*Die Kathedrale,
Fernando Botero,
1981, Aquarell
auf Papier (Marlbo-
rough Gallery,
New York)*

wechselbarer, heute freilich viel kopier-
ter Malstil wurde längst zum Markenzeichen des Landes.

Anders als in Ecuador, wo die Schule
von Quito den indianischen Künstlern
eine authentische Prägung ihrer Werke
ermöglichte und ihnen auch neue Wir-
kungsfelder eröffnete, wurde die Kunst-
tradition der kolumbianischen Indianerstämme durch die Konquista abrupt in
den kunsthandwerklichen Bereich zurückgedrängt. Was sich zuvor so for-
menreich und symbolträchtig in ihren
Schmuck- und Kultgegenständen niedergeschlagen hatte, fand fortan nur

noch durch die Hintertür Eingang in die
von spanischen Stilen geprägte Kirchen-
kunst. Daraus entwickelte sich der **Mestizo-Stil,** der sich zwar an die europäischen Vorbilder hielt, sie aber um indianische Elemente bereicherte.

Berühmtester Meister der frühen Sa-
kralmalerei in Kolumbien war Gregorio
Vásquez de Arce y Ceballos (1638–1711),
der zahlreiche Kirchen der Kolonialzeit
mit seinen erstaunlich realistischen
Gemälden ausschmückte und oft mit
dem Spanier Murillo verglichen wurde.
Nach den Wirren der Unabhängigkeit
kommt der ***indigenismo*** auf, die Ent-

deckung des Indianischen. Einer der ersten Vertreter dieser Richtung ist Ramón Torres Méndez (1809–85). Ende des 19. Jh. experimentiert Andrés de Santa Maria (1860–1945), Direktor der Akademie der Schönen Künste in Bogotá, mit dem französischen Impressionismus und Realismus. Doch auch die politischen Entwicklungen in Lateinamerika wie die mexikanische Volkserhebung gehen nicht spurlos an den Kunstschaffenden in Kolumbien vorüber. Als einer der wichtigsten Vertreter der damaligen *indigenistas,* die volksnahe monumentale Wandgemälde *(murales)* schufen, auf denen das Leben und die Mythen der Indianer die Hauptrolle spielen, geht Luis Alberto Acuña (1904–93) in die Kunstgeschichte ein.

Die moderne Malerei Kolumbiens orientierte sich – bis auf wenige Ausnah-men – lange an europäischen Vorbildern. Bei Alejandro Obregón (1920–92), der sich lange Zeit in der Provence aufhielt und stark von Picasso beeinflußt wurde, ist die Authentizität noch nicht völlig entfaltet, obwohl seine Bilder um kolumbianische Themen kreisen. **Fernando Botero** freilich, der 1932 in Medellín geborene Maler, fand seinen persönlichen Stil und ist mittlerweile international fast so berühmt wie Gabriel García Márquez. Der Schöpfer der Dicken, die sein Markenzeichen wurden und Sinnlichkeit wie Gefangenheit in sich selbst ausstrahlen, studierte 19 Jahre in Madrid, bevor er 1958 Professor an der Universidad Nacional in Bogotá wurde. Auch er pendelt zwischen den Welten, allerdings vorzugsweise zwischen New York und Italien, wo er die meisten Anhänger fand.

Literatur

Poesie spielt sich in Kolumbien nicht nur in akademischen Räumen oder einsamen Dichterstuben ab. Mit *palabras lindas,* ›schönen Worten‹, verzaubern Kolumbianer ihren Alltag; sie drücken sich unglaublich blumig und phantasievoll aus, reich an exotischen Bildern und magischen Vergleichen. Spricht man die Kolumbianer daraufhin an, antworten sie gerne, daß schon ihre indianischen Vorfahren große Dichter und Poeten gewesen seien. Die Entwicklung der kolumbianischen Literatur kann deshalb nicht ohne das Erbe betrachtet werden, das die Kolonisatoren hier bereits vorfanden. Schließlich war es der einnehmende Zauber einer indianischen Legende, der die Spanier überhaupt erst ins Land lockte: die von ihnen gänzlich mißverstandene Geschichte von *El Dorado* (s. S. 97).

Das kulturelle Mißverständnis blieb ungeklärt, da die Spanier anderes zu tun hatten: Erste **Chroniken** wie die von Juan Rodríguez Freile (1566–1640) halten den Ablauf der Eroberung von Neu-Granada fest. Juan de Castellanos (1522–1602) aus Tunja verewigt die Leistung der ersten Siedler in seinem Prosawerk ›Elegien über berühmte Männer der Kolonien‹. Die Nonne Josefa del Castillo (1671–1742), ebenfalls aus Tunja, vertritt in ihren *sentimientos espirituales* den absoluten Rückzug von der konkreten Umwelt in das Reich der religiösen Gefühle.

Gabriel García Márquez

Gabriel García Márquez ist auf den Tag genau gerade acht Monate alt, als das kolumbianische Militär am 5. und 6. Dezember 1928 in Ciénaga, nur 60 km von seinem Geburtsort Aracataca, streikende Bananenarbeiter der US-amerikanischen Bananengesellschaft United Fruit Company mit Feuersalven auseinandertreibt und dabei ein Massaker mit Hunderten von Toten verübt. Nach manchen Angaben sollen es sogar 3000 gewesen sein. Viele stammten aus Aracataca, einem verstaubtem Nest am Fuß der Sierra Nevada de Santa Marta, das damals ein wichtiger Verladebahnhof mitten im Bananenanbaugebiet der United Fruit war. Die ersten acht Lebensjahre, die García Márquez in diesem Dorf ver-bringt, das später in seinem Roman ›100 Jahre Einsamkeit‹ Macondo wird, müssen von dem traumatischen Ereignis überschattet gewesen sein.

Das Kind wächst mit seiner Schwester, die heute in Bogotá lebt, bei seinen Großeltern auf. Die Schule besucht Gabo, wie ihn die Kolumbianer heute liebevoll nennen, im nahen Barranquilla, und sein Abitur macht er 1946 in Zipaquirá bei Bogotá. Ein Jurastudium in Bogotá bricht er ab, um an die Karibikküste zurückzukehren und beim ›El Universal‹ in Cartagena, der Stadt, der er sich später am meisten verbunden fühlen soll, seine ersten Schreibversuche als Journalist zu machen.

Rastlos sucht er fortan seinen Weg zwischen sozial engagiertem Journalis-

Mit der Unabhängigkeit gewinnen in Kolumbien und Ecuador zunächst **politische Schriften** an Bedeutung. Zahlreiche Hymnen müssen komponiert, die Texte dazu geschrieben werden; Rafael Núñez (1825–94) verfaßt nicht nur die erste Verfassung Kolumbiens, sondern auch gleich seine Nationalhymne. Politische Kampfschriften prägen auch besonders die Entwicklung der ecuadorianischen Republik. Es sei hier der Diktator Moreno genannt, der sich mit politischen Pamphleten an die Macht schrieb und den schließlich die scharfzüngige ›Feder‹ von Juan Montalvo ermordete, wie dieser zumindest glaubte. Juan Montalvo (1833–89) ging in die Literatur-geschichte als der niemals müde Kritiker südamerikanischer Diktaturen ein.

Wie Europa über die indianische Welt Amerikas denkt, erfährt der Kolumbianer José Fernández Madrid (1789–1830) während einer Reise nach London. Das dort verbreitete Bild des ›edlen Wilden‹ inspiriert ihn zu der Tragödie ›Guatimoc‹, die das Leben des letzten Azteken-Herrschers thematisiert – ein frühes Werk des sogenannten *indigenismo.* Auch der kolumbianische Politiker, General und Poet Julio Arboleda (1817–62), der in London studiert und ein Verehrer von Lord Byron ist, wird vom Trend der Zeit, das Indianische mit den Augen Europas zu sehen, erfaßt. In seinem unvoll-

mus, Filmkritik, Drehbüchern und ersten Romanen. Die USA lehnt er aus tiefster Seele ab und befreundet sich nach der kubanischen Revolution mit Fidel Castro. Später umkreist er die kolumbianische Geschichte wie auf der Suche nach einer Heimat, exponiert sich im eigenen Land mit unbequemer Kritik und verkörpert schließlich mehr noch nach außen als nach innen auf diese Weise persönlich wie literarisch die Suche aller Lateinamerikaner nach einer eigenen Identität.

Er ist Reporter des ›Heraldo‹ in Barranquilla, dann lange Zeit beim ›El Espectador‹ in Bogotá. Er reist als Korrespondent nach Genf, läßt sich in Paris nieder und steht plötzlich mittellos da, weil der Diktator Rojas Pinilla die Zeitung schließen läßt. 1958 kehrt er nach Kolumbien zurück, heiratet und zieht nach Caracas in Venezuela. 1961 macht er sich selbständig und eröffnet in Bogotá das Büro ›Prensa Latina‹. Doch schon bald geht er für einige Monate nach New York, danach nach Mexiko-Stadt, wo er bis 1967 lebt. Anschließend siedelt er nach Barcelona über, kehrt 1975 nach Mexiko-Stadt zurück, mit längeren Zwischenaufenthalten in Kolumbien und Kuba. Seit 1995 lebt er überwiegend wieder an der Karibikküste in Cartagena, wo er inzwischen eine Journalistenschule eröffnete.

Sein Roman ›100 Jahre Einsamkeit‹, den er nach 16jähriger Bedenkzeit innerhalb von 18 Monaten niederschrieb, handelt von José Arcadio Buendía, der – wie einst so mancher Einwanderer in Lateinamerika – nach einem Verbrechen seinen Heimatort verlassen muß und Macondo an der Karibikküste gründet. Aus dem Dorf mit Bambus- und Lehmhütten entwickelt sich eine florierende Stadt, deren Einwohner, fast alle auf inzestuöse Weise mit José Arcadio verwandt, das Auf und Ab der Geschichte des Kontinents erleben: Unabhängigkeit, Bürgerkriege, den Bau der Eisenbahnlinie, bis schließlich die Ausbeutung der Region durch eine nordamerikanische Bananenkompanie in einem blutig niedergeschlagenen Streik endet.

ständig überlieferten Epos ›Gonzalo de Oyón‹ – ein Teil des Werks ging bei der Plünderung seines Hauses verloren – stellt er die Konquistadorenbrüder Alvaro und Gonzalo de Oyón gegenüber. Letzterer ist idealistisch, ritterlich und christlich, der andere skrupellos und habgierig. Gonzalo verliebt sich in die Häuptlingstochter Pubenza, die alle christlichen Tugenden repräsentiert.

Der aus Ambato stammende Zeitgenosse León Méra (1832–89) ist der wichtigste Vertreter des literarischen *indigenismo* in Ecuador. Er entwirft in seinem Roman ›Cumandá‹ ein ziemlich genaues Bild indianischen Lebens, freilich in distanziert romantisierender Form. Die weiße Hauptdarstellerin der Geschichte wächst bei einem indianischen Stamm auf, verliebt sich aber nicht in einen Indianer, sondern in den Sohn des Missionars.

In Kolumbien verblüfft der Schriftsteller Jorge Isaacs (1837–95) aus Cali seine Landsleute 1867 mit dem Roman ›María‹, der wie Rousseaus ›Julie ou La Nouvelle Héloise‹ von einer tödlichen Leidenschaft handelt. Das Thema trifft die Kolumbianer ins Herz und wird einer der größten Bucherfolge in der Geschichte des Landes (s. auch S. 161). Besonders überraschend aber finden seine Kritiker, die Art wie Isaacs die Landschaft des Cauca-Tals beschreibt. Er scheint der

Oberschicht erstmals die Augen für ihre Umgebung zu öffnen.

An der Schwelle von der Romantik zum **Modernismus,** der sich der französischen Décadence anlehnt und sich erstmals der Realität nähert, steht das schmale, erhaltene Werk des Bogotanos José Asunción Silva (1865–96), darunter sein 1896 in Tagebuchform erschienener Roman ›De sobremesa‹. In seinen eindrucksvollen Gedichten spielen erstmals die dunklen Innenhöfe und engen Altstadtgassen Bogotás eine Rolle. Sein berühmtestes Gedicht ›Nocturno‹ verfaßt er anläßlich des Todes seiner geliebten Schwester. Mit dem Gedichtband ›Ritos‹ von Guillermo Valencia (1873–1943) setzt sich der Modernismus in Kolumbien durch.

Eine drastische Wende tritt nach der Erschütterung des ersten Weltkriegs und der Russischen Revolution ein. Nihilismus, Dadaismus sind angesagt – auch in Kolumbien. 1925 erscheint in Bogotá die Zeitschrift ›Los Nuevos‹; zu den Mitgliedern gehört das schillernde Multitalent Léon de Greiff (1895–1976) aus Medellín. Seine berühmtesten Texte sind die ›Variaciones alrededor nada‹ (›Variationen um das Nichts‹). José Eustasio Rivera (1888–1928) beschreibt in seinem Roman ›Vorágine‹ (›Strudel‹) den moralischen und physischen Zersetzungsvorgang, dem der Mensch in der übermächtigen Natur ausgesetzt ist. Mit der Gewalt in Kolumbien verschärft sich die Situation. Von der Gruppe ›Piedra y Cielo‹, die die Dokumentation der *violencia* noch für formale Experimente nutzt, über die einem linksgerichteten Humanismus verpflichtete literarische Zeitschrift ›Mito‹ (1955–62) kommt es nach dem Zweiten Weltkrieg zu einer ›Poetisierung des Wahnsinns‹. Begründer der **nadaistischen Bewegung** in Medellín wird Gonzalo Arango (1931–

76). In seinen 1963 erschienenen 13 *poemas nadaistas* beschreibt er den Nadaisten als einen, »der sich tödlich langweilt und doch existiert«, auf Selbstmord aber aus Liebe verzichtet.

In dieser Zeit veröffentlicht Eduardo Calderón (geb. 1910) mit seinem ›Cristo de Espaldas‹ eine Schilderung des blutigen kolumbianischen Bürgerkriegs, erfindet Alvaro Mutis (geb. 1923) seinen ›Marsgast Maqroll‹, der zur Hauptgestalt zahlreicher Romane wurde, die heute als Kultbücher gehandelt werden, wie ›La nieve del almirante‹ (›Der Schnee des Admirals‹). In dieser Zeit beginnt auch der berühmteste Schriftsteller Kolumbiens seine Karriere zunächst als Journalist: Gabriel García Márquez (*geb. 1928). Für seinen 1967 veröffentlichten Roman ›Cien años de soledad‹ (›Hundert Jahre Einsamkeit‹), den er nach eigener Aussage 16 Jahre lang im Geiste mit sich herumtrug, erhält er 1982 den Literaturnobelpreis. Der von der karibischen Küste stammende Autor begeistert mit seinem **magischen Realismus** die Welt und steigt zum meistgelesenen Autoren Lateinamerikas auf.

Auch die zeitgenössischen Literaten Ecuadors behandeln in ihren Werken das Problem der Fremdheit der Indianer im eigenen Land, die Unüberwindbarkeit der Klassenschranken wie die soziale Ungerechtigkeit und Gewalt, sie stehen aber dennoch im Schatten der großen Kollegen der Nachbarländer Kolumbien (García Márquez) und Peru (Vargas Llosa). Ein Werk von aufrüttelnder Dramatik freilich schuf der berühmteste Autor Ecuadors Jorge Icaza (1906–78). Sein von Zynismen durchdrungener Roman ›Huasipungo‹, in dem er am Beispiel des Ölrausches in Ecuador die Brutalität des Kapitalismus gegen den hoffnungslosen Zusammenhalt des indianischen Kollektivs stellt, liest sich wie ein hilfloser Aufschrei angesichts festgefahrener Gegensätze. Die Akteure spiegeln die Abgründe zwischen den Bevölkerungsgruppen wider: Protagonist ist ein Mestize, der anfänglich noch so erfolgreich sein will wie sein weißer Vater, sich aber dann zu seinem indianischen Erbe bekennt, als er die Verlogenheit der Weißen durchschaut. Auch Icazas zweiter Roman ›El chulla Romero y Flores‹ (›Caballero im geborgten Frack‹) handelt vom Scheitern eines Mestizen beim Versuch, gesellschaftlich aufzusteigen.

Das Thema der unüberwindlichen Kluft zwischen der weißen und der indianischen Welt greift auch Gustavo Alfredo Jácomo (*1912) aus Otavalo in seinem Roman ›Porque se fueron las garzas‹ (›Auf der Suche nach mir‹) auf. Seine Hauptfigur ist mit einer US-Amerikanerin verheiratet und hat in Nordamerika studiert, erlebt aber, daß er in den USA dennoch diskriminiert wird. Als er seine mutmaßliche Verwandtschaft mit dem Inka Atahualpa entdeckt, kehrt er in die Heimat zurück und stellt fest, daß er dort nun ebenfalls Außenseiter ist.

Im Schmelztiegel der Kulturen – Brauchtum

Musik und Tanz

Kolumbien bietet die größte Vielfalt an Rhythmen und typischen Musikrichtungen in ganz Lateinamerika. Jede Region klingt hier anders: An der Karibikküste entwickelte sich aus afrikanischer und indianischer Musik die **cumbia,** ein von Trommeln begleiteter Rhythmus, bei dem die Frauen kokett mit den langen Röcken wedeln. Weit über die Grenzen Kolumbiens hinaus ist auch der **vallenato** beliebt, eine fast immer von Akkordeon begleitete Balladenmusik, die den Männern gehört. In klagend-höhnischer Weise erzählen sie in den Texten von untreuen oder unerreichbaren Frauen und von anderen Ärgernissen. Die besten Sänger werden alljährlich während des *vallenato*-Festivals in Valledupar ermittelt. Hochburg der **Salsa,** die aus Kuba nach Kolumbien kam, ist die Stadt Cali, Wohnsitz der in Südamerika berühmten Salsaband Grupo Niche. Salsa wird freilich im ganzen Land mit

großer Leidenschaft getanzt – besonders in den Städten Bogotá, Medellín und Barranquilla. An der Pazifikküste beider Länder regiert der Trommelrhythmus der stark afrikanisch angehauchten **marimba,** getanzt wird hier mit eindeutigem Hüftschwung, dem *currulao.* Im Gegensatz zum **Reggae** von den beliebten karibischen Urlaubsinseln San Andrés und Providencia blieb die pazifische Musik jedoch auf die Küste beschränkt. Auch der **joropó** aus den Llanos, der zu Männerballaden getanzt wird, ist bislang nur ein regionaler Spaß der kernigen Leute aus dem wilden Osten.

Ecuador dagegen besitzt seinen eigenen unverwechselbaren Anden-Sound, den man in den *peñas* zwischen Otavalo und Cuenca hören kann. Er ist stark peruanisch geprägt – oft setzen sich die dort auftretenden Gruppen sogar aus Musikern beider Länder zusammen, über die sich einst das Inka-Reich erstreckte. Zu ihrem Repertoire gehört denn auch meist die Ballade ›El Condor pasa‹ – sie erzählt vom Aufstand unter Túpac Amarú II. in Peru –, die weltweit zum Inbegriff der melancholischen **Andenmusik** wurde. Undenkbar ist sie ohne die verschiedenen Flöten: die *quena* (Rohrflöte), die mehrreihige *zampoña* (Panflöte), den *rondador,* den *pinkullo* (Querflöte) oder den *pifano.*

Trachten

Mit fortschreitender Nivellierung der Kulturen durch die Medien verschwindet auch in Ländern wie Ecuador und Kolumbien das traditionelle Brauchtum immer mehr aus dem Alltag. Das gilt natürlich vor allem für die Großstädte, und weitaus stärker für das wirtschaftlich besser gestellte Kolumbien als für das ärmere Ecuador. Kolumbien ist ein Beispiel dafür, daß altem Brauchtum mit wachsendem Wohlstand eine andere Bedeutung als ursprünglich zukommt: Anstatt diskriminierten Bevölkerungsgruppen kulturellen Rückhalt zu geben, wird es zunehmend als nationales Kulturgut entdeckt und als solches zu Festen von der ganzen Nation zelebriert. In traditionelle Trachten gekleidete *indígenas* beispielsweise sieht man in Kolumbien daher nur noch vereinzelt; am ehesten in den Rückzugsgebieten der konservativsten Indiostämme wie auf La Guajira, im Parque Tayrona oder an der Grenze zu Ecuador. Typisch für die Indiofrauen von La Guajira ist die bodenlange *manta,* ein leichtes, im Wind wehendes Baumwollkleid. Die fremdenscheuen Kogui tragen oft ihre traditionelle zylinderförmige Kappe auf dem Kopf und stets zu den grob gewebten dreiviertellangen Beinkleidern und dem langen Hemd eine Umhängetasche mit den wichtigsten Utensilien des Mannes,

darunter der Kalkbehälter für den zeremoniellen Kokablatt-Genuß. Um Pasto in Südkolumbien trifft man noch die in Tiefblau gekleideten Guambiano. Die Frauen mit ihrem üppigen Perlenhalsschmuck und ihrem charakteristischen dunklen Melonenhut stimmen bereits auf die Trachtenvielfalt des Nachbarlandes ein.

In Ecuador dient Kleidung noch als Mittel der Abgrenzung und veranschaulicht die tiefere gesellschaftliche Kluft zwischen *indígenas,* Mestizen und Weißen. Hier gilt größtenteils die alte Regel: *Indígenas* tragen bewußt und stolz ihre von Region zu Region sehr unterschiedlichen Trachten, die Mestizen oder Weiße dagegen europäische Kleidung. So erkennt man die Männer der besonders traditionsbewußten Otavaleños an ihren dreiviertellangen schwarzen Hosen, weißen Hemden und dem langen Nackenzopf unter dem schwarzen Hut und die Frauen vor allem an den zahlreichen goldenen Glasperlenketten, mit denen sie ihren Hals schmücken. Die *indígenas* von Saquisilí tragen spitze Filzhüte, die Saraguros aus dem tiefen Süden gehen ganz in Schwarz.

Filzhüte in Ecuador

Feste

In beiden Ländern mischen sich spanische Einflüsse mit regionalem präkolumbischen Kulturgut – in Kolumbien stärker noch als in Ecuador, zumal das kleine Land unter dem Äquator bereits vor den Spaniern durch die Inka eine Kulturnivellierung durchmachte. Reinsten spanischen Ursprungs ist in beiden Ländern der **Stierkampf.** Der Auftakt zur Stierkampfsaison wird bis heute in beiden Ländern als das größte gesellschaftliche Ereignis des Jahres gefeiert. Während die ecuadorianische Presse brav über Erfolge und Mißerfolge der Matadoren berichtet, feiert ihn Kolumbien zunehmend als Kultereignis, und versuchen prominente Linksintellektuelle seitenweise seine Faszination zu ergründen.

Spanischen Ursprungs sind auch die zahlreichen Kirchenfeste in beiden Ländern. Doch auch hier gibt es interessante Unterschiede: In den Hochburgen der **Osterprozessionen** Kolumbiens wie Pamplona oder Popayán ist die ehemals starke Machtposition der katholischen Kirche bis heute an der Strenge des Festgeschehens abzulesen. Popayán hat seine Festwoche mit einem Festival religiöser Musik kombiniert. Im kleinen Ecuador fehlen dagegen derlei pompöse Osterfeierlichkeiten, dafür gibt es Kirchenfeste, die die *indígenas* hier mit alten heidnischen Traditionen verbinden. Besonders auffällig ist der Synkretismus beim bedeutendsten Fest im Jahr, der **Fiesta de San Juan** im Juni. An diesem Tag feiern die Menschen im ganzen Land zugleich den heiligen Johannes und *Inti Raymi,* die Sonnenwende der Inka. In allen Gemeinden brennen dann nicht nur Johannisfeuer, sondern nehmen die Männer wie schon ihre Vorfahren unter den Inka auch ein symbolisch reinigendes Bad in Seen oder Flüssen. Zu **Allerheiligen** (*Todos los Santos*) im November kann man auf vielen Friedhöfen, vor allem aber auf dem Friedhof von Calderón, noch die Menschen dabei beobachten, wie sie ihre Verstorbenen nach altem indianischem Brauch das Leben im Jenseits mit Alkohol und gebackenen Brotfiguren versüßen.

Kunst für Touristen – Souvenirs

Kolumbien und Ecuador bieten eine Fülle lokaltypischen Kunsthandwerks (*artesanía),* das sie z. T. auch in die Nachbarländer oder in die ganze Welt exportieren. Charakteristisch für Kolumbien sind bunt bemalte **Tonminiaturen,** z. B. mit Früchten und Säcken beladene *chivas o*der Langschiffe und nette Architekturdetails wie Balkonfassaden.

Nie fehlen in kolumbianischen Souvenirläden die gestreiften oder bestickten **Hängematten** (*hamacas*) aus San Jacinto (Karibikküste) oder die *carriel* aus Antioquia, eine rustikale Umhängetasche mit vielen Fächern, die ursprünglich bei der Kaffeernte benutzt wurde. In der Provinz Cundinamarca und in Otavalo in Ecuador hat man sich auf die Herstellung von **Pullover, Decken und Ponchos** (*ruanas*) aus reiner Schafswolle spezialisiert. Das von den Kolumbianern selbst am liebsten benutzte Erkennungszeichen der Nation ist der breitkrempige *sombrero vueltiao,* der ursprünglich aus Tuchin an der Karibikküste stammt und mit seinen geometrischen Mustern noch Formenelemente der alten Sinú-Kultur aufweist. Ähnlich beliebt ist in Ecuador der biegsame elegante *jipíjapa,* besser bekannt als **Panamahut** oder *sombrero de paja toquilla,* der heute überwiegend in Montecristi und Azogues hergestellt wird.

In Ecuador hat sich San Antonio de Ibarra zum Zentrum der **Schnitzkunst** entwickelt. Aus Puyo stammen die leichten aus Balsaholz gefertigten und bemalten Tierfiguren. Im Amazonasgebiet beider Länder gibt es **Blasrohre** mit Köcher und Federschmuck zu kaufen.

Eine kleine Investition dagegen ist der hochwertige **Schmuck** aus Gold oder Silber, den ein Hauch *El Dorado* umweht. Schönste Stücke, hergestellt nach präkolumbischen Motiven, führt die exklusive Galeria Cano in Bogotá (s. S. 81). In Ecuador bieten viele Geschäfte in Cuenca filigranen Gold- und Silberschmuck an. Bei **Smaragden** sollte man sich an eins der Fachgeschäfte wenden; die kostbaren Steine kommen in über 200 verschiedenen Güteklassen vor, die nach dem Abbau durch chemische Analyse festgestellt werden. Entscheidend für die Qualität sind Reinheit, Farbe und Lichtbrechung. Bei höchster Güte spricht man von *ojo de agua* (›Auge des Wassers‹) oder *gotas de aceite* (›Öltropfen‹). Die genaue Beschreibung des Edelsteins sollte auf dem Echtheitszertifikat verzeichnet sein, das beim Kauf eines teuren Smaragds ausgehändigt wird.

Besondere Aufmerksamkeit gebührt in Ecuador der **naiven Malerei,** der man vornehmlich im Hochland und in Quito begegnet. Dabei kopieren die Künstler meist den Stil ihres erfolgreichen Zeitgenossen Endara Crow: Eisenbahnen, die durch den Himmel schweben, oder riesige Äpfel, die auf einer Plaza stehen, sind mittlerweile schon zum Markenzeichen Ecuadors geworden.

Exotisch gewürzt – Die Küche

Die Küche Kolumbiens und Ecuadors erfordert vom europäischen Feinschmekker eine gewisse Bereitschaft, sich mit etwas anderen Eßgewohnheiten und ungewohnten Zutaten und Gewürzen anzufreunden. Überaus häufig verwendet werden z. B. der bei uns praktisch unbekannte Kreuzkümmel *(comino)* oder das intensiv herbbittere Kraut *cilantro,* das man über jede Suppe streut. Die ebenfalls viel verwendeten Gewürze Koriander, Vanille, Lorbeer, Curry, Anis oder Knoblauch stehen unserem Geschmack da weitaus näher.

Einheimische Gerichte *(comida típica)* beherrschen im großen und ganzen die gastronomische Szene beider Länder. Eine gemeinsame Spezialität ist der *ceviche,* ein Cocktail aus rohen Garnelen, Austern, Fisch- und Muschelfleischstückchen, Limonensaft, einem Schuß Ketchup und Gewürzessenzen. Die zahllosen Imbißstände bieten morgens fritierte Käse-Maisteig-Bällchen *(buñuelos)* zum gesüßten starken schwarzen Kaffee *(tinto),* mittags mit Käse oder Hühnerfleischsalat gefüllte Maisfladen *(arepas),* stark gewürzte Fleischspieße *(chuzos)* oder mit einer Maisteig-Fleischmasse gefüllte Bananenblätter *(tamales)* an. Restaurants mit Tagesgerichten *(comida corriente)* sind die preiswerte Alternative zu den Imbißständen. Meist wechseln sich als Hauptspeise *(plato fuerte)* Huhn mit Reis *(pollo con arroz)* und Rindfleisch mit Reis *(carne de res*

Gegrilltes Meerschweinchen – eine Spezialität aus Ecuador

con arroz) ab; dazu gibt es vorab eine Brühe *(caldo)* und als Nachtisch *(postre)* Süßes oft aus Kokosraspeln und karamelisiertem Zuckerrohrsaft *(panela)*.

In **Kolumbien** hat ansonsten die herzhafte Küche von Antioquia auch den letzten Winkel des Landes erobert; ihr bekanntestes Gericht ist die *bandeja paisa,* eine gewaltige Platte mit Bratwürsten, Hackfleischbällchen, kross gebratener Schweineschwarte *(chicharrones)*, Spiegelei, roten Bohnen, Reis, Avocadostücken, fritierter Kochbanane *(platano)* und Maisfladen *(arepas)*. Typisch für das Hochland um Bogotá (Cundinamarca) ist der *ajiaco,* eine cremige Suppe aus drei verschiedenen Kartoffeln, Sahne und Avocado, die mit Hähnchen-, Rind- oder Schweinefleisch angereichert ist. Lecker sind hier auch die *papas chorriadas* (gekochte Kartoffeln in einer Käse-Zwiebel-Tomatensauce), die gern zu geschmortem Rindfleisch *(sobrebarriga)* serviert werden. Als Nachtisch gibt es supersüße Naschereien wie *arequipe con brevas* (Karamelspeise aus Milch mit süßen Feigen), *papayuela* (süße Kompotte aus Feigen) oder *cuajada con melado* (Weißkäse mit Zuckerrohrme-

lasse). In Boyacá liebt man die *papa criolla,* eine kleine milde Kartoffelart, die stark gesalzen und mit Schale verspeist wird. Auf den Inseln San Andrés und Providencia ist der *rondón,* ein gigantischer Fischeintopf mit Kokosnußmilch, zu empfehlen.

Seit der Inka-Zeit ist in der Küche **Ecuadors** gegrilltes Meerschweinchen *(cuy)* ein Festmahl. Zu den typischen Spezialitäten zählen auch die cremige *locro de papas* (Kartoffelsuppe) oder die *locro de queso* (Kartoffelsuppe mit weißem Käse und Milch) und der *caldo de gallina* (Hühnersuppe). Zu den Mahlzeiten gibt es oft als Beigabe Maisfladen *(tortillas)* oder in Fett ausgebackene Käse-Kartoffelpuffer *(llapingachos)*.

Die Hauptspeisen drehen sich um Fleischbeilagen wie gekochtes oder gegrilltes Huhn *(pollo asado),* gebratenes Spanferkel *(lechón)*, gebratenes Rind- oder Schweinefleisch *(churrasco)* oder – in den besseren Lokalen – um Rinderfilet *(lomo fino)*. Vorsicht bei *carne colorada,* das bei der Zubereitung verwendete Gewürz ist nicht jedermanns Geschmack. Typisch für die Pazifikküste ist die *chupé de pescado* (Fischsuppe mit Gemüse).

Reisen in Kolumbien und Ecuador

Santa Fé
de Bogotá

Bogotá – Sieben Millionen und mehr

■ (S. 279) Bogotá liegt zwar in einem Kessel, aber mit 2630 m ü. d. M. dennoch so hoch, daß oft Wolken den Himmel über dem Häusermeer verhängen und die Sonne früher als anderswo versinkt. Und in den Nächten wird es kalt, so kalt (4–6 °C), daß Gabriel García Márquez, der jahrelang in Bogotá beim ›Espectador‹ und auch als Filmkritiker arbeitete, nur Fröstelndes über diese Stadt zu sagen hat.

Santa Fé de Bogotá ist die Metropole Kolumbiens, davor war sie Hauptstadt des Vizekönigreichs Nueva Granada und wiederum davor zufälliger Treffpunkt der Konquistadoren Nikolaus Federmann, Jiménez de Quesada und Sebastián de Benalcázar, deren Wege sich auf der Suche nach *El Dorado,* dem geheimnisvollen ›Goldland‹, hier kreuzten. Und tatsächlich liegt die Laguna de Guatavita, in der der legendäre in Goldstaub gehüllte Muisca-Fürst sein rituelles Bad nahm, ganz in der Nähe. Die zentrale Bedeutung, die Bogotá (in der Sprache der Muisca-Indianer *bacatá* für ›Rand des bebauten Landes‹) seit präkolumbischer Zeit zufiel, blieb ihr von der Gründung durch Gonzalo Jiménez de Quesada am 6. August 1538 an in nahezu allen Phasen ihrer Geschichte erhalten. 1762 – noch vor der Unabhängigkeit des Landes – wurde hier der erste Lehrstuhl für Naturwissenschaften eingerichtet, 1794 übersetzte Antonio Nariño in Bogotá die Menschenrechte ins Spanische und löste damit die zu den Unabhängigkeitskriegen führenden Unruhen im damals riesigen Vizekönigreich Nueva Granada aus.

◁ *Die Kathedrale an der Plaza Bolívar*

Heute gibt es rund 30 Universitäten und zahlreiche Bibliotheken ersten Ranges in der Stadt, sie ist Sitz aller wichtigen Institutionen – von der Indianerorganisation ONIC bis hin zum konservativen Verband der Blumenzüchter, von den Gewerkschaften bis zu den ausländischen und inländischen Firmen oder Banken. Und natürlich besitzt sie auch ein Privatleben, das freilich gesellschaftliche Gegensätze kennt, wie kaum ein anderes. In den exklusiven Clubs wie dem Country Club im Norden der Stadt treffen sich z. B. die alteingesessenen weißen Herrschaften. Im Gegensatz zu den Neureichen der Mafiosi-Kreise Medellíns und Calis, die der Regierung 1986 anboten, die sich damals auf 13 Mia. US-Dollar belaufende Auslandsschuld zu begleichen, gibt es in Bogotá immer noch die altspanische Oberschicht, die es allein mit strenger Carmen-Frisur und gebieterischer Würde schafft, alle Emporkömmlinge des Geldadels mit einem herablassenden Blick zu Fußvolk zu degradieren.

Im Stadtwesten wälzen sich die Wohnviertel des neuen Mittelstandes mit zahllosen zweistöckigen gitterbewehrten Standardeigenheimen bis zum Internationalen Airport El Dorado hinaus; hier und da unterbrochen von mit Parks, Supermärkten und Spielplätzen perfekt durchgestylten Hochhausvierteln wie Ciudad Salitre oder Ciudad Kennedy. Tief im Süden wohnen die ärmsten Einwohner Bogotás in illegal errichteten Slumbaracken, weitab von jeder Möglichkeit des sozialen Aufstiegs. Aber auch im Stadtzentrum ist die Armut sichtbar, besonders in der Nacht, wenn in den dunklen Seitenstraßen hier und da offene Feuer lodern, an denen sich Straßenkinder (gamines) und andere Obdachlose wärmen.

Dieses städtische Konglomerat von Widersprüchen wächst und wächst seit Jahrzehnten, längst hat es die Ränder des Talkessels erreicht und rückt den grünen Weiden und den weitläufigen Plantagen mit plastikverpackten Rosen und Nelken der noch ländlichen Sabana de Bogotá bedrohlich zu Leibe. Keiner weiß genau, um wieviel sich die zuletzt 1991 auf 6 895 069 gezählten Menschen in der Stadt mehrten – mittlerweile dürften es wohl mindestens acht Millionen sein. Zum Stadtgebiet gehören auch noch die 1954 eingemeindeten Orte Bosa, Engativá, Fontibón, Usaquén und Usme, so daß sich der städtische Moloch inzwischen über eine Fläche von über 1587 km^2 ausbreitet.

Die Stadt ist – wie viele koloniale Städte Südamerikas – übersichtlich in Längs- und Querstraßen mit aufsteigenden Nummern von Süd nach Nord angelegt. Amüsement, Kultur, Politik und Kommerz von internationalem Standard finden eigentlich nur in dem schmalen langen Streifen längs der beiden Hauptverkehrsadern, der Septima (Carrera 7) und der Quince (Carrera 15), statt. Beide ziehen sich mehr oder weniger parallel unterhalb des Andenhangs entlang, der die Stadt nach Osten hin abriegelt. Wo die Quince mit der Carrera 11 und den Calles 82 und 80 ein Karree bildet, liegt die freitags schrill neonflimmernde und vor jugendlichen Besuchern fast aus den Nähten platzende Amüsiermeile der Zona Rosa. Kleine feine Boutiquen und die hyperelegante Shopping-Mall ›Centro Andino‹ bieten hier auch unerwartetes Bummelvergnügen. Ab Calle 55, wo die Quince in die Av. Caracas übergeht, wird es völkisch. Hinter dem Stadtteil Chapinero schließt sich das centro an, in dem eigentlich kaum noch jemand wohnt, aber die meisten bogotanos arbeiten. Tagtäglich strömen sie im Stop-and-Go-Tempo, weil die einzelnen Stichstraßen die Blechlawinen einfach nicht mehr fassen, morgens aus dem Norden oder dem Westen in die Stadt und abends wieder hinaus, verstopfen ungeduldig die Straßenkreuzungen, und jedesmal scheint das Chaos in einen Krieg auszuarten, doch jedesmal ebbt es auch wieder ab. Nachts kehrt dann fast gespenstische Ruhe in die Wohnviertel ein – mehr oder weniger gut gehütet von privaten, bewaffneten Wachposten. Dann freuen sich die Lokalbesitzer der Zona Rosa über jeden, der nicht bis Freitagabend mit dem Ausgehen wartet.

Spaziergang durch die Altstadt

Die **Plaza Bolívar** `1` ist das Herz der Altstadt und administratives wie repräsentatives Zentrum der Metropole, hier flattert oft die kolumbianische Nationalflagge, finden Demonstrationen, Reden und andere Veranstaltungen statt, flaniert die Familie an sonnigen Sonntagen, füttert alt und jung Tauben und bieten zahlreiche Händler mit ihren wendigen kleinen Wagen Eis zum Verkauf an. Den mit einem Standbild von Simón Bolívar geschmückten Platz flankieren in guter altspanischer Tradition die wichtigsten Staatsgebäude – die meisten allerdings sind jung und aus Gründen politischer oder seismographischer Erschütterungen in der Vergangenheit mehrfach erneuert worden. Im Osten des Platzes erhebt sich die dritte Version der 1563 durch Bartolomé de las Casas, den Beschützer der Indios, geweihten **Kathedrale.** Sie soll auf einem Muisca-Heiligtum erbaut worden sein. Ihr neoklassizistisches Äußeres erhielt sie 1803 von dem Kapuzinermönch Domingo de Petrés, lediglich die Fassade wurde nach seinem Tod 1811 noch einmal umgestaltet. In der Sakristei wird die während der Weihe von Las Casas geflaggte Fahne ›Cristo de la Conquista‹ aufbewahrt. Ansonsten sind die Grabmonumente berühmter kolumbianischer Staatsmänner, Kirchenfürsten und Künstler zu bewundern, allen voran das des Stadtgründers Jiménez de Quesada, daneben das von Antonio Nariño, dem Vorkämpfer der Unabhängigkeit und ersten Präsidenten Kolumbiens, des Erzbischofs Mosquera und des berühmtesten kolumbianischen Kolonialmalers Gregorio Vásquez de Arce y Ceballos. Die wertvollsten Werke von Vásquez sind gleich nebenan in der Capilla del Sagrario zu sehen, deren manieristisch-barockes Portal der Plaza Bolívar etwas historischen Glanz verleiht.

Im Norden der Plaza erhebt sich der **Justizpalast,** der nach der vereitelten Besetzung durch die Guerillagruppe M-19 als monströser moderner Säulentempel der Justiz wiederaufgebaut wurde. Bei seinem Anblick verliert selbst das dem Weißen Haus in Washington nachempfundene, gegenüberliegende **Capitolio Nacional** an Wucht. Am Regierungspalast bauten seit 1847, dem Jahr der Grundsteinlegung unter dem damaligen Präsidenten Tomás Cipriano de Mosquera, bis zu seiner Fertigstellung 1926 nicht weniger als sieben Architekten – immer wieder verzögerten politische Unruhen die Bauarbeiten.

Das 100 m lange **Rathaus** im Westen des Platzes schuf 1902 Gastón Lelarge. Vor der heute mit täuschend echt wirkenden Fensterputzer-Attrappen aufgelockerten Rathausfassade verläuft die hier in Calle Santa Clara umgetaufte Carrera 8, eine der schönsten Straßen Bogotás. Richtung Süden begleitet sie zur Linken die durch einen hohen Zaun gesicherte Westseite des Capitolio mit dem anschließenden Park und dem unzugänglichen Observatorio Astronómico. Auf dieser Höhe etwa liegt auch der unscheinbare Eingang zur **Iglesia Santa Clara 2**. Sie gehört zu den schönsten Kirchen Bogotás. 1616 unter dem Bischof Arias de Ugarte und der künstlerischen Leitung von Matías de Santiago begonnen, schmücken die ehemalige Kirche eines Klarissinnenklosters im Innern zahlreiche religiöse Kunstwerke, darunter auch einige von Künstlern der Schule von Quito, ein hoher vergoldeter Altar, eine geschnitzte Holzdecke im Mudéjar-Stil und ein dichtes Netz vergoldeter Ornamente. 1630 wurde sie von nur drei Nonnen eingeweiht. In dem Klarissinnenkonvent, zu der die Kirche gehörte, lebten berühmte Frauen der gehobenen Gesellschaft. Etliche waren in unglückliche Liebesgeschichten verstrickt, darunter María Teresa Orgaz. Der Erzbischof Urbino hatte sie wegen ihrer Liebesbeziehung zu dem Oberrichter der Real Audiencia Bernardino Angel Insunza hinter die Mauern des Klosters verbannt. Im Kloster endete auch Inés Dominguez, nachdem ihr Vater ihre Beziehung zu dem portugiesischen Abenteurer Diego Barreto entdeckt und ihn dafür ermordet hatte. Das Kloster wurde im Jahr 1863 geschlossen. Nach Jahren der Restauration, die finanziell von zahlreichen Damen der guten Gesellschaft Bogotás gefördert wurde, ist die Kirche heute Museum und wird bisweilen für Konzertabende genutzt.

An der Ecke Calle Santa Rosa/Calle 7 befindet sich das **Claustro San Agustín 3**, ein großzügiges von Augustinermönchen errichtetes Kolonialge-

In der Altstadt von Bogotá

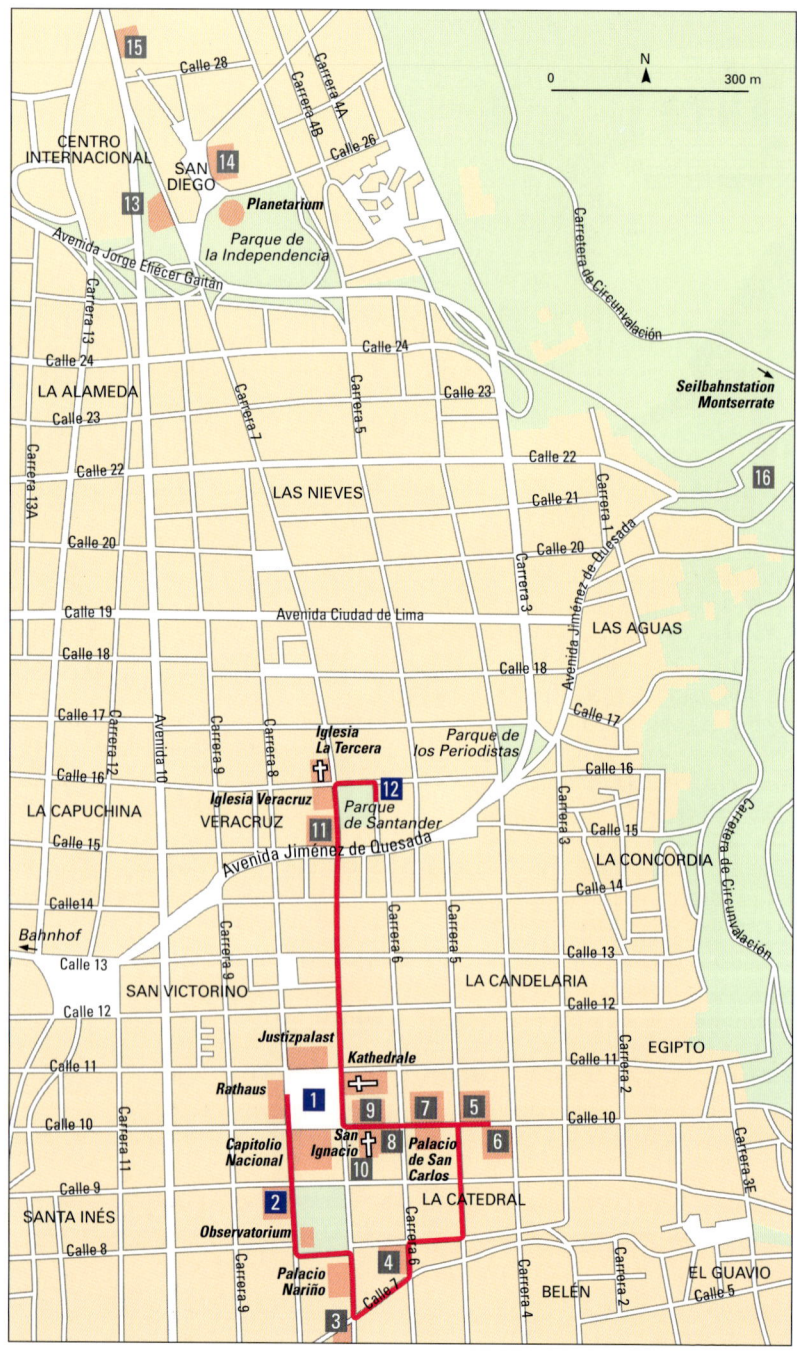

Calle 28
Carrera 4A
Carrera 4B
Calle 26

N
0   300 m

CENTRO
INTERNACIONAL
SAN
DIEGO
14
13
Planetarium
Parque de
la Independencia

Avenida Jorge Eliécer Gaitán

Carrera de Circunvalación

Carrera 13

Calle 24   Calle 24

LA ALAMEDA   Calle 23

Calle 23

Carrera 7

Calle 22

Carrera 5

Carrera 13A

LAS NIEVES

Calle 21   Calle 22

Carrera 1

Calle 20   Calle 20

Calle 19

Carrera 3

Avenida Ciudad de Lima

Calle 18

LAS AGUAS

Calle 18

Calle 17   Avenida Jiménez de Quesada

Carrera 12

Avenida 10

Carrera 9

Carrera 8

Calle 17

Calle 16

*Iglesia
La Tercera*   Parque de
los Periodistas

Calle 16

Carrera de Circunvalación

12
Iglesia Veracruz   Parque
VERACRUZ   de Santander

Carrera 3

Calle 15

LA CAPUCHINA   11

Calle 15

Avenida Jiménez de Quesada

LA CONCORDIA

Calle 14

Calle 14

Bahnhof
Calle 13

Carrera 9

Carrera 6

Carrera 5

Calle 13

SAN VICTORINO   LA CANDELARIA

Calle 12   Calle 12

Justizpalast

EGIPTO

Carrera 2

Calle 11   *Kathedrale*   Calle 11

Rathaus   1

Calle 11

Calle 10   9   7   5   Calle 10

Carrera 11

*Capitolio
Nacional*   *San
Ignacio* 8   *Palacio
de San
Carlos*   6

Calle 9   10

SANTA INÉS   2

Carrera 3E

LA CATEDRAL

Observatorium

Calle 8

Carrera 9

Carrera 6

Carrera 4

Carrera 2

*Palacio
Nariño*   4

EL GUAVIO

BELÉN   Calle 5

Carrera 7

3

Seilbahnstation
Montserrate

16

bäude von 1582, das als Colegio de San Nicolás de Bari (1770), als Herberge für Hilfstruppen, Militärschule und zuletzt als Museum für Kunst und Kunstgewerbe fungierte. Aufgrund langwieriger Restaurationsarbeiten wird etwa bis zur Jahrtausendwende nur das teure Restaurant in seinem Patio geöffnet sein. Zur Linken ist der von zwei Soldaten in historischen Uniformen bewachte Haupteingang des **Palacio Nariño** zu sehen, der Sitz des Präsidenten und der Zentralregierung. Die Wachablösung lockt täglich um 17 Uhr Schaulustige an (Fotografieren verboten!).

Zum ehemaligen Komplex der Augustiner gehört noch die gegenüber vom Palacio Nariño gelegene **Iglesia San Agustín**. Abgesehen von den Gottesdienstzeiten ist sie meist verschlossen. 1537 begonnen, 1687 wiedererbaut und nach einem Brand 1862 jahrzehntelang restauriert, birgt sie nationale Kunstschätze ersten Ranges wie das Bildnis der Schutzgöttin Kolumbiens, der Jungfrau von Chiquinquirá, und das berühmteste Bild des Malers Vásquez – ›Die Flucht aus Ägypten‹. Der Chor ist wie fast die ganze Kirche überreich mit Goldarbeiten ausgekleidet.

Der Spaziergang durch das Bogotá der Anfangszeit findet seine Fortsetzung über die Carrera 7 zwei Blocks weiter nördlich. Hier beginnt der älteste Teil der Altstadt: das heute restaurierte Viertel La Candelaria. Gleich in der Calle 8 ist nach nur wenigen Schritten das vornehme ehemalige Haus von Miguel Lozano de Peralta zu sehen, der zu Zeiten des Vizekönigreichs zu den reichsten

Männern der Neuen Welt zählte. Nachdem ihn der spanische König geadelt hatte, hieß er Marqués de San Jorge. Am Ende des 18. Jh. begeisterte er die feine Gesellschaft Bogotás mit seinen Festen. Zur Erbauung seiner Gäste ließ er ein Piano aus Europa kommen – es war das erste überhaupt im Land. Seit 1995 ist in dem restaurierten Herrenhaus das **Museo Arqueológico** 4 untergebracht. Es beherbergt die beste Sammlung altindianischer Keramik in Kolumbien.

Über die quer verlaufende Carrera 5, vorbei an der Calle 9, kommt man zur schönen Calle 10. Nicht zu übersehen gleich an der Ecke: das vorbildlich renovierte und mit ständigen Wachposten versehene **Museo Militar** 5 mit dem Wappenvogel Kondor im hohen Giebel. Im Rücken des Militärmuseums schließt sich die **Casa de la Moneda**, das ›Haus des Geldes‹, mit der Hemeroteca (Eingang Calle 11/Carrera 5) an. Hier sind u. a. die ersten Münzen Bogotás und eine Briefmarkensammlung zu sehen.

Im **Museo de Desarrollo Urbano** 6 an der Ecke zur Carrera 4 kann man alle Einzelheiten über die Anfänge und die Entwicklung Bogotás erfahren. In dem Kolonialhaus mit schönem Patio dokumentieren zahlreiche alte Urkunden und Fotos die Geschichte der Stadt. Einige Dokumente beziehen sich auf die Urzelle Bogotás: die Plaza del Chorro de Quevada (Calle 13/Carrera 2a). »Wo ist denn hier die Stadt ?«, sollen sich die ersten spanischen Damen, die im damals gerade gegründeten Santa Fé eintrafen, angesichts der zwölf Hütten und der bescheidenen kleinen Kirche rund um den Platz gefragt haben. Eine Frage, die sich heute an gleicher Stelle, kaum noch stellt.

Westwärts führt die Calle 10 nun gleich zu einer Reihe interessanter Gebäude: Den Anfang macht das traumhaft schön restaurierte, 1792 erbaute und 1885 unter Rafael Nuñez von italienischen Architekten völlig erneuerte **Teatro Colón** 7, das am 27. Oktober 1895 mit Verdis Oper ›Ernani‹ von 1844 eingeweiht wurde. Heute finden hier Konzerte des Nationalen Sinfonieorchesters mit Stargästen statt.

Genau gegenüber erhebt sich der **Palacio de San Carlos.** Das stattliche Gebäude, vor dem werktags Staatskarossen parken, war ursprünglich ein Teil des nahen Jesuitenklosters, diente Simón Bolívar zur Zeit Großkolumbiens als Residenz und ist heute Sitz des Außenministeriums. Eine Gedenktafel erinnert an das gescheiterte Attentat auf Bolívar, das zunächst mit dessen beherztem Sprung aus dem Fenster und bald darauf mit der Hinrichtung von 14 Verschwörern endete.

Nach Überquerung der Carrera 6 folgt – immer noch in der Calle 10 – das **Museo de Arte Colonial** 8, das Kolonialmuseum. Das 1606 entstandene Gebäude gehörte wie der Palacio San Carlos zum Besitz der Jesuiten, fungierte lange als Universität des neuen Vizekönigreichs, beherbergte die Nationalbibliothek und diente wegen seiner besonders dicken Mauern auch als Gefängnis. Der berühmteste Gefangene war General Santander, der im dringenden Verdacht stand, oben erwähntes Attentat auf Bolívar angezettelt zu haben. Bevor 1942 das Kolonialmuseum einzog, hatte es noch als Naturkundemu-

Auch ein Schuhputzerjunge macht mal Pause ...

seum und als Redaktionsgebäude der ersten kolumbianischen Zeitung gedient. Unter den zahlreichen Kunstwerken, die in dem Museum zu sehen sind, befinden sich allein rund 60 Arbeiten von Vásquez de Arce y Ceballos, daneben über 1000 religiöse Kunstwerke und Kolonialmöbel.

Kurz vor der Einmündung der Calle 10 in die Plaza Bolívar öffnet sich rechter Hand noch ein hübsch mit hohen Palmen bestandener kleiner Platz: die Plazuela de Cuervo, benannt nach dem Philologen Rufino José Cuervo, dessen bronzenens Abbild sich inmitten des tropisch wuchernden Platzgrüns nachdenklich über ein Buch beugt. Ursprünglich gehörte das stattliche Kolonialhaus, das diesen kleinen Platz einfaßt, einem französischen Arzt, mit dem Antonio Nariño befreundet war. Hier übersetzten die beiden Freunde die Menschenrechte ins Spanische. Später bewohnte Manuelita, die Geliebte Bolívars, die Räume, die heute als **Museo de Trajes Regionales de Colombia 9** genutzt werden. Das Museum vermittelt einen guten Überblick über die noch z. T. von den Indianern getragenen, regionalen Trachten des Landes.

Gegenüber liegt der Eingang der prunkvollen **Jesuitenkirche San Ignacio.** 1604 erbaut, wurde sie nach dem Ordensgründer Ignacius von Loyola benannt. Seit Anfang der 90er Jahre wird sie restauriert. Im Innern birgt sie neben den prunkvollen Barockaltären und kunstvollen Werken von Vásquez de Arce y Ceballos und dem Andalusier Pedro Laboria vor allem den berühmten gekreuzigten Christus, den der aus Valencia stammende berühmte Künstler José de Ribera geschaffen haben soll (in der Kapelle San José). Entlang der Septima fügt sich an die Kirche das **Colegio Máximo San Bartolomé 10** an, das

nach der Vertreibung der Jesuiten im Jahr 1767 in den Räumen des Klosters eingerichtet wurde – hier drückten die berühmtesten kolumbianischen Unabhängigkeitskämpfer die Schulbank.

Parque Santander

Der kleine, stets von Straßenverkäufern, Zeitungslesern und Schuhputzern belebte Parque Santander an der Carrera 7 ist der von Touristen sicherlich am meisten besuchte Park Bogotás. In seiner unmittelbaren Umgebung befinden sich nicht nur das weltberühmte Goldmuseum, sondern auch drei sehenswerte Kirchen aus der Anfangszeit der Stadt: die nur 20 Jahre nach der Stadtgründung begonnene, außen schlichte, doch innen mit prunkvoller Mudéjar-Decke und vergoldetem Altar dekorierte **Iglesia San Francisco 11,** die seit 1910 als Pantéon Nacional dienende **Iglesia Veracruz** mit Begräbnisstätten berühmter Persönlichkeiten Kolumbiens und schließlich die 1760 begonnene **Iglesia La Tercera** mit kunstvoll geschnitzten Altären aus Edelhölzern.

Das **Museo del Oro 12** liegt an der östlichen Stirnseite des Parque Santander. In dem schlichten modernen Bau präsentiert die Zentralbank Kolumbiens ihre einzigartige Sammlung präkolumbischer Goldschmiedekunst. Seit der Museumsgründung im Jahr 1939 und seit dem Umzug in das Gebäude am Parque Santander im Jahr 1968 erfuhr die Art der Objektpräsentation starke Veränderungen. Sah die kolumbianische Oberschicht früher – ohne jede Beziehung zur indianischen Vergangenheit vor allem den Wert des Goldes, identifiziert sich die zur Mestizengesellschaft herangewachsene Nation heute mehr denn je mit ihrem präkolumbischen

Die Stierkampfarena La Santamaría

Erbe. Der Stolz auf den legendären *El Dorado* (›Der Vergoldete‹, s. S. 97) wird inzwischen auch in der Ausstellung spürbar. Seit kurzem grüßt er die Besucher persönlich: als lebensgroße, golden gepuderte Figur in einer Vitrine.

Die Ausstellung verteilt sich über die beiden oberen Stockwerke des Museums; im ersten werden die einzelnen altindianischen Kulturen Kolumbiens und deren Goldschmiedetechniken vorgestellt, im zweiten wird der Mythos Gold zelebriert: Spots lassen die prächtigsten und schwersten Goldfunde, massive Brustplatten, Knieschützer oder Armschilde, in der Dunkelheit der Ausstellungsräume aufleuchten, dazu erklingt leise Musik. Und damit kein Gedränge die mystische Stimmung stört, werden immer nur kleine Gruppen nach und nach durch die schweren Safetüren gelassen. Höhepunkt ist der Besuch des Salon Dorado, den man im Dunkeln betritt. Kaum schließt sich die Tür, erhellen Lichtkegel im Rhythmus zeremonieller Musik ein über und über mit goldenen Fetischen gefülltes Vitrinenrund.

Rund um die Kirche San Diego

Die große Kreuzung zwischen der vom Flughafen herkommenden Calle 26 mit den Carreras 7 und 10 markiert den nördlichen Rand der Altstadt. Bürogebäude internationaler Firmen umzingeln hier die letzte Zeugin aus Bogotás Anfangszeit: die Kirche **La Recoleta de San Diego** 13. Das Gotteshaus wurde 1610 von Franziskanern erbaut und lag damals weit außerhalb der Stadt am Weg nach Tunja auf dem Gelände der Hacienda Burburata. An diese ländliche Idylle erinnert die kleine steinerne Statue der Virgen del Campo (›Jungfrau vom Lande‹) neben dem Eingang. Heute verleiht die kleine Kirche dem Viertel um den winzigen **Parque de la Independencia** einen letzten Hauch kolonialen Charmes, den vor allem die Gäste von Bogotás altem Traditionshotel der Oberklasse, dem genau gegenüberliegenden Tequendama, genießen. Ganz in der Nähe erhebt sich der runde Backsteinbau der Stierkampfarena **La Santamaría** , die seit ihrer Eröffnung im Jahr 1931 alljährlich im Winter während der Corridasaison Mittelpunkt des gesellschaftlichen Lebens ist. In Spaziernähe an der Septima liegt auch das zwischen den schweren Mauern eines ehemaligen Gefängnisses untergebrachte **Museo Nacional** . 1823 eingeweiht, zählt es zu den ältesten Museen Lateinamerikas und bietet zahlreiche sehenswerte Ausstellungsstücke aus der Geschichte Kolumbiens, darunter den Umhang von Atahualpas Frau, eine Muisca-Mumie und das Kettenhemd von Jiménez de Quesada.

Seine charakteristische optische Abrundung erfährt dieser nördlichste Teil des Stadtzentrums durch den dahinter auf 3190 m ansteigenden Berg **Montserrate** mit der kleinen weißen Wallfahrtskirche auf dem Gipfel. Zu seinen Füßen nahe der Seilbahnstation (teleférico) liegt zwischen hohen alten Bäumen die **Quinta de Bolívar** versteckt. In diesem typischen Landhaus der Kolonialzeit verbrachte Simón Bolívar in den Jahren 1821–30 insgesamt 412 Tage. Das Museum zeigt viele persönliche Habseligkeiten und Briefe, das Mobiliar vermittelt einen schönen Eindruck vom Lebensstil der damaligen Zeit.

Ausflüge in die Umgebung

Nationalpark Chingaza und Laguna de Guatavita

Das Dorf **La Calera** , wo sich die motorisierten Bogotanos am Wochenende zum Tanzen oder familiären gemeinsamen Essen treffen, gehört zunächst noch zum Stadtgebiet. Die Straße zweigt auf der Höhe der Calle 92 von der Septima ab und windet sich über wenige Kilometer, begleitet von schönen Aussichtspunkten (miradores), bis zu den Restaurants und Diskotheken auf dem Gipfel hinauf.

Danach führt die Straße wieder talwärts zum tiefgrünen hügeligen Páramo de Chingaza, einer einst von Gletschern geformten Hochgebirgslandschaft im Osten von Bogotá. Dort wurde der **Na**tionalpark **Chingaza**  eingerichtet, der von Lagunen, Flüssen, tiefen Schluchten und páramo-Wiesen durchzogen wird und sich über 504 km² mit Höhenlagen zwischen 3000 und 4020 m (Pico San Luis) erstreckt. Zwei Rund-

Die Umgebung von Bogotá

wanderwege mit jeweils einem Aussichtsturm erschließen den Park. Der Weg *La Arboleda* beginnt etwa 7 km südlich des Besucherzentrums beim Campamento Chuza und führt zur Laguna de Chingaza, der zweite, nur 1,5 km von der Straße entfernt, bringt zur Laguna Seca.

Nicht mehr Teil des Nationalparks aber ganz in der Nähe liegt die durch die Legende um *El Dorado* berühmte **Laguna de Guatavita** 3. Der kleine kreisrunde See, ca. 20 km östlich des Chingaza-Nationalparks und über die Straße nach Tunja zu erreichen, wurde einst von den Muisca als Heiligtum verehrt. In seinen Wassern mußten die Muisca-Fürsten baden, um die göttliche Weihe für ihr Amt zu erwerben. Zuvor ließen sie ihren Körper mit Öl und Goldstaub vergolden. Ein Wanderweg führt vom neuen Dorf Nueva Guatavita zur Lagune hinauf (ca. 1 Std.). Das alte Guatavita fiel dem Bau des nahen Stausees Tominé zum Opfer, der heute als Naherholungsgebiet besonders von Surfern und Seglern genutzt wird.

Zipaquirá

Zipaquirá 4 läßt sich gut in Verbindung mit einem Ausflug zur Laguna de Guatavita oder direkt von Bogotá mit einem Touristenzug besuchen. Schon unter den Muisca ein Zentrum der Salzgewinnung lockt das Städtchen mit einer außergewöhnlichen Attraktion: der Catedral de Sal. Die monumentale Kathedrale wurde in 5jähriger Bauzeit (1991–96) in einen seit den 30er Jahren genutzten Salzstollen getrieben, nachdem ihre Vorgängerin mitsamt dem Salzstock wegen Einsturzgefahr geschlossen worden war. Der Architekt Roswell Garavito Pearl, der über einen nationalen Architektenwettbewerb ermittelt wurde, erweiterte die alten Bergkammern für den Bau der drei Kirchenschiffe und ließ angeblich für die Säulen, Emporen und den Kreuzgang 250 000 t Salz verarbeiten. Geweiht ist die Kathedrale wie ihre Vorgängerin der Schutzpatronin der Minenarbeiter, der Virgen del Rosario de Guasá.

Die bunten chivas fahren in Kolumbien fast überall hin

El Dorado

Die Religiosität der Muisca war zutiefst durchdrungen von der Vorstellung eines kosmischen Kreislaufs, in dem Werden und Vergehen unmittelbar voneinander abhingen. Außerdem orientierten sie sich an den Kräften der Natur wie an den Bewegungen der Planeten. Ihr Land bewirtschafteten sie nach einem astronomischen Landwirtschaftskalender. Oberste Gottheit im Muisca-Götterpantheon war *Sué,* die Sonne, deren üppig mit Smaragden und Gold ausgeschmückter Tempel im heutigen Sogamoso stand. Der Schöpfer der Welt und des Lichts hieß *Chiminigagua,* die Mondgöttin *Chía,* die Menschenmutter *Bachué* und der Gott der Künste, Ämter und Aufgaben *Bochica.* Die Muisca-Priester *(jeques)* waren gleichzeitig die politischen Führer in den Kazike-Reichen. Zwölf Jahre dauerte ihre Ausbildung, die mit der Übernahme eines Amts abschloß.

Die Muisca verehrten außerdem Seen, Berge und Felsen als heilige Stätten und Quellen natürlicher Energien. Eine besondere Bedeutung kam der Laguna de Guatavita zu, die der Überlieferung nach durch Meteoriteneinschlag entstanden sein soll. Die Muisca hielten sie deshalb für den Wohnort eines Goldgottes und nutzten sie als Weiheplatz. Nur in Goldstaub gehüllt, fuhren die Priesterfürsten auf einem Floß auf den See hinaus, um dort in das Wasser der Lagune einzutauchen und den göttlichen Segen für ihr Amt zu erhalten.

Die Kunde von dem legendenumwobenen Ritual stachelte die goldgierigen Spanier weiter an, nach dem ›Vergoldeten‹ *(El Dorado)* zu suchen. Die bekannteste Mythenvariante schildert *El Dorado* als einen mächtigen Kaziken, den unsäglicher Kummer erfaßt, als er erfährt, daß ihn seine Lieblingsfrau mit einem anderen, rangniedrigeren Mann betrogen hat. Schon untröstlich darüber, daß er sie nach den Gesetzen nun für ihre Tat auf grausame Weise verstümmeln und schließlich töten muß, kennt seine Trauer schließlich keine Grenzen mehr, als sich seine Lieblingsfrau, um der gräßlichen Strafe zu entgehen, zusammen mit dem gemeinsamen Sohn in die Laguna de Guatavita stürzt und ertrinkt. Seitdem soll der Fürst regelmäßig, in Goldstaub gehüllt, auf den See hinausgefahren sein, um dort seiner verlorenen Liebsten bei einem Bad zu gedenken.

Die Ost-
kordillere

Sattes, tiefgrünes Weideland, neblige *páramos,* durchsetzt von dunklen Hochlandlagunen, atemberaubende Canyons und sonnige Kolonialdörfer, in denen die Zeit stehen geblieben zu sein scheint, prägen die Landschaft der Ostkordillere nördlich von Bogotá. Vielerorts auf diesem mächtigen Andenrücken versetzen Plätze wie die archäologischen Parks von Sogamoso oder von Moniquirá mit den bedeutendsten Muisca-Heiligtümern in die Vergangenheit Kolumbiens. Immer wieder tauchen in Verbindung mit historischen Schauplätzen die Namen der Konquistadoren Jiménez de Quesada und Nikolaus Federmann auf, für die die Kordillere das

Einfallstor nach *El Dorado* (s. S. 97) war. Früh gegründete, vornehme Dörfer mit Kolonialpalästen und altem Kopfsteinpflaster in Villa de Leyva erzählen von den den Konquistadoren nachfolgenden spanischen Siedlern, prachtvoll ausgestattete Gotteshäuser wie in Tunja vom Dominanzanspruch der katholischen Kirche.

Heute wird die Tour von Tunja nach Cúcuta gern als *ruta de los Libertadores* bezeichnet, da sich Simón Bolívar, von Venezuela herkommend, mit seinen Truppen auf diesem Weg nach Bogotá vorkämpfte und seine entscheidenden Siege gegen die königlich spanische Armee bei Paipa und Tunja errang.

Von Tunja nach Cúcuta

Tunja – Kleines Bogotá

1 (S. 322) Die 2820 m hoch gelegene Hauptstadt der Provinz Boyacá trägt – wie sonst selten in Kolumbien – ihren Namen seit der Zeit des Muisca-Reichs. Der Legende nach wurde der Platz erstmals von dem Propheten Goranchacha zum zentralen Regierungssitz der Zaques bestimmt, nicht zufällig handelte es sich dabei um die Heimat der Muisca-Menschenmutter Bachué. Der erste Zaque-Kazike, der in diesem damaligen Tunja residierte, hieß Hunzahuá, das Reich fortan Hunzá. Von Beginn an konkurrierte es politisch mit dem rund 150 km entfernten Bacatá, dem heutigen Bogotá; als Heimat der Bachué aber war es unabhängig davon ein wichtiger Wallfahrtsort für alle Muisca. Der Überlieferung nach sollen Tausende von *indígenas* aus Bacatá und Suamox (Sogamoso) – prächtig ausstaffiert mit Gold – regelmäßig nach Tunja gepilgert sein, um dort ihrer Menschenmutter mit Caracolmuscheln und Flöten, Trommeln und Ocarina-Musik zu huldigen.

Mit der Beibehaltung des indianischen Namens bei der Neugründung am 6. August 1539 besiegelte der Spanier Gonzalo Suárez Rendón, ein Konquistador aus vornehmster Familie, die friedlich verlaufene Übergabe der Stadt durch den letzten Hunzá-Kaziken Ramiriquí. Schnell entwickelte sich Tunja wieder zu einem religiösen Zentrum ersten Ranges – jetzt aber der katholischen Glaubensgemeinschaft. So malte der Künstler Alonso de Narváez Mitte des 16. Jh. vor Ort ein Marienbild, dessen Farben sich später unter dem Gebet einer Bäuerin wie durch ein Wunder auf-

◁ *Kartoffelmarkt in Tunja*

Die Ostkordillere

frischten und erhellten. Das Bild gilt seitdem als Darstellung der Schutzheiligen Kolumbiens.

1564 erfuhr die alte Rivalität mit Bogotá ihre Fortsetzung durch die kurzzeitige Einrichtung einer zweiten Real Audiencia (s. S. 42) in Tunja. Beim späteren Verzicht zugunsten Bogotás erhielt die Stadt zum Ausgleich zahlreiche Privilegien. Ihre ›goldene Zeit‹ währte vom 16. bis zum 18. Jh. und wurde kulturell von Literaten wie dem vom Abenteurer zum vorbildlichen Geistlichen konvertierten Juan de Castellanos (1522–1607) und

(s. S. 42)

Die Plaza Bolívar in Tunja

der frommen Francisca Josefa del Castillo y Guevara (1671–1742) sowie wirtschaftlich von den reichen Edelmetall- und Smaragdvorkommen in der Umgebung begründet. Schließlich war Tunja ein wichtiger Schauplatz in den Unabhängigkeitskriegen: Etwa 14 km südlich der Stadt überquert man die **Brücke von Boyacá,** wo Bolívar seinen entscheidenden Sieg über die spanischen Truppen erkämpfte.

Tunjas Zentrum rund um die **Plaza Bolívar** bewahrt noch viele sehenswerte Zeugen seiner Blütezeit, für die sich ein Halt in dieser geschäftigen 110 000 Einwohner zählenden Provinz-Metropole lohnt. Schon die Gebäude an dem weiten Platz mit dem Simón-

Bolívar-Denkmal versetzen in das 16. Jh., allen voran die lange, mit alten Holzbalkonen geschmückte **Casa del Capitán Martín de Rojas** an der Westseite. Das Bürgermeisterhaus beherbergt heute kulturelle Institutionen. Im Osten des Platzes erhebt sich die 1567 unter dem Chronisten und Stadtkurator Don Juan de Castellanos begonnene **Catedral Basílica de Santiago.** Ihr von Bartolomé Carrion geschaffenes Renaissanceportal ist kunstvoll mit Elementen des Plateresco- und des gotisch-isabellinischen Stils dekoriert, im Innern befindet sich das Marmorgrabmal des Stadtgründers Gonzalo Suárez Rendón.

Das bedeutendste der sich nördlich an die Kathedrale anschließenden Kolonialhäuser ist die **Casa del Fundador.** In dem Dachgestühl der 1540 erbauten

Residenz des Stadtgründers fertigte vermutlich der italienische Künstler Angelino Medoro während eines Besuchs in Tunja ein erst 1970 wieder freigelegtes Deckengemälde. Es zeigt in den Schrägen mit Tieren und Pflanzen gefüllte Arkadenbögen und schließt zur Mitte hin mit einem dekorativen Streifen, auf dem auch die Wappen der beiden Rendón-Söhne zu sehen sind, ab.

An der nächsten Ecke führt eine schmale Gasse, die Calle 20, nach Osten zur **Casa del Escríbano,** dem Haus des ehemaligen Stadtschreibers Juan de Vargas. Besonders schön ist der Innenhof mit seinen arkadengeschmückten Galerien. Auch hier wurden Deckengemälde des 16. Jh. entdeckt, der Künstler Acuña (s. S. 73) restaurierte sie in kräftigen Farben.

Der Reichtum und das hohe kulturelle Niveau der Stadt spiegelt sich vor allem in der Ausstattung der lokalen Kirchen. Eine Querstraße hinter dem alten Bürgermeisterhaus, in der Carrera 11 zwischen Calle 19 und 20, liegt die **Iglesia Santo Domingo,** deren Capilla del Rosario zu den berühmtesten Beispielen des Mestizen-Barock zählt. Zahlreich sind in die mit geometrischen Goldornamenten reich verzierte hölzerne Kassettendecke im Mudéjar-Stil einheimische Pflanzen- und Tiermotive eingearbeitet.

In der **Iglesia Santa Clara,** der Kirche des ersten Nonnenklosters von Nueva Granada in der Carrera 7 zwischen Calle 19 und 20, ist das Beispiel einer oktogonal und in Romben strukturierten Mudéjar-Decke zu sehen. Der separate Chor geht in die ehemalige Zelle von Francisca Josefa del Castillo über, die mit 18 Jahren dem Kloster beitrat und hier zur literarisch ambitionierten Äbtissin aufstieg.

Das interessanteste Motiv in der 1550 begonnenen **Kirche San Francisco** (Carrera 10/Calle 22) ist das Sonnenemblem in der Kanzel, das sowohl die höchste indianische Gottheit, die Sonne, als auch die Schöpfungskraft des christlichen Gottes versinnbildlicht.

Aus der Zeit der Muisca blieben zwei Sehenswürdigkeiten, die jeweils an den Stadtausgängen zu finden sind, erhalten. *Cojines del Zaque* (›Kissen des Zaque‹) heißen die zwei Steinplatten auf dem Hügel San Lázaro, wo der Fürst die Tributzahlungen seiner Untertanen entgegengenommen haben soll. Man erreicht sie über die Stadtausfahrt nach Villa de Leyva. Auf dem Weg nach Paipa liegt der andere Muisca-Platz: das Wasserloch **Pozo de Hunzahuá.** In diesen kleinen See versenkten die Kaziken vor der Ankunft der Spanier angeblich ihre Schätze. Trotz mehrfacher Trockenlegung wurde jedoch nie etwas gefunden. Von der mythischen Bedeutung des Platzes erzählt eine Muisca-Legende: Als die Mutter von Hunzahuá die eigene Tochter wegen ihrer inzestuösen Liebe zu ihrem Bruder erschlagen wollte, öffnete sich die Grube.

Sogamoso

Auf dem Weg nach Sogamoso passiert man 28 km hinter Tunja den Thermalkurort **Paipa** 2 (S. 305). Gute Hotels, darunter die denkmalgeschützte Hacienda El Salitre aus dem 18. Jh., ein öffentliches Schwimmbad *(Parque Acuático)*, ein exklusiv gestaltetes Therapiezentrum *(Centro Terapéutico de Agua Termomineral)* und die Billig-Badeplätze in

den Wiesen am wohligwarm brodelnden Lago Sochagota verleihen der kleinen Stadt einen Hauch behaglicher Ferienatmosphäre.

Nach weiteren 30 km erreicht man **Sogamoso** 3 (S. 320), das zu den interessantesten Plätzen Kolumbiens gehört, Hier stand einst die Muisca-Stadt Suamox mit dem *Templo del Sol,* ›Tempel der Sonne‹, der dem Sonnengott Sué, der obersten Gottheit des Chibcha-Volkes, geweiht war. Der Maler Acuña stellte ihn auf einem seiner Werke, die in dem nach ihm benannten Museum in Villa de Leyva zu sehen sind, als Patriarch und Lehrer dar. Eine Rekonstruktion des 15 m hohen und von einem Holzsäulenring umgebenen Tempels ist heute – nach gut 50jähriger Forschungs- und Aufbauarbeit des kolumbianischen Archäologen Eliécer Silva Celis – an originalem Standort im Park des Museo Arqueológico zu bewundern, freilich ohne das Blattgold und die Smaragde, die ihn einst ausschmückten. Der Ursprungsbau, der von den Muisca für die Ewigkeit bestimmt war, worauf laut Celis lebendig im Fundament eingemauerte Sklaven sowie die Verwendung harter Edelhölzer aus den Llanos hindeuten, wurde von den Truppen Jiménez de Quesadas niedergebrannt, nachdem sie ihn bereits verlassen vorgefunden hatten.

Neben dem Sonnentempel wurden Rundhütten aus kunstvollem Flechtwerk errichtet, wie sie in präkolumbischer Zeit von den Würdenträgern bewohnt wurden. An den letzten Kaziken von Suamox erinnert ganz in der Nähe ein Standbild. Am Rand des Museumsgeländes plätschert noch immer die heilige Quelle Conchucua, von der die Muisca-Priester und -Fürsten göttliche Kraft erhielten. Ein zum Areal gehörendes Museum führt tiefer in die Muisca-

Kultur ein. Waffen und Werkzeuge, kultische Musikinstrumente wie die Caracolmuschel, Holzstempel für die Bilderschrift oder Keramikgefäße und Grabbeigaben sowie eine Muisca-Mumie in Hockstellung sind ausgestellt.

Villa de Leyva

4 (S. 324) Die ziegelgedeckten Dächer der niedrigen weißgetünchten Häuser bilden ein malerisches rotes Meer, schnurgerade von im Schachbrettmuster gezogenen Straßen zerschnitten und von den Türmen der Kathedrale und der Klosterkirchen unterbrochen. Viele Orte in Kolumbien sehen so aus, doch in Villa de Leyva ist alles eine Spur eleganter. Sogar die riesige, baumlose **Plaza Mayor** ist noch mit alten Kopfsteinen gepflastert, und mit dem einsamen maurischen Brunnen in der Mitte wirkt sie noch immer wie eine zu groß geratene Bühne für die ehemals ehrenwerte Gesellschaft aus dem nur 20 km

entfernten Tunja, die sich hier gern wegen des milden Klimas zur Erholung aufhielt.

Villa de Leyva liegt auf 2143 m Höhe, also rund 600 m tiefer als sein Nachbarort, und außerdem in einem Talkessel, in dem sich die Sonnenwärme außergewöhnlich lange hält. Das beste Getreide Kolumbiens, Oliven, Wein und Südfrüchte gedeihen hier – vorausgesetzt, sie werden ausreichend bewässert.

Am 12. Juni 1572 wurde die Stadt im Auftrag von Andrés Díaz Venero de Leyva y Orna de Sandoval, des damaligen Präsidenten von Nueva Granada, gegründet und nach ihm benannt. Zu diesem Zeitpunkt gab es schon ein paar Häuser, darunter die 1568 von Pedro Gómez erbaute Residenz **El Molino de la Mesopotamia,** die einst als Getreidemühle diente und heute ein Hotel beherbergt. Don Juan de Castellanos aus Tunja erbaute direkt an der Plaza Mayor das große Gebäude mit Arkadengang, bekannt als **Los Portales.** In der herrschaftlichen Casa del Marqués lebte

Souvenirgeschäft in Villa de Leyva

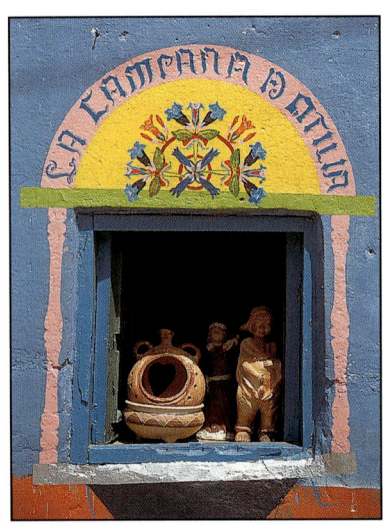

In Ráquira

Mitte des 17. Jh. der Präsident von Nueva Granada, Marqués de Santiago Don Dionisio Pérez Manrique de Lara. In der hübsch mit hölzernen Erkern geschmückten **Casa del Congreso** trafen sich in der Zeit der Unabhängigkeitskämpfe die Vertreter von sieben Provinzen, um ihre Abspaltung von Spanien zu erklären und einen gemeinsamen Präsidenten zu wählen. Heute hat hier die städtische Touristeninformation ihren Sitz. Antonio Nariño, der die Menschenrechte ins Spanische übersetzte und dafür mit zehn Jahren Gefängnis bestraft wurde, verstarb 1823 in der nach ihm benannten **Casa de Nariño** (Carretera 9/Calle 11), nachdem er seinen Lebensabend in Villa de Leyva verbracht hatte. Auch den 1904 in Santander geborenen Restaurator, Freskenmaler, Bildhauer und Maler Luis Alberto Acuña zog es auf seine alten Tage hierher. Als Wohnhaus erwählte er sich die mit einem hübschen Portal geschmückte Residenz an der Plaza Mayor, in der nach seinem Tod 1993 das **Museo Luís**

Alberto Acuña eingerichtet wurde. Unter den zahlreichen Wandbildern mit präkolumbischen Szenerien sind auch einige stark reduzierte Schwarzweißarbeiten von großer Ausdruckskraft.

Die Plaza Mayor wird beherrscht von der schlichten gedrungenen **Kathedrale** mit dem quadratischen Glockenturm aus dem 17. Jh. Schräg dahinter erhebt sich die schönste Ordenskirche der Stadt: die **Iglesia del Carmen**. In den Räumen des alten Karmeliterkonvents wird eine beeindruckende Sammlung von mehr als hundert religiösen Kunstwerken aus dem 17.–20. Jh. gezeigt. Die seit einigen Jahren in Restauration befindliche Kirche San Agustín wurde 1572 von Vicente de Requexada, einem Gefährten des Konquistadoren Nikolaus Federmann, gegründet.

Etwa 6 km westlich von Villa de Leyva kann **El Fósil** bestaunt werden, der immer noch stattliche Rest eines ursprünglich 12 m langen Riesenreptils, das vor etwa 110 Mio. Jahren in der Region gelebt hat. Ein Bauer entdeckte es bei Feldarbeiten auf seinem Acker. Nur ein paar Kilometer weiter nördlich an der Straße nach Santa Sofía lag einst die altindianische Stadt Zaquencipá mit dem astronomischen Zentrum **El Infiernito,** das bereits etwa 1000 v. Chr. errichtet wurde. Dabei handelte es sich um eine Gruppe von Monolithen in Phallusform, die in der Mythologie der Muisca Symbole für Fruchtbarkeit und Leben waren. Die gigantischen Phallen zeigten zum höchsten Gott, der Sonne, und warfen je nach Tages- oder Jahreszeit verschiedene Schatten. An diesen orientierten sich die Muisca, um den geeignetsten Zeitpunkt für die Saat zu ermitteln. 34 Säulen, die z. T. in einer Reihe stehen, sind heute auf dem Gelände, das zum Parque Arqueológico von Moniquirá gehört, zu sehen.

Östlich von Villa de Leyva breitet sich das 67,5 km² große **Naturreservat Iguaque** 5 aus, eine bis auf 3600 m Höhe reichende, von Gletschern geschaffene Lagunenlandschaft mit schöner *páramo*-Vegetation und einer artenreichen Vogelwelt – für die Muisca war es die Geburtsstätte des Lebens. Das Besucherzentrum am Rio Iguaque ist über einen Wanderweg, der am km 12 der Straße nach Arcabuco beginnt, zu erreichen.

Das vielbesuchte kleine, rund 30 km südlich von Villa de Leyva gelegene, putzige Souvenirdorf **Ráquira** 6 (S. 313) trägt einen Chibcha-Namen: ›Dorf der Töpfer‹ heißt er übersetzt. Seit tiefster präkolumbischer Zeit weiß man hier um die Kunst der Keramikherstellung. Grobe backsteinerne Brennöfen am Straßenrand sind die Vorboten für dieses 3500-Seelendorf, das heute nahezu ausschließlich vom Fremdenverkehr und dem Verkauf seiner Töpferwaren lebt. In dem Museo de Artes y Tradiciones Populares an der Dorfeinfahrt sind präkolumbische Keramikgefäße ausgestellt. In der Werkstatt kann man den Töpfern bei der Arbeit zusehen.

Von San Gil in abgelegene Bergdörfer

Läge **San Gil** 7 (S. 317) am Río Fonce nicht gerade so bequem erreichbar an der Route Bogotá–Bucaramanga, kaum einer würde hier Halt machen. Dabei lohnt der wunderschöne Parque El Gallineral, der sich über drei mit Brücken verbundene Flußinseln verteilt und mit seinen dicht mit spanischem Moos behangenen Bäumen wie ein verzauberter Geisterwald wirkt, einen Spaziergang. Die mittelständische Kleinstadt gehört bereits zum Departamento Santander und ist vor allem der Ausgangspunkt

für Ausflüge in die sonnenverbrannten Bergdörfer des Hinterlands, allen voran nach Barichara.

Als Drehort gab der ländliche Kolonialort **Barichara** 8 (S. 278) schon die Kulisse für zwei kolumbianische Geschichtsfilme ab. Zu Recht, denn er erfüllt sicherlich alle klischeehaften Vorstellungen von einem südamerikanischen Dorf. In schnurgeraden Reihen kleben die flachen weißgekalkten Wohnhäuser aneinander, die verschlossenen Fensterläden versuchen die Mittagshitze abzuhalten. Die Kathedrale, nicht zu groß, ist dominant aus Buntsandstein erbaut und zeugt genauso schmucklos wie die Amtsgebäude an der Plaza eher von kleinbürgerlicher Strenge. In der *alcaldía,* dem Rathaus, in dessen Innenhof die Spezialität Santanders, die geröstet verspeiste Ameise *hormiga culona,* als Denkmal verewigt ist, residierte früher das Inquisitionsgericht. Zum Friedhof, dem Ruheplatz der Toten, sind es nur ein paar Schritte – als gehörten sie noch zur Dorfgemeinschaft. Daß Barichara auch noch isoliert auf einem hohen Bergplateau liegt, hinter dem atemberaubend steil der Canyon des Río Suárez abfällt, gibt ihm zusätzlich noch einen dramatischen Anstrich.

Wer auf den Spuren eines in Kolumbien legendären Deutschen wandeln will, der wird vielleicht die Mühe der langen Anfahrt nicht scheuen: Rund 60 km auf unasphaltierter Straße sind es von Barichara (die Zufahrt zur Strecke Socorro–Zapatoca liegt ein paar Kilometer westlich außerhalb des Orts) noch nach **Zapatoca** 9 (S. 325), das auf einer Höhe von 1700 m mit Frühlingsklima im Nordhang der Cordillera Oriental liegt. Auf dem Friedhof befindet sich das Grab des 1827 an der Weser geborenen Geo von Lengerke, der seinerzeit in Kolumbien untertauchte, nachdem er im Duell einen Mann getötet hatte. In seiner neuen Heimat kam er als Hut- und Tabakhändler schnell zu Geld. Die Straße zwischen Zapatoca und San Vicente de Chucurrí, dem Tor zum Río Magdalena-Tal, trägt bis heute seinen Namen. Leider gehört das Gebiet zu den Krisenzonen Kolumbiens, so daß von einem Besuch z. Zt. dringend abzuraten ist. Geo von Lengerkes bewegte Lebensgeschichte diente dem kolumbianischen Schriftsteller Gómez Valderrama als Stoff für seinen Roman ›La otra raya del tigre‹ (›Die andere Spur des Tigers‹). Das Buch wurde als Serie für das Fernsehen verfilmt – mit einem Mitglied der Deutschen Botschaft als Darsteller.

Von Bucaramanga nach Cúcuta

Bucaramanga 🔟 (S. 282) wird von den Kolumbianern als lebensfrohe wie moderne Stadt heiß geliebt. Sehenswürdigkeiten, für die ein Eintauchen in den Lärm der nicht gerade kleinen Provinzmetropole (450 000 Einwohner) lohnen würde, hat es dennoch nur wenige, darunter die älteste lokale Kirche, die gerade restaurierte Capilla de los Dolores in der Calle 37 sowie der Jardín Botánico Eloy Valenzuela im Barrio Bucarica, ein nach seinem Begründer benannter, schön angelegter botanischer Garten.

Die Stadt breitet sich an der zum Río Magdalena-Tal geneigten Nordflanke der Ostkordillere aus. Dank ihrer geografisch günstigen Lage am Kreuzungspunkt der alten Handelsroute Mérida–Bogotá (heute Venezuela–Kolumbien) mit der Straße zur Karibikküste und durch ihre unmittelbare Nähe zum Río Magdalena entwickelte sie sich rasch zu einem bedeutenden Handelszentrum, in dem die Bausubstanz aus der Gründungszeit (17. Jh.) früh durch Neubauten ersetzt wurde.

Pamplona 11 (S. 305), die älteste Stadt der Provinz Santander, ist das kultivierte Gegenstück zum pulsierenden Bucaramanga. Schon die schwindelerregende Fahrt von der seitlichen Kordillerensenke über die zahllosen Serpentinen hinauf auf einen 3200 m hohen Paß und danach hinein in das Hochtal Espíritu Santo (2278 m) auf dem Rücken der Ostkordillere entrückt in geistige Sphären. Ein angenehmes Klima für Forschung und Lehre, denen sich nach der Ortsgründung durch die Spanier Pedro de Ursúa und Ortún Velásquez de Velasco de la Villa de Cuéllar im Jahr 1549 zahlreiche Orden widmeten. Zwischen 1563 und 1622 wurden in Pamplona die Konvente Santo Domingo, Santa Clara, San Francisco, San Agustín und das Kolleg der Compañía de Jesús errichtet. Viele Originalgebäude fielen allerdings den Erdbeben der Vergangenheit zum Opfer. Heute bringen eine Universität und eine Reihe weiterer Ausbildungseinrichtungen Pamplona den Ruf einer Studentenstadt ein.

Im ganzen Land bekannt sind außerdem die prächtigen Osterprozessionen, die gleichermaßen Gläubige wie Touristen anziehen. Mittelpunkt des Geschehens ist dann die Catedral Metropolitana, die ehemalige Kirche des Konvents Santa Clara, die 1584 von Magdalena Velásquez, der Tochter des Stadtgründers, erbaut wurde. Sie dominiert den zentralen Parque Agueda Gallardo, an dem sich auch das Museo de Arte Moderno Ramírez Villamízar befindet. Das balkongeschmückte Portal schuf der Künstler, dem das Museum gewidmet wurde.

Gegenüber der Haltestelle für Sammeltaxis nach Cúcuta erhebt sich der erzbischöfliche Palast mit seinem engel-

Blick über Pamplona

geschmückten Giebel. An ihn schließt sich das Museo de Arte Religioso (Eingang Carretera 5) an. In den lichten Räumen kommt die sehenswerte Sammlung religiöser Kunst sehr gut zur Geltung. Es sind Arbeiten des Indios Bartolomé de Figuera, von Acero de la Cruz und Vásquez de Arce y Ceballos darunter. Die Casa de las Cajas Reales gegenüber war die bevorzugte Residenz weltlicher Würdenträger. In den verschiedenen Epochen diente sie immer wieder als Gouverneursresidenz.

Ein paar Blocks vom Zentralplatz entfernt, findet man in der Calle 6 zwischen Carrera 2 und 3 in einem schönen alten Kolonialhaus das kleine sehenswerte Museo Colonial. Es führt in die Heimatgeschichte der Region ein. Ein schöner Blick über die Dächer der Stadt bietet sich von der Friedhofskapelle Iglesia del Humilladero, der ältesten Kirche Pamplonas. Die Christusfigur im Innern wurde auf das Jahr 1570 datiert.

In heißer Niederung (318 m) und im Einzugsbereich von nicht weniger als sieben Flüssen liegt der Grenzort zu Venezuela **Cúcuta** 12 (S. 288). Die Anfahrt von Pamplona ist unproblematisch, da Sammeltaxis die Serpentinenabfahrt zwischen beiden Städten mehrmals täglich absolvieren; viele Pamploner arbeiten in Cúcuta oder haben dort Familienangehörige. In der erst im 18. Jh. von einer Frau gegründeten Stadt ist einzig der Flughafen wegen seinen nationalen Flugverbindungen für Touristen von Interesse.

Wer auf den Spuren der Unabhängigkeitsgeschichte wandeln möchte, kann den Aufenthalt für einen Ausflug nach **Villa del Rosario** nutzen, dem etwa 10 km entfernten Geburtsort des ersten kolumbianischen Vizepräsidenten Francisco de Paula Santander (s. S. 47). Im Templo Histórico wurde 1821 die erste Verfassung für Großkolumbien verkündet.

Die Karibik-
küste

Holzhäuser im karibischen Stil auf der Isla San Andrés

Die größte Festung der Karibik, das höchste Küstengebirge der Welt, der einzige von Frauen angeführte Indiostamm, der größte Hafen des Landes – das sind nur ein paar der Superlative, mit denen sich die 1600 km lange Atlantikküste Kolumbiens schmücken kann. Hier breiten sich an schönen Stränden mit vorgelagerten Korallenriffs auch die größten Ferienzentren des Landes aus: Santa Marta, Cartagena und vor allem die Inseln des rund 800 km nördlich der Küste gelegenen Archipels San Andrés. Überall vibriert die laue Luft vor lebensfroher Rhythmen – man hört *vallenato, cumbia* und Reggae ebenso wie Filmmusiken, Opernklänge oder die neuesten amerikanischen Hits.

Nirgendwo sonst ist Kolumbien so ›international‹, kaum irgendwo jedoch zugleich auch so widersprüchlich. Nach außen lässig und lebenslustig, nach innen erzkonservativ, verschwiegen und stolz, so doppelgesichtig kommen die *costeños,* die Menschen der Karibikküste, daher. Schlagen in ihnen doch die Herzen gleich dreier Kulturen und das nicht gerade immer im Gleichtakt: das der einst kriegerischen Kariben wie das der spanischen Eroberer und der einst im großen Stil hierher verschleppten Afrikaner. Der typische *sombrero,* den man gern trägt, der *vueltiao,* ist noch mit präkolumbischen Mustern der Sinú geschmückt. Er wird ganz besonders stolz getragen – als behüte er vor allen neumodischen und schlechten Einflüssen.

Allemal eine Welt für sich sind die weit draußen im Meer auf der Höhe Nicaraguas gelegenen Inseln San Andrés und Providencia. Ihre Bewohner werden im eigenen Land als Exoten angesehen und nur *isleños* genannt – Erkennungszeichen: Rastazöpfe und ein Heimatdialekt, der dem jamaikanischen Patois ähnelt. In der Bevölkerung dominiert das afrikanische Erbe – hier und da gemischt mit dem Blut englischer Piraten oder dem der fleißigen wie strenggläubigen englischen Puritaner, die es einst auf diesen Archipel verschlug.

◁ *Palmenstrand auf der Isla San Andrés*

Von La Guajira nach Cartagena

La Guajira – Ein offener Himmel in der Karibik

Eine eigenartige Faszination geht von dieser nordöstlichen Provinz Kolumbiens aus, die sich von den Ausläufern der Sierra Nevada de Santa Marta bis zum Golf von Maracaibo (Venezuela) über die riesige Halbinsel La Guajira erstreckt. Vor allem im kaum besiedelten Kerngebiet von La Guajira, wirkt die Landschaft wie von einem anderen Planeten: Staubtrocken und endlos weit zieht sie sich bis zum flirrenden Horizont. Die geduckte struppige Vegetation wird lediglich von Säulenkakteen überragt. In der Sonne glitzern hier und da rosa, violett oder schneeweiße Salinenfelder, auf denen in lange Gewänder gehüllte Gestalten mit schwarz bemalten Gesichtern und Schaufeln in der Hand arbeiten. Es sind keine hitzegeborenen Trugbilder, sondern die einzigen Menschen, die in dieser unwirtlichen Gegend seit Menschengedenken leben: die Guajira-Indianer, die sich Wayú (s. S. 114) nennen. Für sie ist La Guajira ›ein offener Himmel in der Karibik‹, denn die Grenze zu Venezuela, die die Halbinsel an ihrem östlichen Rand auf der Landkarte durchzieht, gilt für sie nicht. So leben die *indígenas* hier im Abseits der großen Politik in ihrer eigenen Welt wie schon seit Jahrhunderten.

Tor zu La Guajira ist die Provinzmetropole **Riohacha** 1 (S. 314), eine lebhafte Stadt mit 60 000 Einwohnern, die auf den 1545 wegen andauernder Überfälle von Indianern und Piraten an die Mündung des Río Ranchería landeinwärts verlegten Perlenfischerort Santa María de Remedios zurückgeht. An die Anfangszeit erinnert am Ostende der Strandpromenade der Parque de Nikolaus Federmann mit der Statue des deutschen Konquistadoren. Er wird vielfach fälschlich als Gründer Riohachas genannt, 1545 war er bereits drei Jahre tot, doch begann er seinen legendären Marsch über die Ostanden von La Guajira aus.

Als Zentrum der Perlenfischerei war Riohacha lange Jahre bevorzugtes Angriffsziel von Piraten, unter ihnen der Franzose Lafitte und der legendäre Engländer Sir Francis Drake, der den Ort 1596 eroberte. Als großer Retter vor der Piratengefahr ging Admiral José Prudencio Padilla in die Stadtgeschichte ein. Mit Stolz verweist man in Riohacha auch auf einen weiteren bedeutenden Sohn der Stadt: den Sänger Francisco Antonio Mascote Rodriguez. Er gilt als Schöpfer des *vallenato* – einer sehr beliebten von Akkordeon begleiteten, balladenartigen Schlagermusik.

Eine Reihe guter Hotels und Restaurants vebreiten einen Hauch Ferienatmosphäre und machen den Aufenthalt in Riohacha angenehm. Vor dem Paseo de la Playa breitet sich ein mit Palmen bestandener Stadtstrand aus, von dem aus ein hölzerner Seesteg 1200 m lang ins Meer hineinführt.

Ein lohnendes Ausflugsziel auf La Guajira sind die Salinen von **Manaure** 2. Die Fahrt führt über eine staubige Piste an den in verschieden Farben schillernden Salinen von El Pájaro und dem spärlich von Flamingos bevölkerten Sanctuario de los Flamingos bei Musichy vorbei, bis schließlich die ausgedehnte Küstensiedlung Manaure mit ihrer industriellen Salinenanlage erreicht ist. Für

Die Arhuaco, Kogui und Wayú

Die Mitglieder der drei Indianer-stämme Nordkolumbiens leben heute zurückgezogen in den ih-nen als *resguardos* zugesicherten Ge-bieten: Die rund 28 000 Wayú bewoh-nen die Halbinsel La Guajira, die etwa 18 000 Arhuaco und Kogui die Randge-biete der Sierra Nevada de Santa Mar-ta. Obwohl sich alle drei Gruppen stark voneinander abgrenzen, sprechen die Arhuaco und Kogui beide einen ähnli-chen Chibcha-Dialekt und tragen nahe-zu die gleiche traditionelle Kleidung. Bei beiden konzentriert sich die politi-sche und spirituelle Macht auf einen *mamo* genannten Mann aus ihrer Mitte, der zugleich Medizinmann, Richter und Bewahrer der Kultur ist. Er entscheidet auch über Eheschließungen und über die Landverteilung. Schließlich bezeich-nen sich beide Stämme als direkte Nachfahren der Tayrona, eines kriege-risch wie künstlerisch ambitionierten Karibstamms, der zur Zeit der spani-schen Konquista die Sierra und große Teile ihres Umlands bevölkerte.

Kogui-Kinder

Völlig anderer Natur ist die Stam-mesgemeinschaft der Wayú; sie ist über die Verwandtschaftslinie der Frauen organisiert. Die Bezeichnung ›Wayú‹ dient nur der Abgrenzung nach außen, für die Wayú selbst ist einzig die Zugehörigkeit zu einem von etwa 30 Clans von Bedeutung. Mittelpunkt eines solchen Clans ist nicht ein Mann, son-dern eine Clanmutter. Die verwandt-schaftliche Beziehung zu dieser älteren Frau entscheidet über die Position des einzelnen innerhalb eines Clans. Auch besitzen die Wayú keine den Clans übergeordnete zentrale Machtfigur, z. B. einen Stammesältesten o. ä. Die Clans sind vielmehr eigenständige, nach außen unabhängige Verbände, die ihre Angelegenheiten, sei es die Verteilung von Arbeit oder die Ausrichtung von Hochzeiten, über einen Repräsentanten aus ihrer Mitte regeln. Auch nach einer Eheschließung bleibt die enge Verbun-denheit mit den Verwandten der Mutter stets als Sicherheit im Hintergrund. Bei Hochzeiten werden Ziegen, Schafe oder Pferde als Mitgift mitgegeben; für den Fall, daß die Ehe scheitert, verpflichtet sich der Mann, die Braut mitsamt eines Teils der Viehgeschenke zurückzu-führen. Schließlich kennen die Wayú keinen strafenden Gott; sie glauben an die sanfte, regenspendende Maleiwa.

die Besichtigung vor Ort kann man ein Taxi nehmen. Sammeltaxis bringen von hier auch zum nahen **Uríbia** 3, der konzentrisch angelegten Hauptstadt der Wayú. In der Casa de Cultura Gliserio T. Pana informiert eine Ausstellung über die Kultur der Wayú. Eine noch bessere Gelegenheit, einen Einblick in die Wayú-Kultur zu gewinnen, bietet freilich das im März gefeierte *Festival de la Cultura Wayú*.

Unweit von Uríbia liegt Cuatro Vias, wo sich die Fernstrecken Riohacha–Maicao und Maicao–Valledupar kreuzen. Wer das Kerngebiet von La Guajira näher erkunden möchte, kann das kurze Stück bis **Maicao** (S. 298), dem Grenzort zu Venezuela, weiterfahren. Eine Tour – auf schlechtester Wegstrecke – führt weiter zum Parque Nacional de la Macuira beim Gebirgszug der Serranía de Macuira (850 m), einer grünen Gebirgsoase am Ostrand der Wüste, oder bis zum Cabo de la Vela.

Um die Sierra Nevada nach Santa Marta

Dieser Schlenker durch das Küstenhinterland dauert an reiner Fahrzeit etwa acht Stunden, während der direkte Weg von Riohacha entlang der Küste nach Santa Marta in nur drei oder vier Stunden absolviert ist. Doch liegt auf der Strecke um den Rücken der Sierra Nevada das blühende Tal des Río Cesar mit kleinen alten Dörfern wie **Villanueva** 4, wo der Besuch des Anthropologischen Museums und der Casa de la Cultura lohnt. Ende September findet hier das *Festival Cuna de Accordeones* statt.

Als Zwischenstopp mit Übernachtung bietet sich **Valledupar** 5 (S. 323) an, die Hauptstadt der Provinz César und das moderne Zentrum der *vallenato*-Musik. Zwischen 26.–30. April werden hier alljährlich beim *Festival de La Leyenda Vallenato* die besten *vallenato*-Interpreten gewählt. Die Stadt ist auch der geeignete Ausgangspunkt für einen Tagesausflug in das Bergdorf **Pueblo Bello** und weiter nach **Nabusímake,** dem 2000 m hoch in der Sierra Nevada gelegenen Zeremonienzentrum der Arhuaco-*indígenas*. Allein die Anfahrt dauert allerdings mindestens drei Stunden.

Rund 100 km hinter Valledupar erreicht man **Bosconia** 6 an der Fernstrecke Bucaramanga–Santa Marta. Entlang der Straße Richtung Küste ziehen sich, so weit das Auge reicht, riesige Bananenplantagen. Nach rund 65 km passiert man erst Fundación, heute Sitz einer staatlichen Bananengenossenschaft, und kurz danach **Aracataca** 7, den Geburtsort von Gabriel García Márquez, der dem Schriftsteller als Vorlage für den Ort Macondo in seinem berühmten Roman ›100 Jahre Einsamkeit‹ diente. Für Fans des berühmten Autoren lohnt in dem staubigen Nest ein kurzer Besuch des kleinen García-Márquez-Museums und des Verladebahnhofs, der zur Zeit des Bananenimperiums der United Fruit Company Anfang dieses Jahrhunderts ein wichtiger Verkehrsknotenpunkt war. In der Casa del Telegrafista arbeitete einst der Vater von García Márquez. Von Aracataca sind es nun noch 80 km bis zur Küstenstadt Santa Marta.

Santa Marta – Karibikhafen mit Ferienflair

8 (S. 319) Der ältesten Stadt Kolumbiens, 1525 von Rodrigo de Bastidas in einer sandigen Bucht am Fuß der 5775 m hohen Sierra Nevada de Santa

Die Karibikküste

Marta gegründet, eilt der Ruf voraus, der schickste Ferienort des Landes zu sein. Dabei verdankt das Städtchen seine Beliebtheit in erster Linie seinen Nachbarbuchten: der östlichen Bahía Taganga mit dem gleichnamigen pittoresken Fischerort und der westlichen Bahía de Gaira mit der Apartmenthochburg Rodadero. An Taganga schließen sich die unbebauten weißen Sandstrände des populärsten kolumbianischen Nationalparks, des Parque Tayrona, an.

Die Anfangszeit Santa Martas stand ganz im Zeichen der Konquista. Von hier aus brach Jiménez de Quesada zu seiner Expedition nach Bogotá auf. Die ersten europäischen Siedler mußten

zahlreiche Kämpfe mit den ansässigen Tairos und anderen, im Tal beheimateten *indígena*-Gruppen ausfechten. 1576 setzte der Indiohäuptling Coropomeima mit seinen Kriegern die Stadt sogar in Brand. Erst die Jesuiten unter Padre Luis Beltrán konnten durch ihre erfolgreiche Missionsarbeit die Region befrieden. Unter dem Gouverneur Lope de Orozco begann ab 1596 die systematische Erschließung des Hinterlandes. In den darauffolgenden Jahren warben die Spanier Siedler aus ganz Europa, darunter auch viele Engländer, um die landwirtschaftlichen Erträge zu steigern.

Anfang dieses Jahrhunderts wurde Santa Marta zum großen Verschiffungshafen der US-amerikanischen Bananengesellschaft United Fruit ausgebaut. Seitdem gehören die großen Bananen-

frachter, die man vom sauberen mit Palmen bestandenen Strand aus ein- und auslaufen sehen kann, zum alltäglichen Stadtbild. An der **Plaza Bolívar** in der Stadtmitte befindet sich das **Museo Tayrona,** in dessen beiden großräumigen Stockwerken zahlreiche Keramiken und einige Goldarbeiten aus der Blütezeit der Tayrona-Kultur ausgestellt sind. Drei Blocks weiter stadteinwärts, in der Carrera 5A/Av. Campo zwischen Calle 16 und 17, erhebt sich die weiße 1617 vollendete **Kathedrale,** in der sich das Grabmonument des Stadtgründers befindet. Zwölf Jahre – bis zu ihrer Überführung in die Heimatstadt Caracas – wurden hier auch die Gebeine des *Libertadoren* Simón Bolívar aufbewahrt.

In der **Quinta de San Pedro Alejandrino,** einer ehemaligen Zuckerrohr-hacienda im Süden Santa Martas, hatte der General seine letzten Tage verbracht. Um 13.01 Uhr am 17. Dezember 1830, just in dem Jahr, in dem sein erkämpftes Großkolumbien in Einzelstaaten zerbrach, erlag der 47jährige der Schwindsucht. Die Zeiger der Uhr über seinem Sterbebett in der zum Bolívar-Museum hergerichteten Quinta zeigen seine Todeszeit an, als seien sie beim letzten Atemhauch stehengeblieben.

Das 400 Jahre alte Landhaus ist heute mitsamt seinem alten Zuckerrohrspeicher und Destillationshaus in einen gepflegten tropischen Park mit stattlichen Bäumen eingebettet. Hinzugefügt wurde das Nationalmonument ›Altar de la Patria‹, und im Seitengebäude zeigt das **Museo Bolivariano de Arte Contemporáneo** zeitgenössische Kunst.

Besonders reizvoll macht den Aufenthalt in Santa Marta jedoch die nähere Umgebung. Weniger vielleicht die mit Apartmenthäusern zugebaute Bucht von **Rodadero,** obwohl dem Ferienvorort ein gewisses Flair nicht abzusprechen ist, schließlich urlaubt hier nur, wer das nötige Kleingeld dafür besitzt. Doch ist der Strand grausandig, und in der Hochsaison hat man das Gefühl, als feierte die gute Gesellschaft Kolumbiens mit Kind und Kegel ein großes Familienfest.

Auch der Fischerort **Taganga** im Osten hat viel von seiner Ursprünglichkeit verloren, seit sich am Rand der nach Westen blickenden Bucht größere Hotels angesiedelt haben. Immerhin beherrschen den Strand immer noch die bunt bemalten Fischerboote und die rustikalen kleinen Strandrestaurants.

Von unverändert einzigartiger Schönheit ist dagegen der 45 km von Santa Marta entfernte **Parque Nacional Tayrona** 9 (12 000 ha) am Küstensaum der Sierra Nevada. An riesigen, von Wind und Wasser glattpolierten Felsen, die wie verlorene Sauriereier zwischen Wasser und den schneeweißen Stränden verstreut liegen, brechen sich stürmische Wellen. Die immer wieder von Buchten unterbrochene Steilküste umwuchert tropischer Regenwald mit schlanken hohen Kokospalmen.

Besonderen Zauber verleihen diesem Park die Kogui, die hier als einzige dauerhaft wohnen dürfen. Sie leben zwar zurückgezogen bei der zu Fuß erreichbaren präkolumbischen Tayrona-Siedlung Chairama *(pueblito),* im ganzen Park jedoch ist ihre Gegenwart spürbar. So sind die Ecohabs z. B. die bei Cañaveral als einzige Touristenunterkünfte erbaut wurden, architektonisch den Rundhäusern der Kogui nachempfunden. Beim nahen Besucherzentrum gibt es ein kleines Museum, das eine sehenswerte

Sammlung archäologischer Funde zeigt, die das Ehepaar Alicia Dussán und Gerardo Reichel-Dolmatoff in Chairama zusammentrug. Das Archäologenpaar machte sich um die Erforschung der Indianerstämme Kolumbiens besonders verdient. Im Museum finden sich auch ein paar Fundstücke aus der in der Sierra Nevada versteckten Tayrona-Stadt **Ciudad Perdida** 10 (›verlorene Stadt‹), auch Teyuna oder nach einem Tayrona-Fürsten Buritaca genannt. Die ›verlorene Stadt‹ gehört zu den Traumzielen in der Umgebung Santa Martas. Obwohl nur 30 km Luftlinie entfernt, benötigt man doch mindestens eine Woche, um die in 1000 und 1200 m Höhe unterhalb des höchsten Landesgipfels (Pico Colón, 5775 m) gelegene Stadt zu Fuß zu erreichen. In der Hochsaison, eigentlich nur während der Osterwoche, fliegen Hubschrauber Touristen für einen 2-Stunden-Trip nach Ciudad Perdida hinüber.

Auf der *Carretera Troncal del Caribe* nach Cartagena

Ein nahtlos asphaltiertes Straßenband, die *Carretera Troncal del Caribe,* bietet bequeme schnelle Verbindung zwischen den Karibikstädten. Daß sie einst allzu hastig und ohne Rücksicht auf ökologische Verträglichkeit erbaut wurde, davon kann man sich gleich westlich von Santa Marta überzeugen, wo die **Ciénaga Grande** 11, eine 23 000 ha große Lagune, durch den für sie aufgeschütteten Damm vom Meer abgetrennt wurde. Eine Umweltsünde ohnegleichen, für die ein ehemaliger Bürgermeister des nahen Barranquilla verantwortlich sein soll. Es heißt, er habe die Gelder für eine Brücke zum Großteil in die eigene Ta-

Teyuna – Die ›verlorene‹ Stadt

Der Chronist Fray Pedro Simón sagte vor Jahrhunderten über die Stadt der Tayrona in der Sierra Nevada: »Wenn es irgendwo ein irdisches Paradies in diesen indianischen Ländern gibt, dann hier«. Er beschrieb den Platz als »von hohen Gipfeln gekrönt, alle Bergkämme zerklüftet mit süßem, goldenen Wasser, ringsum mit ausgedehnten Indianerdörfern bebaut, die man von überall her sehen konnte und die auf allen Hängen ein schönes Bild boten. Was den Blick am meisten ergötzte, war das viele Grün und die Bäume, die fast alle Frucht trugen.«

Ciudad Perdida – die ›verlorene‹ Stadt – ist weitläufiger als Machu Picchu in Peru. Allein von ihrer Ausdehnung her gehört sie zu den großen (Wieder-)Entdeckungen dieses Jahrhunderts in Amerika. Sie entstand wahrscheinlich zwischen 1100 und 1300 n. Chr. und wurde von rund 3000 Menschen bewohnt. Man vermutet, daß die Stadt zur Zeit der Konquista letzter Zufluchtsort der Tayrona war. In dieser Zeit brachen auch ihre traditionellen Handelsbeziehungen zu anderen indianischen Völkern ab, so daß sie sich zunehmend isoliert wiederfanden und vermutlich die Siedlung aufgaben.

Erst 1976 entdeckten Archäologen die Überreste der Tayrona-Stadt, in erster Linie von tropischer Vegetation überwucherte Fundamente, Treppen und Mauern. Die terrassierte Anlage widerstand, wie sich später herausstellte, der Erosion durch starke tropische Regengüsse optimal. Seitdem gelten die Tayrona nicht nur als Meister der Goldschmiedekunst, sondern auch als ausgezeichnete Kenner ökologischer Zusammenhänge. Was an kostbaren Grabbeigaben noch in den Gräbern gefunden wurde, wanderte in das Goldmuseum in Bogotá (s. S. 93).

Erst 1977 begann man, die Stadt systematisch freizulegen und zu restaurieren, doch bis heute bietet sie dem Betrachter kein geschlossenes Gesamtbild. Eher gleicht sie einem Labyrinth, in dem man stundenlang über immer neue Treppen, Terrassen und Wege laufen kann.

Die ›verlorene‹ Stadt wird von Polizisten vor Grabräubern bewacht. Ab und zu erhalten sie Besuch von Arhuacos oder Kogui, die Ciudad Perdida als ihre ›heilige‹ Stadt bezeichnen. Wenn die *indígenas* hier sind, schlafen sie in den von den Archäologen rekonstruierten Hütten.

sche gesteckt, und der verbliebene Rest reichte gerade noch für den zerstörerischen Damm.

Folge für Mensch und Natur: Die von den Abwässern der Schuh- und Textilindustrie stark verschmutzten Wasser des Río Magdalena, die teilweise über die Ciénaga ins Meer abflossen, stauen sich nun in dem künstlichen Becken. Schlimmer noch: Die riesige Lagune versalzte

Abendstimmung im Parque Tayrona

durch die starke Sonneneinstrahlung, so daß ganze Mangrovenwälder zu gespenstisch weißen Gerippen abstarben und die Fischer der hier ansässigen Pfahldörfer wie Nueva Venecia oder Buenavista nur noch verkümmerte Winzlinge aus dem Naß angeln, das ihnen zuvor den Lebensunterhalt sicherte.

Seit Jahren bemühen sich Experten aus aller Welt, darunter auch die deutsche GTZ, darum, die Lagune zu retten. Erfahrene holländische Kanalbauer wurden ins Land gerufen, die den Damm inzwischen durchlöcherten. Ob dieses Projekt, in das Millionenbeträge von Entwicklungshilfegeldern gepumpt wurden, noch etwas ausrichten kann, ist äußerst fraglich.

Schon von weitem grüßt die stolze Skyline von **Barranquilla** 12 (S. 278)

alle Autofahrer, die sich der Stadt von der Ciénaga her über die gewaltige Río-Magdalena-Brücke nähern. Die mit fast 2 Mio. Einwohnern größte Hafenstadt des Landes liegt unweit der Küste am Westufer des Río Magdalena. Seinen steilen Aufstieg verdankt das im 17. Jh. gegründete und lange unter dem Namen Barranca de Nicolás vor sich hin schlummernde Nest der Erfindung der Dampfmaschine und den großen Einwanderungswellen des 19. Jh. Ab 1823 tuckerten Dampfschiffe den Río Magdalena hinauf, und ab 1881 war der heute verrottete Puerto de Colombia Ankunftshafen zahlreicher Einwanderer aus Italien, dem Libanon und auch aus Deutschland. Viele blieben gleich in der Stadt – bis heute gibt es ein deutsches Gymnasium.

Im Museo Romántico kann man auf den Spuren der Immigranten wandeln, eine kleine Sammlung präkolumbischer Funde ist im Museo de Antropología zu sehen. Außerdem rühmt sich Barranquilla, den besten Zoo des Landes zu besitzen; rund 4000 Tiere sind dort in Freigehegen und Käfigen untergebracht.

Ansonsten lohnt die zersiedelte unübersichtliche Stadt kaum einen Aufenthalt – es sei denn, es ist gerade **Karneval,** der einzig nennenswerte im ganzen Land. Er beginnt offiziell am Faschingssamstag mit der *Batalla de las Flores* (›Schlacht der Blumen‹), einer ersten Kostümparade mit verschiedenen Masken- und Tanzgruppen. Am Sonntag folgt dann die *Gran Parada,* die große Parade der Faschingswagen, und am Montag und Dienstag wetteifern die Karnevalsgruppen der verschiedenen *barrios* (›Stadtteile‹) im Baseballstadion um den großen Preis des *Congo de Oro.* Schließlich wird Joselito, der Schutzpatron des Karnevals, symbolisch zu Grabe getragen.

Königin der Küste – Cartagena de las Indias

(S. 285) Gegen sieben Uhr abends, wenn in der Altstadt Cartagenas die Alltagsgeschäftigkeit abebbt, die Läden schließen und die Rufe der *palenqueras,* der schwarzen Straßenhändlerinnen, verstummt sind, dann flammen die Scheinwerfer auf: Spot an für die Kirchen, die Residenz des Erzbischofs, den Inquisitionspalast, die spanischen Adelspaläste und allen voran für die größte Festungsanlage Amerikas mit ihrer bastionbewehrten Mauer, den kleinen Bollwerken und dem mächtigen Fort San Felipe, in dem das Denkmal des einbeinigen, einarmigen und einäugigen Blas de Lezo an die erfolgreiche Verteidigung der Stadt gegen die Engländer im Jahr 1741 erinnert. Ins rechte Licht gerückt wird natürlich auch die schlanke Statue der Indianerin Catalina, Dolmetscherin und Geliebte des Stadtgründers Pedro de Heredia.

Die Stadt feiert sich jeden Tag selbst wie eine Diva, die einst wie kaum eine andere im Mittelpunkt des Interesses stand, mächtig umworben, doch nur von wenigen erobert. Im Kern blieb sie bis heute die alte, ein einzigartiges Relikt aus der Kolonialzeit, das 1985 von der Unesco zum Weltkulturerbe der Menschheit erklärt wurde und danach mit staatlichen, spanischen und internationalen Hilfsgeldern wieder zu herausragendem Glanz zurückfand. Dafür studierten Architekten und Restaurateure stapelweise alte Baupläne, und übten sich Schreiner wieder im Drechseln kunstvoll gedrehter Balkongeländer. Das Ergebnis ist eine prachtvoll restaurierte Altstadt mit langen Gassen voller alter Kaufmannshäuser, die sich wie einst zur Blütezeit der Stadt mit hölzernen blumenprallen Balkonen über riesigen eisenbeschlagenen Türen brüsten. Ein massiver Mauerring, auf dessen Baluarten Cafés eingerichtet wurden und in deren Schießscharten sich jeden Abend bei Sonnenuntergang die Liebespaare tummeln, umfaßt das historische Zentrum noch fast vollständig.

Cartagena entstand aus einer winzigen Siedlung, die Pedro de Heredia

Cartagena in den Werken von Gabriel García Márquez

In Cartagena unternahm Gabriel García Márquez als junger Mann seine ersten Schreibversuche. Viele seiner Bücher spielen in dieser Stadt und lassen hinter ihre schöne Fassade blicken. Das ehemalige Konvent Santa Clara inspirierte ihn beispielsweise zu dem Buch ›Del amor y otros demonios‹ (›Von der Liebe und anderen Dämonen‹). Und das kam so: Am 26. Oktober 1949 – García Márquez arbeitete in dieser Zeit als Reporter – wurde die Redaktion des ›El Universal‹, der heute noch größten Tageszeitung Cartagenas, davon informiert, daß die Grabkammern des Klosters geräumt würden, um Platz für den Bau eines Luxushotels zu schaffen. »Geh doch mal vorbei und schau, was dir dazu einfällt«, soll der Chefredakteur damals zu ihm gesagt haben. Und der Schriftsteller machte sich auf:

»Die kostbare Kapelle stand fast ungeschützt da, in den Krypten jedoch lagen immer noch drei Generationen von Bischöfen und Äbtissinnen und andere vornehme Leute begraben.« In der dritten Nische des Hauptaltars entdeckte er das Grab der jungen Sierva María de Todos los Ángeles. Es wäre nicht García Márquez gewesen, hätte er dieser Entdeckung nicht eine magische Note gegeben: »Der Grabstein sprang beim ersten Schlag mit der Hacke in Stücke, und aus der Öffnung ergoß sich, leuchtend kupferfarben, eine lebendige Haarflut. Auf dem Boden ausgebreitet maß die herrliche Haarmähne zweiundzwanzig Meter und elf Zentimeter. Der Maurermeister erklärte mir unbeeindruckt, daß menschliches Haar einen Zentimeter im Monat wächst, auch noch nach dem Tod, und zweiundzwanzig Meter

1533 auf der damals Calamarí genannten Halbinsel an einer von Lagunen stark zergliederten Bucht gründete. Um sie von der spanischen Stadt gleichen Namens zu unterscheiden, erhielt sie offiziell das Anhängsel ›de las Indias‹. Dank der strategisch ausgezeichneten Lage überflügelte sie bei der Verschiffung der im Andenhinterland gewonnenen Gold-, Silber- und Smaragdschätze schnell das ältere Santa Marta. Von Cartagenas Hafen segelten bald regelmäßig schwer beladene spanische Galeonen am Archipel San Andrés vorbei

nach Havanna auf Kuba, die heute als Piratenroute bekannte Strecke. In den kubanischen Werften wurden die Schiffe überholt, bevor sie zur Überfahrt nach Sevilla in Spanien starteten.

Cartagenas stets gefüllte Schatzkammern waren bald das begehrte Ziel ehrgeiziger Piraten. Nur zehn Jahre nach der Gründung überfiel der französische Pirat Robert O'Valle die Stadt und brannte sie völlig nieder. Damals schützten sie freilich nur ein kleines Fort und ein paar Kanonen. 1586 nahm Francis Drake Cartagena ein und konnte nur

erschienen ihm ein guter Schnitt für zweihundert Jahre ...«

Schon war die Geschichte der kleinen Sierva María, der Leidensfigur seines Romans, geboren: ein herumgeschubstes Mädchen, das schließlich des Dämonismus bezichtigt und zum Exorzisten geschickt wird – bis die Liebe es von seinen Leiden erlöst.

In dem Roman ›El general en su laberinto‹ (›Der General in seinem Labyrinth‹) beschreibt García Márquez die letzten Tage Simón Bolívars und führt dabei ins Cartagena nach der Unabhängigkeit: »Durch nichts war es so zerstört worden wie durch den Kampf um die Unabhängigkeit und die anschließenden Kriege«, klagt García Márquez da. »Die reichen Familien aus der Epoche des Goldes waren geflohen« und die ehemaligen Sklaven »einer nutzlosen Freiheit« sich selbst überlassen. Das ehemalige Haus des Marquis von Valdehoyos in der Calle La Factoría, der, laut Márquez, durch Mehlschmuggel und Sklavenhandel zu Geld gekommen war, ist eine der letzten feinen Adressen. Hier läßt der Dichter den Simón Bolívar die Worte seufzen, die tief aus seiner eigenen Brust zu kommen scheinen: »Wie teuer haben wir doch diese Scheißunabhängigkeit bezahlt.«

Schließlich läßt García Márquez in ›El amor en los años de colera‹ (›Die Liebe in den Zeiten der Cholera‹) das Cartagena der letzten Jahre des 19. Jh. erstehen, als die vormals mächtigen Familien nur noch »in ehrenhafter Dekadenz« lebten. Seinem Doktor Juvenal Urbino gelingt, »was ein Jahrhundert lang unmöglich schien: die Restaurierung des Teatro de la Comedia, das seit der Kolonialzeit zur Hahnenkampfarena und zum Zuchtstall für Kampfhähne verkommen war. Dies war der Höhepunkt einer spektakulären Bürgerkampagne, die in der Stadt alle Schichten in die Pflicht nahm, eine Massenmobilisierung, von der manch einer glaubte, sie sei einer besseren Sache würdig gewesen. Wie auch immer, das neue Teatro de la Comedia wurde eingeweiht, als es weder Sitze noch Beleuchtung hatte, und die Helfer mußten Sitzgelegenheiten herbeischaffen und Lampen für die Pausen. Der Stil der großen Premieren in Europa wurde übernommen, was die Damen nutzten, um in der Bruthitze der Karibik mit ihren langen Kleidern und Pelzmänteln zu prunken ...«

gegen Zahlung einer hohen Geldsumme davon abgehalten werden, sie ebenfalls in Schutt und Asche zu legen.

Ein zweites Mal sollte Spaniens Erzfeind England nicht so leichtes Spiel haben: Der spanische König beauftragte den italienischen Festungsbaumeister Bautista Antonelli, der auch Havanna befestigt hatte, Cartagena uneinnehmbar zu machen. Dieser setzte sich mit der Festungsanlage von Cartagena sein größtes Denkmal: Das Bollwerk, an dem nicht weniger als 194 Jahre gearbeitet wurde, sicherte die Altstadt schließlich von allen Seiten. 1790 waren die Kirchen, Klöster und Kaufmannspaläste von Calamarí vollständig ummauert – später wurde noch das Handwerkerviertel Getsemaní miteingefaßt. Die große Einfahrt zwischen Bocagrande und Tierrabomba riegelte ein Unterwasserwall ab, und die nun einzige Zufahrt zur Hafenbucht zwischen Bocachica und Barú wurde durch das Fort San Fernando geschützt. Wer diesen Engpaß noch durch-

Blick über die Altstadt von Cartagena, im Vordergrund die Torre del Reloj ▷

brach, dem flogen spätestens zwischen dem heutigen El Laguito und dem gegenüberliegenden Manzanillo die von den dortigen Forts abgefeuerten Kanonenkugeln um die Segel. Im inneren Hafenbecken (Bahía de las Ánimas) gab es dann noch einmal Zunder vom Fort San Sebastián del Pastelillo und von den ursprünglich insgesamt 26 Bastionen (erhalten blieben 16) und zahllosen Schießscharten der Stadtmauer. Truppen, die Cartagena vom Land her angriffen, konnten vom gewaltigen Fort San Felipe de Barajas, das die Altstadt im Osten deckte, abgewehrt werden.

1740/41 bestand die Stadt ihre schwerste Feuerprobe, als der englische Admiral Edward Vernon mit 200 Schiffen und 25000 Männern versuchte, die Stadt einzunehmen. Den Cartagenos standen indes nur sechs Schiffe und ein paar hundert Soldaten zur Verfügung. Befehligt wurde diese magere Verteidigungstruppe von dem spanischen Rauhbein Blas de Lezo. Mit vereinzelten Angriffen und einer geschickten Hinhaltetaktik gelang es ihm, die Engländer, in deren Lager das Gelbfieber ausgebrochen war, schließlich derart zu demoralisieren, daß sie schließlich mit leeren Schiffsbäuchen wieder abzogen.

Siebzig Jahre später halfen weder Taktik noch Mauerwerk: Als sich Cartagena als eine der ersten Städte Amerikas am 11. November 1811 von Spanien unabhängig erklärte, rückten die königlich spanischen Truppen unter Pablo Morillo an und belagerten die Stadt bis zu ihrer Aufgabe im Jahr 1815. Der 11. November ist seitdem Nationalfeiertag, gekrönt wird er durch die Wahl der kolumbianischen Schönheitskönigin, die traditionell an diesem Tag nach einem Karnevalsumzug stattfindet; das Ereignis lockt die ganze Nation vor die Fernseher.

Die Altstadt – Ein Weltkulturerbe

Im 19. Jh. war Cartagena längst eine von reichen Kaufleuten regierte Stadt und – ähnlich wie die deutschen Hansestädte – auf politische Selbständigkeit bedacht. Ihr Reichtum ging in erster Linie auf den Sklavenhandel zurück, für den Cartagena im neuspanischen Reich das Monopol besaß: In der Blütezeit des interkontinentalen Menschenhandels im 16. und 17. Jh. wurden auf dem Sklavenmarkt, der Plaza de los Coches, täglich bis zu 1000 hierher verschleppte Afrikaner gewogen, begutachtet und verkauft. Man betritt die **Plaza de los Coches** 1 durch ein altes Stadttor mit Uhrenturm, der **Torre del Reloj**. Im Süden schließt sich die **Plaza de la Aduana** 2 (Zollplatz) mit dem Kolumbusdenkmal und der 1620 als koloniale Zollverwaltung erbauten *alcaldía* (Rathaus) an. Noch ein Stück weiter entlang der Stadtmauer gelangt man zum 1603 von Jesuiten erbauten **Kloster San Pedro de Claver** 3, in dem der im 19. Jh. heiliggesprochene Namengeber lebte. San Pedro de Claver linderte das Elend der afrikanischen Sklaven, gab ihnen zu essen und zu trinken und versorgte ihre Wunden. Tausenden soll dieser ›Sklave der Sklaven‹ zwischen 1612 und 1654 so das Leben gerettet haben. Sein Leichnam wurde unter dem Hochaltar der Kirche beigesetzt.

Im Anschluß an die Kirche folgt das **Museo Naval** 4, in dem die Seefahrtsgeschichte Cartagenas dokumentiert ist. Nach einem kurzen Gang über die Calles Ricaurte und Inquisición ist das Zentrum der Altstadt erreicht: die kleine, von hohen Bäumen beschattete **Plaza Bolívar** 5. Ihr interessantestes Gebäude ist der **Palacio de la Inquisición** (Inquisitionspalast, 1770) mit dem gewaltigen ba-

N

Flughafen, La Boquilla
La Tenaza
Baluarte de Santa Catalina
Monumento Las Gaviotas
Baluarte de San Lucas
8
Calle Necesida
Karibik
Santa Clara
9
Laguna del Cabrero
Calle Santo
Universidad Tadel Lozano
Calle Teiedillo
Calle Curata
Calle Hobo
Calle Siete Infantes
10
Laguna de Chambacú
Calle Estanco del Aguardie
Calle Cabo
Calle Estanco de Tabaco
Calle Universidad
Calle Badillo 2-a
Calle Tablada
Calle Boquete
Calle Cruz
Calle Don Sancho
Calle Estanco de Tabaco
Calle Moneda
San Agustín
Baluarte de Santo Domingo
7
Calle Factoría
Calle
Calle Avos
C. Porvenir
Avenida Carlos Escallón
Avenida Venezuela
Avenida Urdaneta Arbeláez
C. Trinita y Media
Concolón
Calle Maravillas
12
Baluarte Apostol
6
Calle Estribos
C. Santo Domingo
C. Stos Damingo
Kathedrale
Calle Archobispado
Calle Media
Calle Guerrero
Calle Espíritu Santo
Zapatos Viejos
Palacio de La Inquisición
5
Museo Inquisición del Oro
1
Torre del Reloj
Parque del Centenario
Calle
Baluarte
Calle Bisaños
Calle Las Damas
2
Paseo de los Mártires
Calle Media Luna
Calle Sterpe
Baluarte de Javier
4
3
Muelle de los Pegasus
Kongreß-zentrum
11
GETSEMANÍ
Calle Larga
Laguna de San Lorenzo
Avenida Santander
Baluarte de San Ignacio
Avenida Blas de Lezo
Calle San Antonio
Calle Arsenal
Calle Pozo
Calle Ancho
Calle Angosto
Parque de la Marina
Bahía de las Ánimas
Bocagrande
La Manga, Club Náutico, Kreuzfahrtschiffe

Cartagena 1 Plaza de los Coches 2 Plaza Aduana 3 Kloster San Pedro de Claver
4 Museo Naval 5 Plaza Bolívar 6 Iglesia Santo Domingo 7 Casa del Marqués de
Valdehoyos 8 Las Bovedas 9 Stierkampfarena 10 Catalina-Denkmal 11 Altes Theater
12 Fort San Felipe, La Popa

rocken Portal und den weißen Balkonen. Im Museum des Palasts sind noch eine Streckbank und Darstellungen von Foltermethoden zu sehen, die beispielsweise der Dämonenaustreibung dienten. Die Inquisitoren wurden am 11. November 1811, dem Tag der Unabhängigkeitserklärung, aus der Stadt gejagt. Auf der gegenüberliegenden Seite findet sich das äußerlich recht unscheinbare **Museo del Oro,** das im Innern jedoch eine sehr sehenswerte und gut erläuterte Sammlung präkolumbischer Goldfiguren der Zenú (oder Sinú) aus dem westlichen Mündungsgebiet des gleichnamigen Flusses beherbergt. In direkter Nachbarschaft erhebt sich die 1575 begonnene **Kathedrale,** die wie viele andere Kirchen der Stadt Festungscharakter hat.

Auch die **Iglesia de Santo Domingo** 6, die älteste Kirche Cartagenas, ist ein Festungsbau mit massiven seitlichen Stützpfeilern. An dem kleinen gleichnamigen Platz vor dem Gotteshaus liegen das In-Lokal Paco's und in einer Seitenstraße ein paar gute Antiquitätenläden. Geradeaus sieht man die **Baluarte Santo Domingo** mit alten Kanonen und einem schönen Café.

Von der Plaza Santo Domingo Richtung Norden führt die Calle de La Factoría zur **Casa del Marqués de Valdehoyos** 7, dem ehemaligen Wohnhaus des durch Sklaven- und Mehlhandel reich gewordenen Grafen von Valdehoyos, in dem sich heute die Touristeninformation eingerichtet hat. Geht man nun die Calle Factoría bis zum Ende und dann an der Mauer östlich weiter, passiert man erst die alte **Universidad Tadel Lozano** und dann das **Hotel Santa Clara,** das in die Mauern des ehemaligen Konvents hineingebaut wurde. An der nächsten Stadtmauerecke fällt das leuchtendgelb gestrichene Munitionslager **Las Bovedas** 8 ins Auge. In seinen Kammern bieten Souvenirhändler Kunsthandwerk aus allen Regionen Kolumbiens zum Verkauf an. Die Mauer-

An der Plaza de los Coches

ecke markiet die **Baluarte de Santa Catalina,** von der aus man einen schönen Blick auf das Villenviertel El Cabrero mit dem Parque Apolo und seinen Büsten bekannter Persönlichkeiten der Stadtgeschichte, der kleinen, gern für Hochzeiten genutzten Kapelle wie dem balkongeschmückten Gedenkhaus für den Dichter der kolumbianischen Nationalhymne Rafael Núñez genießen kann.

Hinter der Baluarte de San Lucas ist bald die wegen Einsturzgefahr geschlossene, ganz in Holz gebaute **Stierkampfarena** 9 der Stadt zu sehen. Am **Denkmal für die Indianerin Catalina** 10 vorbei führt die belebte Avenida Venezuela zurück zum Ausgangspunkt des Altstadtrundgangs.

Getsemaní, das ebenfalls von der Stadtmauer umgebene, alte Handwerkerviertel gegenüber der Torre del Reloj, lag einst auf einer Insel, auf der zuerst die Sklaven untergebracht und später die Künstler und Handwerker angesiedelt wurden. Der Kanal zwischen Calamarí und Getsemaní wurde bereits im vorigen Jahrhundert zugeschüttet. Das **alte Theater** 11 an der Stirnseite des Paseo de los Mártires – heute Kino und Austragungsort der Filmfestspiele – ist eines der ältesten in Kolumbien. Von hier lohnt ein kurzer Spaziergang vorbei am klotzigen Kongreßzentrum und hinein in die **Calle del Arsenal,** die ein beliebter Treffpunkt mit Restaurants, Bars und Boutiquen ist. Auf die sich westlich anschließende Insel **La Manga** wichen die Kaufleute aus, als es in der Altstadt zu eng wurde. In ihrem Gefolge zogen die Reichsten unter den Reichen Kolumbiens nach und erbauten sich hier z. T. phantastische Paläste im maurischen Stil. Gleich rechts von der Brücke befindet sich der Club de Pesca im alten **Fort San Sebastián del Pastelillo** und dahinter der Yachthafen.

Ein Paradies für Taucher –
Die Islas de San Bernardo

Für Tauchsportler lohnenswert ist an der kolumbianischen Karibikküste neben den Islas del Rosario der weiter südlich von Cartagena im Golfo de Morrosquilla gelegene Archipel San Bernardo. Man erreicht ihn über den mittelständischen kleinen Badeort Tolú (S. 321). Von Tolú starten regelmäßig Boote zu Tagesausflügen zu den Islas de San Bernardo. Im Innern von Tintipán, der größten Insel, breitet sich ein Mangrovengebiet aus, in dem verschiedene seltene Vogelarten beobachtet werden können. Die kleinste und mit rund 700 Menschen am dichtesten besiedelte Insel ist El Islote. Das beste Schnorchel- und Tauchgebiet aber umgibt schließlich die Isla Múcura, und das beste Hotel weit und breit findet sich auf der Isla Palma.

Ausflüge von Cartagena

Im Osten der Stadt erhebt sich das gewaltige **Fort San Felipe de Barajas** 12 und dahinter der 150 m hohe Stadthügel mit dem 1607 von Augustinermönchen erbauten kleinen weißen **Kloster La Popa.** Beides lohnt einen Extrabesuch – schon wegen des herrlichen Blicks über die Stadt. In der Festung San Felipe begleiten Führer durch das niedrige Gängelabyrinth, und im Kloster La Popa stellt ein kleines Museum Original-Landkarten der Neuen Welt aus dem 15. und 16. Jh. und ein Portrait von Benkos Bohio aus. Benkos, dessen Geschichte mit Marlon Brando in der Hauptrolle unter dem Titel ›Quemada‹ verfilmt wurde, rief um 1600 im nahen Dorf San Basileo de Palenque einen Freistaat entlaufener Sklaven *(cimarrones)* aus, wurde allerdings später während einer Rebellion gefaßt und erhängt (s. S. 42).

Ganz dem Badetourismus gehört seit Mitte dieses Jahrhunderts die im Süden Cartagenas gelegene Halbinsel **Bocagrande,** die zum Meer hin von einem breiten, eher grausandigen Strand gesäumt wird. Gleich in zweiter Reihe konkurrieren die Apartment- und Ferienhotel-Wolkenkratzer um den besten Meerblick. Seit den 70er Jahren gilt es als schick, in den modernen, teilweise mit zentraler Klimaanlage gekühlten Apartmenthäusern auch zu wohnen.

Cartagenas wahres Karibikparadies aber liegt westlich der Küste weit draußen im Meer: Die von glasklarem Wasser umspülten Koralleninseln des Parque Nacional Corales del Rosario, meist nur **Islas del Rosario** genannt, sind in 40minütiger Bootsfahrt vom Muelle Turístico in Cartagena aus zu erreichen. Bootsreeder bieten Tagesausflüge zu dem Nationalpark an. Viele der z. T. gerade die Grundfläche eines Hauses messenden kleinen Inseln sind in Privatbesitz reicher Kolumbianer. Auf der auch nicht gerade großen Isla Grande gibt es Unterkünfte.

Mompós – Cartagenas kleine Schwester

■ (S. 302) Die kleine, nach dem Malibú-Kaziken Mompoj benannte Schwester Cartagenas erreicht man nach rund 4stündiger Fahrt, während der zweimal das Transportmittel gewechselt werden muß, da die alte Kolonialstadt auf der Isla Margarita mitten im Río Magdalena liegt. Man fährt zunächst bis Magangue, das der Isla Marguerita am vielbefahrenen westlichen Seitenarm des Río Magdalena, dem Brazo de Loba, gegenüberliegt. Von hier setzen Boote zum Inselort La Bodega über, von wo *camperos,* ›Geländewagen‹, die Passagiere über ein letztes Stück staubiger Strecke schlußendlich auf die andere Inselseite direkt zum Marktplatz von Mompós bringen.

Wer mittags ankommt, sollte zunächst das schattige Flußufer aufsuchen, denn um diese Zeit flirrt die Luft vor Hitze, die hier fast kein Windhauch mildert. Die Stadt zeigt sich verschlossen, und die wie mit dem Lineal gezogenen Straßen sind menschenleer; das Leben spielt sich hinter den weißgekalkten Wänden und schwarzen schmiedeeisernen Fenstergittern ab. Nur an der Flußpromenade, der Carrera 1 oder Calle Albarrada de San Anselmo, sind dann noch vereinzelt Menschen unterwegs: vielleicht ein alter Mann, der mit seinem beladenen Muli zum Markt zieht, vielleicht ein paar hastig vorbei radelnde Kinder. Ständiger Begleiter ist allemal der Brazo de Mompós, wie der östliche Seitenarm

Iglesia Santa Bárbara am Parque Santander

des Río Magdalena hier heißt. Träge und ruhig fließt er dahin, und die Uferhäuser scheinen melancholisch über ihn hinweg auf das weite Stromland, das diese Insel umgibt, zu blicken. Bis zur Erfindung der Dampfschiffahrt war dieser Seitenarm des Río Magdalena derjenige, über den Menschen, Waren und erbeutete Schätze aus dem Andenhochland herunter zur Küste gelangten. Nur aus diesem Grund gründete Pedro de Heredia 1537 an dieser Stelle die kleine Stadt. Ab 1650 stellte der damals eröffnete, 114 km lange künstliche Canal del Dique ab Calamar am Río Magdalena sogar eine direkte Verbindung mit Cartagena her. So diente Mompós, in dem sich überwiegend vornehme Familien aus Sevilla angesiedelt hatten, jahrhundertelang als Drehscheibe des Handels zwischen Bogotá und der Karibikküste. Mit dem Aufkommen der Dampfschifffahrt begann der Dornröschenschlaf von Mompós. Es stellte sich heraus, daß der Brazo de Mompós und der Canal del Dique für die neuen Schiffe unpassierbar war, wohl aber der Brazo de Loba und der restliche Río Magdalena bis zur Mündung. So verlagerte sich der ganze Schiffsverkehr nach Westen, Barranquilla löste Cartagena als wichtigsten Karibikhafen ab.

Kurz davor aber machte die kleine Stadt noch einmal von sich reden: Am 6. August 1810, noch vor Cartagena, erklärte sie sich vom spanischen Mutterland unabhängig. In der Folge besuchte Simón Bolívar, der die überall spontan folgenden Unabhängigkeitserklärungen zu koordinieren begann, die Stadt mehrere Male. Als Mompós ihm 1813 ein Bataillon von 400 Mann zum Schutz zur Seite stellte, dankte er es der Stadt mit bewegten Worten: »Wenn ich Caracas mein Leben verdanke, dann Mompós den Ruhm.«

Spaziergang durch Mompós

Am Flußufer beginnend, gelangt man bald zu einem auffällig mit einem stattlichen Säulengang gerahmten Doppelhaus, der **Casa de Los Portales de la Marquesa.** Kunstvoll geschmiedete und von Initialen gekrönte Eisengitter vor den hohen Fenstern weisen auf die hier einst Tür an Tür wohnenden vornehmen Herrschaften hin, die Marquesa de Torre-Hoyos und den Marqués de Santa Coa. Ein paar Schritte weiter öffnet sich ein kleiner Platz, an dessen Stirnseite sich die schönste Kirche der Stadt erhebt, die Ende des 16. Jh. begonnene und 1613 vollendete barocke **Iglesia de Santa Bárbara.** Bemerkenswert ist ihr ungewöhnlicher Turm mit den Löwenköpfen unter dem mittigen Holzbalkon. Im Rücken grenzt die Kirche an die **Calle Real del Medio,** die Hauptstraße von Mompós, wo sich die meisten Restaurants, ein paar hübsche kleine Posadas und Läden mit den für Mompós so typischen filigranen Silberarbeiten befinden. Hier und auf ihrer Querachse, der Calle 18, konzentrieren sich die anderen Sehenswürdigkeiten des überschaubaren Städtchens. An der Ecke zur Calle 16 liegt die 1606 erbaute kleine **Iglesia San Agustín,** die den *Santo Sepulcro,* die wichtigste Figur der glanzvollen jährlichen Osterprozessionen, beherbergt. Ein paar Schritte weiter folgt das **Museo Cultural y Arte Religioso** mit seiner kleinen Sammlung an religiösen Kunstwerken und einigen Schaustücken aus der Zeit, als der *Libertador* Simón Bolívar das Haus bewohnte. Bald kreuzt die Calle 18, die sowohl in östlicher wie in westlicher Richtung Abstecher lohnt. Nach Osten bringt sie zum **Colegio Pinillos,** der ersten Universität der Karibikküste. In dem 1794 be-

gonnenen und 1806 eröffneten Gebäude, das nach seinem Gründer Pedro Martínez de Pinillos benannt wurde, studierten die Söhne der gehobenen Gesellschaft Philosophie, Latein, Theologie, Medizin, Jura und Kunst. Ihm gegenüber liegt die 1544 gegründete, allerdings 1856 neu erbaute **Iglesia Santo Domingo.** Die Calle 18 endet schließlich am Friedhof, wo fürstliche Marmorgräber vom früheren Reichtum der Momposiner erzählen.

Gen Westen, Richtung Flußufer, führt die Calle 18 zur Urzelle der Stadt: der Plaza Mayor mit der **Iglesia de la Inmaculada Concepción,** der Kathedrale von Mompós. Daß letztere von Pedro de Heredia 1541 gegründet wurde, ist ihr heute allerdings nicht mehr anzusehen. Ein ehrgeiziger Gouverneur erneuerte sie zuletzt 1934 und verwandelte sie in die jüngste aller Stadtkirchen. Anders als in den meisten Kolonialstädten wird die Kathedrale auch nicht vom Rathaus flankiert, das befindet sich ein paar Schritte weiter – wieder auf der Calle Real del Medio – im ehemaligen Konvent San Carlos an der **Plaza de la Libertad.** Der Platz wurde zu Ehren von Simón Bolívar geschaffen und mit seiner Statue geschmückt, unter der auch sein berühmter Ausspruch über Mompós zu lesen ist. Das gegenüberliegende Gebäude ist das alte Hospital San Juan de Dios. Ein Stück weiter Richtung Flußufer erreicht man wieder den kleinen Marktplatz, wo die *camperos* vor der **Iglesia San Francisco** auf Fahrgäste warten. Die Kirche, eine der ältesten der Stadt, ist meist offen. Einen Besuch wert ist allein schon ihre im maurischen Stil geschnitzte Kanzel.

Der Archipel San Andrés

■ (S. 308, 316) Geographische Isolation schützt heute nicht mehr vor touristischem Trubel – im Gegenteil: Täglich landen und starten auf der Isla San Andrés Flugzeuge aus den Großstädten Kolumbiens oder aus den Hauptstädten Mittelamerikas, selbst aus den USA. An Bord: sonnenhungrige Fans dieser größten Insel des einsam in der westlichen Karibik gelegenen Archipels. 700 km trennen ihn vom kolumbianischen Festland, etwa ebensoviele von Jamaika, und nur 230 km von der Küste Nicaraguas. Weitgehend besteht er aus Korallenriffs, aus denen winzige, oft

Baptistenkirche in La Loma,
Isla San Andrés

hübsch mit Kokospalmen bestandene Inseln herausragen. Das bewegte submarine Bodenrelief läßt das Meer je nach Tiefe und Untergrund in mindestens sieben verschiedenen Blautönen schimmern, weshalb es gern auch die *Seven-Colour-Sea* genannt wird. Die nur 26 km^2 große Hauptinsel San Andrés ist ein längliches, von einem Karstrücken durchzogenes Eiland, das im Nordosten bei der Stadt San Andrés und im Osten bei San Luis von Korallensandstränden gesäumt wird. Die 17 km^2 große Nachbarinsel Old Providencia ragt mit grünen Kegelbergen – angeblich vulkanischen Ursprungs – bis auf 320 m über den Meeresspiegel, besitzt Süßwasserquellen, aber nur kleine Strandbuchten.

Auf mancher modernen Karte sucht man den Archipel vergeblich; vielen Kartographen erscheint er zu unbedeutend und zu klein. In der Piratenzeit freilich fehlte er auf keiner Karte, denn damals lag er im Schnittpunkt der wichtigsten Schiffahrtsrouten der Karibik, nämlich zwischen Cartagena de las Indias, Porto Bello in Panama, Havanna auf Kuba und Veracruz in Mexiko.

Mal spanisch, mal englisch

Möglicherweise entdeckte schon Kolumbus die Inseln während seiner vierten Amerikareise – jedenfalls erschienen sie erstmals 1527 auf einer anonymen Landkarte. Die Spanier ließen sie jedoch zunächst links liegen. 1627 landete eine Gruppe englischer Puritaner auf Providencia und gründete dort zwei Jahre später den Ort Westminster, das heutige Old Town. Sie kamen mit ihren afrikanischen, überwiegend in Jamaika erworbenen Sklaven und besiedelten auch die acht Bootsstunden entfernte Nachbarinsel San Andrés. 1639 sollen die Sklaven auf Providencia revoltiert haben, 1641 evakuierten die Spanier die Engländer und ließen nur die Sklaven zurück. Wieder erobert wurde das Archipel von dem Piraten Henry Morgan, der von hier aus die passierenden Galeonen überfiel und Porto Bello (Panama) plünderte. Die englische Königin adelte ihn für diese ›Dienste‹ und beförderte ihn schließlich zum stellvertretenden Gouverneur.

1793 erkannte England die spanische Oberhoheit über den Archipel an, was nicht verhinderte, daß immer wieder Freibeuter die Inseln einnahmen. So herrschte nach der Unabhängigkeit der französische Korsar Luis Aury zehn Jahre über Providencia; der Tag der Be-

freiung im Jahr 1822 wird heute noch auf der Insel als Festtag gefeiert. Damals schloß sich der Archipel dem damaligen Großkolumbien an. Seitdem gehört er, obwohl die *isleños* englischsprachig sind, zu Kolumbien. Die Zugehörigkeit wurde 1928 durch einen Vertrag mit Nicaragua besiegelt, das ebenfalls territoriale Ansprüche stellte. Um die Bindung ans Festland zu stärken und den Tourismus anzukurbeln, wurde die Insel San Andrés 1953 zum Freihafen erklärt, was Libanesen und andere international operierenden Kaufleute auf den Plan rief, die bis heute Elektrogeräte, amerikanische Markenbrillen, Sportschuhe, oder -kleidung, europäische Parfüms oder marokkanische Teppiche anbieten. Im Zusammenhang mit dem Siegeszug des Kokains in den Industriestaaten der nördlichen Hemisphäre, entdeckten die Mafiosi von Medellín und Cali die strategisch günstige Lage des Archipels zwischen der anglo- und iberoamerikanischen Welt wieder neu. San Andrés wurde zur wichtigen Startrampe für den Kokainschmuggel in die USA. Dazu bot sich der an Bedeutung stets wachsende Tourismus auf der Insel als willkommene Möglichkeit an, die illegalen Dollars mit immer schickeren Boutiquen und immer teureren Hotelbauten zu waschen. Daß die Insel ihren absonderlichen Bauboom so mancher Investition der Mafiosi verdankt, gilt als offenes Geheimnis.

San Andrés Isla

Der Aeropuerto Internacional Gustavo Rojas Pinilla liegt schon so sehr mitten im Geschehen, daß man während des Landeanflugs bereits die Badenden am Strand und die Stockwerke der Hotels an der Promenade zählen kann. Ein paar

Minuten nur spaziert man vom Flughafen, vorbei am Wellington-Stadion, in dem zum Green-Moon-Festival internationale und nationale Reggae-Gruppen auftreten, hinunter zur **Bahía Sardinas** 1 (Spratt Bay). In dieser sanft geschwungenen Bucht zwischen dem hohen Eckhotel Cacique Toné und dem Wohnviertel Sarie Bay im Westen breitet sich gleich der schönste Strand der Insel aus, herrlich weiß und ohne mehrstöckige Hotels im Rücken, nur beschattet von den allgegenwärtigen Kokospalmen. Gegen elf Uhr vormittags ziehen hier die Fischer ihre Boote mit dem frischen Fang an Land, um ihn an die Restaurants zu verkaufen.

Um die typische Atmosphäre der Inselstadt einzufangen, in der fast ein Drittel der 60 000 Inselbewohner leben, braucht man nur die vielbefahrene Avenida de Colombia stadteinwärts zu spazieren. Ihre Fahrbahn wird vom Gehweg durch ein Mäuerchen getrennt, auf dem sich, besonders in den Abendstunden, wenn die zahllosen Duty-free-Läden in den Seitenstraßen allmählich schließen und die letzten Fährboote von den vorgelagerten Badeinseln **Johnny Cay** und **Acuario** zurückgekehrt sind, die Schaulustigen niederlassen.

Dem Trubel von San Andrés Stadt, wo sich die Gäste aller Hotels den Strand teilen und die Geschäfte, Restaurants und Discos stets belebt sind, entziehen sich die Einheimischen mit Vorliebe durch eine schnell auf dem Motorrad absolvierte *vuelta a la isla,* eine Inselumrundung, die zumindest die Illusion von Bewegungsfreiheit vermittelt, obwohl sie in einer Stunde absolviert ist. Sie kann freilich auch einen ganzen Tag ausfüllen, denn unterwegs gibt es ein paar nette kleine Plätze zu genießen. Einige

San Andrés Isla

sind so schön, daß sie durchaus einen Urlaub auf San Andrés wert sind.

Man beginnt die Tour am besten in westlicher Richtung, wo die Insel von schroffer Riffküste zum Meer hin und von einem karstigen Hügelkamm im Inselinnern begleitet wird. Entlang der Straße wechseln kleinere, im typischen karibischen Baustil errichtete Hotelanlagen mit privaten Wohnpalästen ab, während das Meer an der harschen Küste hochspringt. Nach kaum zehn Minuten Fahrt ist schon das wenig attraktive **Seaquarium** erreicht, das vor einem alten mehrstöckigen strohgedeckten Holzgebäude, der früher besten Diskothek auf der Insel, die wegen Einsturzgefahr geschlossen werden mußte, eingerichtet wurde. Wenig später zweigt links eine kurze Straße zur **Morgan's Cave** 2 ab. Die bis zu 35 m tiefe und 120 m lange Karsthöhle, in der der Pirat Henry Morgan einst einen Schatz versteckt haben soll, ist ein kleines Stück begehbar. Landschaftlich zu den schönsten Winkeln gehört die folgende **Cove Bay** 3, die tiefste Bucht der Insel. Hier liegt die kolumbianische Marine vor Anker, rahmen blühende Hibiskusbüsche buntgestrichene karibische Holzhäuschen und thront auf Stelzen ein gutes Fischrestaurant (Fisherman's Cove). Weiter geht die Fahrt immer an der Riffküste entlang bis **La Piscinita** 4, einem Badeplatz mit Café und Restaurant. Betuchte Taucher quartieren sich im nahegelegenen **Hotel Nirvana** ein.

Ein paar ärmliche Fischerhütten sind die Vorboten der Inselsüdspitze mit dem **Hoyo Soplador** 5, einem Blasloch im Karstschild, aus dem im Rhythmus der Gezeiten das Meerwasser fontänenweise herausschießt. An der Ostseite der Insel angelangt, bietet die Küste ein

seltenes Bild ungebändigter karibischer Natur: Der stets starke Seewind bäumt die Wellen vor einem schmalen wilden Strand zu sprühenden Gischtbergen

auſ, der Blick rcicht weit bis zum Horizont, und kein Haus stört die Idylle. Vereinzelt sammeln Kinder Krebse fürs
Abendessen, und Fischerboote am Ufer

erzählen vom einfachen Leben der Einheimischen.

Mit einem Sunset-Strand-Restaurant
und **Kela's Reggae-Bar** 6 beim Hotel

N

Punta Bucanera
(Bucaneer Point)

Liza Bay

Isla de
Santa Catalina

Cabeza de Morgan
(Morgan's Head)

Franshua

Mono Bay

Bayack

Canal Aury

5 Fuerte Aury

2

Malecón
de los
Enamorados

Santa
Isabel

1

Bahía
Garret

Cayo
Cangrejo

6

Brothers
Cay

Free Town
Mary Taylor

Bahía Catalina
(Catalina Bay)

3

Old Town

Bahía
Maracaibo

(Maracaibo
Bay)

Allan Bay

Lime Ground

San Felipe

Flughafen

Bahía Aguadulce
(Fresh Water Bay)

Aguadulce

4

Big Rock

Big Hill

Trumpet Hill

Punta del Caimán
(Alligator Point)

Loma Redonda
(Round Hill)

Diamond Hill

8

Bahía
Suroeste
(Southwest
Bay)

Bottom
House

Smooth
Water Bay

Black
Bay

Morris
Hill

West
Field

7

Bahía Manzanillo
(Manchinell Bay)

Karibisches
Meer

Isla Providencia

Decameron beginnt dann eine erste, noch ruhige und sehr lokaltypische touristische Zone, die zunächst in das urige Dorf **San Luis** **7** mit seiner weißen hölzernen Adventisten-Kirche von 1902 und alten karibischen Holzhäusern mündet. Der dörfliche Charakter verliert sich jedoch zunehmend gen Norden. Am Harmony Hill und in der Cocoplum Bay mit dem gegenüberliegenden Inselchen Rocky Cay entstanden in den letzten Jahren zwischen den einfachen Häusern der *isleños* neue, im karibischen Stil erbaute Hotels. **La Loma** **8**, die Urzelle und heutiger Rückzugsort der englischsprachigen Bevölkerung, erreicht man über die nächste Abzweigung ins Inselinnere. Oben auf dem Hügelgipfel steht noch die angeblich älteste Baptistenkirche der Karibik, die 1847 aus Alabamaholz erbaute **Bautista Emanuel de La Loma** **9**.

Von La Loma führt die doppelspurige Avenida Newball nach San Andrés Stadt zurück. Dabei passiert man den Hafen zur Rechten und zur Linken architektonisch hübsch dem Inselstil angepaßte Häuser mit Juristenbüros, die Inselverwaltung und das moderne Polizeigebäude.

Providencia und Santa Catalina

Auf die von rund 5000 Menschen bewohnte Nachbarinsel bringt ein 20minütiger Flug mit kleinen Maschinen. Mit ihren ebenmäßig geformten von sattem Grün überzogenen Kegelbergen wirkt Providencia insgesamt mächtiger, urwüchsiger und größer als San Andrés und ist doch mit 17 km^2 die kleinere der beiden Inseln. Im Gegensatz zu San Andrés hat man schon beim Landeanflug das Gefühl, daß hier die Uhren langsamer gehen. Der Flughafen ist in blühendes tropisches Grün gebettet, das Flughafengebäude dörflich klein, die Beamten tragen die Namen der ankommenden Passagiere noch handschriftlich in ein großes Buch ein, und draußen warten gerade so viele Taxis, wie für den Abtransport der Gäste notwendig ist. Es gehört zum Inselritual, daß der gleiche Taxifahrer den Gast, den er bei der Ankunft mitgenommen hat, auch wieder später zum Flughafen fährt. In jedem Fall muß man in ein Taxi steigen, denn die wenigen Hotels liegen überwiegend auf der anderen Inselseite in dem familiären kleinen Touristenort Aguadulce. Schon während der rund 20minütigen Fahrt dorthin passiert man die beiden Hauptorte von Providencia: **Santa Isabel** 1, wo die größeren Firmen und alle wichtigen Institutionen kleine Büros betreiben und eine hüb-

sche bunte Holzbrücke, genannt **Malecón de los Enamorados** 2 (Lover's Lane oder ›Kai der Verliebten‹), über den Aury-Kanal zur gegenüberliegenden Isla Catalina hinüberführt, und **Old Town** 3, das ehemalige, 1629 gegründete Westminster mit seiner vernachlässigten katholischen Kirche von 1902 und dem Kloster María Inmaculada.

Aguadulce 4 (Fresh Water Bay) ist das einzige touristische Zentrum. Eigentlich besteht es nur aus ein paar kleinen Hotels und Restaurants, die sich längs der Inselrundstraße und des hier schmalen Strands angesiedelt haben, und einer gut ausgebauten touristischen Infrastruktur mit Bootsverleihern, Tauchschulen und Souvenirständen. Von hier oder von Santa Isabel aus starten die Inselumrundungen per Boot, die schönste Art, Providencia und seine stillen Attraktionen zu erkunden. An erster Stelle steht da die Isla Catalina mit ihren überwucherten Mauerresten und den wiederaufgestellten alten Kanonen von **Fort Aury** 5, wo sich Henry Morgan und der französische Korsar Luis Aury einst verschanzten. Am 23. Juni 1822 wurde hier die kolumbianische Flagge gehißt, die Festung in La Libertad (›Die Freiheit‹) umbenannt. Danach geht es meist unter der Brücke der Verliebten hindurch zu den traumhaften Schnorchelgründen am Riff **Tres Hermanos** und um die winzige **Cayo Cangrejo** 6 in der Bahía de Maracaibo. An der Südspitze der Insel lädt die **Bahía Manzanillo** 7 mit ihrem verträumten Kokospalmenstrand und einem rustikalen Strandrestaurant zum Imbiß und zum Baden ein. An der folgenden **Bahía Suroeste** 8 leben noch die meisten Fischer mit ihren Familien – Garantie für die Frische des Fisches, der im dortigen Strandrestaurant auf Holzkohlenfeuer gegrillt auf den Tisch kommt.

Das kolum-
bianische
Andenhoch-
land und die
Pazifikküste

Zwei parallel zur Pazifikküste verlaufende Kordilleren, die durch das Río Cauca-Tal voneinander getrennte Cordillera Occidental und Cordillera Central, und die westlichen zum Pazifik wie nördlich zur Karibik abfallenden Küstensenken bilden den wirtschaftlich bedeutendsten Siedlungsraum Kolumbiens. Gold- und Platinminen, gigantische Bananen-, Kaffee- und Zuckerrohrplantagen, Industrie und *last not least* eine gehörige Portion Geschäftssinn der heimischen Bevölkerung haben ihn in den ›goldenen Westen‹ Kolumbiens verwandelt. Dabei war die Region eher eine Spätentwicklerin. Heftige Widerstände der ansässigen Karib-Indianer wie der kriegerischen Katío, die sich unter den Kaziken Toné und Nutibara im Gebiet des heutigen Antioquia legendäre Schlachten mit den Spaniern lieferten, sowie die Rebellionen der Nabsacada, Acaime oder Maitamác um Cali und Popayán erschwerten die Kolonisierung. Dennoch wurden die Indianer letztendlich besiegt – die meisten starben entweder durch Selbstmord, um der spanischen Fremdherrschaft zu entgehen, oder durch eingeschleppte Krankheiten. Der Exodus der indianischen Bevölkerung zwang die Siedler, für die Minen und Plantagen Arbeitssklaven aus Afrika einzuführen, die an der heißen Pazifikküste angesiedelt wurden, während sich die Herren im kühlen nahen Andenhochland niederließen und sich allmählich Städte entwickelten.

Reizvoll für den Besucher sind so in diesem Teil Kolumbiens auch zum einen die alten Kolonialstädte wie Santa Fé de Antioquia, Salamina und Popayán und zum anderen der Wechsel zwischen der strengen Kultur der Weißen in der Provinz Antioquia um die Andenstadt Me-

Auf der ruta del café kann man erleben, wie Kaffee getrocknet wird

dellín und dem gelassenen Lebensstil der unter sich gebliebenen Schwarzen an der Küste des Chocó. Die Wärme des Pazifiks und die Lebenslust der Schwarzen durchströmt auch die ganze Provinz Valle de Cauca bis in die Millionenstadt Cali.

Die *ruta del café* von Manizales nach Pereira und Armenia führt darüber hinaus in das Hauptanbaugebiet des Kaffees. Weiter südlich, tief im Hinterland der sich hier von Nord und Ost vereinenden Kordilleren, liegen schließlich die beiden bedeutendsten archäologischen Stätten Kolumbiens: das weiträumig angelegte alte Zeremonien- und Bestattungszentrum San Agustín mit seinen kolossalen Steinfiguren und das geheimnisvolle Gräberfeld von Tierradentro. Erschlossen ist der Westen durch die von Quito kommende, über Ipiales und Pasto bis Medellín auf den Spuren Benalcázars und Robledos verlaufende Panamericana, die im Norden beim Stöpsel des Darién endet.

◁ *Landschaft bei Ipiales*

Medellín – Wirtschaftsmetropole des Westens

(S. 300) Medellín klingt immer noch nach Mord und Totschlag. Die zahlreichen Reportagen, die sensationshungrige wie sozial engagierte Journalisten über diese Stadt schrieben, erschütterten die ganze Welt so sehr, daß diese eigentlich aufgeräumteste und modernste Millionenstadt Kolumbiens wohl noch lange unter diesem Negativimage leiden wird. Sicher, immer noch ist die Mordrate hoch, immer noch gibt es die *sicarios,* jugendliche Killer aus Elendsvierteln wie Iguana, die für ein paar Pesos jeden umbringen. Doch es werden weniger. Einer der wichtigsten Gründe dafür ist der Tod von Pablo Escobar am 2. Dezember 1993 und die Zerschlagung seines Medelliner Drogenkartells. Damit hat sich die Auftragslage für das Unternehmen ›Mord auf Bestellung‹ verschlechtert; außerdem gerät der angeblich auf der Flucht erschossene Drogenbaron allmählich in Vergessenheit und mit ihm auch seine steile Karriere vom lausigen kleinen Autodieb zum dollarmillionenschweren Möchtegernpolitiker und brutalen Arme-Leute-Robin-Hood, die vor Jahren noch so manchem Jugendlichen aus den Slums ein leuchtendes Vorbild war.

Escobar ist tot, das Drogenkartell zerschlagen, das Kokaingeschäft an kleinere Händler übergegangen, die weniger publicitysüchtig sind als ihr Vorgänger und es bislang offenbar verstehen, im Verborgenen zu arbeiten. Und die Medelliner kehrten zu ihrem arbeitseifrigen Alltag zurück.

Um Medellíns Image als ›Stadt des ewigen Frühlings‹, das es seiner Lage im milden, 1538 m hohen Valle de Aburrá verdankt, aufzupolieren, wurden über 20 000 neue blühende Büsche und Bäume in den Parks und an das Ufer des Río Medellín gepflanzt. Vor allem widmete man sich der Entwirrung des Straßenverkehrs: An einer früher stets verstopften Hauptverkehrskreuzung ermöglicht jetzt eine einzigartige mehrstufige Brücke einen fließenden Wechsel in jedwede gewünschte Richtung, außerdem wurde die erste Metro Kolumbiens eröffnet. Und schon plant man einen Tunnel, durch den der 35 km entfernte Internationale Flughafen José María de Córdova von Rionegro, Santa Fé de Antioquia und die Karibikküste näher rücken sollen. Die Wasser- und Energieversorgung der Stadt wurde weiter verbessert, so daß jetzt 99 % der Bevölkerung ans Stromnetz angeschlossen sind und 98 % über fließend Wasser verfügen. Zu 97 % der Haushalte kommt regelmäßig die Müllabfuhr – Spitzenwerte für lateinamerikanische Verhältnisse, auf die Medellín stolz sein kann.

Als zweitwichtigstes Industrie- und Handelszentrum Kolumbiens kann sich Medellín das alles leisten. In dieser Stadt konzentriert sich nicht nur das im ganzen Departamento Antioquia mit Gold, Kaffee, Bananen und Blumen erwirtschaftete Kapital, hier floriert auch die Produktion von modischer Kleidung, von Jeans bis zur Spitzenunterwäsche feinster Qualität, Markenware, die in ganz Lateinamerika gefragt ist. Zu dieser Wirtschaftsmacht und Größe wuchs Medellín indes erst in den 70er Jahren dieses Jahrhunderts heran, 1940 zählte es noch 55 000, heute 2,7 Mio. Einwohner. Wie der ganze Westen ist Medellín ein Spätentwickler – erst 1826 wurde es Provinzhauptstadt, bis dahin hatte das provinziell beschauliche, 78 km südlich gelegene Santa Fé de Antioquia über die Geschicke der Provinz bestimmt.

Benannt wurde Medellín nach dem Comte de Medellín, der 1616 die Gründung einer ersten Siedlung etwa im heutigen El Poblado durch Francisco Herrera y Campuzano unterstützte. Die Widerstände der heimischen Yamesis, Niquías, Nutabas und Aburrás zwangen die ersten Siedler bald zu einer Verlegung des Orts an die Stelle des heutigen Parque Berrío. Ab 1675 trug dieser dann den offiziellen Namen Villa de Nuestra Señora de la Candelaria de Medellín.

Das *centro* und der Cerro Nutibara

Ein guter Ausgangspunkt für einen Stadtrundgang ist das **Centro Administrativo La Alpujarra** ❶, Sitz der Provinz- wie der Stadtverwaltung, des Gerichts und staatlicher wie städtischer Firmen. In dem Komplex befindet sich auch das Jugendstilgebäude der Estación de Ferrocarriles, des alten Medelliner Bahnhofs (1930), und – im Hof – das ›Monumento a la Raza Antioqueña‹ (›Monument für die antioqueñische Rasse‹), mit dem der Künstler Rodrigo Arenas Betancourt dem eigenwilligen Menschenschlag der Provinz Antioquia, den überwiegend baskischstämmigen *paisa,* ein Denkmal setzte. Fleiß und Tatkraft, Ideenreichtum und Eigenwilligkeit sind Charakterzüge, die die *paisa* bis heute auszeichnen sollen. Neben der Tatsache, daß sie sich keine indianischen oder schwarzen Geliebten nahmen und deshalb heute die weißeste Bevölkerungsgruppe Kolumbiens bilden, waren sie sich in der Vergangenheit auch für harte Arbeit nicht zu schade. So transportierten viele *paisa* in schlechten Zei-

ten Reiche auf einem auf den Rücken gebundenen Stuhl durch unwegsames Gelände, eine Arbeit, die anderswo indianische Sklaven machen mußten.

Schräg gegenüber (unter der Metro hindurch) breitet sich der **Parque de San Antonio** ❷ aus, Medellíns modernster und größter Park im Zentrum. Dauergast ist hier der mächtige metallene ›El Gordo‹ (›Der Dicke‹) von Fernando Botero (s. S. 73). Die Avenida Oriental zur Rechten kreuzt nach ein paar Blocks die Calle Colombia (oder Calle 50), die wichtigste Querachse der Innenstadt. Von hier sind es nur sechs Blocks weiter bis zur Calle 57, an der der **Parque Bolívar** liegt. Der von mächtigen Bäumen überschattete Platz wird von der backsteinernen neoromanischen **Catedral Metropolitana** ❸ beherrscht, die 1890–1930 nach den Entwürfen des französischen Architekten Charles Carré erbaut und innen von deutschen Orgelbaumeistern mit einer gigantischen, 3425 Pfeifen zählenden Orgel ausgestattet wurde.

Am Parque Bolívar beginnt auch die gemütliche kleine Fußgängerzone **Passage Junín** mit dicht gedrängten Läden, Cafés und Restaurants. Die kreuzende Calle 51 führt rechts zum Herz des Zentrums: dem **Parque Berrio** ❹. Ihn rahmen einige stattliche Häuser aus der Zeit der Jahrhundertwende, darunter das alte Grandhotel Nutibara. Ansonsten sticht aus dem Mischmasch der Architekturstile rund um den Park die koloniale **Basílica de la Candelaria** ❺ heraus, Urzelle des alten Medellín und von 1868–1931 Kathedrale der Stadt.

Hinter der Metrotrasse in der Calle 51 wird es eng: Hier versperren Marktstände und fliegende Händler die Straße, die direkt auf die schöne dunkle Steinfassade der zweitältesten Kirche Medellíns, der 1682 gegründeten **Ermi-**

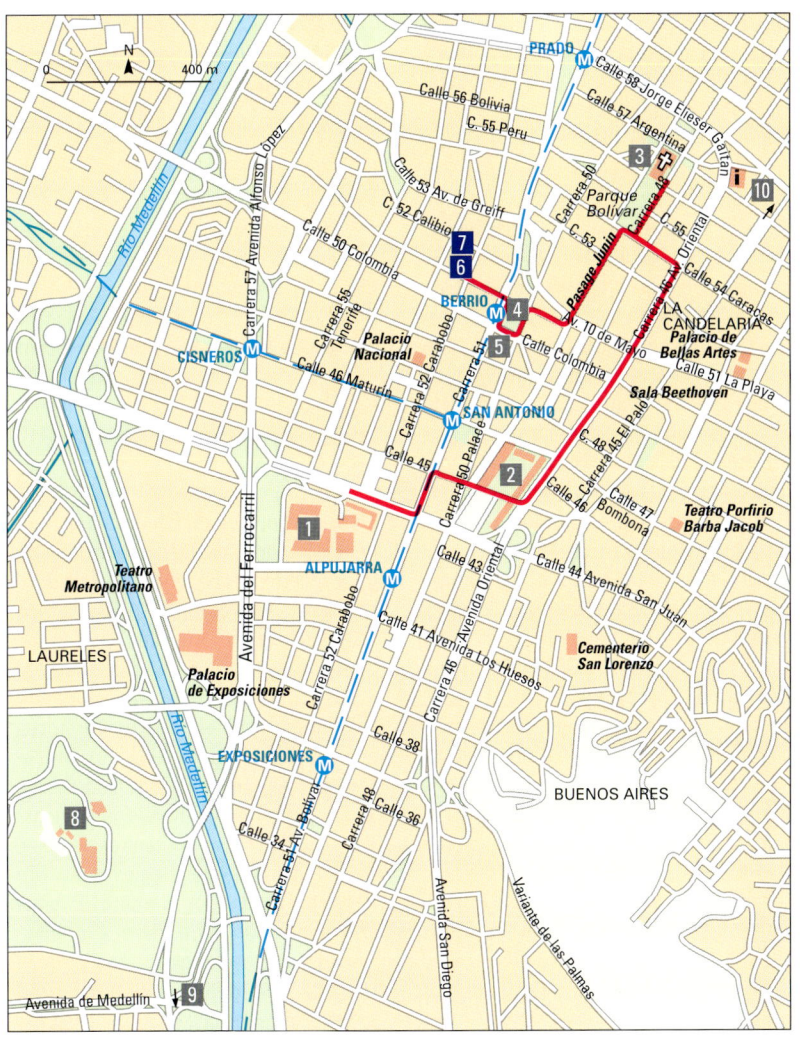

Medellín *1 Centro Administrativo La Alpujarra   2 Parque de San Antonio   3 Catedral Metropolitana   4 Parque Berrio   5 La Candelaria   6 Ermita de la Veracruz   7 Museo de Antioquia   8 Cerro Nutibara   9 Parque Zoológico Santa Fé   10 Barrio Manrique*

ta de la Veracruz **6**, zuläuft. Rechts schließt sich das 1881 gegründete **Museo de Antioquia 7** an. Ein Saal ist Malern aus Antioquia gewidmet, ein anderer Fernando Botero, dem berühmtesten Sohn der Stadt (s. S. 73). Unter

den übrigen Bildern befinden sich auch ausdrucksvolle Gemälde von Guillermo Weldemann (1905–69) mit Motiven aus dem Chocó.

Zu den schönsten Stadttrips in Medellín gehört ein Ausflug zum **Cerro**

Nutibara 8, auf dessen Spitze der Architekt Julián Sierra Mejía das *pueblito paisa,* einen für die Provinz Antioquia typischen Dorfplatz mit Brunnen, Kirche, Rathaus, Schule, Pfarrhaus, Barbierstube, Laden und Gasthaus erbaute. Von hier oben zeigt sich die Skyline Medellíns in großartiger Panoramaperspektive. Neben dem benachbarten modernen Gebäude, das eine Kunstgalerie und einen Veranstaltungsraum beherbergt, ist auf dem Stadtberg das 1955 von José Horacio Betancur geschaffene 3 m hohe Denkmal des Kaziken Nutibara, der sich mit seinen Kämpfern den Spaniern im Westen Antioquias entgegenstellte, zu sehen. An den Hängen des Hügels wurde ein Skulpturenpark mit Werken zeitgenössischer Künstler eingerichtet, darunter das 6 m hohe bunte Pfeilmonument von Otto Herbert Hajek.

Als Abrundung des Ausflugs bietet sich ein Abstecher in den nahen **Parque Zoológico Santa Fé** 9 an, der 1959 auf dem Gelände der ehemaligen Hacienda Santa Fé am Flüßchen Guayabala eingerichtet wurde. Die Gehege mit Affen, Kamelen, Nashorn, Jaguaren oder Schlangen sind in einen gepflegten tropischen Park mit Flamingosee eingebettet. Das Museum der ehemaligen Hacienda gibt einen Eindruck vom Lebensstil der letzten Besitzerin Mercedes Sierra de Perez.

Das Museo de Antioquia in Medellín

Der Tag läßt sich mit einem Taxiausflug in den **Barrio Manrique** 10 beschließen, wo ein rechter Kult um den am 24. Juni 1935 hier mit seinem Flugzeug abgestürzten argentinischen Tangokönig Carlos Gardel (*1890 in Toulouse) gemacht wird. In der Carlos Gardel-Straße kann seine Bronzestatue bewundert werden; mit Glück ist auch die Casa Gardeliana geöffnet, die mit ihren Fotos und Wandmalereien in die Zeit des Tangorausches zurückversetzt.

Museen außerhalb des Zentrums

Einige sehenswerte Museen der Stadt liegen außerhalb des Zentrums. Kunstinteressierte finden im **Museo de Arte Moderno de Medellín** Ausstellungen zeitgenössischer Künstler und einen Saal mit Werken der Medelliner Künstlerin Debora Arango. Ihr Lehrer war Pedro Nel Gómez, einer der berühmtesten Freskenmaler Kolumbiens. Im **Museo Pedro Nel Gómez,** das nach seinem Tod in seinem Wohnhaus eingerichtet wurde, dokumentieren zahlreiche Werke seinen Malstil. Dagegen gleicht das **Museo El Castillo** im Viertel El Poblado eher einer Fürstenresidenz aus einem Disney-Film: Architektur und Einrichtung spiegeln den Reichtum der Großgrundbesitzerfamilie Echavarría wider.

Wer einen Ausflug in die Provinz Chocó plant, sollte zwei Museen in Medellín nicht versäumen: Das **Museo Etnográfico Miguel Ángel Builes** bietet einen hervorragenden Einblick in das alltägliche Leben der Emberá- und Waunana-Indianer; das **Museo Etnográfico de la Madre Laura** zeigt viele Sammelstücke einer Missionarin, die Anfang dieses Jahrhunderts die Emberá zum Christentum bekehrte.

Santa Fé de Antioquia

■ (S. 318) Santa Fé de Antioquia liegt nur etwa 78 km vom Terminal Norte in Medellín entfernt am Rand des Cauca-Tals. Dennoch muß man für die Fahrt rund drei Stunden einplanen. Die Tour wird von herrlichen Panoramaausblikken in die Täler der nördlichen Cordillera Central begleitet.

Santa Fé de Antioquia wurde 1546 von Jorge Robledo gegründet, der sich von der Expedition des Konquistadoren Sebastián Benalcázar trennte, um den Zugang zur Karibikküste zu suchen. Bis 1569 unterstand die kleine Pfarrei noch Popayán, danach wurde sie Hauptstadt der neu geschaffenen Provinz Antioquia und besaß bald alle wichtigen Institutionen, die jeweils ersten in der Region: das erste Studienkolleg, das erste Hospital und schließlich mit dem Bau der aktuellen Kathedrale auch die erste Bischofskirche. Begonnen 1799, verzögerte sich die Vollendung des Gotteshauses durch die Wirren der Unabhängigkeitskriege. Santa Fé de Antioquia war gerade zum Bischofssitz erhoben worden, da erklärte sich die Stadt unter ihrem damaligen Bürgermeister Juan del Corral von Spanien unabhängig (1813). 1826, elf Jahre vor Vollendung der Kathedrale, mußte sie ihre Funktion als Provinzhauptstadt an Medellín abtreten. Seitdem scheint sich hier wenig verändert zu haben. 1960 schon wurde die heute 11 000 Einwohner zählende Stadt zum Nationalmonument erklärt und damit vor Bausünden der damaligen Zeit bewahrt.

Uralte Bäume beschatten den kleinen hübschen Hauptplatz, den **Parque Juan del Corral.** Balkongeschmückte Häuser, darunter das Rathaus und ein Hotel, das ehemalige Wohnhaus von General José María Córdova und des Schriftstellers Jorge Isaacs (s. S. 161) rahmen hier die weiße **Catedral Metropolitana.** Die ursprünglich älteste, später mehrfach erneuerte Kirche Antioquias erhielt 1837 ihr heutiges Aussehen im spanischen Renaissancestil. Den Platz beleben vor allem am Wochenende zahlreiche Souvenirstände und Imbißbuden.

Die stattlichsten Kolonialhäuser und die schönste Kirche findet man im Rücken der Kathedrale, in der **Calle de la Amargura:** Hier wohnten die Honoratioren der Stadt, unter ihnen der Gouverneur Miguel de Aguinaga und der Pater Atanasio Giradot. An der **Quinta de la Amargura** läßt sich besonders schön die antioqueñische Architektur studieren. In dem ehemaligen Wohnhaus des Kathedralenbaumeisters Don Juan Esteban Martínez y Ferreiro wurde das Stadtmuseum **Museo Juan del Corral** eingerichtet mit Ausstellungsstücken zur Stadtgeschichte und dem lokalen Brauchtum sowie dem Tisch, an dem die Unabhängigkeitserklärung von Santa Fé unterzeichnet wurde.

In östlicher Richtung führt die Calle de la Amargura zum **Museo de Arte Religioso,** wo leise Choralgesänge im Hintergrund das Betrachten der religiösen Kunstwerke abrunden. Schließlich folgt die schöne **Iglesia de Santa Bárbara** mit ihrer giebelgekrönten barocken Fassade. Sie spiegelt den Reichtum der Jesuiten wider, die sie Anfang des 18. Jh. zu bauen begannen. Die beiden anderen Kirchen, die Iglesia de Jesús Nazareno und die Iglesia de Chiquinquirá, sind schlichtere Beispiele kolonialer Kirchenarchitektur des frühen 19. Jh. Sie liegen jeweils drei Carreras östlich und westlich des Parque Juan del Corral.

Ein lohnender kurzer Abstecher mit dem Taxi (6 km) von der Stadt führt zum nahen Tal des Río Cauca. Hier spannt sich der 1887–95 erbaute **Puente Occi-**dente, die älteste Hängebrücke Kolumbiens, über den Fluß. Das Meisterwerk des Brückenbaus, das der Ingenieur José María Villa entwarf, steht heute unter Denkmalschutz und darf nur noch von wenigen Fahrzeugen zugleich befahren werden.

Der Chocó

Wenn die reichen Medelliner Urlaub machen, dann fliegen sie neuerdings schon mal in eine Region, die sie früher fast wie die Pest mieden, und zwar an die Pazifikküste des Chocó. Die heute nordwestlichste Provinz Kolumbiens, die einzige, die gleichzeitig einen Zugang zur Karibik und zum Pazifik besitzt, war zur Kolonialzeit zwar Antioquias Goldgrube, freiwillig verirrte sich jedoch kein Spanier in dieses Tiefland mit mörderisch feuchtheißem Klima, das ihm auch den Beinamen ›Grab des Weißen Mannes‹ einbrachte. In den Regenwäldern am Río Atrato, der mit seinen allein 150 schiffbaren Zuflüssen zu den wasserreichsten Flußwegen des Kontinents gehört, und am Río San Juan, der bei Buenaventura in den Pazifik fließt, ist es doppelt so feucht wie am Amazonas. Aber es gibt Gold- und Platinvorkommen, die diese Region neben ihren Edelholzbeständen für die spanischen Kolonisten wirtschaftlich interessant machten. Da die Indianer sich in die unwegsamen Waldgebiete zurückzogen, wurden im 16. und 17. Jh. Sklaven zum Arbeiten in den Minen aus dem Kongo oder aus Guinea eingeschleppt. Ihre Nachfahren – *chocos* oder *chocanos* genannt, rund 300 000 Menschen, leben heute unter unsäglich schlechten Bedingungen und in meist kühler Nachbarschaft zu den letzten rund 30 000 Wounaan- oder Emberá-*indígenas* in primitiven Flußdörfern.

Von Quibdó nach Capurganá

Hauptstadt des Chocó ist **Quibdó** 1 (S. 310), das bis heute wie der abenteuerliche Versuch aussieht, dem Urwald einen Hort der Zivilisation abzuringen. Die feuchtheiße Schwüle läßt hier alles aufquillen – die morschen Holzpfähle der wellblechgedeckten Häuser genauso wie die Planken der mit Früchten beladenen Langboote, die flußabwärts zur Karibik bis nach Cartagena fahren.

Die Stadtgründung geht auf die Arbeit von Missionaren zurück. Den ersten Anlauf in dem damals von den Kaziken Guasebá und Quibdó beherrschten Gebiet starteten 1654 die Jesuitenpatres Francisco de Orta und Pedro Cáceres; sie nannten den Ort im Dickicht unweit des heutigen Quibdó Citará. Ihm war wegen der ständigen Angriffe der *indígenas* keine lange Lebensdauer beschieden. 1690 wurde er unter Francisco Berro an das 40 m ü. d. M. gelegene Ufer des Río Atrato verlegt. Der Fluß bot sich als Flucht- wie auch als Transportweg

Der Chocó

bis in die ›spanische See‹ (Karibik) mit ihren wichtigen Häfen an. Der offizielle Name der Siedlung lautete seitdem Francisco de Quibdó.

Daß Quibdó immerhin gute 300 Jahre alt ist, läßt sich im historischen Stadtsektor rund um die Plaza Centenario kaum noch erkennen. Die Catedral de San Francisco, die im Innern einen dunkelhäutigen Christus beherbergt, stammt ebenso aus dem 20. Jh. wie der Palacio Episcopal (1931) oder der Palacio Muni-

Tapón del Darién –
Die Lücke in der Panamericana

An der Grenze zu Panama bilden die Nationalparks Los Katíos und Darién (Panama) den Tapón del Darién (›Stöpsel des Darién‹): ein riesiges Dschungelgebiet, durch das – seit der 1903 von den USA erzwungenen Gründung Panamas (s. S. 48) – die panamesisch-kolumbianische Grenze verläuft. Wie ein Pfropfen liegt es im Flaschenhals von Mittelamerika und trennt mit seiner alles verschlingenden Natur, allein von den letzten Cuna-Indianern bewohnt, Nord und Süd. Sogar die Baumeister der Panamericana, die den Doppelkontinent laut Beschluß der fünften Interamerikanischen Konferenz in Santiago de Chile im Jahr 1923 verkehrstechnisch einen sollten, machten vor der Senke Halt und setzten ihren Verlauf erst 130 km weiter südlich in Kolumbien mit der Fernstraße Turbo-Medellín auf dem westlichen Andenrücken fort.

Als sich die USA 1971 verpflichteten, zwei Drittel der Kosten des Panamericanabaus zu übernehmen, war nicht abzusehen, welche Nord-Süd-Konflikte gerade die Diskussion um die Schließung dieser letzten Lücke heraufbeschwören würde. Seitdem gehört der Streit um die Fertigstellung der interamerikanischen Straße zum immer wiederkehrenden Ritual in den Medien.

Die Gegner des Weiterbaus teilen sich zum einen in konservative US-Politiker, die das Dschungelgebiet als Schutzschild gegen Seuchen und Krankheiten aus dem Süden schätzen, und zum anderen in eine wachsende Schar von Naturschützern, die dieses reiche Ökosystem vor der Zerstörung durch den Straßenbau bewahren wollen. Die Befürworter dagegen kommen vor allem aus Panama und Kolumbien. Mit großer Ungeduld empfehlen sie Washington immer wieder den Weiterbau. Stets folgen darauf die Proteste der Cuna-Indianer, die wegen der Panamericana um ihren Lebensraum bangen. Schlichtend griff schließlich 1994 die Unesco ein. Sie erklärte das Gebiet zum Weltkulturgut und stellte es unter Schutz. Nun sinnen die Länder über einen Ausweg. Es tauchte beispielsweise der Plan auf, eine Straße durchs Meer zu bauen.

cipal (1923), in dem heute der Bürgermeister residiert. Letztere erbaute der katalanische Architekt Luís Llach Llosters; das Hospital de San Francisco (1931) errichtete eine deutsche Firma.

Wer Zeit mitbringt, kann bei einer lokalen Reiseagentur einen Ausflug über den Río Atrato flußabwärts buchen, z. B. zum Ökopfad bei Tutunendo, zu den Badestellen an den Wasserfällen von Chaparraidó und Icho oder zum Jardín Botánico Ciénaga de Jotaudó am Río Munguidó, wo Affen, Grünflügel-Aras und viele andere Tropenvögel noch in ihrer natürlichen Umgebung beobachtet werden können.

Ein mehrtägiger Bootsausflug führt zum **Parque Nacional de Los Katíos** , der auf panamesischer Seite in den Parque Nacional del Darién übergeht und mit ihm den Tapón del Darién bildet. Das Besucherzentrum des aus Sümpfen, Mangrovenwäldern und Regenwald bestehenden Parks (720 km2) liegt am Unterlauf des Río Atrato beim Flußdorf Sautatá. Bequemer zu erreichen ist es per Boot von **Capurganá** (S. 285) aus. Der im äußersten Nordosten des Chocó an einer von Korallenriffen gesäumten Bucht gelegene Badeort bietet Unterkünfte jeder Kategorie – auch All-inclusive-Hotels mit guten Tauchschulen.

Abenteuerhungrige können den Landweg wählen: Von Capurganá führt eine schlechte und unsichere Piste über Titumate, Tanela, Santa María La Antigua (1510 gegründet, erinnert allerdings nur noch der Name an die älteste Stadt Kolumbiens, s. S. 34) und Unguía nach Peyé, wo der Park bereits beginnt. Zum Besucherzentrum bei Sautatá sind es dann noch einmal etwa 12 km zu Fuß.

Die Badeorte des Chocó

Die Badeorte an der Pazifikküste des Chocó werden durch die Gebirgszüge der Serranía de Los Saltos und der Serranía de Baudó vom Armenhaus der Nation am Río Atrato im Landesinnern abgeschirmt. Sie entwickelten sich rund um die kleine geschäftige Hafenstadt **Bahía Solano** (S. 276), die bislang nur durch eine abenteuerlich schlechte

Bootsfahrt in einem Einbaum

Der Urwald des Chocó ähnelt dem Tiefland-regenwald im Amazonasgebiet sehr stark, übertrifft diesen aber noch an Feuchtigkeit

Piste, die einzige Straße im Chocó über-haupt, oder über die Flüsse mit dem Rest Kolumbiens verbunden war. Die meisten Urlauber kommen heute mit dem Flugzeug.

In Bahía Solano wurde zwar ein Fünf-Sterne-Hotel eröffnet, das überwiegend von reichen Kolumbianern aus Cali und Medellín bevölkert wird, doch die mei-sten Besucher zieht es in die ruhigere

Umgebung. Taucher finden in der Nachbarbucht **Bahía Tebada** neben einem guten Tauchrevier eine rustikale, im Urwald eingebettete Lodge. Ferienflair mit schon zwei Diskotheken entwickelte sich im idyllischen Fischerort **El Valle** 5, der mit seiner 12 km langen Playa Blanca auch den schönsten Strand der Region besitzt. Er grenzt südlich an **Nuquí** 6, wo ein exzellentes Ferienhotel erbaut wurde, und an den **Parque Nacional Ensenada de Utría** 7, der einen kleinen Eindruck von der sagenhaften Artenvielfalt des Chocó vermittelt.

La Zona Cafetera – Das Kaffeeland

Der berühmte kolumbianische Kaffee gedeiht überwiegend südlich von Antioquia in den kleinen Departamentos Caldas, Risaralda und Quindío. Ihre Hauptstädte Manizales, Pereira und Armenia sollen innerhalb der nächsten 21 Jahre durch eine 112,6 km lange *Autopista del Café* verbunden werden.

Neben diesen einzig nennenswerten Städten bekrönen nur hier und da kleine Dörfer, die allesamt Anfang des 19 Jh. von den ersten antioqueñischen Siedlern gegründet wurden, die Hügelkuppen. Ansonsten beherrscht das schimmernde Blättermeer der Kaffeeplantagen die sanft geschwungene Landschaft – reiche Saat der ersten Kaffeepflanzer Eduardo Walker, Antonio Pinzón, Pedro José Mejía und Roberto Gutiérrez, die 1864 mit dem systematischen Anbau von Kaffeesträuchern begannen.

Manizales – Die Kaffeekönigin

1 (S. 299) Die 2150 m hoch gelegene Provinzmetropole von Caldas markiert den Schnittpunkt der Panamericana mit der Autobahn nach Bogotá. Wer sich nicht unbedingt gleich auf einer Kaffeefinca einquartieren möchte, hat mit ihr einen guten Standort für Ausflüge in die alten Dörfer und zu den Kaffeeplantagen der *zona cafetera* sowie in den nahen Parque Nacional Natural Los Nevados gewählt.

Manizales ist eine sympathisch aufgeräumte, stellenweise fast dörflich wirkende Stadt mit 370 000 Einwohnern und regem Kulturleben. Zu den Höhepunkten seines Festkalenders gehören das *Festival Latinoamericano de Teatro,* das zweitgrößte Theaterfestival Kolumbiens, und die im ganzen Land beachtete *Feria de Manizales,* die stets mit der Wahl einer neuen Kaffeekönigin endet. An den Kaffeerausch um die Jahrhundertwende erinnern noch die Reste eines längst stillgelegten technischen Wunderwerks: die **Torre de Herveo** und die gegenüberliegende, ganz aus Holz erbaute alte **Estación El Cable** in der Avenida Santander (Ecke Calle 65). Der Turm und die Station waren Teil der einst größten Gütertransport-Seilbahn der Welt. An 376 Stahlträgern aufgehängt, reichte sie über 73 km von Manizales bis hinunter nach Mariquita am Río Magdalena und überwand dabei 3800 Höhenmeter. In Spitzenzeiten soll sie täglich bis zu 10 t Kaffee und andere Exportgüter hoch und runter transportiert haben. Die Torre de Herveo war der einzige Träger aus Holz, sozusagen eine Notkonstruktion, nachdem das stählerne Original, das wie die anderen einzeln aus London eingeschifft werden mußte, mitsamt dem Schiff von einem deutschen U-Boot versenkt worden war. 1984, 23 Jahre nach der Stillegung der Seilbahn, wurde der Turm von Herveo, seinem ursprünglichen Aufstellungsort, an die heutige Stelle versetzt und zum Nationalmonument erklärt. Den Transport des Kaffees zum Pazifikhafen Buenaventura übernahm von 1928–52 die Eisenbahn. Im prunkvollen alten **Bahnhof** ist heute die Universität eingezogen. Die erste Lokomotive, die Manizales erreichte, kann man gleich daneben bewundern.

Die schnelle Blüte der 1849 gegründeten Stadt, deren Name sich von *maní* genannten Flußkieseln ableitet, wurde Mitte der 20er Jahre jäh durch drei Brandkatastrophen und 1962 erneut durch ein verheerendes Erdbeben unterbrochen. Die meisten Gebäude im Zentrum, z. T. prächtige Beispiele des Neoklassizismus, der Neorenaissance und des Art déco, stammen denn auch aus den 30er Jahren. Das Herzstück dieses jungen historischen Stadtkerns rahmen die Carreras 23 und 20. Im Karree zwischen Calle 23 und 22 liegt die baumlose Plaza Bolívar mit dem **Palacio de la Gobernación** (1927), der Touristeninformation und dem düsteren Bolívar-

Kondor-Denkmal von Rodrigo Arenas Betancourt. An der Südseite prangt erhöht die dreischiffige und viertürmige neugotische **Catedral Basílica,** die nach einem Brand im Jahr 1926 von Julien Polty, dem Gewinner eines Architektenwettbewerbs an der Pariser Akademie der Schönen Künste, erst 1939 wiedererbaut wurde. Über die Calle 23, links der Kathedrale, erreicht man die Hauptgeschäftsstraße Carrera 23 und das **Museo del Oro,** eine rund 200 präkolumbische Quimbaya-Goldfunde umfassende Sammlung im 2. Stock des Banco de la República. Während des

Der alte Bahnhof in Manizales

Kaffeegenuß in aller Munde

Den ersten Schritt in Sachen Kaffeeforschung soll ein Ziegenhirte aus dem äthiopischen Hochland Kaffa getan haben: Als sich seine Ziegen immer häufiger auffallend munter benahmen, sammelte er die Blätter und Beeren der umliegenden Büsche und trug sie ins nächste Kloster. Dort entdeckten die Mönche die anregende Wirkung der in den Früchten versteckten Bohnen. Um sie bei der Lagerung am Keimen zu hindern, röstete man sie.

Im 14. Jh. gelangten die ersten Kaffeebohnen nach Arabien. Die Araber nannten den daraus gebrauten Trank *Kahwa,* was übersetzt Stärke und Lebenskraft bedeutet. Als erste Kultstätte des Kaffees gilt Konstantinopel, wo 1517 das erste öffentliche Kaffeehaus eröffnet wurde. 1645 folgten Venedig und 1652 London. Schon war der Siegeszug des dunklen Getränks nicht mehr aufzuhalten. Die europäischen Seefahrernationen versuchten nun, den Kaffee in ihren Kolonien anzubauen, was jedoch erst 1720 den Franzosen auf Martinique gelang. Von dort kamen Ende des 18. Jh. die ersten Kaffeestrauchsamen nach Kolumbien.

In der *zona cafetera* fanden sie ideale Wachstumsbedingungen: lockeren Boden, viel Regen, reichlich Sonne bei nicht zu hohen Tagestemperaturen (18–22 °C). Bis die Zweige der weißblühenden Sträucher die ersten Früchte tragen, vergehen allerdings 3–5 Jahre. Als Jungpflanzen müssen sie noch vor der Sonne geschützt werden. Die Pflanzer setzen deshalb schattenspendende Bananenstauden in die Plantagen.

In Kolumbien werden vor allem drei Kaffeesorten angebaut: der berühmte Arabico, der zu zwei Dritteln den Welthandel ausmacht, der Borbon und in jüngster Zeit vor allem der Caturro, der die Qualitäten der beiden anderen Sorten in sich vereint, schon nach drei Jahren trägt und gerade so hoch wächst, daß die Pflücker leicht an die korrekt ›Kaffee-Kirschen‹ genannten Früchte herankommen. Die ›Kirschen‹ sind erntereif, wenn sich das Fruchtfleisch rot gefärbt hat. Gepflückt werden sie per Hand, Maschinen aber können für das Abschälen der Außenhaut und des Fruchtfleisches eingesetzt werden. Die pergamentartige Haut, die die Bohnen jetzt noch überzieht, wird durch einen rund 20stündigen Fermentierungsprozeß schonend entfernt. Nach dem Waschen werden sie dann zum Trocknen in die Sonne ausgelegt und mehrmals gewendet. Nach rund 50 Sonnenstunden können die Kaffeebohnen schließlich in Säcke für die Verschiffung gefüllt werden.

Spaziergangs über die Carrera 23 Richtung Osten passiert man zahlreiche Restaurants und Läden, darunter gute Buchhandlungen, die auf den vielseitigen Lesebedarf der rund 15 000 an den 40 Fakultäten der Universität eingeschriebenen Studenten eingerichtet sind. Ein beliebter studentischer Treff ist der begrünte **Parque Caldas** zwischen Calle 29 und Calle 30. Ein hochmodernes Einkaufszentrum rückt hier die **Iglesia de la Inmaculada Concepción** zumindest optisch in den Hintergrund. Die 1903–21 im neugotischen Stil erbaute Kirche ist innen reich ausgeschmückt, u. a. mit einer Kanzel aus Marmor.

Weit im Osten der Carrera 23 liegt das **Centro de Museos** der Universidad de Caldas, wo das Museo Arqueológico mit seinen 3500 Ausstellungsstücken zur Quimbaya-Kultur einen Besuch lohnt. Naturfreunde finden im **Museo de Historia Natural** im Stadtteil Alta Suiza eine der größten Schmetterlingssammlungen der Welt. Einen schönen Überblick über die Stadt bietet sich vom nahen Parque del Observatorio in **Chipre.**

Don Prospero, Kaffeepflanzer

Die Umgebung von Manizales

An klaren Tagen und oft am frühen Morgen kann man von Manizales aus die z. T. schneebedeckten 5000er Gipfel des **Parque Nacional Natural Los Nevados** **2** (580 km²) sehen. Der Nationalpark hat sich mit seinen Wanderwegen durch Bergwald, zu *páramo*-Wiesen und Hochlandlagunen in den letzten Jahren zum beliebten Naherholungs- und Trekking-Sportgebiet entwickelt. *Chivas,* die buntbemalten Busse, starten am Wochenende von Manizales in seine Richtung, und erfahrene Bergführer organisieren Touren in die Eisregion. Die höchsten der insgesamt fünf Vulkane sind der 5325 m hohe Nevado del Ruiz und der 5215 m hohe Nevado del Tolima.

Einen weiteren Abstecher lohnt das nördlich von Manizales gelegene **Salamina** **3** (S. 315). Dem kleinen Ort ist der Wohlstand durch den Kaffee und das großbürgerliche Selbstverständnis der einstigen Bewohner noch an seiner Architektur anzusehen. Häufiger als anderswo in Antioquia wurde hier Holz als Bau- und Schmuckmaterial für Fenster- und Türrahmen, Balkone und Dachstützen verwendet. Mit der Gründung der verkehrsgünstiger gelegenen Provinzhauptstadt Manizales verlor Salamina jedoch an Bedeutung. Schon um die Jahrhundertwende bezeichnet ein Reisender das 1825 entstandene Städtchen als ›La bella durmiente‹ (›Die schöne Schlafende‹). Zum nationalen Monument erklärt, weckt der Tourismus die 33 000 Einwohner Salaminas heute aus dem Dornröschenschlaf. Gleich hinter dem turbulenten Halteplatz der Sammeltaxis und Busse an der Hauptstraße ist rechts die schöne Casa de la Cultura zu sehen, leicht zu erkennen an der Narrenmaske im Türrahmen. Ein Bummel zum gleich dahinter angrenzenden Parque Principal und in die umliegenden Seitenstraßen führt vorbei an zahlreichen schön restaurierten verspielten Holzbalkonen, reich verzierten Holztüren und langen Reihen anmutig geschwungener Dachbalken.

La Zona Cafetera

Nach Süden über die *ruta del café*

Pereira 4 (S. 306), 55 km südlich von Manizales, eignet sich ebenfalls als Ausgangspunkt für Ausflüge zum Parque Nacional Natural Los Nevados. Die Skyline der 450 000 Einwohner zählenden Provinzhauptstadt des Departamentos Risaralda erhebt sich nach schöner Fahrt durch Kaffeeplantagen gleich hin-

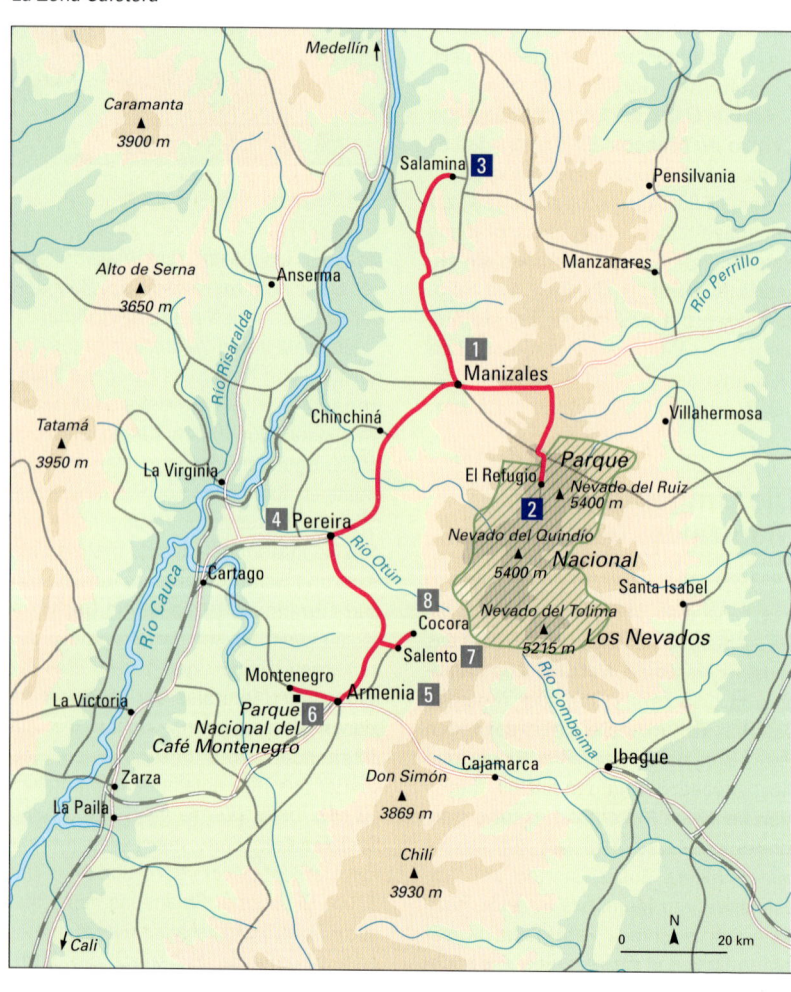

ter der Brücke der Zufahrtsstraße. Einzig sehenswert ist der Zoológico Matecaña, ein kleiner gepflegter Tiergarten. Die Kolumbianer lieben Pereira für seine fast europäisch anmutende gute Infrastruktur – Europäern bietet es daher wenig Neues.

Armenia 5 (S. 275), nur 40 km südlich von Pereira gelegen, nimmt sich dagegen interessanter aus. Die 1966 zur Metropole des kleinsten kolumbianischen Departamentos Quindío erhobene Kleinstadt besitzt mit dem am Stadtrand gelegenen Museo del Oro (auch Museo Quimbaya genannt) des Banco de la República eine herausragende touristische Attraktion. Die Sammlung zeigt präkolumbische Keramikgefäße und -figuren.

Von Armenia aus läßt sich außerdem der **Parque Nacional del Café Montenegro** 6 besuchen, ein Freizeitpark mit Kaffeelehrpfad, Hacienda und Kaffeemuseum. Wem Zeit für weitere Ausflüge bleibt, der kann mit dem *microbus* oder einem Taxi nach **Salento** 7 fahren (etwa 30 Min. Fahrzeit), dem ›Dorf der kurzen Straßen und langen Erinnerungen‹, wie es im Volksmund liebevoll umschrieben wird. 1850 gegründet, besitzt es in seiner Calle Real noch ein paar schöne alte Häuser mit typischen regionalen Holzarbeiten an Türen, Balkonen und Fensterrahmen.

Bei klarem Wetter lohnt die Weiterfahrt östlich über den Ort hinaus bis zum Alto de la Cruz: Dort breitet sich vor den in der Ferne aufsteigenden schneebedeckten Gipfeln das schöne Valle de Cocora aus. Unten im Ort **Cocora** 8, hinter der Brücke über den Río Quindío, wächst Kolumbiens größter Cera-Palmenwald. Diese seltsame, bis zu 60 m hohe schlanke Palmenart mit dürftiger Wedelkrone gedeiht als einzige noch in Höhen von 2500–3000 m und wurde 1985 zum Nationalbaum Kolumbiens erklärt.

Cali caliente – ›heißes‹ Cali

(S. 283) Ihr Spitzname mag ein wenig in die Irre führen, denn *Cali caliente* (›heißes Cali‹) ist eigentlich keine meteorologische Aussage. Im Vergleich zur nahen Pazifikküste kann man das Klima in dieser immerhin 995 m hoch gelegenen Metropole des Departamentos Valle de Cauca eher als gemäßigt bezeichnen. So bezieht sich der Beiname auf die ausgelassene Lebenslust der *Caleños,* die dieser Andenstadt ihr unverwechselbares Flair verleiht.

Cali ist Metropole des Zuckers, die kolumbianische Hauptstadt der Salsa-Musik – und Sitz des z. Zt. weltgrößten Kokainkartells. Obwohl nicht weniger rücksichtslos in der Durchsetzung seiner Interessen, umgibt dieses Kartell nicht das Stigma der Gosse – im Gegenteil: Die Cali-*narcos* sind Gangster mit Schlips und Kragen und agieren mit dem Charisma erfolgreicher Geschäftsleute. Aus ihren Pfründen wurde auch der Wahlkampf des letzten kolumbianischen Präsidenten Samper bezahlt – dieses Mal allerdings nicht diskret genug, die Sache kam ans Licht. Obwohl der Kopf des Kartells – Gilberto Rodriguez, genannt der ›Schachspieler‹ – 1995 verhaftet wurde, hat es nicht aufgehört zu existieren.

Cali
1 Iglesia de San Antonio
2 Iglesia de la Merced
3 Museo del Oro
4 Teatro Municipal
5 Kloster San Francisco
6 Catedral
7 La Ermita
8 Paseo Bolívar

Cali nennt sich auch *Municipio Verde de Colombia,* die ›grüne Stadt Kolumbiens‹. Dieses Image verdankt es vor allem dem von mächtigen alten Bäumen gesäumten Ufer des Río Cali, der die Stadt der Länge nach in zwei Hälften teilt. Im Süden wird die 2-Millionen-Metropole vom Río Cauca eingefaßt, und im Norden erhebt sich über den vornehmen Wohnvierteln der bewaldete Aussichtshügel Cerro de las Tres Cruzes.

Ganz in der Nähe liegt außerdem der **Parque Nacional Farallones de Cali,** ein Naturschutz- und Naherholungsgebiet. Der 150 km² große ›Park der Klippen‹ zieht sich nach Südwesten über die Cordillera Occidental, wo sich mit dem Pico Pance (4100 m) auch sein höchster Gipfel erhebt, bis hinunter zur Pazifikküste. Je nach Höhenstufe wechselt sich andine Hochgebirgslandschaft mit extrem feuchtheißem Regenwald ab. Das Besucherzentrum El Topacio am Río Pance ist von Cali schnell zu erreichen (28 km). Mit zwei Lehrpfaden, Kiosk, Campingmöglichkeiten und sanitären

Haciendas im Zuckerland

Während eines Besuchs im 16. Jh. fand der spanische Chronist Pedro ClA de Lein im Cauca-Tal bereits weite Zuckerrohrfelder vor. Die Kulturpflanze, die Kolumbus auf seiner zweiten Reise erstmals nach Hispaniola (heute Dominikanische Republik und Haiti) brachte und die von dort ihren Siegeszug in den neuen spanischen Besitzungen antrat, gedieh im Valle de Cauca prächtig. Als die spanische Krone das Tal in *encomiendas* (s. S. 41) aufteilte, setzten auch die ersten beiden Großgrundbesitzer Don Gregorio de Astigarreta und Pedro Cobo auf ihren Anbau. Für die harte Arbeit auf den Feldern kauften sie mangels indianischer Sklaven afrikanische, die bald im großen Stil über die Häfen Cartagena und Buenaventura eingeführt wurden.

Das Erbe dieser beiden ersten Pionierfamilien prägt bis heute das nordöstliche Umland von Cali. Sogar einige ihrer ersten Haciendas existieren noch oder wurden – wie die Haciendas Piedechinche und El Paraíso – in Museen umgewandelt. Der **Hacienda Piedechinche** (s. S. 284) ist seit 1981 auch das Museo de la Caña angegliedert, ein sehr informatives Zuckerrohrmuseum, das die großen Zuckerfabriken der Region, darunter Ingenio Providencia und Manuelita, finanzierten. Eine Attraktion für sich ist dort der wunderschöne botanische Garten, in dem man die charakteristische Vegetation verschiedener kolumbianischer Landschaften durchwandern und darüber hinaus Beispiele lokaltypischer Holzarchitektur, von der Wüstenhütte La Guajiras bis zum Pfahlhaus aus dem Chocó, besichtigen kann.

In die Zeit der Zuckerbarone des 19. Jh. entführt die Hacienda **El Paraíso** (s. S. 284). Das erhöht auf einem Hügel gelegene Herrenhaus wurde 1828 erbaut und 1854 von Don Enrique Isaacs, dem Vater des kolumbianischen Schriftstellers Jorge Isaacs (1837–95), erworben. Letzterer verewigte sein Elternhaus in der in Kolumbien so heiß geliebten tragisch-romantischen Novelle ›María‹. Darin läßt Isaacs den jungen Studenten Efraim von seiner unerfüllten Liebe zur Kusine María erzählen, die als Waise ins Haus des Vaters aufgenommen wurde. So als hätte sich alles tatsächlich in der Hacienda abgespielt, wurden alle Räume wohnlich im Stil der damaligen Zeit möbliert und mit der Geschichte in Verbindung gebracht. Zu sehen sind das ›Schlafzimmer von María‹ wie der Schreibtisch, an dem sie laut Geschichte ihrem geliebten Efraim lange verzweifelte Liebesbriefe schrieb, nachdem dieser vom Vater zwecks Trennung auf einen längeren Europaaufenthalt geschickt worden war. Auch der denkwürdige Stein fehlt nicht, an dem sich beide zum Abschied ewige Liebe schworen. Isaacs Novelle wird in einem Shop im Untergeschoß der Hacienda verkauft und gehört nach wie vor zu den meistgelesenen Büchern in Kolumbien.

Anlagen ist es gut auf Gäste eingestellt. Im Centro de Educación Medioambiental kann man sich über die Artenvielfalt des Parks informieren; mächtigster Parkbewohner ist der Brillenbär.

Spaziergang durch Cali

Zwei Kirchen erinnern im Zentrum von Cali an die Anfangszeit der Stadt: die 1757 erbaute **Iglesia de San Antonio 1** auf dem gleichnamigen Hügel an der Calle 1/Ecke Carrera 4 und die von Hochhäusern eingekeilte ehemalige Ordenskirche **Iglesia La Merced 2** ein Stück weiter nördlich an der Calle 7. Die Kirche La Merced wurde 1545 aus Flußsteinen und mit Tierblut gemischtem Mörtel an der Stelle errichtet, an der 1536 der Gründungsgottesdienst der Stadt stattgefunden hatte. Das Bildnis der *Virgen de Las Mercedes* in ihrem Innern zählt zu den bedeutendsten religiösen Kunstwerken des 17. Jh. aus den Künstlerwerkstätten Sevillas. In den weißgekalkten Räumen des benachbarten alten Konvents sind seit 1979 zwei der besten Museen der Stadt untergebracht: das **Museo Arqueológico,** das eine übersichtlich geordnete Ausstellung über die präkolumbischen Kulturen Kolumbiens zeigt, und das nur vormittags geöffnete **Museo de Arte Colonial y Religioso** mit einer Sammlung von Werken der Quiteñer Schule aus dem 16. und 17. Jh.

Gleich um die nächste Ecke liegt das sehr sehenswerte **Museo del Oro Calima 3** des Banco de la República. Der Schwerpunkt seiner Ausstellung liegt auf der Yotoco-Kultur, die die Region Calima im ersten Jahrtausend beherrschte. Neben Keramikarbeiten für alltägliche Zwecke ist Goldschmuck der hohen Würdenträger zu sehen.

Beim Verlassen des Bankgebäudes fällt an der Carrera 5 das klassizistische **Teatro Municipal 4** auf. Es wurde 1927 mit Giuseppe Verdis ›Troubadour‹ eröffnet und ist mit seinen 1200 Plätzen heute noch die wichtigste Bühne der Stadt für Musik, Tanz und Theater. Zwei Blocks weiter nordöstlich, an der Carrera 6 zwischen Calle 9 und 10, öffnet sich die Plaza San Francisco mit der 1803–27 im neoklassizistischen Stil aus Backstein erbauten Klosterkirche **San Francisco 5** an seiner Stirnseite. Der 1772 erbaute **Mudéjar-Turm** gegenüber gehört ebenfalls zur Kirche und gilt als bedeutendstes Bauwerk des späten Mudéjar-Stils in Kolumbien.

Die nächste Querstraße, die Calle 11, führt geradewegs zum Hauptplatz des alten Cali: die mit hohen Palmen begrünte **Plaza de Caycedo.** Eingerahmt von 8stöckigen Art déco- und Jahrhundertwendebauten liegt hier die **Catedral Metropolitana de San Pedro 6,** Hauptsitz der Erzdiözese Cali. Die 1539 begonnene Kathedrale wurde 1841 durch den heutigen, neoklassizistischen Bau ersetzt. Wahrzeichen von Cali aber ist die zierliche graue Kirche **La Ermita 7,** die sich wie eine Miniaturausgabe des Kölner Doms einen Block weiter an der Avenida Colombia am Río Cali erhebt. Tatsächlich soll sich der Architekt Paulo Emilio Páez bei der 1942 vollendeten Kirche an dem deutschen Bauwerk orientiert haben. Ein schöner Blick auf die Kirche bietet sich vom **Paseo Bolívar 8,** der über eine mit schmiedeeisernen Schmuckgittern und Laternen verzierte Brücke den Río Cali quert.

Auf der anderen Seite des Flusses liegen die feineren Viertel Centenario, Granada und Santa Mónica. Zu einem neuen Anziehungspunkt wurde dort **Chipichape,** ein ehemaliger, restaurierter Güterbahnhof.

Buenaventura – Hafenstadt an der Küste

Um von Cali aus Buenaventura zu besuchen, sollte man einen Umweg über Buga fahren. Die Straße von Buga hinunter an die Pazifikküste führt durch die großartige Gebirgslandschaft der Westkordillere. Besonders eindrucksvoll ist hier auf 1480 m Höhe der große Stausee **Lago Calima** 1 inmitten eines unwirklich von Bergen umschlossenen wolkennahen Naherholungsgebiets, das mit dem kleinen Ort Darién am Wochenende zum beliebten Ausflugsziel wird. Hinter den ersten Straßentunnels geraten tief unten in der Schlucht die Schienen der alten Eisenbahntrasse von Manizales über Cali nach Buenaventura in Sichtweite. Vor dem Ausbau des kolumbianischen Straßennetzes wurden hier Waggons voller Kaffee, Bananen und Zucker aus den Anden und dem Küstenhinterland zum Pazifikhafen Buenaventura verfrachtet. Endstation war die *estación* in Buenaventura – heute heißt

nur noch das beste Hotel dort so. Wie alle Hafenstädte umgeben **Buenaventura** 2 (S. 283) der derbe Geruch von Motorenöl und Fisch, der harsche Ton von Seeleuten sowie eine hektische Geschäftigkeit im Rhythmus der einlaufenden Schiffe. Mit seinen rund 200 000 Einwohnern ist es, trotz seiner wirtschaftlichen Bedeutung als größter Pazifikhafen Kolumbiens, eine überraschend kleine Stadt. Außer den Nachfahren der ab 1555 für die Arbeit in den Gold- und Silberminen zwischen Chocó und Nariño und auf den Zuckerrohrplantagen rund um Cali eingeführten afrikanischen Sklaven und ein paar Kaufleuten hielt es in der schwülen Hitze der Küste kaum jemanden. Einzige Sehenswürdigkeit ist denn auch seine Atmosphäre – und das schmucke Hotel Estacíon, das sich direkt aus Nizza hierher verirrt zu haben scheint. 1928 gegenüber dem alten Bahnhof als vornehme Herberge für Ge-

Fischerboote in Juanchaco

schäftsleute erbaut, avancierte es während der ›goldenen Exportzeit‹ zum gesellschaftlichen Treffpunkt. Wieder auf alten Glanz gebracht, wirkt es heute zwischen dem alten hölzernen Anleger für die Ausflugsboote und den Bars und Restaurants an der Promenade mehr denn je wie eine Insel des Wohlstands inmitten von Armut.

Wer nach Buenaventura kommt, bleibt selten lange in der Stadt. Die meisten Besucher wollen hinaus zu den schwarzen Vulkansandstränden an den Rändern der Bucht. Fast stündlich jagen in der Hochsaison mit Urlaubern beladene Motorschnellboote hinaus zu den Fischerdörfern **La Bocana** 3 und **Juanchaco** 4, wo sich die Strände zwischen tropisch überwucherten Felsen ausbreiten. In Juanchaco und dem Nachbarort **Ladrilleros** 5 geht es einfach zu. Die Wirtsleute kaufen den Fisch noch direkt vom Fischer, Mulis mit Holzkarren voller Kokosnüsse fungieren als fahrende Imbißbuden, und die Hotels gleichen bis auf wenige Ausnahmen einfachen Hütten.

Isla Gorgona – Blaue Eidechsen und Krebse

6 (S. 295) Das extrem feuchtheiße Klima an der ganzen Pazifikküste schreckt Naturfreunde nicht, sich von Buenaventura auf die zehnstündige Bootsreise zum Parque Nacional Natural Isla Gorgona zu begeben. Die Insel, durch einen 270 m tiefen Graben vom Festland getrennt, wurde in den letzten Jahren sogar ein gefragtes Ausflugsziel. Geologen halten sie für einen versprengten Ausläufer der Westkordillere. Gebirgig, von Urwald bedeckt, von Strandbuchten

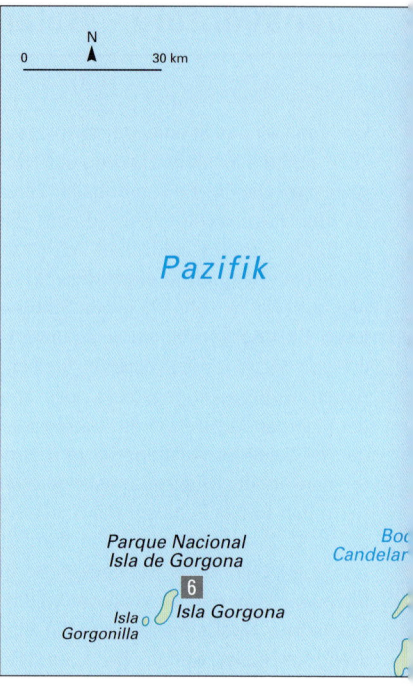

gesäumt und Korallenriffs flankiert, entwickelten sich in ihrer relativen Abgeschiedenheit eigenwillige Tierarten wie eine neonblau leuchtende Eidechse und saphirblaue Krebse und daneben zahlreiche endemische Orchideenarten wie die 1897 von einem deutschen Konsul entdeckte Gorgolossum-Orchidee.

Den Namen Gorgona aber erhielt die Insel von Francisco Pizarro. Der Peru-Eroberer verirrte sich 1527 hierhin. Obwohl nur vier unter den insgesamt 16 heimischen Schlangenarten giftig sind, sollen einige seiner Leute damals gleich an Schlangenbissen gestorben sein. Pizarro (oder einer seiner gebildeteren Matrosen) taufte die Insel daraufhin nach den hellenischen Gorgonen, die lieber Schlangen als Haare auf dem Kopf trugen.

Daß sich Ende des letzten Jahrhunderts der erwähnte deutsche Konsul auf

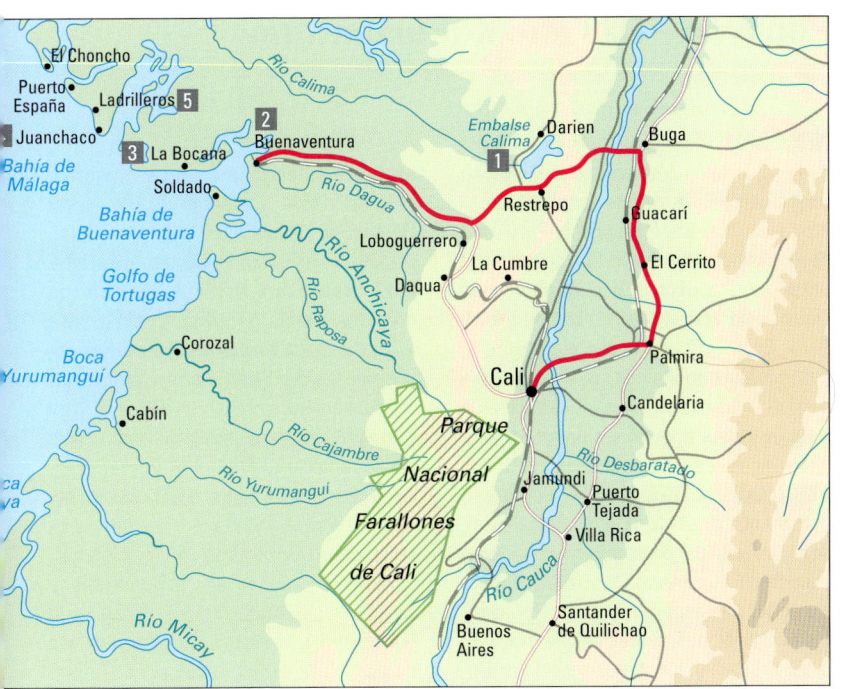

Gorgona seinem botanischen Hobby widmete, kam nicht von ungefähr, denn die Insel war damals in deutschem Besitz. Simón Bolívar hatte sie kurzentschlossen dem Deutschen Friedrich Groß für seine Verdienste in den Unabhängigkeitskriegen geschenkt. Erst 1959 erwarb Kolumbien sie von der Familie zurück, um sie in ein Alcatraz für Guerilleros und Verbrecher zu verwandeln. Im Zuge der späteren Liberalisierung des Strafvollzugs begannen die Sträflinge aber, die Insel zu roden, Pflanzen anzubauen und Tiere zu jagen. Um das Naturparadies zu retten, wurde daraufhin ein Gesetz verabschiedet, das Gorgona mitsamt den Küstengewässern in einen Nationalpark (492 km²) verwandelte. Im Jahr 1985 hatte der letzte der einst insgesamt 1600 Sträflinge die Insel verlassen, um Meeresforschern, Biologen und Touristen Platz zu machen. Auf Luxus müssen alle jedoch verzichten, die Unterkünfte im Besucherzentrum El Poblado sind ordentlich, aber sehr einfach. Dafür erwarten den Besucher schöne Naturerlebnisse.

Zwei Pfade führen über viele kleine Bäche und Rinnsale hinweg durch dichten Wald, den Kolibris, Leguane und Kapuzineraffen beleben, zu einsamen Stein- oder Sandstränden. Auf der dem Festland zugewandten Seite ist das Meer meist so ruhig, daß man beim Schnorcheln die vielen bunten Fische gut beobachten kann. In den Monaten August–Oktober kann man unter Wasser auch noch was zu hören bekommen: tiefe Baßtöne, auf die pfeifende Klänge folgen – es sind die Gesänge der Buckelwale, die in diesen Monaten zur Paarung und Geburt ihrer Jungen in die Gewässer um Gorgona aus dem Südpolarmeer kommen.

Popayán – Das alte Kulturzentrum

■ (S. 307) Als Verwaltungsmetropole des gesamten Westens war Popayán über zwei Jahrhunderte lang der wichtigste Brückenkopf zwischen Peru und dem Schatzhafen von Cartagena und unterstand zunächst der *Audiencia* in Quito und damit dem Vizekönigreich Peru. Erst 1739, nach der Neuordnung des spanischen Reichs, wurde es dem damals neugeschaffenen Vizekönigreich Neu-Granada mit der Hauptstadt Bogotá angegliedert. Die lange Zugehörigkeit zu Quito und Peru ergab sich durch den Stadtgründer Sebastián Benalcázar, der schließlich Statthalter von Quito war. Der Hauptmann Pizarros gründete zunächst Cali und dann, 1537, Popayán, nachdem er auf seiner Suche nach *El Dorado* (s. S. 97) in der Gegend um Bogotá von den Kämpfern des Kaziken Yagyüen zunächst in das Tal des Cauca abgedrängt worden war.

Auf milden 1740 m Höhe gelegen, bot das Hochtal das geeignete Klima für die Entwicklung eines reichen wirtschaftlichen und kulturellen Lebens. Nach der Ansiedlung der Verwaltungsinstitutionen ließen sich hier auch verschiedene Orden und viele Großgrundbesitzer, die durch die Gold- und Silberminen und den Zuckerrohranbau reich geworden waren, nieder. Für den Bau ihrer Kirchen konnten die Orden die berühmtesten Künstler beschäftigen, die reichverzierten Schnitzaltäre, Kanzeln und Decken zeugen von deren Kunstfertigkeit. Besonders zahlreich ist die Schule von Quito (s. S. 71) mit Werken aus verschiedenen Epochen vertreten.

Popayáns Blütezeit unterbrach 1736 ein schweres Erdbeben, dem 1983 ein zweites verheerendes folgte. Im 18. Jh.

rekonstruierte der deutsche Jesuit Simon Schönherr einen Teil der zerstörten Kirchen. 1801 besuchte ein weiterer Deutscher, Alexander von Humboldt, Popayán auf seiner Südamerikareise. 1827 wurde im Dominikaner-Konvent die Universität gegründet, die – wie auch die Plaza Mayor – nach dem größten Helden der Stadt, dem während der Schreckensherrschaft von General Morillo in Cartagena hingerichteten Wissenschaftler und Freiheitskämpfer Francisco José de Caldas (1771–1815), benannt wurde. Popayán rühmt sich außerdem, Geburtsort oder Wohnsitz von nicht weniger als 14 kolumbianischen Präsidenten und von landesweit bekannten Künstlern und Literaten wie Rafael Maya (1898–1925) oder Guillermo Valencia (1873–1943) gewesen zu sein. Das bedeutendste kulturelle Ereignis Popayáns aber setzt eine über 450 Jahre alte, streng kirchliche Tradition fort: Alljährlich übertreffen die großen **Osterprozessionen** alle anderen Osterfeierlichkeiten im Land an Glanz und Pomp. Drei bis vier Stunden dauert der große Umzug, der um nicht weniger als 22 Häuserblocks führt und dabei die Form eines Kreuzes beschreibt. Begleitet wird das Ganze vom Festival der religiösen Musik, bei dem feierliche Musikstücke von geladenen Chören und Orchestern dargeboten werden.

Spaziergang durch Popayán

Die Erdbebenschäden von 1983 sind Popayán heute fast nicht mehr anzusehen. Die damals z. T. schwer beschädigten

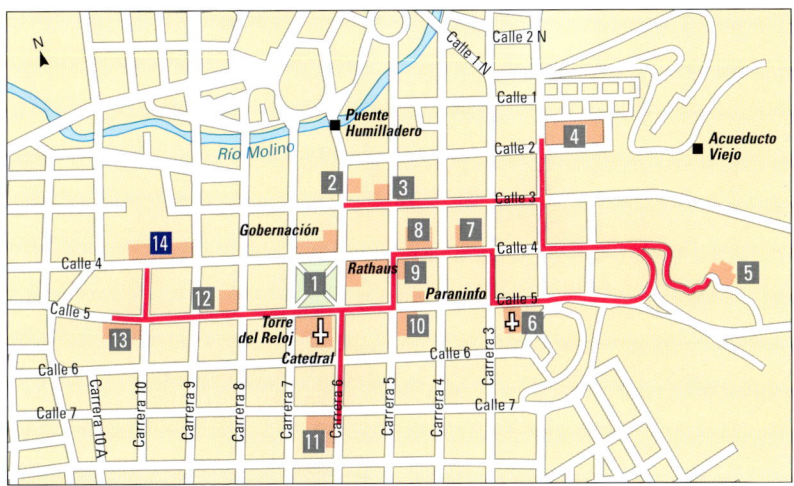

Popayán   1 *Plaza de Caldas*   2 *Casa Valencia*   3 *Casa Mosquera*   4 *Museo de Historia Natural*   5 *Kloster El Belén*   6 *La Ermita*   7 *Iglesia El Carmen*   8 *Museo de Arte Religioso*   9 *Iglesia Santo Domingo*   10 *Iglesia La Encarnación*   11 *Iglesia San Agustín*   12 *Iglesia San José*   13 *Museo de Arte Moderno, Museo Negret*   14 *Kloster San Francisco*

Baudenkmäler, darunter die **Kathedrale** (1819–1906) an der zentralen **Plaza de Caldas 1**, sind inzwischen nach Originalplänen rekonstruiert, so daß sich die *Ciudad Blanca* (›weiße Stadt‹) wieder in alter Schönheit präsentiert. Ihr Wahrzeichen, die 1680 erbaute **Torre del Reloj** (›Uhrenturm‹), die sich neben dem gewaltigen Säuleneingang der Kathedrale erhebt, wird von den Bürgern der Stadt besonders geliebt, seit Guillermo Valencia sie als ›Nase von Popayán‹ bezeichnete. Nach klassischer kolonialer Manier sind Kathedrale und Uhrenturm von dem Regierungspalast (gegenüber) und dem Rathaus flankiert, das sich hier noch um die Ecke in die Calle 4 ausdehnt.

Von diesem Platz aus sind alle Sehenswürdigkeiten bequem zu Fuß zu erreichen. Die **Casa Valencia 2** z. B., das Elternhaus des weitgereisten Dichters Guillermo Valencia, in dem neben zahlreichen Dokumenten und seinen Wer-

ken noch alte Möbel zu sehen sind, liegt nur einen Block entfernt in der Calle 3/ Ecke Carrera 6. Dahinter lohnt noch der zwölfbögige **Puente del Humilladero** einen Blick; seit sich die Universität in neuen Gebäuden auf dem anderen Flußufer befindet, erlebt die Brücke als traditioneller Begegnungspunkt eine Renaissance.

Von der Casa Valencia führen nur ein paar Schritte zur **Casa Mosquera 3**, der ehemaligen Residenz des vierfachen Staatspräsidenten Tomás Cipriano de Mosquera. Sie wurde in ein sehenswertes kleines Kolonialmuseum umgewandelt, das auch einige präkolumbische Keramikstücke beherbergt. Im Haus gegenüber lebte der Freiheitsheld José de Caldas; hier ist heute die Touristeninformation untergebracht.

Zwei Blocks weiter östlich bis zur Carrera 2 und diese ein kurzes Stück nach Norden findet sich das **Museo de Historia Natural 4** mit einer Sammlung

ausgestopfter Tiere, darunter auch ein Elch mit stattlichem Geweih. Weiter südlich bringt die Calle 4, von Passionsdarstellungen gesäumt, zur Kirche **El Belén** 5. In den Sockel des großen Steinkreuzes, neben dem Kircheneingang sind die drei Todfeinde der Stadt eingemeißelt: Termiten, Blitze und Erdbeben. Das 1681 errichtete Gotteshaus ist ›Ecce Homo‹ geweiht, dem Inbegriff des leidenden Christi. Vom Kirchenvorplatz bietet sich ein schöner Blick über die Dächer und Kirchtürme der Stadt.

Über die Calle 5 geht es nun wieder hinunter Richtung Stadtmitte zunächst zur ältesten Kirche Popayáns, der kleinen **La Ermita** 6 aus dem 16. Jh. Der österreichische Doppeladler an ihrem Hauptaltar verweist auf die großzügigen habsburgischen Spender. Hauptschiff und Sakristei schmücken frühe Werke der Schule von Quito. Über die Carrera 3 zurück in die Calle 4, erhebt sich rechter Hand die **Iglesia El Carmen** 7, die eine Reihe prächtiger goldener Altäre in ihrem Innern birgt. Im Kloster ist ein Mädcheninternat untergebracht. Darauf folgt auf der gleichen Straßenseite das **Museo de Arte Religioso** 8 mit seiner Retrospektive religiöser Kunst aus dem 16.–18. Jh. Schräg gegenüber öffnet sich nun vor dem barocken Portal der **Iglesia Santo Domingo** 9 ein kleiner Platz, der stets Ausgangspunkt der großen Karfreitagsprozession ist. In dem angeschlossenen Konvent war die 1827 gegründete Universität Caldas anderthalb Jahrhunderte untergebracht. Auf seiner Rückseite liegt der Eingang zum 1892 erbauten **Paraninfo** (›Aula‹). Die Universitätsaula schmückt ein Wandgemälde von Efraim Martínez, der darin seine Heimatstadt als lebensprallen Schmelztiegel aller Gesellschaftsschichten und Rassen darstellt. In das Geschehen auf der 6 x 9 m großen ›Apoteósis de Popayán‹ hat er auch zahlreiche Persönlichkeiten der Stadtgeschichte eingefügt. An der Zentraltreppe zum Rektorat sind alle in der Stadt geborenen Präsidenten des Landes verewigt. Der Aula gegenüber zeigt die 1764 von dem deut-

schen Jesuiten Simon Schönherr wie-
dererrichtete **Iglesia La Encarnación**
🔟 (›Fleischwerdung‹) Einflüsse deut-
schen Barocks. Die Plaza de Caldas ist
jetzt schnell wieder erreicht, von wo ein
Abstecher in die Carrera 6 zur **Iglesia
San Agustín** 1️⃣1️⃣ führt. Die durch das
Erdbeben von 1736 stark in Mitleiden-

schaft gezogene Kirche erhielt 1858 eine
mächtige Giebelfassade mit ionischen
Säulen. Innen ist noch eine kostbar mit
Perlen und Smaragden besetzte silber-
ne Monstranz von 1673 zu sehen.

Im Westen der Stadt erwarten den Besucher schließlich noch weitere Höhe-
punkte. Von der Plaza de Caldas über die

Calle 5 erreicht man zunächst die **Iglesia San José** 12. 1640 erbaut, gehört sie zu den Kirchen, an denen beide Erdbeben starke Schäden anrichteten. Nach dem ersten Beben betreute Simon Schönherr den Wiederaufbau, die jüngste Rekonstruktion steht kurz vor dem Abschluß. Bemerkenswert ist das schöne zweitürmige Barockportal.

An der Ecke Calle 5/Carrera 10 liegen zwei Museen nebeneinander: das **Museo de Arte Moderno** 13 mit zeitgenössischer Kunst und das **Museo Negret,** das dem renommierten Künstler Edgar Negret (*1920) gewidmet wurde.

Seine eigenwilligen Metallskulpturen bilden vor allem im Patio des Museums einen schönen Kontrast zur Architektur des Kolonialhauses aus dem 19. Jh.

Weiter nördlich in der Calle 4 erhebt sich das restaurierte Gebäude des ehemaligen **Klosters San Francisco** 14, in dessen Mauern heute ein Hotel der oberen Kategorie untergebracht ist. Die anschließende Iglesia San Francisco gilt als prächtigstes Bauwerk Popayáns. Ihre mächtige Fassade beeindruckt durch eine üppige Ausarbeitung im neugranadischen Stil, von der Kanzel heißt es sogar, sie sei die schönste Kolumbiens.

Das Hinterland von Popayán

Popayán liegt zu Füßen eines landschaftlichen Höhepunkts, denn in seinem Rücken vereinen sich die drei Kordilleren Kolumbiens wie die Finger einer Hand zu einem mächtigen Gebirgsmassiv. In diesem unwegsamen Hinterland erheben sich die Vulkane des **Parque Nacional Natural de Puracé** 1 (870 km^2), der 4646 m hohe Puracé und der 4670 m hohe Pan de Azúcar, dessen scheebedeckter Gipfel noch immer Rauchfahnen ausstößt. In den einsamen Höhen des Nationalparks breiten sich üppig mit *frailejones* bewachsene *páramo*-Wiesen aus, und neuerdings erhebt sich über die Hochtäler und -ebenen auch wieder der Andenkondor. Der vom Aussterben bedrohte Wappenvogel wurde in den 90er Jahren in einem kalifornischen Zoo nachgezüchtet und hier wieder ausgewildert.

Der Popayán nächstgelegene Vorbote dieses gewaltigen Hinterlands ist die kleine nahe Gemeinde **Silvía** 2, wo sich dienstags die hier ansässigen Guambiano zum Markt treffen. Die Angehörigen der Chibcha-Sprachgruppe verständigen sich überwiegend noch in ihrem angestammten Dialekt und tragen fast so traditionsbewußt wie die *indígenas* des nahen Ecuador ihre blauschwarze Tracht. Blau symbolisiert dabei den Kosmos und Schwarz die Mutter Erde. Hübsch heben sich bei den Frauen die weißen, Frieden signalisierenden *chaquíra*-Perlen ab, die sie ähnlich wie die Otavaleños aus Ecuador je nach Wohlstand mehrfach um den Hals gewunden tragen.

Tierradentro

Direkt von Popayán führt über Totoró eine rund fünfstündige Fahrt entlang dem Nordrand des Puracé-Nationalparks tief ins Landesinnere zu einer präkolumbischen Sehenswürdigkeit ersten

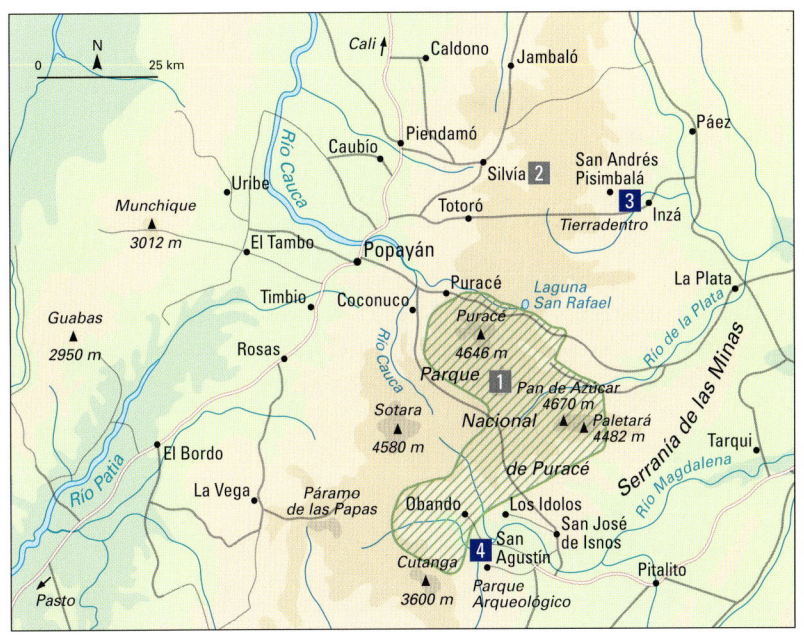

Das Hinterland von Popayán

Ranges, die nach ihrer geographischen Lage einfach nur Tierradentro, ›landeinwärts‹, genannt wird. Es handelt sich dabei um zahlreiche in Tuffstein gehauene, bis zu 7 m tiefe Grabkammern, die innen sorgsam gekalkt und mit geometrischen, an das Flechtwerk von Hütten erinnernden Mustern in Rot und Schwarz bemalt sind. Bis zu 40 Urnen mit bereits von allen fleischlichen Resten befreiten Gebeinen fanden die hier tätigen Archäologen Alvaro Cháves und Mauricio Puerta. Offenbar ging der Urnenbestattung, wie es auch bei anderen präkolumbischen Völkern üblich war, eine Erdbestattung voraus.

Tierradentro umgibt viele Rätsel, sowohl der Zeitraum seiner Blüte, als auch die Zuordnung der Kultur blieben bis heute ungeklärt. Wissenschaftler ermittelten für die Gräber ein Höchstalter von rund 1300 Jahren, kamen bei der Untersuchung der Gebeine aber auf ein weitaus höheres Alter. Die ältesten Knochen stammen etwa aus dem Jahr 870 v. Chr. So waren sie vermutlich nachträglich in den Kammern bestattet worden. Außerdem wurde anhand von Krugformen eine Beziehung zur Kultur von San Agustín wie zu den Calima-Yotoco im nordwestlichen Cauca-Tal festgestellt. Darüber hinaus weisen die vergleichsweise wenigen Steinfiguren von Tierradentro eine eingemeißelte Kleidung auf, die in vielen Details an die Tracht der im Nachbartal lebenden Paez-Indianer erinnert. Auch die Eigenart der Paez-Frauen, ihre Kinder auf der Schulter zu tragen, ist in den Figuren wiederzufinden.

San Andrés de Pisimbalá 3 (S. 317) ist eine überwiegend von Paez bewohnte kleine Gemeinde. Mit ihrer ural-

Dorfkirche in San Andrés de Pisimbalá ▷

ten Dorfkirche, die noch wie in frühen Missionszeiten ein Strohdach trägt, überblickt sie das lange enge Tal des Río San Andrés. Der Eingang zum **Parque Arqueológico de Tierradentro** liegt etwa 1 km östlich von San Andrés de Pisimbalá an der Zufahrtsstraße zum Cruce de San Andrés. Mit der Eintrittskarte zum Park erwirbt man die Berechtigung zwei Tage lang die Gräberanlage zu durchforschen und die Museen auf dem Gelände zu besuchen. Im Archäologischen Museum ist u. a. ein rekonstruiertes Grab zu sehen, im Ethnographischen Museum wird die Kultur der Paez vorgestellt. Bevor man sich auf die Wanderung zu den Gräbern aufmacht, sollte man sich über den jeweiligen Zustand erkundigen.

Das dem Museum am nächsten gelegene Gräberfeld trägt den Namen Segovia (20 Min. Fußweg). Es umfaßt rund 28 Kammern, von denen die wichtigsten meist beleuchtet sind, dennoch schadet es nicht, sicherheitshalber eine Taschenlampe mitzunehmen. Einige der Kammern sind so groß, daß ihre Decken durch Säulen gestützt werden; manche sind mit skizzierten Gesichtern geschmückt. Ein weiterer 30minütiger Auf-

Archäologischer Park Tierradentro

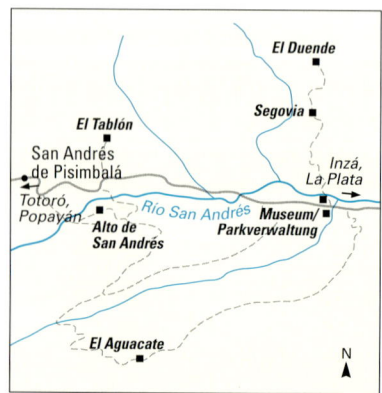

stieg führt hinauf zu El Duende. In einigen der fünf Gräber sind noch Reste von Reliefs erhalten. Auf dem Hügelkamm der gegenüberliegenden Talseite liegt die Fundstelle Aguacate. Die zweistündige Wanderung scheuen offenbar selbst die Grabpfleger, denn die zahlreichen Kammern sind in so schlechtem Zustand, daß sich die Anstrengung kaum lohnt.

Interessant dagegen ist das Gräberfeld El Tablón, da es hier neben den acht Grabkammern auch Steinstatuen, deren Gesichter allerdings – vermutlich von christlichen Missionaren – zerstört wurden, zu sehen gibt. Ein kurzer Spaziergang in den gegenüberliegenden Hang führt schließlich zum Alto de San Andrés mit seinen acht schönen, ausgemalten Kammern.

San Agustín

4 (S. 315) Kolumbien besitzt keine himmelhohen Tempel wie das Mayaland Guatemala und keine steinerne Stadt in den Bergen wie das ehemalige Inka-Reich Peru, aber dafür hinter den Berggipfeln von Tierradentro und Puracé nicht nur ein Gräberfeld, sondern gleich eine ganze Landschaft voller alter Zeremonienhügel und Gräber. Sicherlich war diese alte Kult- und Begräbnisstätte nicht rein zufällig im Quellgebiet der größten Flüsse Kolumbiens angelegt worden. Auf dem östlichen Andendach Kolumbiens entspringen der Río Magdalena, der Río Cauca und der ins Amazonasbecken abfließende Río Caquetá.

Den Spaniern war San Agustín glücklicherweise lange Zeit unbekannt. Erst aus dem 1758 erschienenen Bericht ›Maravillas de la Naturaleza‹ (›Wunder der Natur‹) von Fray Juan de Santa Gertrudis erfuhr die Öffentlichkeit von der

Guambiano-Mädchen in Silvía

Existenz der archäologischen Stätte. Aber es dauerte bis zum Anfang dieses Jahrhunderts, bis sich das Interesse an San Agustín auch in Europa durchsetzte. 1913 betritt der deutsche Archäologe Konrad T. Preuß als erster Forscher das Hügelgelände, in den 30er Jahren folgen die Kolumbianer Pérez de Barradas und ab 1943 Luis Duque Gómez; letzterem sind die weitestreichenden Erkenntnisse über San Agustín zu verdanken.

Welcher präkolumbischen Kultur die Funde von San Agustín zuzuordnen sind, ob die Anlage ein eigenständiges oder eine Art gemeinsames höchstes Heiligtum für verwandte Stämme der Umgebung war, darüber ist man sich bis heute nicht im Klaren. Doch inzwischen akzeptieren immer mehr Forscher die Theorie eines über die Jahrhunderte ge-

wachsenen Heiligtums, das möglicherweise integrativen Charakter für die in kleinen politischen Einheiten organisierten Völker der verschiedenen Regionen besaß. Laut Luis Duque Gómez kamen die Menschen von weit her, um ihre Toten hier zu bestatten, dafür sprechen seiner Meinung nach die gewaltige Ausdehnung des Geländes und das Fehlen einer alles dominierenden Stadt. Es gilt in jedem Fall als gesichert, daß die Menschen, die die einst von Erdhügeln bedeckten Megalithgräber, die steinernen Sarkophage und vor allem die Steinskulpturen schufen, keinem komplexen Staat angehörten wie etwa die Erbauer der Maya- oder der Inka-Tempelstätten. Ob sie sich im Lauf der Jahrhunderte mit der Oberherrschaft über den Zeremonienplatz abwechselten oder ob die in der Region ansässigen *indígenas* Nachfahren eines Volks sind, das die Gräber bewachte, bleibt dagegen im Bereich der Spekulation.

Die Forschungsergebnisse von Luis Duque Gómez sprechen dafür, den Beginn der Bestattungen in San Agustín auf das Jahr 500 v. Chr., den Höhepunkt und die Blütezeit der Megalithkultur auf den Zeitraum zwischen 500–1500 n. Chr. festzulegen. Neueste Funde, die z. T. auf das Jahr 3000 v. Chr. zurückgehen, brachten diese Datierung jedoch erneut ins Wanken.

Der **Archäologische Park,** der sich rund 2 km südlich von San Agustín mit Museum und Spazierwegen ausbreitet, umfaßt nur einen Bruchteil der gesam-

Bemalte Grabskulptur im Park von San Agustín

ten archäologischen Zone. Zwei Zugänge führen zu den verschiedenen Bereichen des Parks. Der erste liegt direkt beim Hauptgebäude, wo die Eintrittskarten zu lösen sind. Hier befindet sich auch das Archäologische Museum, das über die Ausgrabungsgeschichte und die Lage der einzelnen Fundorte im Gelände informiert. Außerdem sind einige Fundstücke ausgestellt, darunter Keramikgefäße. Am Museum beginnt der Spazierweg zum ›Statuenwald‹. Die hier verwunschen im tropischen Dickicht aufgestellten Figuren weisen sehr ausgeprägte stilistische Merkmale auf. Überproportional große Köpfe mit Kopf- und Nasenschmuck sitzen auf gedrungenen Körpern. Die Gesichter wirken mit ihren breiten Mündern und Nasen wie Zeremonialmasken. Oft tragen sie die stilisierten Züge des Jaguars, der in ganz Lateinamerika als Gottheit verehrt wurde. Tiere, die auf den Schultern der Menschen sitzen, werden als Darstellung des ›Doble Yo‹ (›Doppeltes Ich‹) gedeutet.

Rund 50 m vom Museum entfernt liegt der zweite Eingang zum Parkgelände. Schilder weisen dort den Weg zu den *mesitas,* den vom Erdreich befreiten Grabanlagen, die alle durch Spazierwege miteinander verbunden sind. Die zwei Gräber von *mesita A* werden von Steinskulpturen bewacht. An erzählerischen Details noch reicher sind die Statuen von *mesita B.* Hier umklammert der 4 m hohe ›Bischof‹ ein Kind an den Füßen so, als wollte er es opfern. Daneben hält ein Adler eine Schlange in seinem Schnabel, was die Führer gern mit dem Satz »Das Hohe herrscht über das Tiefe« kommentieren.

Der Weg zur entfernteren *mesita C,* wo ein paar schöne Statuen aufgestellt wurden, lohnt vor allem wegen der dahinter etwas tiefer liegenden Stätte Fu-

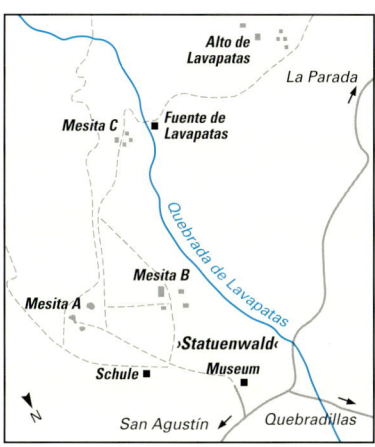

Archäologischer Park San Agustín

ente de Lavapatas: Hier wurde in das Gestein eines Flußbetts ein Zeremonialplatz eingemeißelt. Eindringlich weisen die Führer auf die Formen einer Schlange, einer Sitzbank und eines labyrinthischen Kanalsystems hin, das nach ihrer Meinung früher mit dem Blut von Menschenopfern gefüllt war – eine Ansicht, die zumindest wissenschaftlich nicht gesichert ist.

Von dem Kultplatz führen 138 Stufen hinauf zum Alto de Lavapatas, dem höchsten Punkt im Archäologischen Park und Aufstellungsort der Statue ›Doble Yo‹, eine menschliche Figur mit einem Jaguar im Nacken. Daneben liegen einige Grabstätten, von denen eine offenbar der Bestattung von Kindern diente. Von dem Hügel bietet sich ein schöner Blick in das Tals des Río Magdalena.

Die **Fundstätten der Umgebung** liegen fast alle an Quellflüssen, die talwärts zum Río Magdalena strömen. Südlich des archäologischen Parks am Ufer des Río Naranjo befinden sich die Grabstellen Naranjos und Lavaderos dicht nebeneinander mit zwei und vier menschlichen Statuen. Weiter südwest-

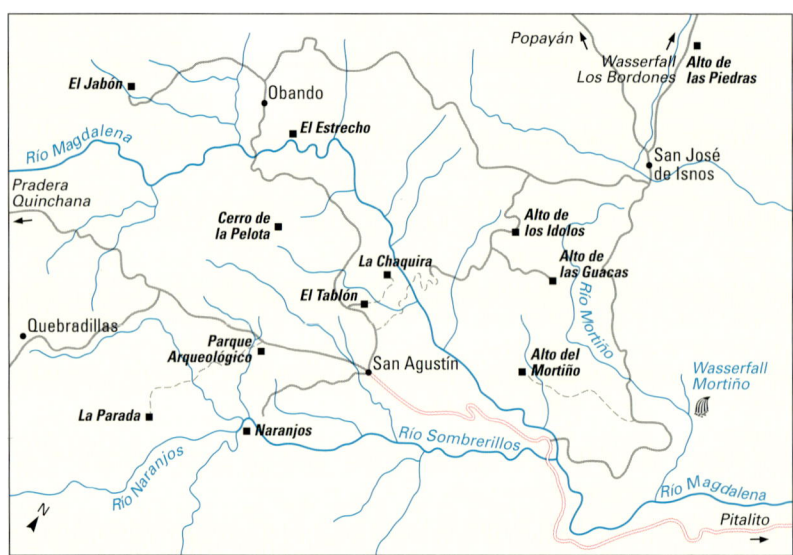

Fundstätten in der Umgebung von San Agustín

lich in La Parada symbolisiert eine Statue die Vereinigung einer Frau mit einem Jaguar. Der Anthropologe Reichel-Dolmatoff interpretierte die Darstellung mit Bezug auf eine Legende der Paez-Indianer, derzufolge ein Jaguar eine Indianerin raubte, die ihm daraufhin El-Trueno-Jaguar, den ›Donnerjaguar‹, gebar, der nach dem Heranwachsen Führer der Menschen wurde. Im Norden erhebt sich der Hügel von La Pelota mit seinen drei Statuen, darunter ein Adler, der auch hier eine Schlange im Schnabel hält. Ganz in der Nähe wurden in El Tablón fünf Statuen verschiedenen Ursprungs gefunden; eine von ihnen stellt eine gewaltige weibliche Figur mit Nasenschmuck dar, die eine Art Brustschild in der Hand hält. Die vielleicht schönste Stätte der Umgebung ist La Chaquira mit ihren fünf am Rand des Río Magdalena-Canyons stehenden Stelen, die göttergleich über die Landschaft blicken. Eine trägt die charakteristischen Züge der antropomorphen Göttin von Chaquira.

Alto de Los Ídolos (›Hügel der Götzenbilder‹, nordöstlich von San Agustín über San José de Isnos zu erreichen, ist die bedeutendste Ausgrabungsstätte außerhalb des archäologischen Parks: Hier wurden die veschiedensten Grabformen, von einfachen kleinen Sarkophagen bis hin zu langen Ganggräbern, deren Eingänge von Skulpturen bewacht werden, gefunden. Die Deckel mancher Sarkophage erhielten die Form von Alligatoren, ein anderer die eines menschlichen Gesichts.

Ebenfalls über San José de Isnos geht es zum Alto de las Piedras mit einem künstlichen Plateau auf der Spitze eines Hügels, der den Funden nach einst bewohnt war. Bemerkenswert ist hier die große Statue ›Doble Yo‹ (›Doppeltes Ich‹ oder ›Alter Ego‹). Viele Forscher ziehen bei der Figur gern den Vergleich zu den zeremoniellen *indígena*-Tänzen aus dem Tiefland, bei denen heute noch ein Jaguarfell mit Kopf oder eine Nachbildung als Kostüm getragen wird.

El Nariño – Tor zu Ecuador

Die Andenhänge in der Provinz Nariño scheinen noch grüner, satter und dunkler als die der Ostkordillere, ihre Formen noch ausladender und gewaltiger. Um die Stadt Pasto haben sich die drei Kordilleren Kolumbiens bereits zum *Nudo de Pasto,* dem ›Knoten von Pasto‹ vereint, einem relativ schmalen, dafür umso mächtigeren und sehr unruhigen Andenrücken, der zur Pazifikküste hin steil abfällt und auf ecuadorianischer Seite sich in der Straße der Vulkane fortsetzt. Die Schwere der Landschaft spiegelt sich im bedächtigen Wesen ihrer Bewohner wider, die wegen ihrer ruhigen zurückhaltenden Art oft Zielscheibe kolumbianischer ›Ostfriesen‹-Witze sind.

Alles stimmt schon stark auf das Nachbarland Ecuador ein. Die meisten Touristen, die durch dieses Gebiet kommen, wollen denn auch nur über Ipiales nach Ecuador reisen. Bedeutende Sehenswürdigkeiten bieten weder Pasto noch seine Umgebung, wohl erwartet den Reisenden aber eine reizvolle Gebirgslandschaft.

Pasto – Die Stadt am Vulkan

Fast so hoch und kühl gelegen wie Bogotá, freilich mit ihren 270 000 Einwohnern angenehm überschaubar, brei-

Frailejones in der Cordillera Central

tet sich die Provinzmetropole **Pasto** 1 (S. 306) in dem von sanft ansteigenden grünen Hängen begrenzten Andenhochtal Valle Atriz aus. Kaum von den anderen Berggipfeln ist dabei der Vulkan Galeras zu unterscheiden, an dessen 4275 m hoher Kraterkante eine Forschungsstation für Vulkanologie eingerichtet ist. Im begehbaren Kraterrund, das einer Schlackenhalde gleicht, erhebt sich der aktuell fast 200 m breite Kegel, aus dem es ständig dampft. Der Galeras gehört zu den aktivsten Vulkanen Kolumbiens und brach zuletzt 1988 und 89 aus. Auch Anfang der 90er Jahre waren Todesopfer zu beklagen, damals stürzten Vulkanologen während ihrer Forschungsarbeit in den Kraterschlund.

Die unruhige Erde sorgte in der Vergangenheit für etliche Erdbeben, die die nur 9 km Luftlinie entfernte Stadt Pasto immer wieder schwer in Mitleidenschaft zogen. Viele kolonialen Bauten in der

1537 von Sebastián Benalcázar, Lorenzo de Aldana und Pedro de Puelles gegründeten Stadt wurden dabei zerstört. Das älteste erhaltene Gebäude ist heute das Museo Casa Tamingo von 1623, das noch auf alte traditionelle Weise mit Lehm, Stroh, Ziegeln und Wirbelknochen (für den Fußboden) errichtet wurde. Im Museum ist eine Schau des regionalen Kunsthandwerks untergebracht. Daneben gibt es noch zahlreiche, früh gegründete, allerdings später baulich veränderte Kirchen wie die mit bunten Glasfenstern geschmückte Iglesia Cristo Rey (Carrera 24 zwischen Calle 17 und 20) oder die nach den letzten Erdbebenschäden erneut restaurierte Iglesia de San Juan Bautista an der Nordwestecke der Plaza de Nariño. Von außen eher unscheinbar, trumpft letztere innen geradezu mit prunkvoller Ausstattung auf; besonders schön sind die alte Kanzel und die Kunstwerke aus der Schule

El Nariño

von Quito. Die Kathedrale, die sonst immer am Hauptplatz steht, erhebt sich einen Häuserblock weiter in der Ecke Calle 17/ Carrera 26. Auch diese 1899–1922 an der Stelle der zerstörten Iglesia de San Francisco erbaute Kirche entfaltet erst innen mit ihren zahlreichen Gemälden von Künstlern der Region ihre Schönheit. Zwei Museen lohnen einen Besuch: Das Museo del Oro ist nahezu ausschließlich den heimischen präkolumbischen Tumaco- und Nariño-Kulturen gewidmet und erklärt ihre Goldschmiedekunst ausführlich. Die Ausstellungsstücke im Museo Alfonso Zambrano runden das Bild bis zur Kolonialzeit ab.

25 km östlich von Pasto breitet sich auf 2760 m Höhe das bei Naturfreunden sehr beliebte Naherholungsgebiet der **Laguna de la Cocha** 2 aus. Mehrere Wanderwege führen zu dem von bewaldeten Bergen umgebenen großen See.

Tumaco – Hafenstadt auf Pfählen

3 (S. 322) Rund 35 km südlich von Pasto zweigt von der Panamericana die einzige inzwischen vollständig asphaltierte Straße in der riesigen, von Flüssen durchzogenen Küstensenke des Departamento Nariño zum zweitgrößten kolumbianischen Pazifikhafen Tumaco ab. Hinter dem Superlativ versteckt sich eine außergewöhnliche Stadtanlage, die sich über drei Inseln erstreckt, die wiederum dem starken Tidenwechsel des pazifischen Ozeans ausgesetzt sind. Das Zentrum liegt auf der Insel Viciosa, viele Häuser stehen hier auf Stelzen und geben der Stadt ihr ganz besonderes Flair. Die rund 100 000 Einwohner überwiegend afrikanischer Abstammung, die sich allemal mit ein paar europäi-

Pfahlhaus in Tumaco

schen Einwanderern vermischten, brachten schon zahlreiche im Land gefeierte Athleten und Fußballstars und sogar eine Miss International hervor. Hinter den Holzwänden der malerischen Pfahlhäuser wohnt allerdings die Armut. An die in präkolumbischer Zeit blühende und für ihre Platinarbeiten berühmte Tumaco-Kultur erinnert außer einer Höhle auf der Nachbarinsel El Morro nichts mehr. Die Einheimischen spielen nicht nur während des Festival de Música del Pacífico hingebungsvoll chirimía-Musik.

Trotz der Bemühungen, Tumaco in ein Ferienparadies zu verwandeln – die durchgehende Asphaltierung der Zufahrtsstraße, die die Anfahrt von Pasto auf rund 6 Stunden verkürzt, gehörte zu den ersten Maßnahmen –, fristet die Stadt bisher noch ein eher zwielichtiges Schmugglerdasein. Der Handel spielt sich auf Pendelbooten zwischen San Lorenzo (Ecuador) und Tumaco ab. Da auch San Lorenzo ein eher vergessener Platz in Ecuador ist, von dem man nur über abenteuerliche Wege wegkommt, ist ein Grenzübertritt hier nicht zu empfehlen.

Erste Ansätze von Tourismus gedeihen auf El Morro. Die 4236 ha große Insel ist mit Viciosa durch eine Brücke verbunden. Die schwarzen malerischen, von versprengten Felsbrocken durch-

setzten Vulkanstrände heißen El Morro und Bocagrande; sie verändern ihre Größe je nach Tidenstand. Im Kalkfelsen am Ufer versteckt sich die Höhle mit den angeblich präkolumbischen Zeichnungen. Daneben gibt es eine von den erodierenden Kräften der See geschaffene natürliche Felsbrücke zu sehen. Auf El Morro liegt auch der Flughafen La Florida – Endstation der bequemeren Anreise über den Luftweg.

Ipiales und Las Lajas

Ipiales 4 (S. 294), der schnell gewachsene Grenzort zu Ecuador im Andenhochland, zählt rund 30 000 Einwohner, die überwiegend vom Grenzverkehr leben. Außer der 8 km entfernten, kleinen Wallfahrtskirche **Sanctuario de las Lajas** 5 gibt es keinen Grund, hier länger zu verweilen. Für den Besuch der einzigartig auf einer Brücke über der tiefen Schlucht des Río Guáitara erbauten zierlichen neugotischen Kirche allerdings sollte man mindestens drei Stunden einkalkulieren, da man ein gutes Stück die Schlucht hinunterwandern muß. Jedes Jahr am 16. September pilgern zahllose Wallfahrer hierher, um im Innern der Kirche dem Bildnis der *Virgen del Rosario* auf dem Altarstein zu huldigen. Mitte des 18. Jh. soll die Muttergottes einem indianischen taubstummen Mädchen auf einem glatten Felsen *(laja)* erschienen sein. Das Wunder erhielt 1803 mit einer ersten Kirche eine Gedenkstätte. Mit der jetzigen, einzigartig in die Schlucht eingepaßten Kirche wurde der aus dem Nariño stammende Architekt Lucindo Espinoza berühmt. Der Bau dauerte 32 Jahre, von 1916 bis 1948.

Las Lajas

Die Llanos und das kolumbianische Amazonasbecken

Bis noch vor wenigen Jahren existierte es im Bewußtsein der andenfixierten Kolumbianer praktisch nicht: das von Urwald bedeckte und von Flüssen durchzogene Amazonastiefland im breiten Winkel der Ländergrenzen zu Ecuador, Peru, Brasilien und Venezuela. Hinter der nach Südosten abfallenden Cordillera Oriental, spätestens aber hinter den daran anschließenden weiten Llanos, hörte die Welt für die meisten Andenbewohner auf. Der tiefe Urwald galt als eine Art Niemandsland, seine Natur als ebenso unbezähmbar wie die in ihm beheimateten Indianerstämme. Doch seit sich die Weltöffentlichkeit für den Gesundheitszustand dieser ›grünen Hölle‹ interessiert, seit Presse, Rundfunk und Fernsehen immer häufiger über die Schönheit und Artenvielfalt der Nationalparks in diesem Gebiet berichten, hat sich das geändert. Die Region genießt zunehmend Aufmerksamkeit.

Zu Kolumbien gehören zwar nur 5 % des gesamten Amazonasbeckens, aber seine aus den Anden herabströmenden Flüsse Putomayo, Caquetá, Apaporis, Guainía und Vaupés zählen zu den wichtigsten Zuflüssen. Bis auf den schmalen Streifen der Llanos, einer baumlosen Ebene am Fuß der Ostkordillere, ist das Gebiet nahezu gänzlich von Urwald bedeckt. Für die Überwindung der riesigen Distanzen ist das Flugzeug unerläßlich; fast jeder Ort besitzt deshalb einen Flughafen. Bei Erkundungen auf eigene Faust muß man oft vom Jeep ins Boot umsteigen, wenn man den Jeep überhaupt benutzen kann, denn in der Regenzeit steigen die Flüsse über ihre Ufer und weichen die wenigen Pisten zu kaum passierbaren Schlammwegen auf.

Von Villavicencio nach La Macarena – Die Llanos

Wenn Regengüsse die Brücken nicht so stark beschädigten, daß Autos und Busse sie nur noch auf einer Notspur queren können, dann dauerte die steile Abfahrt vom andinen Hochplateau Bogotás hinunter nach **Villavicencio** 1 (S. 325) kaum mehr als drei Stunden, und das, obwohl zwischen der Metropole des Landes und dem Tor zu den Llanos rund 2200 m Höhenunterschied überwunden werden müssen. Insgesamt ist die Strecke nur 120 km lang.

Wenn möglich, sollte man den Besuch von Villavicencio auf den Tag des wöchentlichen Viehmarkts legen. Män-

◁ *Kanu auf dem Río Amazonas*

ner mit Lassos in der Hand – die Krempe des *sombreros* in die Stirn gezogen und an den Stiefeln Sporen – geben dann eine Ahnung davon, welcher Menschenschlag auf den großen Viehfarmen draußen vor der Stadt das Sagen hat. Villavicencio liegt am linken Ufer des Río Guatiquía am Rand einer fast überall bis zum Horizont reichenden Savannenebene, die spärlich von mächtigen Bäumen durchsetzt und von Flußmäandern durchschlängelt wird. 1842 als Gramalote gegründet, erhielt es 1950 zu Ehren des aus Quito stammenden Ecuadorianers Antonio Villavicencio seinen jetzigen Namen. 1960 wurde es Hauptstadt der Provinz Meta.

Die Llanos und das Amazonasbecken

Mit 280 000 Einwohnern ist Villavicencio heute eine stattliche Metropole mit Skyline, Banken, Bars und Hotels. Touristen kommen jedoch meist nur hierher, um Ausflüge in die Umgebung zu unternehmen, denn die Stadt selbst besitzt außer dem Viehmarkt und der Estación de Biología Roberto Franco, wo Krokodilo und Schildkröten zu sehen sind, keine besonderen Attraktionen.

Einen phantastischen Einblick in die typische Landschaft der Llanos bietet eine Fahrt nach Osten. Sie führt zunächst 86 km auf asphaltierter Straße über Pachaquiaro und die Polizeistation La Balsa nach **Puerto López** 2 (S. 309). Den Flußhafen an einem Seitenarm des Río Meta kündigen große Fincas an, die von Morichal-Palmen gesäumt werden. Der eigentliche landschaftliche Höhepunkt in der Umgebung von Villavicencio ist aber die **Serranía de La Macarena** 3. Das kleine Gebirge mit einigen Tafelbergen erhebt sich aus den flachen Llanos auf 2000 m Höhe. Geologisch gehört es zum 1,2 Mio. Jahre alten Guayana-Schild Venezuelas.

Seit 1948 stehen große Teile des Berglands als Parque Nacional Natural La Macarena (6293 km^2) unter Schutz. Er ist entweder über die Straße von Villavicencio nach San Martín (S. 318) oder über das 6 km vor San Juan de Arama gelegene Besucherzentrum La Curía erreichbar. Ein bequemer 45minütiger Flug bringt ebenfalls von Villavicencio nach La Macarena (El Refugio), ein in den 50er Jahren von einem pensionierten Jagdflieger der US-Air-Force gegründetes Nest mit Landepiste. Von hier ist es nicht weit bis zum in vielen verschiedenen Farben schillernden Caño Cristales.

Leticia am Amazonas

4 (S. 296) Leticia ist eine Insel des Handels und des touristischen Trubels und ein internationaler Treffpunkt für Urwaldneugierige aus aller Welt. Der Flußhafen, an dem die Flußtaxis hinüber nach Santa Rosa in Brasilien oder hinauf nach Bellavista in Peru starten und wo die hölzernen mehrstöckigen Frachtdampfer aus dem fernen Manaus be- und entladen werden, kommt Tag und Nacht nicht zur Ruhe. Trotz leuchtender Laternen und Neonreklame, trotz aller Segnungen der Moderne, vom Strom bis zum Telefon, ist die Nähe des Urwalds stets spürbar. Sei es durch die nachmittäglichen tropischen Regengüsse, die die Stadt immer etwas schmuddelig aussehen lassen, oder durch die Papageien, die zu Hunderten über die Dächer der Stadt schwirren.

In Leticia informiert man sich über die möglichen Dschungeltrips, sucht sich für den Transport einen Fährmann, einen Führer oder bucht Ausflüge der

zahlreich ansässigen Reiseagenturen. Man kommt nicht in die Stadt, um Urlaub zu machen, wohl aber, um sich von den teils strapaziösen Touren durch die ›grüne Hölle‹ zu erholen.

Den Aufenthalt in Leticia kann man nutzen, um sich im Parque Zoológico die Tiere des Urwalds aus nächster Nähe anzusehen, den Tapir, der hier zahm wie ein Hund über die Wiesen läuft, oder z. B. Krokodile und Anakondas. Über das Leben der indianischen Urvölker der Region informiert das kleine, 1988 eingeweihte Museo del Hombre Amazónico des Banco de la República. Zu sehen sind Zeremonialgegenstände, Jagdwaffen, Keramiken der Yucuna, eine Zeremonientrommel der Huitoto und die schön geformten Ruder der Ticuna.

Nördlich von Leticia lebt darüber hinaus noch eine kleine Gemeinde von Yaguarí, die eigentlich in der Region nicht heimisch sind. Sie wurden vor über zwei

Jahrzehnten als Touristenattraktion vom ehemaligen Drogenkönig Leticias, dem Amerikaner Mike Tschalikis, aus Peru geholt. Der Mann, dem in den 70er Jahren noch halb Leticia gehörte, sitzt seit Jahren in Miami seine Strafe ab.

Die schönsten Dschungeltrips

Rosafarbene Süßwasserdelphine, deren durchsichtig schimmernde Rücken in ruhigem Takt immer wieder zum Atmen auftauchen, begleiten die Fahrt über den breiten braunen Río Amazonas und seine Seitenarme. An den Ufern läßt sich der Etagenaufbau des immergrünen tropischen Regenwalds studieren. Da der Fluß als Grenze fungiert, ist ein Abstecher an andere Ufer immer auch ein Ausflug in ein anderes Land. Auf der Bootsfahrt gen Norden zu Leticias größter Attraktion, dem **Parque Nacional Natural Amacayacu** 5 (2935 km²), liegen auf der linken Seite Peru und auf der rechten Kolumbien. Yeguae, das auf Pfählen erbaute Besucherzentrum des Nationalparks, nur 60 km von Leticia entfernt, ist in knapp drei Stunden mit dem Boot erreicht – sofern auf der Strecke nicht bei den zahlreichen am Wegesrand liegenden kleinen Attraktionen Halt gemacht wird. Wer die Erlaubnis der Unidad de Parques Nacionales in der Tasche hat, kann hier auch maximal vier Nächte übernachten, es gibt ein kleines Restaurant, einen Shop und natürlich Führer, die die Ausflüge in den Urwald begleiten. Von der Plattform des Besucherzentrums Yeguae, übrigens ein Wort aus der Ticuna-Sprache, das übersetzt ›Herr der Wälder‹ bedeutet, geleiten Holzstege in das vor allem zwischen Januar und Mai stets überschwemmte Gebiet zu Aussichtstürmen und einem

Die Amazonasindianer bemalen ihre Gesichter mit roter Farbe

biologischen Lehrpfad. Der schönste Abstecher im Park führt zum Lago de Tarapota, in dem sich rosafarbene und graue Süßwasserdelphine tummeln. Im benachbarten 1500-Seelen-Dorf **Puerto Nariño** 6 (S. 309) leben überwiegend Ticuna.

Wer nicht bis zum Nationalpark hinauffährt, hat von Leticia aus ebenfalls Gelegenheit, einige sehenswerte Dschungelattraktionen zu besuchen. Am nächsten zur Stadt liegen die **Lagos Yaguarcacas,** kleine, von groß-blättrigen Victoria-Regia-Lilien bedeckte Seen. Auf der nahen **Isla de los Micos,** die einst dem in Miami inhaftierten Amerikaner Tschalikis gehörte, warten unzählige halbzahme Kapuzineräffchen auf Touristen, denen sie das Essen notfalls selbst aus der Hand nehmen. **Arara** ist eine Ticuna-Gemeinde auf kolumbianischer Uferseite, **Bellavista** das Gegenstück in Peru. Das Tor zu Brasilien, das bereits brasilianische Hafennest **Benjamin Constant,** grenzt im Süden an Leticia; dahinter zweigt der Río Yavarí mit seinen Seitenarmen in noch ziemlich unberührten Regenwald ab.

Quito und das nörd- liche Anden- hochland

Quito – Krone der Anden

(S. 310) Quito wird gern als schönste Stadt Lateinamerikas gerühmt. Diesen Ruf verdankt die zweithöchste Metropole der Welt (2850 m ü. d. M.) vor allem ihrer einzigartigen Lage zwischen schneebedeckten Vulkanen. Bei sehr klarem Wetter sind die Eiskuppen des Cotopaxi (5897 m) im Süden, des Antizana (5758 m) im Osten und des Cayambe (5790 m) im Norden zu sehen, dazu erhebt sich im Westen der 4675 m hohe Pichincha. Eingebettet in dieses großartige Gebirgspanorama bietet die Häusersilhouette mit barocken Kirchtürmen dann ein selten malerisches Bild.

Quito ist zwar die Hauptstadt Ecuadors, doch mit 1,6 Mio. Einwohnern kleiner als Guayaquil am Pazifik und damit nur die zweitgrößte Stadt des Landes. Streng in Altstadt und Neustadt geteilt, breitet es sich, an drei Seiten von Schluchten begrenzt, über die tief eingeschnittenen Täler Tumbaco und Chillos aus. Die Altstadt, das *centro histórico,* durchziehen stark ansteigende, schmale Gassen, die eng mit pompösen Kirchen und Klöstern verschiedener Orden bebaut sind. Viele von ihnen mußten nach dem schweren Erdbeben von 1797 erneuert werden, wobei an Mitteln und hochrangigen Künstlern nicht gespart wurde. Insgesamt spiegelt die Architektur der Altstadt das Bild einer selbstherrlichen katholischen Kirche, die den Geist des Landes bis zur Liberalen Revolution 1925 beherrschte. Seit die Oberschicht sich Anfang des 20. Jh. mehr und mehr in das neue Villenviertel Mariscal Sucre jenseits des Parque El Ejido zurückzog, wurde sie allerdings zunehmend zum Quartier vom Land zugewanderter *indígenas.*

Quito ist ein uralter indianischer Siedlungsplatz. Die ersten Bewohner, friedliebende Quitua, gaben ihm den Namen Quitú. Es folgten die Cara von der Küste, die sich im ganzen nördlichen Hochland niederließen. Kurz vor der Ankunft der Spanier eroberte der Inka-Herrscher Huayna Cápac die Stadt, nahm eine Quitú-Prinzessin zur Frau und vermachte schließlich Quitú mitsamt dem nördlichen Inka-Reich dem gemeinsamen Sohn Atahualpa. Die südliche Reichshälfte (Peru) überließ er seinem legitimen Sohn Huáscar. Als die Spanier an der peruanischen Küste landeten, hatte Atahualpa seinen Stiefbruder bereits ermordet und regierte als Alleinherrscher das Inka-Reich von Peru aus. Quito verwaltete sein getreuer Feldherr Rumiñahui. Als Rumiñahui vom Anrücken der Spanier hörte, entschloß er sich Quito zu zerstören. Auf den Gebäuderesten gründete der spanische Konquistador Sebastián de Benalcázar am 6. Dezember 1536 Quito neu. 1563 erhielt das Gericht der Stadt den Status der *Real Audiencia* innerhalb des Vizekönigreichs Peru und wurde damit zum obersten Gerichtshof des gesamten, von Benalcázar eroberten Gebiets bis hinunter nach Nordwest-Kolumbien. Ab 1739 schließlich gehörte Quito zum Vizekönigreich Neu-Granada und unterstand damit Bogotá. Zwei Jahre zuvor machte Francisco de Orellana über Quito die letzte große Entdeckung auf dem südamerikanischen Kontinent: Er erforschte den Río Amazonas und fand seine Mündung in den Atlantik (s. S. 38 f.).

◁ *Quito, im Hintergrund der Cayambe*

An der Plaza de San Francisco

1780 zählte Quito 28 000 Einwohner. Das Leben in der kleinen Stadt bestimmten die konservativen und kirchentreuen *hacendados* (Gutsbesitzer). Als Napoleon den spanischen König absetzt, verfassen sie eine Unabhängigkeitserklärung, um unerwünschten Einschnitten in ihre Privilegien vorzubeugen. Der *Grito de la Independencia* (›Schrei der Unabhängigkeit‹) von 1809 bringt jedoch nicht das erhoffte Resultat. Die Anführer werden hingerichtet. Erst 1822, als Bolívars Mitstreiter und Landsmann, der Venezolaner General José Sucre, in der Schlacht von Pichincha die königstreuen Spanier besiegt, ist Quito frei.

Um die letzte Jahrhundertwende lassen ein liberaler Geist und eine starke Orientierung an Europa in Verbindung mit dem Geld des Kakaobooms, die Altstadt, dank Quitos Vergangenheit als kunstsinnige Metropole, zum Treff einer lateinamerikanischen Bohemien-Szene erblühen. 1978 erklärt die Unesco die Altstadt zum Weltkulturgut der Menschheit. Sie ist die eigentliche Sehenswürdigkeit der Stadt. Zugleich aber dient Quito auch als wichtigste Drehscheibe für alle Ausflüge ins Landesinnere, an die Küste und zu den Galápagos-Inseln. In der Neustadt reihen sich die Reiseagenturen Tür an Tür, die auf die verschiedensten Ausflugsziele spezialisiert sind. Die mangelnde Infrastruktur im Land macht sie für alle, die lieber komfortabel reisen möchten, unentbehrlich. Vor allem im Amazonasgebiet, aber auch in der Sierra haben Ausflugsunternehmen die touristischen Trampelpfade erst geebnet. So sammeln sich in der Neustadt Quitos Besucher aus aller Welt, die der Metropole das weltoffene, freilich landesuntypische Flair eines internationalen Treffpunkts verleihen.

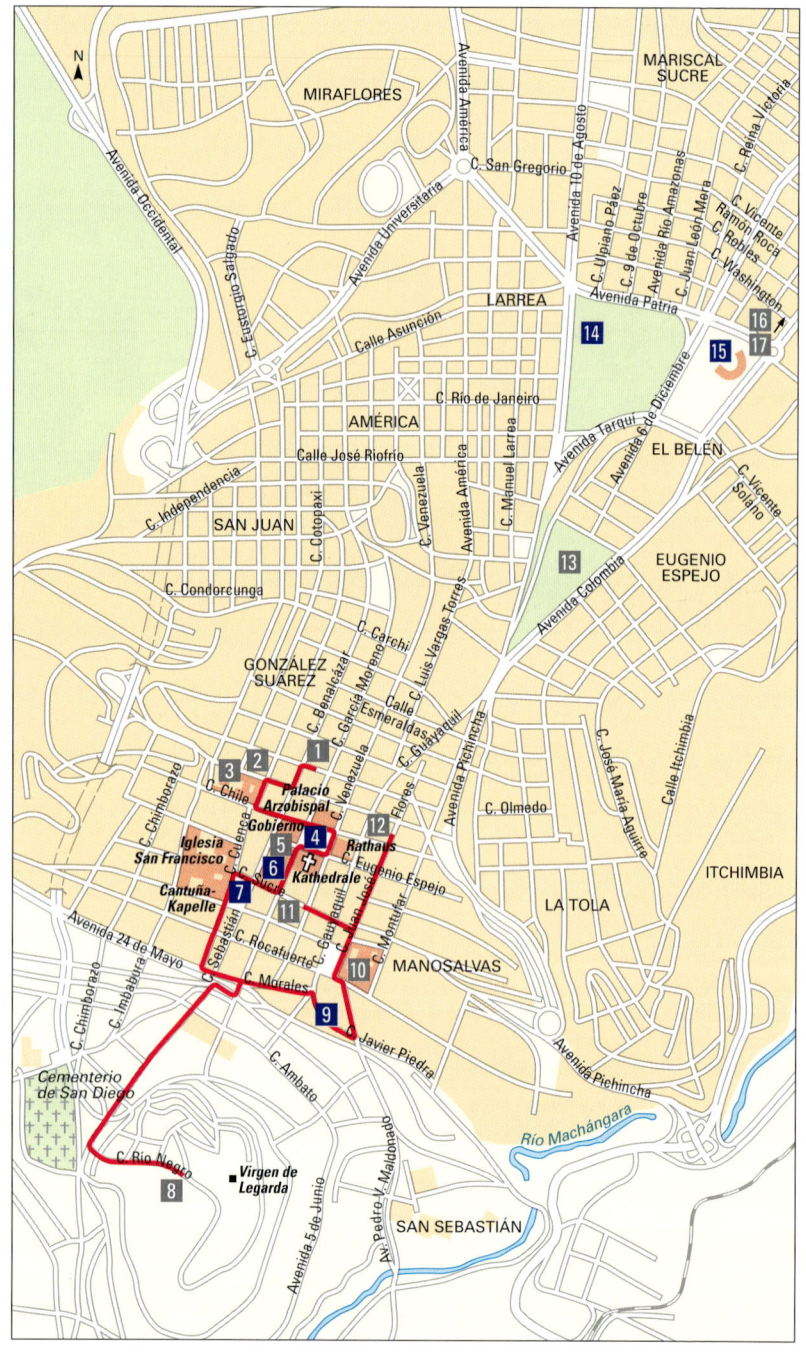

N

MIRAFLORES

MARISCAL
SUCRE

Avenida América

C. San Gregorio

Avenida 10 de Agosto

Avenida Occidental

C. Reina Victoria

C. Vicente

Ramón Roca

C. Washington

Avenida Río Amazonas

Avenida Universitaria

Avenida Patria

C. Upiano Páez

C. 9 de Octubre

C. Juan León Mera

C. Robles

LARREA

14

Calle Asunción

15

16

17

C. Río de Janeiro

AMÉRICA

EL BELÉN

Calle José Riofrío

C. Vicente
Solano

C. Independencia

Avenida Tarqui

Avenida 6 de Diciembre

C. Venezuela

Avenida América

C. Manuel Larrea

SAN JUAN

C. Cotopaxi

Avenida Colombia

EUGENIO
ESPEJO

C. Condorcunga

13

C. Independencia

C. Carchi

GONZÁLEZ
SUÁREZ

C. Benalcázar

C. García Moreno

Calle
Esmeraldas

C. Luis Vargas Torres

C. José María Aguirre

Calle Itchimbía

ITCHIMBÍA

C. Guayaquil

Avenida Pichincha

1

3 2

Palacio
Arzobispal
Gobierno

C. Chile

C. Venezuela

Flores

C. Olmedo

C. Chimborazo

Iglesia
San Francisco

C. Cuenca

5

6

4

Kathedrale

12

Rathaus

C. Eugenio Espejo

LA TOLA

Cantuña-
Kapelle

7

C. Sucre

11

C. Gaudón

C. Montúfar

Avenida 24 de Mayo

C. Sebastián

C. Rocafuerte

10

MANOSALVAS

C. Imbabura

C. Morales

C. Chimborazo

9

Cementerio
de San Diego

C. Ambato

Javier Piedra

Avenida Pichincha

Río Machángara

C. Río Negro

8

Virgen de
Legarda

Avenida 5 de Junio

Av. Pedro V. Maldonado

SAN SEBASTIÁN

Spaziergang durch die Altstadt

Ausgangspunkt des Rundgangs ist die nach dem Stadtgründer benannte **Casa Benalcázar** ▮ an der Ecke der Calles Benalcázar und Olmedo. Hier soll Sebastián de Benalcázar gewohnt haben. Das unscheinbare Haus von 1534 birgt ein kleines Museum mit religiöser Kunst und eine Bibliothek. Einen Block weiter führt die Calle Mejía hinauf zum **Museo Nacional de Arte Colonial** ▮, dem besten Museum für koloniale Kunst in Quito. Besonders umfangreich sind hier die Künstler der Schule von Quito vertreten. Im gleichen Block aber an der Calle Chile liegt der Eingang zur **Iglesia La Merced** ▮. Die letzte in der Kolonialzeit erbaute Kirche (1700–42) besitzt den höchsten Kirchturm Quitos (47 m). Der Altar wurde von Bernardo de Legarda gestaltet, die *Virgen de la Merced,* Schutzpatronin der Armee, gilt als älteste Skulptur der Stadt, die Gemälde und Glasfenster erzählen von Vulkanausbrüchen und der Missionsarbeit.

Die Calle Chile führt nun nach Osten direkt auf das Herz der Altstadt zu: die **Plaza de la Independencia** ▮, auch Plaza Grande genannt. Zahlreiche Bänke laden dazu ein, das bunte Treiben, aber auch das klassische Gebäudeensemble rund um den Platz, auf sich wirken zu lassen: Platzbeherrschend ist der **Palacio de Gobierno** an der Westseite mit seinem erhöhten Arkadengang und der von zwei Wachsoldaten in historischen Uniformen bewachten Pforte. Früher Sitz der *Real Audiencia*, des königlichen Gerichts, residiert heute hier der Staatspräsident. Den Treppenaufgang zum 1. Stock schmückte Oswaldo Guayasamín, der bekannteste zeitgenössische Künstler Quitos, 1960 mit einem großen Mosaik aus, das an die Entdeckung des Amazonas durch Francisco de Orellana erinnert.

An der Nordseite der Plaza sind das ehemalige **Grandhotel Majestic** und der **Palacio Arzobispal,** der erzbischöfliche Palast, zu sehen. Letzterer besitzt einen sehr schönen Innenhof, in den z. T. Souvenirläden eingezogen sind, außerdem betreibt hier der Maler Nelson Román ein stilvolles, mit seinen Werken dekoriertes Galerie-Café. Im Osten des Platzes steht das moderne **Rathaus** und daneben der **Palacio de Carondelet,** den Ende des 18. Jh. der Präsident der *Real Audiencia,* der Baron de Carondelet, bewohnte. Dieser gab 1797, nach dem verheerenden Erdbeben, dem spanischen Architekten Antonio García auch den Auftrag, die **Kathedrale** zu erneuern, die mit ihrer Längsseite die Plaza de la Independencia beherrscht. Auf dem offenen, über eine Treppe zu erreichenden Vorplatz konnten nicht getaufte *indígenas* der Messe beiwohnen.

Die Kathedrale birgt herausragende Werke der bekanntesten Künstler Quitos: über dem rotgoldenen Chorgestühl die ›Krönung der Jungfrau‹ von Manuel de Samaniego und im gotischen Chorumgang *(trascoro)* die berühmte Kreuzabnahme ›Cristo Muerte‹ sowie die ›Sabana Santa‹ von Caspicara und das Gemälde ›Tod der Jungfrau‹ von Miguel

---

Quito   1 Casa Benalcázar   2 Museo Nacional de Arte Colonial   3 Iglesia de la Merced   4 Plaza de la Independencia   5 Museo de Arte e Historia   6 La Compañía de Jesús   7 Plaza San Francisco   8 Panecillo   9 La Ronda   10 Iglesia Santo Domingo   11 Casa de Sucre   12 Iglesia San Agustín   13 Parque de la Alameda   14 Parque El Ejido   15 Casa de la Cultura   16 El Santuario de Guápulo   17 Museo Guayasamín

Der Turm der Kathedrale

de Santiago. Neben zahlreichen Gedenktafeln für bedeutende Persönlichkeiten erinnern außerdem die Sarkophage an Antonio José de Sucre, den Befreier Quitos, und an Juan José Flores, den ersten Präsidenten des Landes.

Die **Capilla del Sagrario** (1657–1706), gleich neben der Kathedrale, trumpft mit ihrem vergoldeten Schnitzwerk in überschwenglichem Churrigueresco-Barock am Eingang und reich verzierten Altären auf. Gegenüber, an der Calle García Moreno/Espejo, liegt das **Museo Municipal de Arte e Historia 5**, das Stadtmuseum, wo im Keller Wachsfiguren an die hier eingekerkerten und 1810 hingerichteten Revolutionäre erinnern. Wenige Schritte weiter Richtung Süden steht die berühmteste Kirche Quitos: **La Compañía de Jesús 6** (1605–1770). Die barocke Fassade mit den gedrehten salomonischen Säulen schuf der aus Bamberg stammende Je-

suit Leonhard Deubler. Besonders kostbar gestaltet ist der erst 1766 fertiggestellte dreiteilige Hauptaltar. Überall glänzt der Innenraum von Gold – 7 t Blattgold sollen insgesamt für die Ausschmückung der Kirche verwendet worden sein.

Die Calle Antonio José de Sucre führt nach Westen entlang der Kirche bis zur weiten **Plaza San Francisco 7**, über deren gesamte Stirnseite sich die älteste Kirche der Stadt erhebt: die **Iglesia San Francisco** (1535–1605) mit Kloster und Kapelle. Die Kirche steht der von La Compañía de Jesús in Prunk kaum nach. Innen erstrahlt sie in goldener Pracht, Chor und Vierung schmücken reich verzierte Decken im Mudéjar-Stil, und im Zentrum des Hauptaltars thront die berühmte, 1734 von Bernardo de Legarda geschnitzte ›Inmaculada‹ (›unbefleckte Jungfrau‹), auch ›Nuestra Señora de Quito‹ genannt.

Der Platz vor der Kirche scheint gänzlich in den Besitz der *indígenas* von Quito übergegangen zu sein, zu fast jeder Tageszeit ist er von Familien, spielenden Kindern, Schuhputzern und Bettlern bevölkert. Neben dem Eingang, an der Calle Cuenca, steht die Statue von Jodoco Ricke, des Kirchenbauherrn und Begründers der Schule von Quito. Dahinter breitet sich das zur Kirche gehörige Kloster aus. Seinen mit Palmen geschmückten schönen Innenhof ziert ein Marmorbrunnen, den Kreuzgang eine Gemäldegalerie, und im Museum werden viele Gemälde aus der Anfangszeit der Schule von Quito aufbewahrt.

Eine denkwürdige Geschichte umgibt die intime kleine **Cantuña-Kapelle** am südlichen Ende des Blocks. Der Sohn eines Inka-Offiziers, den ein Spanier an Sohnes Statt aufnahm und großzog, soll sie gestiftet haben. Als der Ziehvater

Innenhof im Palacio Arzobispal

zu verarmen drohte, erinnerte sich der Adoptivsohn versteckter Inka-Schätze, half ihm und erbaute die Kapelle. Die gute Tat erwies sich als verhängnisvoll, denn man bezichtigte ihn des Pakts mit dem Teufel, um an die Quellen seines Reichtums zu gelangen. Dem Inquisitionsgericht vorgeführt und der Folter unterzogen, gestand er zwar die Liason mit dem Teufel, aber nicht, woher er das Gold hatte.

Von der Plaza San Francisco ist der Altstadthügel **Panecillo** 8 mit der Eisenkonstruktion der *Virgen de Legarda* gut zu erreichen. Der Weg hinauf lohnt schon wegen der herrlichen Aussicht von der Plattform in der Statue – aus Sicherheitsgründen sollte man jedoch dafür ein Taxi nehmen und nicht hinauf laufen.

Am Fuß des Panecillo zieht sich die älteste Altstadtstraße Quitos entlang, die abschüssige Calle Juan Dios Morales,

meist nur **La Ronda** 9 genannt. Die Giebel und Holzbalkone der schmalen Häuser folgen dem Neigungswinkel der Straße und geben dieser das zauberhafte Aussehen einer uralten andalusischen Dorfgasse. An ihrem östlichen Ende geht es scharf links zur **Plaza Santo Domingo.** Eine Statue von Antonio José de Sucre zeigt hier auf die Hänge des Pichincha, zu deren Füßen er 1822 die entscheidende Schlacht gegen die Spanier gewann. Den Platz beherrscht der riesige Klosterkomplex **Santo Domingo** 10, der ab 1581 nach Plänen des auch für viele mexikanische Kirchen verantwortlich zeichnenden spanischen Kirchenbauers Francisco de Becerra errichtet wurde. Berühmt ist die Rosenkranzkapelle rechts vom Hauptaltar der Kirche, deren Statue der *Virgen del Rosario* (›Jungfrau des Rosenkranzes‹) auf eine Stiftung von Karl V. zurückgeht und deren Gebäude die Calle Roca-

Der Äquator

Äquatordenkmal in Mitad del Mundo

Ecuador ist nach dem Äquator benannt, dessen Bestimmung im Grunde auf Kolumbus und Kopernikus zurückgeht, obwohl schon Eratothenes 275 v. Chr. und Claudius Ptolemäus etwa 200 n. Chr. die Erde teilten. Doch erst im 18. Jh. trafen alle Bedingungen zu, die für die Festlegung des genauen Äquatorverlaufs notwendig waren. Kolumbus hatte mit der Entdeckung der Neuen Welt das Bild der Erde revolutioniert, denn bis dahin war den Kartographen die Existenz eines Kontinents zwischen Asien und Europa unbekannt gewesen. Der Astronom Kopernikus wiederum hatte durch die Beobachtung des Himmels erkannt, daß sich die Erde um die Sonne dreht. Diese Theorie vom heliozentrischen Planetensystem schuf die Grundlagen für die Messungen und Berechnungen. Schließlich stellte sich heraus, daß es keinen besseren Platz für eine Vermessung gab als den Andenraum nördlich von Quito, wo die Inka bereits den Äquator kannten, den sie in ihrer Sprache *Inty Nan* (›Weg der Sonne‹) nannten. Seit Fernão de Magalhães 1519–21 erstmals die Erde umsegelte, wußte man auch, daß die Erde rund war, doch nicht, welche Form sie besaß: War sie wie ein Ei oder wie eine Kugel? Eine Frage, über die sich die Gelehrten im 18. Jh. nun immer noch stritten. Um sie endlich zu klären, rüstete die Akademie der Wissenschaften von Paris mit Unterstützung von Louis XV. im Jahr 1735 zwei Expeditionen aus, die die Erde am Äquator und in Nordpolnähe vermessen sollten. Nach Quito reisten Charles Marie de la Condamine und Pierre Bouguer. Ihre Messungen ergaben, daß die Erde – von den Abflachungen an den Polen abgesehen – eine Kugel ist. Darüber hinaus brachten sie der Welt auch eine neue Maßeinheit: den vierzigmillionsten Teil des gemessenen Erdumfangs – den Meter.

fuerte überspannt. In der Sakristei sind schöne polychrome Kommoden zu sehen, das Refektorium schmücken Mudéjar-Decken und Gemälde über das Leben bedeutender Dominikanermönche. Der Altar ist dem Volksheiligen Martín de Porres (1569–1639) gewidmet, dem Sohn einer Schwarzen und eines spanischen Adligen, der sich als Laienbruder um Kranke und Arme kümmerte. In der benachbarten Kapelle liegt Präsident García Moreno begraben. Im besonders schön mit Palmen und Araukarien beschatteten großen Innenhof des Klosters befindet sich ein Museum für religiöse Kunst.

Die Calle de Sucre führt hinauf zur **Casa de Sucre** [11], wo man sich über das Leben und Wirken des Befreiungshelden von Ecuador informieren kann, nach dem auch die Landeswährung benannt ist. Einen letzten Abstecher lohnt die **Klosterkirche San Agustín** [12] an der Calle Guayaquil, die wie die Kirche Santo Domingo von Francisco de Becerra 1580 begonnen und 1606 von Juan de Coral weitergebaut wurde. Die Fassade wurde 1669 fertiggestellt. Das monumentale Bild am Hauptaltar gehört zu den berühmtesten Werken von Miguel de Santiago. Es zeigt das Leben des Heiligen Augustin. Besonders prunkvoll ist die *Sala Capitular* ausgestattet, in der 1809 die erste Unabhängigkeitserklärung Ecuadors unterzeichnet wurde. Im 3. Stock des Klosters sind Restaurierungswerkstätten untergebracht.

Die Neustadt

Die Calle Guayaquil endet, vorbei am Teatro Sucre und der Trolleystation, in der Nähe des **Parque Alameda** [13] mit der alten Sternwarte, wo noch eine Tafel an die erste Äquatorvermessung erin-

nert. Nicht weit ist es von hier zum **Parque El Ejido** [14], der sich sonntags in eine Werkschau ecuadorianischer Künstler und in einen Markt für Kunsthandwerk verwandelt. Im Norden von El Ejido beginnt die Avenida Río Amazonas, die Flaniermeile der Neustadt. Im Osten, zwischen der Avenida 6 de Diciembre und der Avenida 12 de Octubre, breitet sich die verspiegelte **Casa de la Cultura** [15] mit dem erstklassig aufbereiteten Museo Nacional des Banco Central aus. Die einzelnen Ausstellungssäle sind streng den jeweiligen Epochen der ecuadorianischen Geschichte zugeordnet. So sind in der *Sala de Arqueología* die wertvollen Keramikfunde der alten ecuadorianischen Kulturen zusammengetragen, in der *Sala de Oro* glänzen die z. T. äußerst filigranen präkolumbischen Goldarbeiten, Schmuckstücke für hohe Ordensträger und Grabbeigaben mit Fetischcharakter. In der riesigen *Sala de Arte Colonial* überwiegen religiöse Skulpturen und Gemälde der Kolonialzeit, darunter viele Werke der Schule von Quito, die die indianische Herkunft der Künstler gut erkennen lassen. Die *Sala de Arte de la República* zeigt Kunstwerke aus der Zeit von 1820–1944, darunter Werke des Genremalers Pedro León oder Landschaftsbilder von Rafael Troya. Die Ausstellungsreihe beschließen die *Sala del Mueble* (Kolonialmöbel) und die *Salas de Exposiciones Temporales* mit Werken zeitgenössischer Maler.

Die lange Avenida 12 de Octubre, die die Casa de Cultura im Osten passiert, führt vorbei an der amerikanischen Botschaft und vornehmen Häusern zur beliebten Hochzeitskirche **El Sanctuario de Guápulo** [16] (1680). (Am besten die Strecke mit dem Taxi fahren.) Die hübsche Kirche war lange Zeit Zentrum der Schule von Quito und birgt Werke berühmter Absolventen, wie z. B. ›Los Milagros de la Virgen‹ (›Die Wunder der Jungfrau‹) von Miguel de Santiago, vor allem aber gehört ihre holzgeschnitzte Kanzel zu den schönsten des Landes. Ebenfalls weit außerhalb des Zentrums, in der Calle José Bosmediano im vornehmen Stadtteil Bellavista, ist im **Museo Guayasamín** 17 neben einer Werkschau des bekanntesten zeitgenössischen ecuadorianischen Künstlers Oswaldo Guayasamín (*1919) eine faszinierende Sammlung kolonialer Kunst zu sehen, die der Sohn eines Indianers und einer Mestizin zusammentrug.

Ausflug zur Mitad del Mundo

(Karte s. S. 205) Rund 20 km nördlich von Quito liegt auf der dort verlaufenden Äquatorlinie **Ciudad Mitad del Mundo** (S. 287), die ›Stadt der Weltmitte‹. Der touristische Komplex wurde wie ein Dorf mit Hauptplatz und Straßen gestaltet. Souvenirläden, Restaurants und sogar eine Reiseagentur säumen die Plaza Principal. An der Avenida Principal erinnern 13 Statuen an die Mitglieder der 1735 von dem Franzosen

Charles Marie de la Condamine geleiteten Expedition zur Ermittlung des exakten Erdumfangs. Zur Denkmalanlage gehören außerdem ein Planetarium (Observatorio Astronómico) mit 68 Plätzen, außerdem ein französischer Pavillon mit dem Museo Geodésico, das die Geschichte der Äquatorbestimmung dokumentiert, und ein 30 m hoher Turm mit einer Aussichtsplattform. In jedem Stockwerk des Turms sind typische Alltagsgegenstände der verschiedenen indianischen Volksgruppen Ecuadors zu sehen.

Von Ciudad Mitad del Mundo werden etwa dreistündige Ausflüge zum nahen, vor 4000 Jahren erloschenen **Pululahua-Krater** angeboten. Die rund 4 km breite Talsohle des Kraters ist bewohnt. Hier findet sich auch die Green Horse Ranch, die Ausflüge zu Pferd in die ökologisch hoch interessante Reserva Geobotánica Pululahua organisiert, z. B. zu den Vulkankegeln Loma Pondoña und Loma El Chico, wo seltene Hochlandpflanzen wachsen und Hobbyornithologen eine reiche Vogelwelt erwartet. Auf dem Weg von Ciudad Mitad del Mundo zur *reserva* liegt noch die Ausgrabungsstätte **Rumicucho,** wo die Grundmauerreste einer Inka-Festung zu sehen sind.

Das Andenhochland um Quito ist Indianerland

Das Andenhochland nördlich von Quito

Dunkle Seen im Schatten von Vulkanen, archaische Landschaften, so mysteriös wie die Mythologie und Geschichte der hier im Norden überwiegend heimischen Nachfahren der Cara rahmen die Panamericana gen Norden. Wegen der vielen Kraterseen wird dieses Stück des interamerikanischen Highways auch gern *ruta de los lagos* genannt. Darüber hinaus erschließt die Straße zahlreiche Ortschaften, in denen sich die Bevölkerung auf die Herstellung von Kunsthandwerk spezialisiert hat, vor allem führt sie aber nach Otavalo, einem Marktflecken, in dem die direkten Nachfahren der Cara leben. Die Volksgruppe gehört zu den reichsten und angesehensten *indígenas* des Landes. Ihre Webereien machen den Samstagsmarkt in Otavalo zur großen Touristenattraktion. Er ist es vor allem, der Besucher in den Norden lockt. Am Panamericana-Wegesrand: einige wunderschöne in Hotels umgewandelte alte Haciendas – stilvolle Residenzen für Genießer.

Auf der Panamericana nach Otavalo

Schon **Calderón** 1, der rund 32 km nördlich von Quito an der Panamericana gelegene kleine Ketchua-Ort, ist ein Muß für Souvenirjäger: Nur hier werden die *guagas de pan* (›Brotbabys‹) hergestellt, kleine phantasievoll bemalte Figuren aus hartgebranntem Salzteig. Obwohl heute vor allem ein touristischer Exportartikel (z. B. als Weihnachtsschmuck), kann man am Allerseelentag auf dem Dorffriedhof noch die ursprüngliche Bedeutung dieser *guagas*

de pan erleben. Dann legen die *indígenas* diese für sie von guten Geistern beseelten Figuren, neben Blumen und Speisen, als Opfergaben für die Verstorbenen auf die Gräber. Überall im Zentrum findet man Souvenirläden, längst sind freilich nicht mehr alle Figuren von indianischem Symbolcharakter.

Nach Überwindung des tiefen Guayllabambe-Tals klettert die Panamericana wieder hinauf nach **Cayambe** 2. Der am Fuß des 5790 m hohen schneebedeckten Cayambe gelegene Ort mit einem kleinen Äquatormonument ist ein wichtiges Zentrum für die Viehzucht und Käseherstellung. Die Besteigung des dritthöchsten Bergs in Ecuador gilt als Herausforderung für erfahrene Bergsteiger; sie soll schwieriger sein als die des Cotopaxi oder Chimborazo.

Die Fahrt auf der Panamericana geht nun über das kleine Dorf Ayora nach Gonzalez Suárez, wo eine Stichstraße bald nach San Pablo am dunkelgrünen, im Schatten des Imbabura (4630 m) ruhenden **Lago San Pablo** 3 abbiegt. Seine ruhig am Ostufer gelegenen Ferienhotels werden von vielen Otavalo-Besuchern einem Quartier in dem nur 5 km entfernten Städtchen vorgezogen.

Otavalo

Otavalo 4 (S. 304, 2530 m), der Ort der Weber, ist der touristische Treffpunkt des Nordens. Daß hier eine internationale Globetrotterszene zusammenkommt, kann man inzwischen sogar schon während der Woche spüren. Die überwiegend kleinen Hotels sind stärker denn je auch wochentags belegt. An der

Plaza de Ponchos, dem Zentrum des berühmten samstäglichen Marktgeschehens, findet inzwischen jeden Tag ein kleiner Kunstgewerbemarkt statt.

Vermutlich war Otavalo bereits in präkolumbischer Zeit ein bedeutender Marktplatz der Cara, aber erst in diesem Jahrhundert wurde er zum Mittelpunkt des weltumspannenden Otavalo-Webwarenhandels, der die Otavaleños inzwischen zu den reichsten *indígenas* Südamerikas machte. Wie keine anderen, bringen sie moderne Technik und uralte Tradition unter einen Hut: Sie vermarkten ihre Waren per Computer, benutzen die neuesten Pick-ups für den Transport, halten aber an ihrer traditionellen Nationaltracht eisern fest. Die Frauen tragen als Zeichen ihres Wohlstands über einer ausgeschnittenen weißen Volantbluse, die sie in ihre beiden Röcke (weiß, darüber dunkelblau) stecken, zahlreiche Reihen goldener Glasperlenketten eng um den Hals. Die Männer bedecken den Kopf mit einem schwarzen Filzhut, unter dem nur der Nackenzopf hervorschaut. Über eine weiße, dreiviertellange Hose und ein weißes Hemd werfen sie einen dunkelblauen Poncho. So gewandet reisen die Otavaleños als geschäftstüchtige Botschafter ihrer Kultur durch die ganze Welt und beleben als Musikgruppen oder Souvenirhändler so manche Fußgängerzone in Amerika und Europa.

Ihr Schaufenster aber ist und bleibt die Plaza de Ponchos während des Samstagsmarkts. Neben den typischen, sehr oft mit altindianischen Tiermotiven geschmückten Webwaren der Otavaleños findet man eine üppige Auswahl typischer Landessouvenirs wie Panamahüte, Töpferwaren, Schmuck, religiöse Bilder und Figuren, Sättel bis zu altem Kochgeschirr und antike Stücke für Liebhaber. Wer die Kultur der Otava-

leños näher kennenlernen will, besuche das Instituto Otavaleño de Antropología nördlich des Zentrums an der Panamericana, ein Museum über den Volksstamm, seine Geschichte und die seiner Webkunst.

An der südwestlichen Ausfahrt von Otavalo führt die Verlängerung der Calle Sucre nach etwa 16 km zu den **Lagos de Mojanda** 5, einem schönen *páramo*-Wandergebiet mit drei Hochlandseen: der Laguna de Chica (Huarmicocha, ›See der Frau‹), der 120 m tiefen Laguna de Mojanda (Caricocha, ›See des Mannes‹), die in der großen Caldera des alten Vulkans Mojanda liegt, und der mit 3700 m am höchsten gelegenen Laguna Negra (Yanacocha, ›schwarzer See‹). Verläßt man Otavalo über die nördliche Ausfahrtsstraße Richtung Ibarra, zweigt rechts bald die Zufahrtsstraße zum Vorort Peguche ab, wo bei der Kirche eine Webwerkstatt besucht werden kann.

Von Otavalo nach Tulcán

Bevor man auf der Panamericana Ibarra ansteuert, lohnt ein Abstecher nach **Cotacachi** 6 (S. 288). Der Ketchua-Name, der übersetzt ›Salz mahlen‹ bedeutet, weist daraufhin, daß man in diesem kleinen Ort nicht immer auf die Verarbeitung von Leder spezialisiert war. Heute reiht sich in der Hauptstraße eine Lederboutique an die andere. Am Dorfrand liegt die **Hostería La Mirage**, das einzige Hotel Ecuadors, das zur internationalen Schloßhotelkette Relais & Châteaux gehört. Im Zentrum gibt ein sehenswertes, mit viel Liebe zum Detail aufbereitetes Museo de las Culturas einen Überblick über die Kulturgeschichte der Region. Gleich der erste Saal informiert über die lokalen präkolumbischen Stämme, die Cara, Cayam-

Ponchos und Decken für die Welt – Die Webkunst der Otavaleños

Schon in präkolumbischer Zeit beherrschten die *indígena*-Stämme im Hochland nördlich von Quito die Webkunst so ausgezeichnet, daß sie ihren Tribut an die Inka-Herrscher in Textilien bezahlen mußten. Vor 450 Jahren unterwarfen die Spanier die Cara um Otavalo und rekrutierten sie als Zwangsarbeiter für ihre Webwerkstätten. Die Otavaleños mögen an die Webstühle gekettet gewesen sein, und doch lernten sie ohne Abscheu zu nutzen, was man ihnen aufzwang: den Webstuhl, die Wolle der Schafe, das Spinnrad. Sie verbesserten ihre Kunst sogar, ohne viel Aufsehen zu erregen und ohne ihren Stolz auf die eigene Kultur abzulegen. Anfang dieses Jahrhunderts bekamen sie englischen Tweed in die Hände und webten fortan ähnlich dicke Stoffe, in die sie ihre angestammten Muster hineinarbeiteten. Freilich nicht ohne Geschäftssinn und Anpassungsfähigkeit an die Wünsche und Vorstellungen von Kunden.

Anfang der 60er Jahre – mit dem Beginn des internationalen Ferntourismus – schlug schließlich ihre große Stunde.

Manche Otavaleños sagen heute: »Da begann unsere Rekonquista.« – ihre ›Zurückeroberung‹. Sie fingen an, ihre Ponchos und Wandbehänge, später auch Strickwaren, in die ganze Welt zu exportieren und sich mit dem verdienten Geld, Land und Achtung zu erwerben. Inzwischen gibt es kaum einen Winkel der Erde, in den keine Textilien aus Otavalo verschickt werden. Die weltweiten Geschäfte wickeln *amigos* ab, Verbindungsleute, die dafür sorgen, daß auf die als Kunsthandwerk deklarierten Waren nur Niedrigzölle erhoben werden. Die Verbindungsmänner sind zugleich Musikanten, die in Kleintransportern leben und von Ort zu Ort tingeln, aufspielen, Pullover verkaufen und nach Hause faxen, um noch mehr Pullover anzufordern. In Otavalo fahren sie längst die dickeren Autos, eröffnen die feineren Restaurants und glauben dabei noch fest an Hexerei. Wenn man sie nach ihrem Erfolgsgeheimnis befragt, dann geben Otavaleños gern zur Antwort: »Wir schauen beim Gehen nicht zum Boden. Wir schauen in den Himmel, der ist unendlich.«

Die Hostería La Mirage

Im Pavillon frühstückt man mit Blick auf einen blühenden Garten voller Kolibris. Jedes Zimmer ist mit antiken Kostbarkeiten, ausgesuchter Kunst und viel Sinn fürs besondere Detail eingerichtet. Diniert wird zu Pianomusik, und auf den festlich gedeckten Tisch kommt eine in Ecuador einzigartige Drei-Sterne-Gourmetküche. Und wenn man dann, erschöpft von den Ausflügen des Tages, die vielleicht zu den Lagunen der Umgebung oder auf den nahen Markt von Otavalo führten, in seine Suite heimkehrt, dann liegen schon Holzscheite vor der Tür oder flackert gar schon das Feuer im Kamin. Die Hostería La Mirage ist ein kleines Paradies, spürbar nach feinsinnigen Traumvorstellungen gestaltet, wie sie nur ein Mann entwickeln konnte, der die hohe Schule der Hotellerie und der Gastronomie auch außerhalb des Landes studiert hat. Jorge Espinoza lernte in Deutschland. Irgendwann aber beschloß er, aus ein bißchen Patriotismus, wie er sagt, doch in seine Heimat Ecuador zurückzukehren. Er wählte für sein Traumprojekt freilich nicht seine Heimatstadt Loja aus. Otavalo und die Otavaleños, ihr Stolz, ihr Fleiß, ihre fast preußischen Qualitäten einerseits und andererseits ihre magische indianische Welt, die sich auch in der Landschaft der Vulkanseen, dunklen Gipfeln und blühenden Hochlandwiesen ausdrückt, verlockten mehr.

be und Otavalo und ihre drei Fürstentümer. Dabei erfährt man, daß Atahualpas Mutter, die Shyri-Prinzessin Pacha, aus Caranquí stammte. Alte indianische Rituale werden ebenso erklärt wie Spiele, die ihre Wurzeln in präkolumbischer Zeit haben. In der *Sala de música* sind schließlich alte traditionelle Musikinstrumente zu sehen, darunter die Caracolmuschel.

In der Umgebung des Ortes liegt die **Laguna Cuicocha** 7, der ›See der Meerschweinchen‹, ein etwa 3100 m hoch gelegener Kratersee mit Aussichtsrestaurant und Anleger für Ausflugsboote. Die beiden Inseln, die sich aus dem Wasser erheben, sind bereits erodierte alte Sekundärvulkane. Vom kleinen Restaurante Mirador am Kraterrand kann man die gesamte Caldera gut überblicken, besonders eindrucksvoll ist das Panorama bei klarem Wetter, wenn sich auch die schneebedeckte Spitze des Cotacachi (4939 m) zeigt.

Ibarra 8 (S. 294), die Hauptstadt der Provinz Imbabura auf 2200 m Höhe am Fuß des Imbabura (4630 m), ist der wichtigste Verkehrsknotenpunkt des nördlichen Andenhochlands: Hier kreuzt die Panamericana die z. T. fertiggestellte Straße nach San Lorenzo an der Pazifikküste. Außerdem verbindet auch eine Eisenbahnstrecke Ibarra mit San Lorenzo. So durchweht die eigentlich eher beschauliche 80 000 Einwohnerstadt ein sanfter Hauch von Weltoffenheit. Außer dem alten Autoferrobahnhof, wo die Zuckerrohrschneider auf den nächsten Zug warten, gibt es jedoch in dieser Stadt wenig zu sehen, vielleicht noch samstags das Schauspiel der *pelota*-Spieler beim Busbahnhof. Das Ballspiel soll nach Ansicht von Wissenschaftlern schon von den Cara oder Inka gespielt worden sein.

1606 als Verwaltungssitz gegründet, besitzt Ibarra einige schöne Kolonialbauten im Zentrum, die nach einem Erd-

Das Andenhochland nördlich von Quito

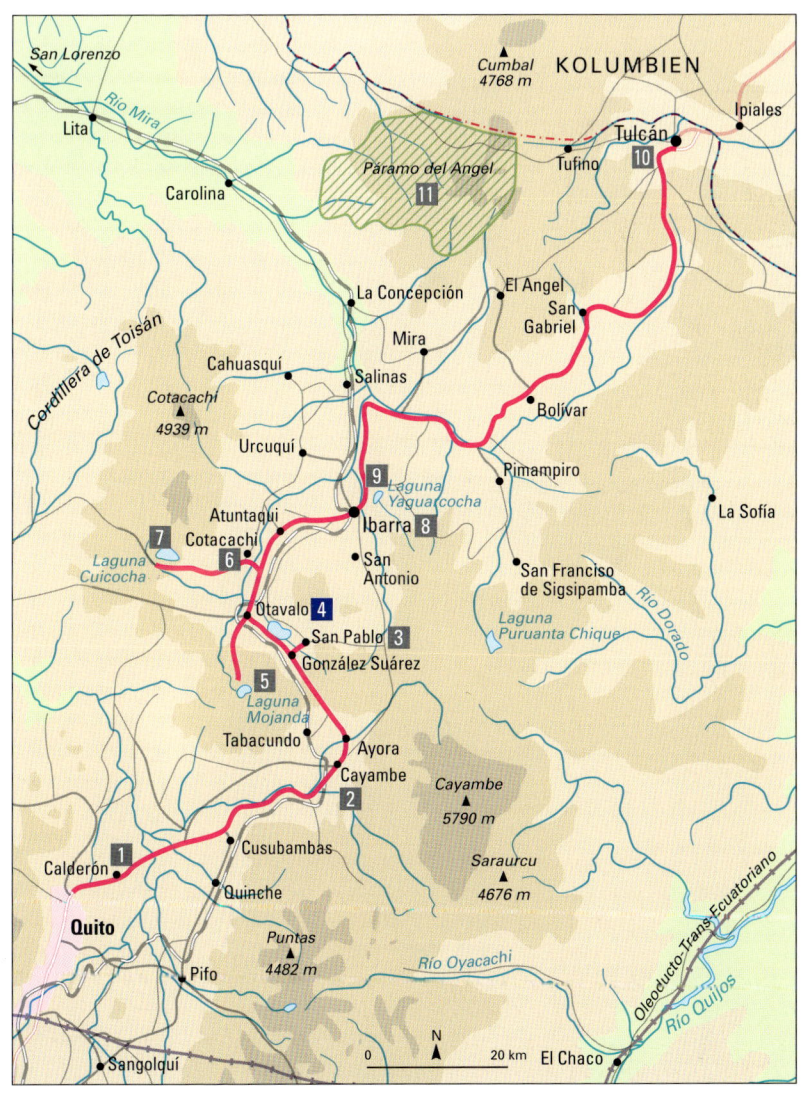

Geheimnisse umgeben die Laguna Cuicocha

beben im Jahr 1868 dank der schnellen Hilfe des damaligen Präsidenten Moreno innerhalb von vier Jahren wiederaufgebaut wurden. Sie sind schnell während eines kurzen Bummels über den zentralen Parque Pedro Moncayo oder um den nur ein paar Blocks entfernten Parque Dr. Victor Manuel Peñaherrera entdeckt. An religiöser Kunst Interessierte können sich im kleinen Museo Fray Pedro bei der Iglesia Santo Domingo am Ende der Carretera Simón Bolívar an der Plazoleta Boyacá einige schöne Statuen und Gemälde ansehen. Der Vorort San Antonio de Ibarra hat sich zum Zentrum der Holzschnitzkunst mit einigen guten Werkstätten und Galerien entwickelt. Unterschiedlichste Schnitzereien stehen zum Verkauf: elegante schlankfüßige Kraniche, Christusfiguren und jede Menge Madonnen.

Verläßt man Ibarra wieder über die Panamericana gen Norden, öffnet sich bald der Blick auf die **Laguna Yaguarcocha** 9, an der der Inka-Herrscher Huayna Cápac Anfang des 16. Jh. die entscheidende Schlacht gegen die Cara gewann. Der Name – übersetzt bedeutet er ›Blutsee‹ – erinnert an das Gemetzel. Huayna Cápac befahl damals, die toten Krieger in den See zu werfen, worauf dieser sich blutrot gefärbt haben soll.

Die Weiterfahrt auf der Panamericana lohnt eigentlich nur noch für Grenzgänger, die bei **Tulcán** 10 (S. 322), der Hauptstadt der Provinz Carchi, hinüber nach Kolumbien wollen, oder für Naturfreunde: Westlich von Tulcán, beim kleinen Ort Tufino, liegt der Zugang zur 1992 eingerichteten **Reserva Ecológica El Ángel** 11, auf deren *páramo*-Wiesen unter anderem wunderschöne samtene *frailejones* gedeihen.

Das Anden-hochland südlich von Quito

Die Allee der Vulkane

Wenn das Wetter mitspielt, verwandelt sich die Traumstraße der Welt, die Panamericana südlich von Quito, in eine Galerie der Giganten. Dann erheben sich die gewaltigen Kegel des Yanaurca (4330 m), des Iliniza (5248 m), des Carihuairazo (4698 m), des Cotopaxi (5897 m), des Tungurahua (5023 m) und des Chimborazo (6310 m) mit von Schnee glitzernden Kuppen rechts und links des interamerikanischen Highways majestätisch über die Landschaft. Alles, was gerade noch groß und bedeutend schien, wirkt neben ihnen verschwindend klein, es wundert nicht länger, daß die indianische Bevölkerung die Gipfel der Vulkane als Wohnort ihrer Götter ansahen.

Alexander von Humboldt, der Ecuador 1802 besuchte, nannte die Anden zwischen Tulcán und Riobamba ›Allee der Vulkane‹ – ein Attribut, das aber besonders für den Abschnitt südlich von Quito zutrifft, da die Gipfel hier, deutli-

oben: Silhouette des Cotopaxi
◁ *Krater des Cotopaxi*

cher noch als im Norden, das in den Doppelgebirgszug der Cordillera Real eingebettete Längstal zu beiden Seiten flankieren. Trotz der ständigen Gefahr, die von den tätigen Vulkanen ausgeht, ist dieses zentrale Hochtal seit Menschengedenken der am dichtesten besiedelte Raum des Landes. Seit der Kolonialzeit beherrschen die weiten Ländereien der Großgrundbesitzer, seit der Landreform 1954 aber unterbrochen durch kleine Felder der *campesinos*, das Landschaftsbild. Die *indígenas* treffen sich auf den Marktplätzen der alten Dörfer, um Waren, Früchte, Gemüse und Vieh untereinander zu tauschen, ein mittelalterlich anmutender Handel, der sich im Abseits der nach wie vor von den *patrones* altspanischer Herkunft betriebenen ecuadorianischen Agrarwirtschaft abspielt. Anders als die Warenschau der Otavaleños im Norden, finden die Märkte des südlichen Hochlands noch für die Selbstversorgung der *indígenas* statt und nicht für den Tourismus. Der Besucher ist auf ihnen eine meist wenig beachtete Randfigur. Diese Märkte sind neben der Landschaft die Hauptattraktion der südlichen Sierra.

Von Quito nach Riobamba

Der erste größere Ort nach Quito ist **Machachi** **1** (S. 298), in dem das überall im Land erhältliche Mineralwasser ›Agua Güitig‹ abgefüllt wird. Am Ortsrand ziehen sich die Schienen der nur noch sonntags genutzten alten Bahnstrecke Quito–Riobamba entlang. Auf dem Programm der Gäste stehen Ausflüge zu den Vulkanen Iliniza und Corazón und zum nur wenige Kilometer entfernten **Nationalpark Cotopaxi** **2** (34 000 ha, S. 303), dessen Herzstück, der gewaltige Cotopaxi (5897 m), bei wolkenlosem Himmel schon ab Quito zu sehen ist. Mitte des 19. Jh. war der Vulkan sieben Jahre lang aktiv gewesen, bevor er 1877 viermal mit solcher Heftigkeit ausbrach, daß seine Lava den Talboden innerhalb von einer halben Stunde erreichte. Nur fünf Jahre zuvor war der Cotopaxi erstmals bestiegen worden – von dem deutschen Geologen Wilhelm Reiß und dem Kolumbianer Ángel M. Escobar. 1880 verbrachte der englische Bergsteiger Edward Whymper eine Nacht auf dem Gipfel. Seiner Route folgt heute der Standardaufstieg.

Die beiden Eingänge in den Nationalpark sind gut ausgeschildert, eine Zufahrt zweigt direkt von der Panamericana ab. Etwa 10 km hinter dem Eingang, vorbei an Lamagehegen, informiert ein kleines Museum mit einem Parkmodell über die *páramo*-Vegetation und die Tierwelt. Gipfelstürmer erwartet auf 4800 m Höhe die Schutzhütte José Ribas, zu der man bis auf 200 m mit dem Wagen heranfahren kann. Von hier starten die Alpinisten zum Gletscher des Kraterrands auf 5790 m.

Als Alexander von Humboldt 1802 den Cotopaxi studierte, wohnte er in der **Hacienda La Ciénaga** **3** (S. 293). Sie markiert unweit der Panamericana zwischen Lasso und Saquisilí wie ein kleines Schloß mit langer fürstlicher Eukalyptusallee und eigener Familienkapelle einen Großgrundbesitz, der seit Jahrhunderten der altspanischen Familie des Marqués de Maenza gehört. Laut Familienchronik wurde er im Jahr 1695 erworben. Die Familie wandelte die Hacienda 1982 in ein Hotel mit Restaurant um und öffnete den Garten mit der Kapelle für die Gäste. Wer will, kann in dem Zimmer wohnen, in dem einst Humboldt schlief.

Nur wenige Autominuten entfernt, liegt **Saquisilí** **4** (S. 320), wo jeden Donnerstag das soziale Kontrastprogramm zum Hacienda-Leben geboten wird. Hier finden sich die *indígenas* der Umgebung dann zu ihrem noch sehr ursprünglichen Markt ein. Hart wird um jeden Sucre gehandelt, Schweine, in Heimarbeit gewebte Schilfteppiche oder Säcke voller Kartoffeln wechseln den Besitzer, und an den Feldküchen servieren Frauen aus groben Töpfen über einem offenen Feuer heiße Suppen und Kaffee.

Latacunga **5** (S. 296), die Hauptstadt der Provinz Cotopaxi, etwa 11 km weiter südlich an der Panamericana, befindet sich in scheinbar sicherer Entfernung zum Cotopaxi. Dennoch wurde die Stadt im Laufe der Jahrhunderte bei seinen gewaltigen Ausbrüchen mehrmals zerstört, zuletzt 1877. Für den jeweiligen Wiederaufbau verwendeten die Bewohner häufig den leichten porösen *pómez*-Stein, den man heute noch an manchen unverputzten Fassaden in den Außenbezirken sehen kann. Das Zentrum um den eingezäunten Parque Vicente León, der nach einem bedeutenden Philologen benannt wurde, präsentiert sich jedoch inzwischen überaus gepflegt in frisch getünchtem Weiß. Viel mehr als den Eindruck einer um Ordnung bemühten liebenswert provinziellen Verwaltungsmetropole bietet die Stadt freilich nicht. Ausnahme: In einem der letzten Kolonialhäuser, der Casa de los Marqueses in der Calle Sánchez de Orellana, ist ein sehenswertes kleines Museum mit präkolumbischer und kolonialer Kunst untergebracht. Die Casa de la Cultura in einer alten Wassermühle von 1756, in der Holzmasken zu sehen waren, wie sie die *indígenas* der Region zu Festen und Tänzen tragen, ist z. Zt. geschlossen.

Lohnend ist von Lacatunga aus ein Abstecher nach **Pujilí** 6, insbesondere an den Markttagen Mittwoch und Sonntag. Ähnlich wie in Saquisilí scheint sich der Markt auch hier seit Jahrhunderten nicht verändert zu haben. Bekannt ist Pujilí außerdem für seine bemalten Keramiken, die fast an jeder Ecke angeboten werden.

Nach Latacunga folgt die Panamericana dem Río Culuchi, den einige Feuchtgebiete rahmen und der rund 30 km hinter Salcedo in den Río Ambato mündet. Davor liegt das lebhafte **Ambato** 7 (S. 274), Hauptstadt der Provinz Tungurahua und fast großstädtisch turbulentes Wirtschaftszentrum des zentralen Andenhochlands. Mit seinen steilen Straßen und engen Plätzen zieht es sich auf 2600 m Höhe über das unebene Ufer des Ambato. Gerbereien, Textilfabriken und andere Manufakturbetriebe geben hier vielen der rund 150 000 Einwohner Arbeit. Daneben ist die Stadt Ambato von zentraler Bedeutung für die Agrarwirtschaft des Umlands, was sich alljährlich in einem großen Blumen- und Früchtefest *(Fiesta de las Flores y las Frutas)* auf farbenprächtige und lebensfrohe Weise niederschlägt.

Ambato war bereits vor seiner Gründung durch Sebastián de Benalcázar im Jahr 1535 ein bedeutender Siedlungsplatz mit dem Namen Cashapampa, den vor den Spaniern zuerst die Cara und dann die Inka eroberten. Die Inka nutzten Cashapampa als wichtige Raststation an ihrer Straße zwischen Cuenca und Quito. In der späten Kolonialzeit erlebte Ambato eine kulturelle Blüte. 1760 richtete hier der Deutsche Johannes Schwarz die erste Druckerei ein. Wenig später wurde die erste Zeitung gedruckt. Drei berühmte ›Juans‹ stammen aus Ambato: in vorderster Linie der über die Landesgrenzen hinaus bekannte Schriftsteller Juan Montalvo (1833–89). Die Statue des Autoren ist im Parque Montalvo zu sehen, im Gedächtnishaus in der Calle Bolívar y Montalvo wurde er begraben und ihm ein Museum gewidmet. Weiter Juan León Méra (1832–94), der ein damals schnell berühmtes erstes Buch über das Leben der Indianer veröffentlichte. Sein ehemaliges Landhaus, die Quinta de Méra im Vorort Atocha, ist heute eins der letzten erhaltenen Kolonialgebäude der Stadt und zugleich Museum für den Dichter. Schließlich stammte auch Juan Benigo Vela (1843–1920), Politiker und Essayist, den sein mutiger Kampf gegen die Korruption berühmt machte, aus Ambato.

Wie in Latacunga, so litt auch Ambatos alte Bausubstanz unter zahlreichen Erdbeben, das letzte ereignete sich 1949. Historische Fotos vom Unruheherd Nummer 1, dem Cotopaxi, und seinen Eruptionen kann man sich im Museo de Ciencias Naturales in der Nähe des Parque Cevallos ansehen.

Das Andenhochland südlich von Quito

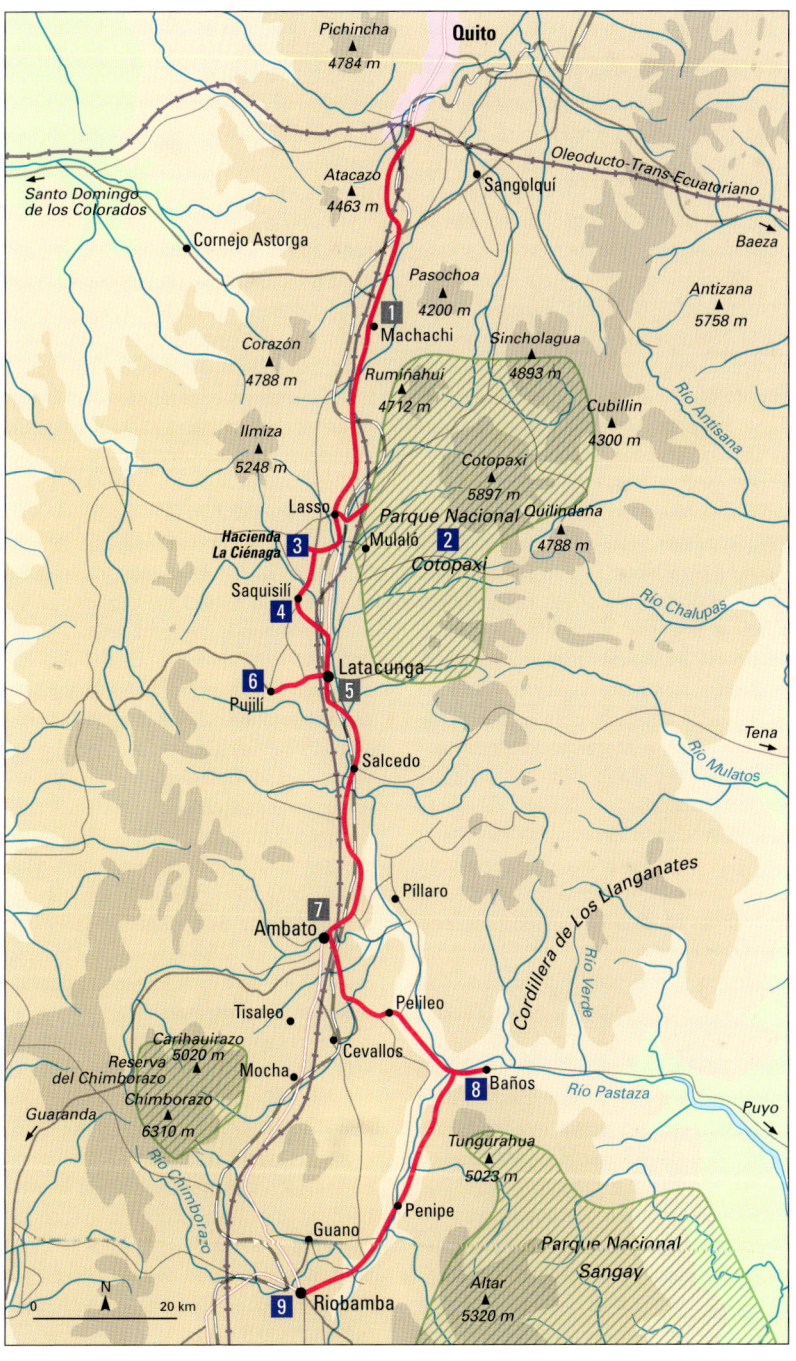

Pichincha
4784 m

Quito

Oleoducto-Trans-Ecuatoriano

Santo Domingo
de los Colorados

Cornejo Astorga

Atacazo
4463 m

Sangolquí

Baeza

Antizana
5758 m

Pasochoa
4200 m

1 Machachi

Sincholagua
4893 m

Corazón
4788 m

Ruminahui
4712 m

Cubillin
4300 m

Río Antisana

Ilmiza
5248 m

Cotopaxi
5897 m

Lasso

Parque Nacional   Quilindaña
4788 m

**Hacienda
La Ciénaga** **3**   Mulaló   **2**

Cotopaxi

Río Chalupas

Saquisilí   **4**

Latacunga   Tena

6   **5**

Pujilí   Río Mulatos

Salcedo

Píllaro

Ambato **7**

Cordillera de Los Llanganates

Tisaleo

Pelileo

Carihauirazo   Río Verde
5020 m

Reserva
del Chimborazo   Cevallos

Mocha   **8** Baños

Chimborazo
6310 m   Río Pastaza   Puyo

Guaranda

Tungurahua
5023 m

Río Chimborazo

Guano   Penipe

N

0   20 km   **9** Riobamba

Parque Nacional
Sangay

Altar
5320 m

Baños

8 (S. 277) Folgt man von Ambato dem Lauf des Río Pastaza, gelangt man nach rund 50 km in ein enges, vom mächtigen Tungurahua (5023 m) überschattetes Tal, in das sich der kleine überschaubare Ort Baños zwängt. Seine Lage in 1800 m Höhe, umgeben von nackten Felswänden, von denen ein Wasserfall herabrauscht, beschert ihm frühlingshafte Temperaturen und macht ihn zusammen mit den direkt aus der Erde sprudelnden heißen Thermalquellen zu einer beliebten Insel des Fremdenverkehrs am Rand der zentralen Sierra.

Daß Baños schon 1553 gegründet wurde, ist dem Ort kaum noch anzusehen. In seinen wenigen Straßen reihen sich die Straßencafés und Restaurants, kleinen Hotels und Souvenirläden heute dicht aneinander. Ein Relikt aus dem 18. Jh. ist die doppeltürmige Wallfahrtskirche Sanctuario de Nuestra Señora del Agua Santa am Parque Basílica. Um die kleine hölzerne Muttergottesstatue am Hochaltar, die ›Madonna des heiligen Wassers‹ anzubeten, pilgern Gläubige aus dem weiten Umkreis in die Stadt. Von den Wundern, die sie schon vollbrachte, erzählen Tafeln in der Kirche. Ein kleines Museum ist angeschlossen.

Haupterwerbsquelle der Bewohner war lange der Export von zuckersüßen Naschereien aus eingekochtem Zuckerrohrsaft wie dem *melcoche*. Der Tourismus erlaubt es ihnen heute, dieses Handwerk wie eine folkloristische Kunst zu zelebrieren. An jedem zweiten Laden in der Hauptstraße ist eine Astgabel zu sehen, mit der die *melcoche*-Hersteller den noch warmen Karamelstrang so lange ziehen und schlagen, bis er die gewünschte Konsistenz hat und in Scheiben geschnitten und verpackt werden kann.

Der nationale Fremdenverkehr begann mit der Erschließung der insgesamt fünf bis zu 53 °C heißen, mineralhaltigen Thermalquellen. Die z. T. ziemlich unattraktiven Badeanstalten locken ausländische Badegäste freilich wenig. Diese kommen meist, um die familiäre internationale Atmosphäre des Orts zu schnuppern. Ein Abendspaziergang genügt für die erste Orientierung und für erste Kontakte. Außerdem reizt die Erkundung der großartigen Gebirgsregion, in der die Spanier früher versteckte Inka-Schätze vermuteten. Ausflugsagenturen ebneten dort inzwischen Wege für Wanderer, Kletterer und Mountainbiker.

Kostproben der großartigen Landschaft finden sich in unmittelbarer Ortsnähe. Gleich am Ortseingang an der Brücke St. Martín kann man in eine tiefe enge Schlucht blicken, die im Volksmund nur ›Baile de los Diablos‹ (›Tanz der Teufel‹) genannt wird. Der Río Pastaza schnitt sie während der Ausbrüche des Tungurahua (1773, 1859, 1917), buchstäblich auf der Glut tanzend, in die Lavamassen. Ein Stück weiter flußabwärts, hinter den Zuckerrohrständen am Busbahnhof, ist sein Bett zwar erheblich breiter, doch kaum weniger tief. Hier überspannt ihn malerisch die Hängebrücke Puente San Francisco. Sie führt hinüber zum Wanderweg nach Cruz Bellavista, dem schönsten Aussichtspunkt am Tungurahua.

Der ›El Pailón del Diablo‹ (›Teufelskessel‹), die etwa 10 km östlich des Orts gelegene Stelle, wo der nach der Einmündung des Río Verde verbreiterte Fluß, geheimnisvoll von den aufsteigenden Luftmassen des nahen Oriente umwabert, in die Tiefe stürzt, dagegen ist verdampft, seitdem der Agoyán-Staudamm fertiggestellt wurde. Auch der kurz davor liegende Salto Agoyán fließt nur noch als Rinnsal.

Mohnernte

Riobamba

9 (S. 315) Rund 60 km südwestlich von Baños überrascht Riobamba, die Hauptstadt der Provinz Chimborazo, mit prächtigen Gebäuden aus dem 19. Jh., alten Kopfsteinpflasterstraßen und einem attraktiven Samstagsmarkt. Die Stadt mit 130 000 Einwohnern liegt am Südhang des höchsten Landesgipfels, der auch der Provinz den Namen gab: dem erloschenen, 6310 m hohen Chimborazo.

Von der Entstehung der Stadt erzählt Alexander von Humboldt: »Wir genossen mehrere Tage lang auf der mit Bimsstein bedeckten Ebene, in welcher man (nach dem furchtbaren Erdbeben vom 4. Februar 1797) die neue Stadt Riobamba zu gründen anfing, eine herrliche Ansicht des glocken- oder domförmigen Gipfels des Chimborazo bei dem heitersten, eine trigonometrische Messung begünstigenden Wetter.« Vor der großen Katastrophe von 1797, bei der 30 000 Menschen in den Trümmern der Häuser umkamen, lag Riobamba etwa 21 km weiter westlich. Das daraufhin neu erbaute Riobamba läßt sich schön vom Parque 21 de Abril auf dem Hausberg Loma de Quito überblicken. Bei klarem Wetter sind von hier aus auch die anderen Vulkane zu sehen, die den Chimborazo umgeben: im Südosten der Altar (5316 m) und der von einer Rauchfahne bekrönte, hochaktive Sangay (5230 m), im Osten der Tungurahua (5023 m) und im Nordwesten der Carihuayrazo (4696 m). Diese große Anzahl an Bergriesen lockte in letzter Zeit viele Alpinisten nach Riobamba. Naturfreunde zieht es in die **Reserva de Producción Faunística del Chimborazo,** die ab 3800 m Höhe beginnt. Hier leben noch einige *vicuña*, eine kleine Lama-

Art, in freier Wildbahn. Riobamba ist außerdem ein Ausgangspunkt für Touren in den östlichen **Parque Nacional Sangay,** aus dem sich die beiden letzten Vulkane der Vulkanstraße, der Altar und der Sangay, erheben und das Land zum Amazonasbecken abfällt.

Jeden Samstag strömen die *indígenas* aus dem Umland in die Stadt, um auf dem großen Markt einzukaufen. Auch lokaltypische Souvenirs, kleine aus der Taguanuß geschnitzte Kunstwerke, werden hier angeboten. Das ›Holz‹ der Regenwaldpalmenfrucht sieht im bear-

beiteten Zustand wie Elfenbein aus. Die Iglesia de la Concepción birgt ein kleines Museum, in dem einige gerettete religiöse Kunstwerke zu sehen sind, darunter eine mit Perlen und Diamanten besetzte Monstranz. Die nach dem Erdbeben originalgetreu wiedererrichtete Catedral Santa Bárbara mit ihrer indianisch beeinflußten barocken Fassade liegt am Parque Sangay Maldonado. In der Mitte des Platzes steht das Denkmal von Pedro Vicente Maldonado, der an der ersten Vermessung des Chimborazo beteiligt war.

Von Riobamba nach Cuenca

Südlich von Riobamba endet die Galerie der Vulkane und beginnt der ältere, geologisch nicht mehr aktive Teil der Anden. Die Landschaft wandelt sich in ein von stark erodierten Kuppen und tief eingefrästen Schluchten geprägtes grobes Gebirgsmassiv. Die Panamericana folgt etwa der Zugstrecke nach Alausí in die Provinz Cañar, Heimat der Cañari. Jeden Donnerstag treffen sich die Cañari in dem kleinen Ort **Guamote** 1 zu einem überaus sehenswerten Markt, der durch seine Abgeschiedenheit auf einzigartige Weise unverfälscht blieb. Er findet größtenteils auf den Schienen der Bahnstrecke Riobamba-Alausí im Ortszentrum statt. Touristen werden wohlwollend bemerkt, sofern sie die Marktbesucher nicht durch aufdringliches Fotografieren belästigen.

Eine Autostunde südlich von Guamote liegt tief in einem Talkessel, aber dennoch in 2356 m Höhe, das kleine **Alausí** 2 (S. 274). Als Zusteigebahnhof auf der Eisenbahnstrecke zwischen der Pazifikhafenstadt Guayaquil und Riobamba erlebte Alausí Anfang dieses Jahrhunderts eine bescheidene wirtschaftliche Blüte, von der heute allerdings nicht mehr viel zu spüren ist. Noch heute hält morgens gegen 8 Uhr der Zug aus Riobamba an der Bahnstation, um neue Gäste für seine spektakuläre Weiterfahrt über die ›Nariz del Diablo‹ aufzunehmen.

An der ›Teufelsnase‹ muß der Zug einen Höhenunterschied von 500 m innerhalb von 2 km überwinden. Das steilste Stück der insgesamt 130 km langen Strecke von Alausí nach Durán, dem

Die Eisenbahn von Alausí

Bahnhof von Guayaquil, mußte zwischen 1874 und 1908 aus dem Fels gesprengt werden. Die Panoramafahrt ist heute eine der beliebtesten Touristenattraktionen Ecuadors. Man kann sie individuell in den Güterwaggons oder auf dem Dach sitzend oder als Pauschaltourist bequem auf den Sitzen agentureigener angehängter Waggons absolvieren. König des ganzen Unternehmens ist der Zugführer – vor jeder Tour läßt er sich die Schuhe polieren.

Von Alausí läßt sich noch ein anderer Ausflug auf den Spuren der Geschichte unternehmen, der allerdings nur mit Führer gemacht werden sollte und etwa drei Tage dauert: Beim 25 km entfernten **Achupallas** beginnt eine historische Inka-Straße, die zur Ruinenstätte Ingapirca (›Steinmauer der Inka‹) führt. Diese Straße war Teil eines 20 000 km langen Straßennetzes, das vor Ankunft der Spanier das riesige Inka-Reich erschloß.

Der Sonnengott-Tempel in Ingapirca

Ingapirca

Ingapirca **3** (S. 294) liegt rund 90 km südlich von Alausí östlich der Panamericana (Abfahrt bei Tambo). Die Burgruine ruht auf einem sonnenbeschienenen Hügelplateau, das an drei Seiten zu einem tiefen, gut überschaubaren weiten Tal abfällt. Lamas, die Haustiere der Inka, grasen zwischen den Mauerresten und lassen die Nähe Perus spüren. Der Platz wurde bereits vor den Inka von den Cañari und ihren Vorfahren als Zeremonienstätte genutzt. Der Inka-Herrscher Yupanqui unterwarf die Cañari im Namen des Sonnengotts 1470; vermutlich entstand Ingapirca noch in diesem Jahr.

Auf der Plattform gruppieren sich ein ovaler Sonnentempel und zwei Gebäudekomplexe um eine Plaza. Der Tempel wurde mit einem trapezförmigen Giebel sowie einer stützenden Steilwand errichtet. Statiker haben errechnet, daß Giebel dieser Form Erdbeben besser standhalten. Die vier Fenster markieren die vier Himmelsrichtungen und den jeweiligen Sonnenstand. Alle Mauern bestehen aus fugenlos zusammengesetzten Steinquadern, die angeblich aus dem Heiligtum von Cuzco stammen. Die den Tempel umgebenden Bauten wurden wahrscheinlich von den Kaziken und hohen Würdenträgern bewohnt. Das Gebäude gegenüber diente möglicherweise als ›Haus der Sonnenjungfrauen‹.

Die schönste Art, Ingapirca zu entdecken, führt jedoch nicht gleich in das Zentrum der Anlage, sondern über den etwa 1 km langen Spazierweg, der seitlich vom Eingang – vorbei an interessanten kultischen Steinen – in das Tal führt, über das die Inka vermutlich Ingapirca früher betraten. Von hier ist auch die massive Stützmauer, auf der der Sonnentempel thront, gut zu sehen.

Die Inka

Der Legende nach stiegen der erste Inka Manco Cápac mit Mama Ocllo von der Isla del Sol im Titicacasee im 12. Jh. die Anden herab, um die Stadt eines zukünftigen gewaltigen Reichs zu gründen: Cusco. Doch im Grunde weiß man nichts genaues über die tatsächliche Herkunft der Inka – lediglich, daß sie alle Hochkulturen der damaligen Zeit in Peru, Chile und Ecuador eroberten. Die expansive Politik der Inka-Dynastie erreichte unter Huayna Cápac, dem elften Inka (1493–1527) und dem 13. Inka Atahualpa (1527–33) ihren Höhepunkt. Damals umfaßte *Tawantinsuyo* – das Reich der vier Himmelsrichtungen *(suyo)* – nahezu die ganzen südamerikanischen Anden mitsamt der Pazifikküste. Im Norden *(chinchaysuyo)* erreichte es das heutige Pasto in Kolumbien.

Ein über 20 000 km langes Straßennetz, auf dem Stafettenläufer Nachrichten von Festung zu Festung wie von Stadt zu Stadt überbrachten, gewährleistete eine schnelle Nachrichtenübermittlung, die zur Verteidigung des großen Reichs unbedingt notwendig war. Nach innen zeichnete sich die Inka-Gesellschaft durch eine streng hierarchische Gliederung aus. Als oberster Gott wurde die Sonne angebetet; Astronomen beobachteten ihren Lauf genau und teilten das Kalenderjahr bereits in 365 Tage ein. Sonnenwenden gaben Anlaß zu den bedeutendsten Festen. Besonders die Sommersonnenwende *(Inti Raymi)* wurde im ganzen Reich gefeiert – mit unvergleichlichem Pomp freilich in Cusco, dem ›Nabel‹ der Inka-Welt, wo die Paläste mit goldenen und silbernen Platten ausgeschlagen waren. Dort erschien auch der herrschende Inka, der sich als Sohn der Sonne feiern ließ. Sein erstgeborener Sohn, gezeugt mit einem im Haus der Sonnenjungfrauen erzogenen jungen Mädchen der Oberschicht, war sein legitimer Nachfolger. Die Oberschicht teilten sich Priester, Astronomen und Krieger; vermutlich standen auch Künstler, Baumeister und Rechenmeister, die nach einem Knotensystem *(quipu)* Buchhaltung führten, auf höherer gesellschaftlicher Stufe. Eigentum gab es nicht. Land wurde als Gemeinschaftsgut *(ayllu)* an Familien verteilt und von einem Patriarchen verwaltet, dem ein *curaca* vorstand, der wiederum einem Reichspräfekten untergeordnet war. Die Früchte der Arbeit wurden verteilt: an die Arbeiter, an den Inka-Fürsten und schließlich an Kranke, Kinder und Alte. Das Zusammenleben regelten vor allem die drei wichtigsten Gebote: »Sei kein Dieb, sei kein Lügner, sei nicht faul.«

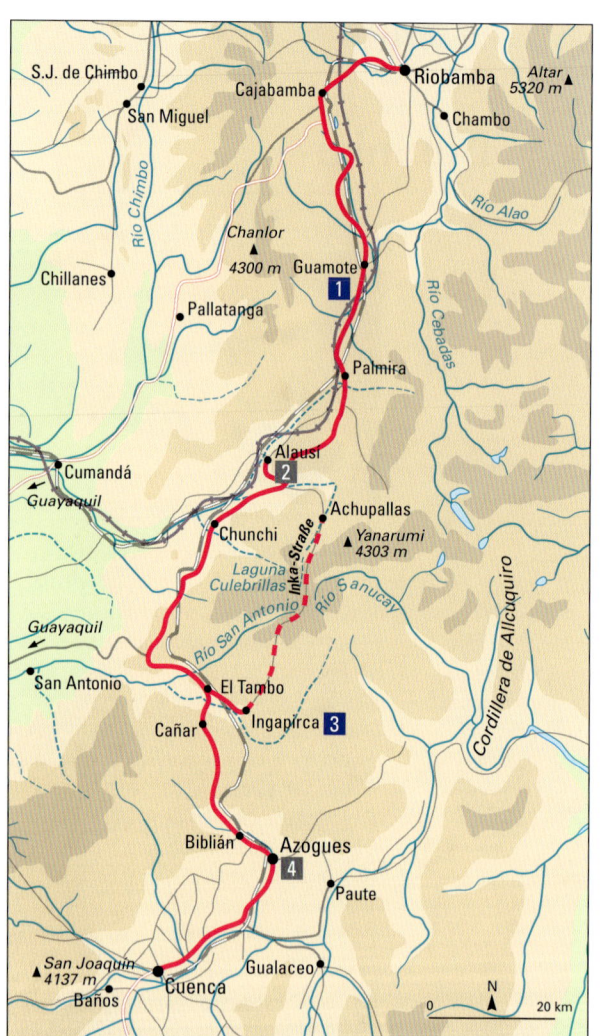

Von Riobamba nach Cuenca

Die Inka sollen die Anlage bei Ankunft der Spanier zugeschüttet haben. Der spanische Chronist Pedro Cieza de León erwähnte sie jedoch schon 1546. Erste wissenschaftliche Grabungen unternahm bereits 1736 Charles Marie de la Condamine, Mitglied der französischen Äquatorexpedition. Seit 1967 untersteht die Stätte dem Banco Central. Die Restaurationsarbeiten wurden 1995 mit der Eröffnung des Museums vorläufig abgeschlossen.

Zurück auf der Panamericana erreicht man 30 km vor Cuenca den Ort **Azogues** 4, der neben Montecristi an der Pazifikküste ein wichtiges Zentrum der Panamahut-Produktion ist. Die eleganten Strohhüte werden in Cuenca auf dem wöchentlichen Samstagsmarkt in der Avenida 3 de Noviembre angeboten.

Cuenca – Alte Inka-Stadt

■ (S. 288) Bereits vor Ankunft der Spanier hatte das oft als zweitschönste Kolonialstadt Ecuadors gerühmte Cuenca eine von inneren Katastrophen gezeichnete Geschichte hinter sich: Ursprünglich ein altes Zentrum des über die heutigen Provinzen Azuay und Cañar reichenden Fürstentums der Cañari, wurde die Stadt 1470 von den Inka erstmals zerstört und als Tomebamba neu erbaut. Nach dem Bruderkrieg (1527–33) zwischen den Söhnen Huyna Cápacs brannte der Sieger Atahualpa sie dann strafweise nieder, weil die Bevölkerung sich mit seinem Stiefbruder verbündet hatte. Kurz darauf kamen die Spanier und zerstörten die Stadt erneut. Schließlich gründete Gil Ramírez Dávalos an gleicher Stelle 1557 im Auftrag des Vizekönigs in Lima die neue spanische Stadt Santa Ana de los Ríos de Cuenca.

Die Dächer der Altstadt überragen zahlreiche alte Kirchen, die daran erinnern, daß Cuenca in der Zeit der Spanier eine Art Außenposten von Quito war. Daneben gibt es viele Kolonialhäuser *(mansiones)*, in denen in Trompe-l'oeil-Manier bemalte Wände und isolierende Metalltapeten, repräsentativ geschwungene Holztreppen und blühende kleine Innenhöfe vom Wohlstand des 18. und 19. Jh. erzählen. Erwirtschaftet wurde er in den Goldminen des nahen Gualaceo, auf den fruchtbaren Feldern der an Flußtälern reichen Umgebung, in Panamahut-Flechtereien oder in Schmuckwerkstätten. Wie überall in Lateinamerika boomte die Exportwirtschaft um die Jahrhundertwende, davon zeugen auch die in dieser Zeit entstandenen prächtigen klassizistischen Gebäude im Zentrum.

Spaziergang durch Cuenca

Vor dem Besuch der Ruinen von Tomebamba bietet sich ein Rundgang durch das **Museo del Banco Central 1** an, das hervorragend aufbereitet ist: In der *Sala Arqueológica* sind die schönsten Fundstücke von Tomebamba ausgestellt. Im ethnologischen Museum im Obergeschoß wird der Besucher u. a. in die Kunst der Schrumpfkopfherstellung eingeweiht, in der Gemäldeausstellung zeigen sehr schöne romantische Landschaftsbilder von Rafael Troya Ansichten des Cotopaxi (1916) oder des ›Camino hacia el Oriente‹ (›Weg in den Westen‹, 1914). Zum Museum gehört auch eine Münzsammlung.

Die Kathedrale von Cuenca

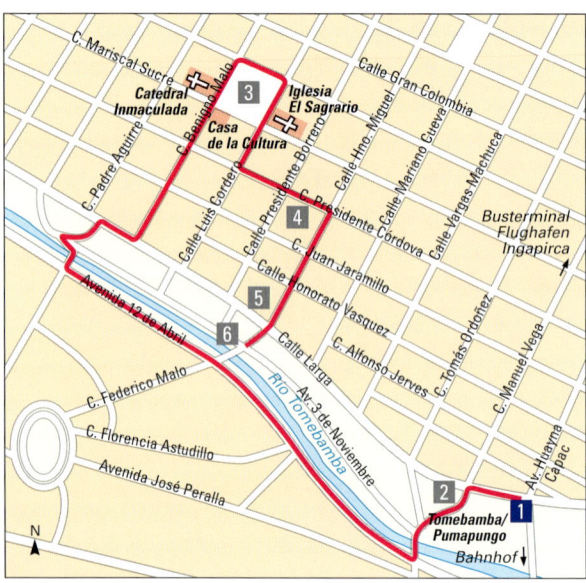

Cuenca
1 Museo del Banco Central
2 Todos los Santos
3 Plaza Abdón Calderón
4 Museo del Mona sterio de las Conceptas
5 Museo Municipal Remigio Crespo Toral
6 Museo de Artes Populares

Auf dem Ausgrabungsgelände hinter dem Museum am Ufer des Río Tomebamba zeigen Tafeln die gewaltigen Umrisse der Inka-Stadt Tomebamba und ihre Aufteilung in verschiedene Stadtviertel. Viele Vermutungen des deutschen Altamerikanisten Max Uhle, der 1913–23 die ersten wissenschaftlichen Ausgrabungen geleitet hatte, bestätigten sich während der erst 1981 wieder aufgenommenen Forschungsarbeiten: Tomebamba (›Ebene des Messers‹) wurde zuerst als militärische Siedlung errichtet und dann von Huayna Cápac nach dem Muster von Cuzco zur Metropole des Nordens ausgebaut. Im südöstlichen Stadtteil Pumapungo (›Tor des Puma‹) konzentrierten sich die Paläste und Tempelanlagen, darunter der Palast von Huayna Cápac und der Tempel des Sonnengottes.

In unmittelbarer Nachbarschaft liegt die kleine Ausgrabungsstätte **Todos los Santos** 2, wo zwischen Resten einer spanisch-kolonialen Mühle auch Mauern aus der Inka-Zeit gefunden wurden. Von hier ist es nicht mehr weit zum Ufer des Río Tomebamba, der Cuenca heute in Alt- und Neustadt zerteilt. Hier zeigt sich der Fluß von seiner schönsten Seite: mit seinem steinigen Bett, gurgelnden Wassern, hohen alten, das Ufer säumenden Häusern und alten Brückenbögen.

Zentraler Platz von Cuenca ist die **Plaza Abdón Calderón** 3, wo sich gleich zwei Kathedralen gegenüberstehen: El Sagrario aus dem 16. Jh. mit einem niedrigen Glockenturm und die 1885 begonnene, innen ganz mit Marmor ausgestattete Catedral de la Inmaculada, die der schwäbische Architekt Padre Johann Baptist Stiehle (1829–99) entwarf. An der Südwestseite des Parks liegt die Casa de la Cultura Ecuatoriana mit wechselnden Kunstausstellungen; ein kleines Café und eine Bibliothek gehören dazu.

Von der Bedeutung der katholischen Kirche in der Stadt kann man sich im

Museo del Monasterio de las Conceptas ⁴ ein Bild machen. In dem Klostermuseum sind neben Skulpturen, Möbeln, Holztruhen und Porzellan die bedeutendsten Kunstwerke der 1548 gegründeten Klosterkirche La Concepción ausgestellt. Eins der wertvollsten Stücke ist eine fein ausgearbeitete plastische Weihnachtsgeschichte in Saal 8. Der Altar der benachbarten Iglesia de la Concepción wurde ganz aus Gold und Silber geschmiedet (16. Jh.).

Über die Geschichte der Stadt informiert das **Museo Municipal Remigio Crespo Toral** ⁵ in der Calle Larga/Ecke Borrero. Im **Museo de Artes Populares** ⁶ wird das Brauchtum der Cañari an Hand typischer Schmuckstücke, Keramikgegenstände, Trachten und Musikinstrumente vorgestellt.

Die Umgebung von Cuenca

Vor allem das 35 km nordwestlich von Cuenca gelegene Naturschutzgebiet **Area Nacional de Recreación Cajas** ist einen Ausflug wert. In diesem 28 000 ha großen Naturpark breitet sich auf Höhen von durchschnittlich 3000 m eine *páramo*-Landschaft mit mehr als 250 kleineren und größeren Seen aus, die in der Sonne geheimnisvoll schillern. Höchster Berg ist der 4450 m hohe El Arquitecto, um dessen Gipfel noch der Kondor fliegen soll. Die Bewohner von Cuenca nutzen den Park als Naherholungsgebiet; am Rand haben sich bereits kleine Ferienhotels angesiedelt. Am Lago Toreadora gibt es eine Schutzhütte.

Von Cuenca nach Loja

Die sechsstündige Fahrt von Cuenca nach Loja ist eine weite Reise. Und wer nicht von dort weiter nach Peru oder auf der *Vía Interoceánica* nach Machala an der Pazifikküste will, muß ja auch wieder zurückfahren. Da stellt sich schon die Überlegung, ob sich die insgesamt zwölfstündige Fahrerei denn auch lohnt. Viele Reisende streichen den Süden deshalb von ihrer Zieleliste, obwohl es auch die Möglichkeit einer Anreise mit dem Flugzeug von Guayaquil und Quito gibt.

Zur Frage, ob es sich lohnt: Naturfreunde erwartet in den Süd-*páramos* eine völlig veränderte Landschaft mit trocken-tropischem Klima und kargen Weiden. Aufgrund seiner heutigen Sackgassenlage an der peruanischen Grenze ist die Region dünn besiedelt und abgesehen von den Grenzstreitigkeiten im östlichen Amazonasgebiet ruhig. Der Süden bietet außerdem Begegnungen mit den ursprünglich peruanischen *indígenas*.

Die Fahrt auf der Panamericana geht zunächst durch eine beschauliche, bisweilen schwermütige Landschaft, deren Hochmoore und strohgelbe hohe, buschige Wiesen nur von Straßen oder harschen Felsen, an denen sichtbar seit Jahrmillionen Wind und Wetter arbeiten, unterbrochen werden. Etwa auf der Hälfte der Strecke nach Loja liegt das kleine **Saraguro** ¹. Man sollte mög-

Im Nationalpark Las Cajas
gibt es über 230 Seen ▷

lichst sonntags dort sein, denn dann findet der wöchentliche Markt statt. Die Saraguro-*indígenas* stammen ursprünglich vom Titicacasee in Peru, sie wurden von den Inka in dieser Region angesiedelt. Traditionell tragen die Saraguros strenges Schwarz, zu besonderen Anlässen dazu einen hellen gemusterten breitkrempigen *sombrero,* der sehr vornehm wirkt. Der Markt zeigt, womit sie ihr Geld verdienen: Die meisten Saraguros sind Landwirte.

Von Saraguro sind es nur noch 62 km bis zur südlichsten Provinzhauptstadt **Loja** 2 (S. 297). Sie liegt in dem breiten flachen Tal von Cuxibamba (›lächelnde Ebene‹) zwischen den Flüssen Zamora und Malacatos in 2100 m Höhe. Nach ihrer Gründung im Jahr 1548 durch den Spanier Alonso de Mercadillo gelangte die Stadt dank der reichen Edelmetallvorkommen (Gold, Kupfer, Silber, Blei, Zink) in der Umgebung, bald zu einer beachtlichen Blüte. In der Kolonialzeit

Busse sind das Haupttransportmittel in Ecuador

errang Loja außerdem eine gewisse Bedeutung durch den Export der chininhaltigen Rinde des in der Region heimischen Cascarilla-Baums, die als fiebersenkendes Mittel gefragt war.

Heute präsentiert sich die moderne Universitäts- und Verwaltungsstadt herausgeputzt mit schönen Parks und Plätzen und einigen historischen Gebäuden im Zentrum. Nur einen Block hinter der Plaza Mayor mit der zierlichen weißocker-getünchten Kathedrale befindet sich die Plaza Santo Domingo mit der Iglesia Santo Domingo, die innen mit über 100 Gemälden des Dominikanerpaters Enrique Mideros geschmückt ist. Im Museo del Banco Central sind die schönsten archäologischen Fundstücke der Region ausgestellt.

Die meisten Besucher bleiben freilich nicht lange in der Stadt, denn ganz in der Nähe liegt das reizvolle kleine **Vilcabamba** 3 (S. 324), das Tor zum Podocarpus-Nationalpark. Der Ort mit frühlingshaftem Klima in nur 1500 m Höhe erlangte Berühmtheit durch seine zahlreichen über Hundertjährigen unter den nur 2000 Bewohnern. Kein Wunder, daß Vilcabamba immer mehr Urlaubern als Kurort besonders geeignet scheint. Tatsächlich aber entwickelt sich der Fremdenverkehr in dem winzigen Dorf vor allem wegen des nahen **Podocarpus-Nationalparks** 4, der 1982 eingerichtet wurde. Das Naturschutzgebiet erstreckt sich mit mehr als 100 Lagunen und zahlreichen Flüssen, die größtenteils hier entspringen und in den Amazonas münden, bis in die Provinz Zamora-Chinchipe und über Höhenlagen zwischen 1000 und 3600 m. Einer der Parkeingänge liegt direkt an der Straße zwischen Loja und Vilcabamba, ein anderer Zugang ist über Zamora möglich. In dem insgesamt 146 280 ha großen Gebiet gedeihen zwei verschiedene

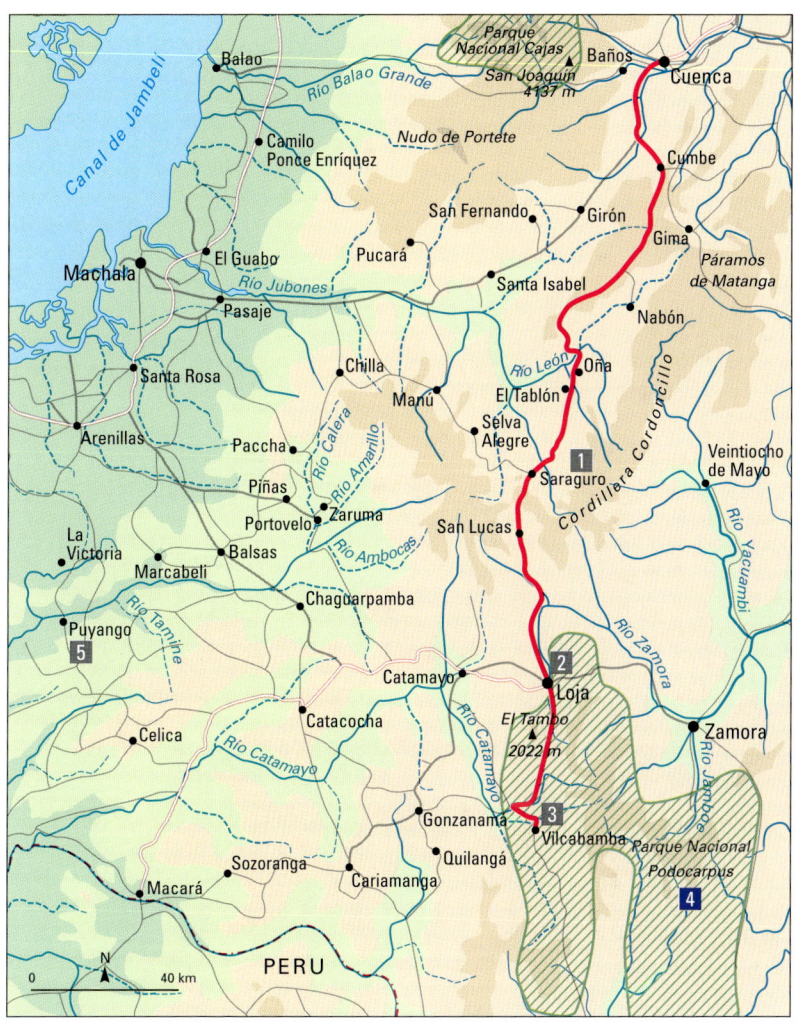

Von Cuenca nach Loja

Arten von Podocarpus-Bäumen, die einzigen Koniferen Ecuadors, außerdem der Cascarilla-Baum, aus dessen Rinde Chinin gewonnen wird. Humboldt, der Loja 1802 besuchte, rühmte die Gegend des heutigen Parks als ›Botanischen Garten‹ Amerikas. Die Einheimischen erzählen mit Schaudern in der Stimme, daß in den Bergen noch Pumas leben.

Eine große Attraktion Ecuadors, der versteinerte Wald von **Puyango** 5 mit seinen mächtigen zu Stein gewordenen Baumstämmen, rund 240 km südwestlich von Loja, ist leider touristisch noch nicht erschlossen. Es mangelt in dieser Region vor allem an akzeptablen Quartieren. Allerdings ist es möglich, auf dem Gelände zu campen.

El Litoral –
Die ecuado-
rianische
Pazifikküste

Landschaftlich gliedert sich die in Nord-Süd-Richtung von einem niedrigen Gebirge durchzogene Pazifikküste in drei verschiedene Ökosysteme: In der nördlichen Provinz Esmeraldas herrscht tropischer immerfeuchter Regenwald vor, das Klima ist extrem feuchtheiß, Mangroven säumen die Flußmündungen, und Moskitos sind hier eine rechte Plage. Ab Atacames begleitet die Küste ein fast durchgehender Strandstreifen, doch erst ab Bahía de Caráquez beginnt schließlich eine bis nach Las Salinas im Süden hinunter reichende touristische Meile mit vereinzelt gut ausgebauten Badeorten. Hauptattraktion an diesem mittleren Küstenabschnitt ist der Machalilla-Nationalpark mit seinen vorgelagerten Inseln, die einen Vorgeschmack auf Galápagos geben. Im Osten von Las Salinas liegt tief im Mündungsdelta des Río Guayas die Millionenstadt Guayaquil, hinter der sich bis zum grenznahen Machala das touristisch wenig interessante Hauptanbaugebiet Ecuadors für Bananen ausbreitet. Überall an der Küste verteilt, finden sich reiche Spuren aus präkolumbischer Zeit. Die wichtigsten Ausgrabungsstätten sind Valdivia, Machalilla und Chorrera.

Guayaquil – Die heimliche Hauptstadt

■ (S. 292) Wer bisher glaubte, daß sich nur im kühlen klaren Klima der Andenhöhen wohlhabende Millionenstädte bilden können, der wird in Guayaquil eines Besseren belehrt. Die größte Stadt Ecuadors wirkt heute wie der Triumph des Kapitals über die Unbilden der tropischen Natur. Gläserne Wolkenkratzer trotzen dem Tropenregen, Geschäftsleute in Designeranzügen ebenso – dank Air-condition – der schwülen Hitze. Doch die Kehrseite der Perle des Pazifiks, wie Guayaquil sich gerne nennt, ist auch hier nicht weit. Am sumpfigen Nordrand der Stadt breiten sich Slums mit hölzernen Bretterbuden auf Pfählen aus.

Die Anfänge der Siedlung waren von den Auseinandersetzungen mit den ansässigen Huancavilcas geprägt. Zweimal mußte sie an eine jeweils andere Stelle verlegt werden. Das heutige Guayaquil geht auf die Gründung unter

◁ *Die Küste bei Manta*

Francisco de Orellana im Jahr 1542 zurück. Bedeutend als Hafen war es zunächst nicht, obgleich der Pazifik neben der Andenroute über Quito, Popayán und Mompós der wichtigste Verkehrsweg der damaligen Zeit war. Die spanischen Schiffe ankerten auf ihrem Weg von Callao (Peru) nach Panama vor Puná, der Insel in der Mündung des Río Guayas, belauert und immer wieder überfallen von britischen und holländischen Freibeutern, die auf den weit draußen im Meer gelegenen Galápagos-Inseln einen guten Schlupfwinkel hatten. Auch Guayaquil, das überwiegend von Handwerkern, die die Schiffe reparierten, bewohnt war, suchten die Piraten mehrfach heim.

Trotz des ganz besonderen Privilegs, mit anderen Kolonien Handel treiben zu dürfen, wuchs die Stadt anfangs kaum. 1771 bewohnten sie nur 6629 Menschen. Am 9. Oktober 1820 proklamiert die Kaufmannschaft im Rat von Guaya-

Guayaquil 1 *Torre del Reloj* 2 *Rathaus* 3 *Museo Naval* 4 *Museo Nahim Isaías Barquet* 5 *Museo Municipal* 6 *Plaza Bolívar* 7 *La Rotonda* 8 *Museo Arqueológico del Banco Pacífico* 9 *Iglesia de la Merced* 10 *Kolibridelphin* 11 *Parque Centenario* 12 *Casa de Cultura* 13 *Museo Arqueológico del Banco Central*

quil die Unabhängigkeit. Zwei Jahre später wird die Stadt Schauplatz des historischen Abkommens zwischen *Los dos Colosos de América*, ›den zwei Ko-

lossen Amerikas‹, dem von Norden her nach Guayaquil gelangten venezolanischen General Simón Bolívar und dem von Süden her kommenden argentini-

Stadtzentrum an der Plaza Bolívar

schen General José de San Martín. Martín möchte Guayaquil Peru angliedern, Bolívar aber verfolgt die Idee, Guayaquil mitsamt Ecuador Großkolumbien einzuverleiben. Beide einigen sich auf den Kompromiß enger staatlicher Beziehungen. Der große Anfang freilich zerbricht schnell an Grenzstreitigkeiten.

1897 wird mit dem Bau der Eisenbahn von Quito nach Guayaquil über Riobamba und Alausí begonnen. Endlich gelangen die im Küstenhinterland und in den Anden produzierten Agrarprodukte schneller und wirtschaftlicher zum Hafen der Stadt. Der Kakaoboom beschert den Geschäftsleuten zusätzlich eine solche wirtschaftliche und politische Macht, daß die hier ansässigen Liberalen 1895 vorerst die Führung in Ecuador übernehmen. 1896 sucht eine verheerende Feuersbrunst, der fast alle kolonialen Bauten zum Opfer fallen, Guayaquil heim, Ausnahme: das Viertel Las Peñas hinter dem Cerro Santa Ana.

Die meisten Häuser aus der Kolonialzeit erhielten sich dort in der engen Kopfsteinpflasterstraße Calle Numa Pompilio. Einige sind bereits restauriert, in etliche zogen Künstler ein.

Seinen jüngeren Wohlstand hat Guayaquil dem Bananenexport und der aufblühenden Krabbenzucht zu verdanken. Im 1979 eröffneten modernen Puerto Marítimo werden 90 % der ecuadorianischen Importe und 50 % der Exporte umgeschlagen.

Spaziergang durch Guayaquil

Stimmungsvoller Ausgangspunkt für einen Stadtspaziergang ist die **Torre del Reloj** 1, der ›Uhrenturm‹, an der Einmündung der Calle 10 de Agosto auf den Malecón Simón Bolívar. Gegenüber dem maurisch verzierten Turm von 1930, der einst den Hafenarbeitern die Zeit ansagen sollte, liegen das **Rathaus** 2 und der **Palacio de la Gobernación,** der Regierungspalast der Provinz Guayas. Das Rathaus besticht durch seine, an Pariser Hallen erinnernde, leicht und offen wirkende Architektur. Im Regierungspalast ist das **Museo Naval** 3, das Schifffahrtsmuseum, untergebracht. Saal 2 wurde Rafael Andrade Lahama, dem Erfinder des Kompaß, gewidmet. Unter seinen hier ausgestellten Auszeichnungen findet sich auch das Deutsche Bundesverdienstkreuz. Im Saal 4 ist das Modell eines Dreimasterschulschiffs ausgestellt; auch die Kon-Tiki von Thor Heyerdahl fehlt nicht.

Sehr erlesen ist die 1989 der Öffentlichkeit zugänglich gemachte Sammlung des nahen **Museo Nahim Isaías Barquet** 4, das nach dem Stifter, einem ehemaligen Bankgeneraldirektor benannt ist: Unter den insgesamt 3200

Stücken in 111 Vitrinen befindet sich auch ein goldenes Brustschild von La Tolita (500 v. Chr.–500 n. Chr.).

Auf dem Weg zur Plaza Bolívar lohnt ein Besuch des **Museo Municipal**  5 in der Avenida Sucre/Ecke Pedro Carbo, leicht erkennbar an den abstrahierten großflächigen Wandmalereien. Unter den zahlreichen Ausstellungsstücken befindet sich dort ein Totem aus der Zeit der Huancavilcas.

Nur einen Block hinter dem Museum ist die einzigartige **Plaza Bolívar** 6, auch Parque Seminario genannt, erreicht. Nicht die neugotische Kathedrale – 1948 anstelle der Vorgängerkirche von 1547 errichtet – ist hier die Attraktion. Vielmehr sind es die halbzahmen Landleguane im gepflegten Park, die den Passanten mitunter neugierig hinterherwatscheln.

Zurück am schön begrünten Malecón kommt man nordwärts zum 1930 von José Antonio Orús gestalteten Denkmal **La Rotonda** 7, das an das historische Treffen der beiden Befreier Lateinamerikas, Simón Bolívar und José de San Martín, erinnert. Von der halbrund ins Meer gebauten Terrasse ist die längste Brücke Ecuadors, die hinüber nach Durán führt, gut zu sehen. Einen Block von hier entfernt liegt das **Museo Arqueológico del Banco Pacífico** 8 mit seiner Kollektion präkolumbischer Keramiken. Die Ausstellung bietet einen hervorragenden Überblick über die altindianischen Kulturen Ecuadors. Ein besonders wichtiges Exponat ist eine winzige tönerne Venus aus Valdivia.

Einen weiteren Block nach Westen die Calle Icaza hinauf, steht an einem kleinen Platz die 1786 nach einem Brand wiedererrichtete Kirche **La Merced** 9, die im Innern einen reich mit Blattgold verzierten Altar besitzt. Auf der Avenida Rocafuerte kommt man jenseits der

Die Kathedrale an der Plaza Bolívar

Avenida 9 de Octubre zum neuen Wahrzeichen Guayaquils, dem aus Tausenden von Mosaiksteinchen zusammengesetzten eleganten **Kolibridelphin** 10 des zeitgenössischen Künstlers Endara Crow.

Die Avenida 9 de Octubre führt westwärts vorbei an der Iglesia San Francisco zum **Parque Centenario** 11, dem größten Platz von Guayaquil. Zwischen den vielen Heroismus, Gerechtigkeit, Patriotismus und Freiheit repräsentierenden Monumenten finden hier ab und zu Open-air-Konzerte statt. Der Weg lohnt jedoch auch an konzertfreien Tagen, denn an der Westseite des Parks befindet sich die **Casa de Cultura** 12 mit einer großen Goldsammlung und anderen archäologischen Funden. Zwei Blocks weiter präsentiert das **Museo Arqueológico del Banco Central** 13 erstklassige präkolumbische Keramiken, Textilien, Metallgegenstände und Zeremonialmasken der Region.

Die Badeorte der Pazifikküste

Von Las Playas bis Bahía de Caráquez

Gen Westen verläßt Guayaquil eine breite Autobahn, auf der an Wochenenden die sonnenhungrigen Städter in die Badeorte der Pazifikküste strömen. Das nächstgelegene Ziel ist **Playas** 1 (S. 307) im Südwesten, das sich an einem schönen breiten Strand aus einem Fischerdorf entwickelte. Hier kann man mitunter noch die für die Region typischen segelbespannten Balsaholzflöße sehen. Mit seinem niedrigen Preisniveau ist Playas ein eher unkomplizierter völkischer Badeort.

Für ecuadorianische Verhältnisse nobel präsentiert sich das rund zwei Busstunden und 140 km von Guayaquil entfernte, an der äußersten Westspitze der Halbinsel Santa Elena gelegene **Las Salinas** 2 (S. 296). Der Name erinnert an die Salinen, die früher die für ihr ungewöhnlich trockenes Klima bekannte Halbinsel überzogen. Entscheidenden Anteil an der qualitativ hohen Infrastruktur in Las Salinas hatten die von 1941–45 stationierten Nordamerikaner. Aus ihren Bungalows entstand allmählich das heute so beliebte Feriendorf, das inzwischen, weithin sichtbar, einige Hochhäuser mit Appartments reicher Ecuadorianer verunzieren. Aus der Nähe betrachtet, erweist sich Las Salinas jedoch trotzdem noch als ein sympathisch überschaubarer kleiner Badeort mit angenehm entspannter, familiärer Atmosphäre. Das Leben spielt sich zwischen dem Malecón und dem breiten Strand der Hauptbucht ab, wo die Sonnenanbeter mit Blick auf die Weite des Pazifiks liegen – im Rücken durch die Hochhäuser und eine Bummelmeile mit ein paar Straßencafés und Restaurants vom Rest der Welt abgeschirmt. Gesellschaftlicher Drehpunkt ist der exklusive Salinas Yacht Club. In der warmen Winterzeit zwischen Januar und Mai kann Las Salinas ziemlich überfüllt sein, in den übrigen Monaten ist das Wasser vielen Ecuadorianern zu kühl. Das durch den Humboldtstrom bedingte regenarme Klima der Halbinsel bewirkt, daß auch die Durchschnittstemperaturen der Luft im Sommer bis auf 15 °C fallen können.

Von Las Salinas führt eine asphaltierte Pazifikküstenstraße in den Norden. Die Fahrt säumen immer wieder große Meerwasserbecken für die Garnelenzucht, die die ursprünglichen Mangrovenwälder verdrängten. Der Eingriff in die Natur verursachte schwerwiegende ökologische und soziale Probleme: Ohne die Mangroven können sich die Fische nicht mehr im notwendigen Maß vermehren, so daß die Fischbestände zurückgehen. Verarmte Fischer und Siedler stehen einer mächtigen Front von Agrarindustriellen gegenüber.

Allein die Fischerorte, die an einer landschaftlich schönen Bucht liegen, können auf den Tourismus ausweichen – vorausgesetzt, es finden sich Investoren für attraktive Hotels. In **Ayangue** 3 (S. 276, 38 km nördlich von Las Salinas) z. B. entstand ein Ferienhotel auf einem Felsen am Rand einer wunderschönen breiten Bucht. Unten am Strand kochen die Frauen der Fischer Langusten über frisch angefachten Holzfeuern.

Von Ayangue sind es nur noch wenige Kilometer bis **Valdivia** 4, das

Die Pazifikküste

Pazifik

San Lorenzo **17**
Valdéz
Río Verde
Esmeraldas **13**
Ensenada
de Atacames
Súa **14** Camarones
Galera Atacames
Lagarto
Borbón **15**
San Miguel
Reserva
Ecológica
Cotocachi
Cayapas **16**

Ensenada
de Mompiche Muisne

Rosa
Zárate
San Miguel
de los Bancos

Pedernales
Punta
Pedernales

El Carmen **12** Santo Domingo
de los Colorados

Punta
Cabuval

Flavio
Alfaro

Bahía
de Caráquez
Bahía de Caráquez **11**

Chone

Bahía
de Manta Tosagua
Calceta

Manta **9**

Pichincha Quevedo

Montecristi
8 Portoviejo **10**
El Corazón

Cabo
San Lorenzo Santa Ana

Ambato

Jipijapa

Puerto de Cayo
Balzar

Machalilla
Parque
Nacional
Machalilla

Puerto López
Paján
Colimes
Pueblovieio

Ayampe

Guaranda

7

6 Hostería
Atamari
Santa Lucía
Babahoyo

5 Montañita Olón
Pedro
Carbo
Daule

Manglaralto **4**

Baquerizo Moreno

Valdívia

Ayangue **3**

Milagro

Bahía de
Santa Elena

Alausí

Salinas
2 Santa Elena
Guayaquil

El Triunfo
La Troncal

N

0   50 km

1 Las Playás

Montañas de Chindul
Montañas de Mache
Río Atacames
Río Mache
Oleoducto-Trans-Ecuatoriano
Río Quinindé
Río Esmeraldas
Río Cayapas
Río Guayllabamba
Río Toachi
Río Chone
Río Quevedo
Cordillera de Colonche
Río Daule
Río Babahoyo
Río Guayas

Anden

Fischer holen ihre Netze ein

als Fundort der ältesten Keramiken (3500 v. Chr.) Lateinamerikas weltberühmt wurde. Ein kleines Museum zeigt einige Fundstücke, die meisten werden jedoch in den Museen in Guayaquil und Quito aufbewahrt.

Weiter über die Küstenstraße, passiert man nach etwa einer Stunde das Surfermekka Ecuadors, das mittlerweile um ein paar Ferienhotels bereicherte kleine **Montañita** 5. Dahinter verläßt die Straße die Küste und führt durch das üppige tropische Grün eines sanften Höhenzugs, an dessen erhabenster Stelle ein deutsch-österreichisches Paar 1992 eines der luxuriösesten Hotels der Pazifikküste errichtet hat, die **Hostería Atamari** 6 (S. 294).

Größte Attraktion der Region ist der **Nationalpark Machalilla** 7 (S. 303, 55 000 ha), der 1979 zum Schutz eines 50 km langen Küstenstreifens mit tropischem Trocken- und Feuchtwald gegründet wurde. Biologen zählten vor Ort 119 verschiedene Vogelarten. Der Park schließt auch die vorgelagerten Inseln Salango und Plata ein, wo Pelikane, Rotfußtölpelkolonien und Albatrosse einen Vorgeschmack auf den rund 1000 km weit im Pazifik gelegenen Galápagos-Archipel geben. Weitere Anziehungspunkte sind der herrliche Strand Los Frailes und der Ort Agua Blanca mit seiner Ausgrabungsstelle der Manta-Kultur.

Bei Puerto Cayo, das mit seinen vielen Fischerbooten allemal eine Fotopause lohnt, zweigt die Straße ins Landesin-

nere ab und führt über Jipíjapa nach **Montecristi** 8. Das erst 1741 gegründete Städtchen ist das Hauptzentrum der Panamahut-Produktion. In den zahlreichen Geschäften werden neben den Hüten auch viele andere Stroherzeugnisse wie Körbe und Taschen verkauft. Am Parque Central erinnert eine Statue an den ehemaligen Landespräsidenten Eloy Alfaro, der in Montecristi geboren wurde (ermordet 1912).

Nach weiteren 16 km ist **Manta** 9 (S. 300) erreicht, die heute mit 250 000 Einwohnern zweitgrößte Hafenstadt Ecuadors. 1535 von Francisco Pacheco gegründet, wird sie von dem ins Meer mündenden Río Manta in zwei Teile geteilt: in das *centro* mit Uferpromenade und in den östlichen Stadtteil Tarqui mit den breiten Sandstränden. In präkolum-

bischer Zeit lag an gleicher Stelle das blühende Zentrum der mächtigen Manta-Kultur, die weite Teile der Küste beherrschte. Im Museo del Banco Central (Avenida 6/Calle 4) dokumentiert eine kleine Keramiksammlung die Kunstfertigkeit dieser Epoche. Ansonsten lohnt die wenig attraktive Stadt kaum einen längeren Aufenthalt, zumal sie auch nicht als besonders sicher gilt. Der sauberste Strand, die Playa Murciélago, ist abends beleuchtet und bewacht. An der Playa Río Tarqui erzählen alte Hotelfassaden von besseren Zeiten. Viele Besucher beenden hier die Küstenroute und nehmen das nächste Flugzeug nach Quito.

Wer noch Bahía de Caráquez, den zweitgrößten Badeort Ecuadors besuchen will, fährt von Manta zunächst

Eisverkäufer am Strand von Las Salinas

26 km nach **Portoviejo** 🔟 (S. 308). Die Hauptstadt der Provinz Manabí wurde 1535 von Francisco Pacheco als eine der ersten spanischen Ansiedlungen zunächst direkt am Meer gegründet, daher der Name Portoviejo (alter Hafen); Indianer- und Piratenaufstände zwangen die Spanier, sie rund 30 km ins Landesinnere zu verlegen. Heute ist die Kleinstadt wichtiges Zentrum der regionalen Viehwirtschaft und des Kaffeeanbaus sowie Universitätsstadt. Am gepflegten Parque Eloy Alfaro erhebt sich die restaurierte Kathedrale. In der Nähe des Busbahnhofs liegt das Museo de la Casa de Cultura, in dem traditionelle ecuado-

rianische Musikinstrumente zu sehen sind.

Das nun noch rund 70 km entfernte **Bahía de Caráquez** 🔟🔟 (S. 276), von den Ecuadorianer nur Bahía genannt, ist ein angenehmer Badeort am Südufer der Río Chone-Mündung. Ferienatmosphäre verbreitet die palmengeschmückte Uferpromenade mit ihren Seeblick-Hotels, Straßencafés und Restaurants. Boote setzen ans andere Flußufer nach San Vicente über, wo eine Strandmeile von rund 20 km beginnt. Ein schönes Ausflugsziel, vor allem für Vogelkundler, ist die rund 15 Bootsminuten entfernte Isla de Fragatas.

Über Santo Domingo nach Esmeraldas

Der nördliche Abschnitt der Pazifikküste läßt sich am besten direkt von Quito über die neue Autobahn nach Esmeraldas entdecken. Die erste größere Stadt nach etwa 124 km, die auch bei einer Weiterfahrt von Bahía de Caráquez passiert werden müßte, ist der auf 500 m über dem Meeresspiegel am Westrand der Andenkordillere gelegene Verkehrsknotenpunkt **Santo Domingo de los Colorados** 12 (S. 320). Der Beiname ›los Colorados‹ geht auf die hier ursprünglich heimischen Colorado-Indios zurück. Vor rund 20 Jahren stolzierten sie noch mit ihren mit *achiote* rotgefärbten Haaren durch die Stadt. Heute präparieren sie ihre traditionelle Haartracht nur noch, wenn sich Touristengruppen angemeldet haben.

Esmeraldas 13 (S. 290), die Hauptstadt der gleichnamigen Provinz, lohnt kaum einen Aufenthalt. Seit hier die transandine Pipeline aus dem Oriente endet, aus der täglich 450 000 Barrel Öl in die Tanker fließen, hat sich die lebenslustige Metropole der afro-indianischen *marimba*- und *cumbia*-Musik in eine schmutzige Industriestadt verwandelt, in der die Hoteliers ihren Gästen von nächtlichen Spaziergängen abraten. Der Tourismus ist dennoch wichtigste Haupteinnahmequelle geblieben. Bevölkert sind die ölverschmutzten Strände überwiegend von Kolumbianern, die hier mit ihren starken Pesos wie Könige leben.

Junge Europäer und Amerikaner zieht es eher zu den 33 km weiter südlich gelegenen Stränden von **Atacames** 14 (S. 275). Der kleine Ort am Río Atacames ist ein beliebter Globetrotter-Treff, der Strand dicht bestückt mit *comedores* und Cocktailbars, in denen angeblich die besten Cocktails Ecuadors serviert werden. Ruhiger geht es im südlichen **Súa** und in **Same** zu.

In dem nördlichen, extrem feuchtheißen Küstenabschnitt mit seinen Mangrovensümpfen (Moskitovorsorge nicht vergessen!) kommt man von Esmeraldas über die Orte Río Verde und Lagarto. Dahinter hört die Asphaltdecke der Straße auf; für die restlichen 38 km bis **Borbón** 15 (S. 282) benötigt der Bus über eine Stunde. In dem drückend heißen Borbón hält es höchstens archäologisch Interessierte: Auf der kleinen Insel bei La Tola befindet sich eine Ausgrabungsstätte der Tolita-Kultur mit kleinem Museum. Die meisten Touristen, die sich in diesen Ort verirren, wollen mit dem Boot den Río Cayapas oder den Río Santiago flußaufwärts zu den dortigen Lodges oder weiter nach San Miguel in der **Reserva Ecológica Cotacachi-Cayapas** 16 (204 420 ha). Diese reicht vom tiefen Küstenland bis zur Nebelwaldzone um den 4900 m hohen Cotacachi im Hochland.

Dreieinhalb Stunden benötigt schließlich das Boot von Borbón bis zum Grenzort **San Lorenzo** 17 (S. 318), das als Endstation des Autoferro von Ibarra im Hochland eine gewisse touristische Bedeutung besitzt. Der Schienenzug fährt freilich nur noch sehr unregelmäßig, seit die Straße nach Ibarra planiert und z. T. auch schon asphaltiert ist.

Strandbude bei Atacames

Das Amazonasbecken in Ecuador

Reisen in das Amazonasbecken über Baeza

Auf der Route, die einst die Konquistadoren Pizarro und Orellana von Quito
aus nahmen, verläuft heute die Fernstraße in den Oriente. Sie führt über
den 4064 m hohen Papallacta-Paß und
den Verkehrsknotenpunkt Baeza immer
längs der transecuadorianischen Pipeline – bis nach Lago Agrio am Río Aguarico. Mit dem Bus dauert die Fahrt von
Quito 8–9 Stunden. Da Fliegen in Ecuador nicht teuer ist, nehmen die meisten
Besucher für die Überwindung der
Strecke lieber das Flugzeug. Dabei ent-
geht ihnen freilich das großartige Erlebnis des Andenabstiegs.

Vom Paß aus bietet sich ein phantasti-
scher Blick auf den Antizana (5700 m),
und hinter Baeza rauschen die höchsten

Wasserfälle Ecuadors ins Tal: die San
Rafael-Kaskaden. Sie gehören noch zum
Gebiet des Cayambe-Coca-Naturreser-
vats (403 000 ha), das sich vom Vulkan
des nördlichen Hochlands bis in den Oriente hinunterzieht.

Lago Agrio und das Cuyabeno-Fauna-Reservat

In **Lago Agrio** 1 (S. 295), das mit dem
Ölboom sprunghaft auf etwa 30 000 Ein-
wohner anwuchs, enden Pipeline und
Straße. Immer noch spiegeln dürftige
Quartiere, Restaurants und Rotlichtbars
die derbe Atmosphäre der Anfangszeit
dieser ältesten Oriente-Ölstadt wieder.
Ihren Namen Lago Agrio (›saurer See‹)

◁ *Nebel über dem Regenwald*

erhielt sie in den 60er Jahren von den Arbeitern der nordamerikanischen Ölfirma Texaco, die überwiegend aus dem texanischen Lake Sour stammten. Ursprünglich hieß die Stadt Nueva Loja.

25 km weiter östlich liegt bei **Dureno** 2 an einer Gabelung des Río Aguarico die Comunidad Cofán Dureno, ein Dorf der Cofán-*indígenas*. Da das Dorf der ehemaligen Blasrohrjäger am anderen Ufer liegt, muß man sich irgendwie bemerkbar machen, um über den Fluß geholt zu werden. Die Cofán bieten geführte Tagestrips mit dem Boot in den Regenwald an.

Lago Agrio ist vor allem das Tor zum **Cuyabeno-Fauna-Reservat** 3, in dem 1990 von der Biologischen Fakultät der Universität Quito das erste ökotouristische Konzept verwirklicht wurde, um dieses einzigartige Gebiet vor dem Zugriff der Ölfirmen zu schützen. Inzwischen wurde die Fläche des Reservats verdoppelt, die Reservatsgrenze besser geschützt.

Cuyabeno ist ökologisch eine Traumregion: Es gibt fast alle Arten von Regenwald, fast ein Drittel aller im Amazonasgebiet vorkommenden Vögel wurden hier von den Biologen gesichtet und allein 240 Baumarten gezählt. Seit ein paar Jahren kreuzt das Hotelschiff ›Flotel Orellana‹ in diesem Gebiet; außerdem entstanden komfortable Lodges. Die Ausflüge begleiten die ansässigen Cofán- oder Siona-*indígenas*.

Coca und der Yasuni-Nationalpark

Zwei Stunden etwa benötigt der Bus von Lago Agrio, um sich zur 93 km südlich gelegenen kleinen alten Dschungelstadt **Coca** 4 (S. 287) vorzuarbeiten, in der 1542 Francisco de Orellana zu seiner Amazonas-Entdeckung aufbrach. Eigentlich ist diese Stadt nach ihm be-

Cofán-Männer bei Lago Agrio

Touristen als Naturschützer – Reisen im Oriente

Ernesto spielt Schamane. Er wedelt mit einem Büschel aus Blättern über den Arm von Katie. »Die Indianer kennen keine Bakterien oder Bazillen«, erklärt er, »sie nennen den Krankheitserreger Silberschlange im Bauch. Das Blätterbüschel ist ihr Medium, mit dem sie sie bannen.« Ernesto ist ein Ketchua. Er weiß, wovon er spricht. Dutzende Male hat er der Zeremonie beigewohnt, wie sie Cofán-Indios in ihren zurückgezogenen Gemeinschaften beim Yasuni-Nationalpark ausüben. Mit seiner Demonstration beschwört er für einen Moment die Geister der Ureinwohner, die fernab der Lodge im Dschungel wohnen.

Die Lodge gehört einem Schweizer. Katie ist Australierin. Und die übrigen Gäste sind Amerikaner, Engländer und Deutsche. Keiner setzte sich einfach in ein Boot und fuhr den Río Napo hinunter, um dann plötzlich vor der Lodge wie vor einem Hotel mit der Frage zu stehen, was kostet eine Nacht? Alle haben das Urwaldabenteuer pauschal gebucht. Zimmer, frische Wäsche und Essen sind denn auch genau nach der jeweils angemeldeten Teilnehmerzahl vorbereitet.

Der Inhaber der Lodge, der mit seinem Sohn eine Ausflugsagentur in Quito betreibt, verbindet mit seinem Anwesen Eigennutz und Naturschutz. Jedes Jahr rettet er ein Stückchen des durch Ölbohrungen bedrohten Regenwalds, indem er ungeschütztes Land dazukauft. Wie die meisten anderen, die ähnliche Lodges betreiben, arbeitet auch er mit ansässigen *indígenas*. Als ortskundige *guides* sowie als unerreichte Kenner der Tier- und Pflanzenwelt des Regenwalds unterstützen sie die mehrsprachigen Agenturreiseleiter und übernehmen oft auch den Transport mit ihren selbst gebauten Einbaumkanus. Fast alle, seien es die Siona im nördlichen Cuyabeno-Reservat, die Cofán am Río Napo oder die Shuar am Río Pastaza, sehen heute im Tourismus ebenfalls die einzige Chance, ihren Lebensraum und ihre Kultur vor der Zerstörung durch andere wirtschaftliche Interessenverbände zu retten.

Besonders empörte die *indígenas* die Katastrophe von 1987, nach der sie sich zu einem Protestmarsch nach Quito sammelten, in den Händen die im Öl verendeten Tiere. Damals war die transandine Erdölpipeline, die vom Oriente über die Anden bis hinunter nach Esmeraldas an der Pazifikküste reicht,

durch ein Erdbeben zerbrochen. Selbst die fern des Urwalds gelegenen Bruchstellen wirkten sich noch verheerend aus, sofern sie in der Nähe von Flüssen lagen: Denn das Öl wurde von ihren dem Amazonas entgegenströmenden Wassern bis in den letzten Winkel des reich verzweigten Wassersystems im Amazonasbecken getragen, natürlich auch in die Naturschutzgebiete.

Nach dem Protestmarsch formierten sich die Indianer-Organisationen zum Kampf gegen die Ölkonzerne und verklagten schließlich die damals für die Umweltkatastrophe mitverantwortliche US-amerikanische Firma auf einen Schadensersatz von 1 Mia. DM. Moralische Unterstützung fanden sie an den Universitäten, wo zur gleichen Zeit empörte Studenten und Professoren der naturwissenschaftlichen Fakultäten über Präventivmaßnahmen für den Regenwald brüteten. 1990 stand das neue Programm, mit dem der Regenwald (mitsamt seiner heimischen Völker) wirksam vor dem Zugriff wirtschaftlicher Interessen geschützt werden sollte: *»Use it or loose it«* hieß die neue Marschrichtung der Naturschützer – nutze ihn (den Regenwald) oder verliere ihn. Die Überlegung war: Wenn kleine Bereiche eines Regenwaldgebiets für interessierte Touristen aus aller Welt geöffnet und ausgebaut werden, dann schadet das der Natur nicht, aber es lenkt das Weltinteresse auf die Gebiete, blockiert damit dunkle Machenschaften der Regierung und macht die Grenzen von Nationalparks unantastbarer, erhöht das Image des Landes und – *last not least* – bringt es Devisen ins Land.

Der Tourismus freilich wurde reglementiert: kleine Gruppen, wissenschaftliche Reiseleitung, Einbeziehung der ansässigen *indígenas* in das touristische Projekt, Aufenthaltskontrolle und -be-

Bromelienblüte; die Artenvielfalt des Regenwaldes ist zunehmend bedroht

grenzung (meist 5 Tage). In diesem Geist eines praktizierten sanften Tourismus funktionieren heute fast alle der mittlerweile zahlreich im Land entstandenen Lodges.

Den Regenwald mit Urlaub auf Lodges zu retten, ist freilich kostspielig. Fünf Tage Unterkunft in eigenem Zimmer mit Bad, fließend Wasser und Strom mitten im Regenwald, täglich drei genießbare oder gar richtig gute Mahlzeiten, Spaziergänge auf eigens über Sumpfgebiete angelegten Bretterpfaden, Urwalddacheinsichten von bis zu 40 m hohen Aussichtstürmen, tägliche Bootsausflüge mit oft wissenschaftlich geschulten Führern und einem Indianer, eine Nachtwanderung und das obligatorische abschließende heitere Lianenschaukeln – das hat seinen Preis. Mit 1500 DM muß man mindestens rechnen.

nannt, doch setzte sich der Name des Hausflusses Coca durch, der sich hier mit dem Río Napo vereint.

Der Ort wirkt heute wie Lago Agrio in seiner Anfangszeit: Schlammige Straßen, simple Bars, in denen sich frustrierte Ölarbeiter mit Bourbon oder ›Crocodile Tears‹ genannten Cocktails betäuben. Leute, die vom Dschungel und von Indianern nichts wissen wollen, aber dennoch hier leben müssen.

Am Río Napo warten Boote, die den Fluß hinunter zu den Lodges bringen. In der Nähe der **Hacienda Primavera** 5 (S. 293) liegt die verwunschen überflu-

tete und von Mauritius-Palmen malerisch durchwucherte **Reserva Biológica de Limoncocha**. Die Region ist auch als Fundstätte von Keramikscherben der Napo-Kultur (1150–1480) bekannt geworden.

Südöstlich der **Sacha Lodge** 6 (S. 314) am südlichen Ufer des Río Napo breitet sich der gigantische **Yasuni-Nationalpark** (982 000 ha) aus, der seit 1992 auch das Reservat der Huaorani-Indianer ist. Die angrenzenden Lodges bieten gelegentlich Ausflüge in das Naturschutzgebiet über die Eingangsstation Añangu an.

Reisen in das Amazonasbecken über Puyo

Am Ostrand der Andenkordillere, wo sich die Flüsse des Hochlands nach ihrem Weg in die Tiefebene zu größeren Strömen vereinen, um schließlich dem Amazonas entgegenzufließen, liegt ein alter Siedlungsraum mit kleinen Orten, die heute als Einstiegsorte für Regenwaldtrips touristisch immer mehr an Bedeutung gewinnen. Wichtigste Zufahrtsstraße aus dem Andenhochland ist hier die Straße von Baños nach Puyo (s. S. 214).

Puyo 7 (S. 309), der von Siedlern aus dem nahen Baños gegründete Verkehrsknotenpunkt zwischen dem Hochland und dem Oriente, ist noch weit davon entfernt, ein Touristenort zu werden, obwohl es sich zahlreicher Kurzbesucher aus Baños erfreut, die sogar mit dem Fahrrad herunterkommen, um den *thrill* des extremen Höhenunterschieds zwischen beiden Orten zu erleben. Sie folgen dabei dem Lauf des Río Pastaza, der, gespeist von neuen Zuflüssen, bald

ebenso breit und bedeutsam wie der Río Napo im Norden gen Südosten strömt.

Am Zusammenfluß des Río Pano und Río Tena, etwa 90 km nördlich von Puyo (und 75 km südlich von Baeza), liegt das bereits 1560 gegründete **Tena** 8 (S. 321), heute die Hauptstadt der Provinz Napo. Der Río Tena teilt sie in einen alten Teil am Westufer und einen neuen am Ostufer, verbunden sind beide Stadtteile durch eine einzige und einspurige Brücke. Anders als Coca oder Lago Agrio, verbreitet das Städtchen mit 11 000 Einwohnern einen Hauch touristischer Atmosphäre. Es gibt viele kleine, allerdings überwiegend sehr einfache Hotels, in denen sich ein paar Traveller und ecuadorianische Urlauber treffen.

Ein Aufenthalt lohnt, um die Höhlen im Norden zu besuchen, die sich hier vor Jahrmillionen im Napo-Bimsstein durch Flußauswaschungen bildeten. Sie

Das Amazonasbecken

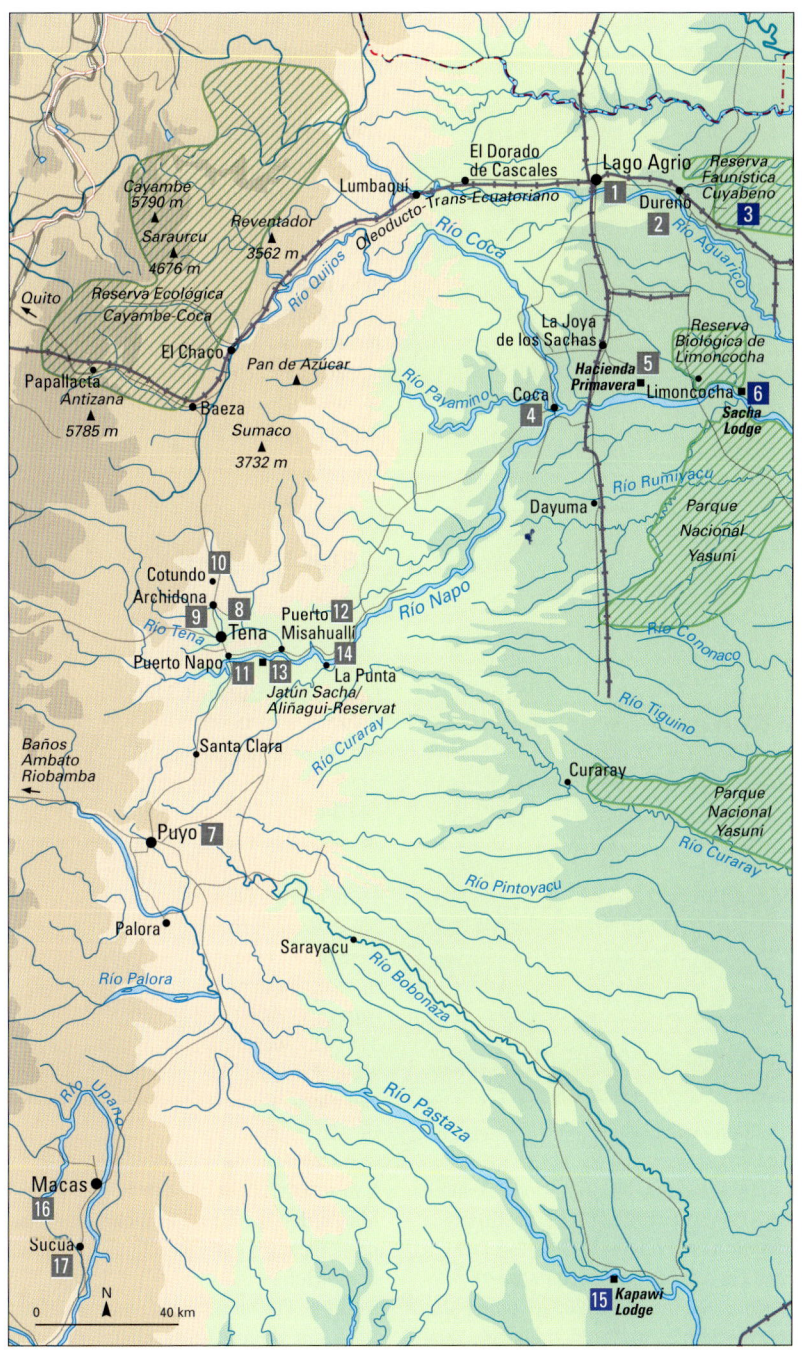

Das wichtigste Element des Regenwaldes: Wasser

liegen alle beim 10 km entfernten alten Missionsort **Archidona** 9, größtenteils allerdings auf privatem Gelände. Der Öffentlichkeit zugänglich gemacht und beleuchtet wurde die 1900 m lange **Jumandí-Höhle,** in der sich ein See ausbreitet und Fledermauskolonien leben. Man findet sie 4 km nördlich von Archidona bei dem gleichnamigen Touristenkomplex.

Einen Führer braucht, wer sich die noch ein kleines Stück weiter nördlich bei **Cotundo** 🔟 verstreuten Steine mit präkolumbischen Ritzzeichnungen ansehen will. Manche Archäologen schätzen das Alter dieser Petroglyphen auf mehrere tausend Jahre. Zu den schönsten gehören die *Serpiente Emplumada* (›Gefiederte Schlange‹) und die *Piedra Indimama* (›Indimama-Stein‹).

Nur 7 km südlich von Tena beginnt in **Puerto Napo** 🔟 die wichtigste Oriente-Wasserstraße: der Río Napo. Er entsteht hier aus dem Zusammenfluß zweier Andenflüsse und nimmt schon nach 8 km beim Flußhafen Misahuallí die Wassermassen des einmündenden Río Misahuallí auf. Wer wollte, könnte von hier eine spannende Fahrt bis zur Mündung in den Amazonas in Brasilien unternehmen – erstes Etappenziel wäre dann das bereits erwähnte Coca (8 Std. ab Misahuallí).

Das Dreieck zwischen Tena, Puerto Napo und Misahuallí ist durchaus reich an exotischen Attraktionen. Auch hier siedelten sich Lodges an, die interessante Exkursionen anbieten. Vom Flußsteg in **Misahuallí** 🔟 (S. 302) fahren die Boote über den Río Napo zum 8 km entfernten Öko-Camp **Jatún Sacha** 🔟 im 1300 ha großen Aliñagui-Reservat. Wissenschaftler der angeschlossenen Forschungsstation zählten hier immerhin 765 Schmetterlings-, 507 Vogel- und 2500 Pflanzenarten, obwohl Holzfäller, Jäger und die nahe Zivilisation seinem ökologischen Haushalt schon reichlich zusetzten.

Etwa 30 Bootsminuten weiter flußabwärts bei **La Punta** 🔟 richteten eine Deutsche und ihr ecuadorianischer Ehemann eine kleine Auffang- und Wiederauswilderungsstation für gefährdete Tiere ein. Sie führen ihre geretteten und aufgepäppelten Affen, Schlangen oder Papageien gerne vor und bieten auch Regenwaldexkursionen und Besuche in

Dörfer der Shuar-Indios an, die weiter südlich heimisch sind.

Am mittleren Lauf des Río Pastaza, schon recht tief im südöstlichen Amazonasbecken, wurde 1996 die luxuriöse **Kapawi Lodge** 🔟 (S. 295) eröffnet. Auch diese Lodge eines Guayaquiler Unternehmens arbeitet mit den ansässigen *indígenas* zusammen, den Shuar. Erste Besucher der Lodge haben diese als äußerst gewissenhaft erlebt, vor allem im Bemühen, die eigene Kultur zu vermitteln. Offenbar ist ihre Sorge noch groß, die Touristen könnten aus Unwissenheit ihre zahlreichen Tabus brechen. Zum Beispiel darf ein Mann bei ihnen niemals die Ecke der Frauen betreten.

Die weitere Fahrt in den Süden lohnt nur für den an der Kultur der Shuar Interessierten. Die Shuar waren früher Kopfjäger, die ihre zu Schrumpfköpfen verarbeiteten Opfer als glückbringende Trophäen trugen. Ein Brauch, der sich bei den kriegerischen Shuar bis in die jüngste Vergangenheit hielt. Das rund 60 km südlich von Puyo gelegene **Macas** 🔟 (S. 298), winzige Hauptstadt der Provinz Morana-Santiago, ist Ausgangspunkt für Flüge zu den Salesianer-Missionsstationen im tieferen Urwald, denen einst die Befriedung des Stamms gelang. Im nahen **Sucúa** 🔟 (S. 321) schließlich, dem Hauptort der Shuar, hat die Federación de Centros Shuar ihren Sitz, die sich für die Rechte ihrer Stammesbrüder einsetzt und – nach längerer Beratungszeit – Besuche in Shuar-Dörfern genehmigt. Die Institution wurde geschaffen, nachdem es noch 1991 zu einem schweren Konflikt zwischen Missionaren und Shuar gekommen war. Auch Touristen gegenüber sind die *indígenas* wenig aufgeschlossen, verkaufen ihnen aber mit Freuden täuschend echte, als Schrumpfköpfe präparierte Affenköpfe.

Die Galápagos-Inseln

■ (S. 290) Kaum ein anderer Platz auf der Welt veranschaulicht so plastisch die Entstehungsgeschichte der Erde und die Entwicklungsgeschichte von Lebewesen wie die Galápagos-Inseln. Geologen können hier anhand der tätigen Vulkane den *Hot Spot* (›heißer Fleck‹, s. S. 253) lokalisieren oder die verschiedensten Lavamassen studieren. Naturkundler bekommen zahlreiche zwei- oder vierbeinige Anpassungskünstler zu Gesicht, die schon Charles Darwin erstaunten: Kormorane, deren Flügel zu Stummeln degenerierten, weil sie sie offenbar nicht gebrauchten; Leguane, die Schwimmhäute zwischen den Zehen entwickelten und eine Stunde unter Wasser jagen können, bevor sie zum Atmen wieder auftauchen müssen; Pinguine, die sich aus der Antarktis in die Tropen verirrt haben, oder Finken, die Dornen wie Werkzeuge zur Nahrungsaufnahme benutzen. Allesamt Musterbeispiele der darwinistischen Evolutionstheorie, mit der der junge englische Wissenschaftler nach seinem Besuch auf den Galápagos-Inseln im Jahr 1835 gründlich an der biblischen Schöpfungsgeschichte rüttelte.

Die meisten Besucher aber beeindruckt und rührt etwas ganz anderes: Die große Zutraulichkeit der Tiere, die schon der spanische Bischof Tomás de Berlanga 300 Jahre vor Darwin erwähnenswert fand. Heute freilich, wo wir um die letzten Naturparadiese bangen, unser Wissen über das Leben von Wildtieren fast nur noch aus dem Fernsehen oder aus dem Zoo beziehen, wo die Berührungspunkte zwischen ungezähmter Natur und dem Menschen so rar geworden sind, hat diese Zutraulichkeit der Tiere einen fast phantastischen Erlebniswert. Wenn Pelikane zahm wie Haustiere zwischen plantschenden Kindern auf Bootskanten sitzen oder Seelöwen übermütig zweibeinige Schwimmer umkreisen, dann mutet das nicht wenigen Besuchern einfach wie ein kleines Wunder an.

◁ *Auf der Isla Bartolomé*

Kleine Inselkunde

Das archaische Antlitz

Ob die Galápagos-Inseln vor etwa 20 Mio. Jahren ein großes zusammenhängendes Vulkanplateau darstellten, das später absank, ob sie nur so alt wie das älteste gefundene Gestein sind, nämlich 4 Mio. Jahre, oder ob sie den äußersten Teil einer abgesunkenen Landbrücke nach Mittelamerika bilden, darüber streiten sich die Wissenschaftler bis heute. Sicher ist dagegen, daß der Archipiélago de Colón (so sein offizieller Name) durch das Zusammenspiel dreier aufeinandertreffender Kontinentalplatten entstand. In der Bruchzone der gegenläufig wandernden Platten drang durch Gasdruck geschmolzenes Gestein auf den Meeresboden – Ursprung der Erhebungen, die, wie im Fall der Galápagos-Inseln, bis über die Meeresoberfläche reichen können.

Das Äußere der Inseln gleicht denn vielerorts der Mondlandschaft eines jungen Planeten und bietet reichlich Anschauungsmaterial dafür, wie die Erde wohl zur Zeit ihrer Entstehung ausgesehen haben mag. Dazu gehören die verschiedensten Arten und Formen erkalteter Magmaströme wie das häufige schwarze Basaltgestein, die schnell abgekühlte Stricklava und die scharfkantige Blocklava. Die Isla de Santa Cruz dagegen bietet eine eher seltene Lavaformation: einen Lavatunnel.

Schönste Anschauungsobjekte archaischer Erdaktivität freilich sind die noch aktiven **Vulkane** auf den Inseln Isabela und Fernandina. Sie gehören zu den Schildvulkanen, die aus mehreren übereinandergelagerten Lavaströmen bestehen und in der Mitte einen durch Rücksturz des Gipfels in die entleerte Magmakammer gebildeten Einsturzkrater mit flachem Boden besitzen. Ihre Aktivität rührt von einem sogenannten Hot Spot (›heißer Fleck‹) her.

Hot Spots sind ortsfeste, sehr warme Punkte im Erdmantel, aus denen immer wieder Magma in die Erdkruste aufsteigt. Erhöht sich der Druck in der Erdkruste zu sehr, bricht das Magma an der Erdoberfläche hervor, z. B. durch den Schlot eines Vulkans. Da die Erdkruste gleichzeitig wandert, der Hot-Spot aber nicht, bildet das aufsteigende Magma entsprechend der Erdkrustenbewegung nach und nach an verrückter Stelle neue Schlote, so daß eine Kette erloschener und aktiver Vulkane über dem Hot Spot entsteht.

Zur Zeit sitzen die westlichen Inseln Isabela und Fernandina genau über dem Hot Spot. Mit rund 20 Ausbrüchen seit dem Jahr 1900 gehören sie zu den aktivsten Vulkanzonen der Welt. Die Vulkane im Osten des Archipels dagegen sind längst erloschen und dicht bewachsen, auf den Islas San Cristobal und Española sind sie schließlich kaum noch als Vulkane zu erkennen. Auf Española und Seymour fand man die ältesten Gesteine; sie weisen alle Anzeichen submariner Entstehung auf, so daß wohl noch ein Teil der Galápagos-Inseln unter Wasser entstand und sich erst später über die Meeresoberfläche erhob.

Das ureigene Klima

Die Lage am Äquator, der Einfluß des von Süden kommenden, kühlen Humboldtstroms wie des von Norden kommenden, warmen Panamastroms beeinflussen in Zusammenspiel mit den abwechselnd vorherrschenden Winden wie dem starken Südostpassat (Juli–Dezember) und dem schwachen Nordostpassat (Januar–Juni) das ureigene Klima der Galápagos-Inseln. Man unterscheidet nur zwei Jahreszeiten: In der windstillen und milden **Regenzeit** von Januar bis April/Mai sind die Niederschläge zwar heftig, aber nur von kurzer Dauer – schnell lacht die Sonne am blauen Himmel wieder, die Temperaturen schwanken zwischen 24 und 28 °C, die Vegetation erblüht, viele Tiere brüten. In der **Trockenzeit** (Juni–November) dagegen kühlt sich der beharrlich blasende Südostpassat am Humboldtstrom ab, es bilden sich Regenwolken, die in den Bergregionen der Galápagos-Inseln Nebel bilden und herabnieseln, die Temperaturen sinken auf 18–21 °C.

Diese Zyklen durchbricht lediglich etwa alle vier Jahre **El Niño** (s. S. 23), eine warme Meeresströmung aus Panama, die wie eine Decke auf dem Ozean von auf West gedrehten Winden an die südamerikanische Küste herangeführt wird und dort das Ökosystem auf den Kopf stellt. Sie läßt vor allem durch ihre Wärme die kälteabhängigen Kleinstlebewesen des Planktons absterben, so daß die Nahrungskette zusammenbricht und viele größere Tierarten verhungern. Begleitet wird sie von sintflutartigen Regenfällen. Zuletzt wütete El Niño um die Jahreswende 1997/98.

Flora

Boden- und Wasserknappheit prägen die überwiegend eher karge Pflanzenwelt auf den einzelnen Inseln, die insgesamt 700 endemische Arten zählt. Je nach Höhenlage unterscheiden die Bo-

taniker sechs verschiedene Vegetationszonen. In den durch Fels, Sand, Salz und Wind extrem schwierigen Wachstumsbedingungen der **Küstenzone** (0–10m) gedeihen verschiedene Mangrovenarten, außerdem der Salzbusch mit seinen herunterhängenden Zweigen und kleinen gelbgrünen Blüten und Strandwinden, die sich auf dem Sand entlang ranken. Auf Lavagestein wachsen die am Boden kriechenden und die in der Regenzeit ihre Farbe von Grün auf Rot wechselnden Galápagos-Sesuvien.

Der **Trockenzone** (1–100 m) mangelt es an einer Humusschicht, Regen versickert schnell im porösen Lavagrund. Hier bedecken dichte mit Stacheln bewehrte Sträucher, die von meterhohen Feigen- oder Kandelaber-Kakteen überragt werden, das Land. Eine andere endemische Trockenzonenpflanze ist die Galápagos-Baumwolle, ein Busch mit dunkel gefleckten Zweigen und Blättern und großen gelben Blüten mit purpurnem Grund. Typisch für diese Zone ist auch der kurze dicke Lavakaktus, der auf nacktem Gestein leben kann. Zu den Bäumen, die hier gedeihen, gehört eine Akazienart.

Ab etwa 100 m beginnt die etwas feuchtere **Übergangszone** (bis 200 m), in der erste Farne, Kletterpflanzen, immergrüne mit Epiphythen bewachsene Bäume und der niedrige Busch der einheimischen Galápagos-Wildtomate mit seinen kleinen gelben oder grünen Früchten gedeihen. Flechtenbärte an den Zweigen zeigen die höhere Luftfeuchtigkeit an.

Von seltener Üppigkeit ist dann die **Scalesia-Zone** (200–400 m), die nach dem einheimischen, 10–15m hohen Scalesia-Baum benannt wurde. Unter dem schirmförmigen Dach der Bäume wachsen Farne, Orchideen, Bromelien oder der dornenbesetzte Katzenkrallenbusch, auf dem als Halbparasit oft die Galápagos-Mistel sitzt. Verwitterter Untergrund spendet den verschiedenen Etagen neben häufigen Niederschlägen und hoher Luftfeuchtigkeit ausreichend Nahrung.

Auf Santa Cruz und San Cristóbal folgt auf die Scalesia-Zone noch die **Miconia-Zone** (400–500 m). Die Scalesien löst hier ein 3–4 m hohes Miconia-Gebüsch ab. Die noch darüberliegende, von Gräsern, Moosen, Bärlappgewächsen und Adlerfarnen besiedelte Zone wird von den Einheimischen **Pampa** (ab 550 m) genannt.

Fauna

Die Tierwelt der Galápagos-Inseln ist im Hinblick auf die auf dem Land lebenden Tiere artenarm und selektiv, im Gegensatz zur Meeresfauna, die mit ihren vielen Fischarten und Schalentieren sehr reich ist. Viele Vögel und Säuger ernähren sich aus dem Meer. Die Reptilien sind die faszinierendste Tierart des Archipels, allen voran die großen Schildkröten, die zum Wappentier von Galápagos wurden. Genauso urzeitlich wie die Schildkröten muten die kleinen Drachen der Inseln an, die Leguane. Ein Charakteristikum der Galápagos-Tiere ist ihre ausgesprochene Zutraulichkeit. Da die meisten Arten endemisch sind, sich also auf den feindfreien Inseln entwickelt haben, fehlt ihnen ein Fluchtinstinkt. Sie lassen den Menschen bis auf nächste Nähe herankommen.

Vögel

Darwin-Finken: Unter den 35 einheimischen Vogelarten, die die verschiedenen Lebensräume der Galápagos-Inseln bewohnen, sind die berühmtesten klein und unscheinbar: die nach ihrem Ent-

decker benannten Darwin-Finken. Die 13 verschiedenen Arten, die aber eine zusammenhängende Gattungsgruppe bilden, unterscheiden sich vor allem durch ihre Schnabelformen, die sich den jeweils unterschiedlichen Ernährungsweisen auf dem Weg der Evolution angepaßt haben. Spektakulärste Vertreter sind der Spechtfink und der Mangrovenfink, die sich beide von großen Insekten oder Larven ernähren. Um ihre Nahrung aus Baumstämmen und Ästen herauszustochern, benutzen sie sorgfältig ausgewählte Kakteenstacheln, aber auch kleine Zweige als Werkzeuge.

Blaufußtölpel: Die häufigste Tölpelart, an Land leicht an den blauen Füßen zu erkennen, jagt in der Nähe der Küste, oft in Gruppen und aus größerer Höhe stoßtauchend bis zu 30 m unter der Wasseroberfläche. Den Fisch greift der Vogel anders als die meisten Tauchfischer erst beim Wiederauftauchen. Ihre Nester bauen die Weibchen in Kolonien unmittelbar auf dem Boden.

Brauner Pelikan: Die vergleichsweise kleine Pelikanart brütet in Mangroven. Ihre Beute fängt sie tauchend nahe der Wasseroberfläche.

Flamingos: Sie gehören auf dem Archipel zu den bedrohten Tierarten. Die Population der scheuen Vögel, die sich durch Gründeln in Salzseen und Brackwasserlagunen von Blaualgen, Krebsen und Insektenlarven ernähren, schwankt zwischen 500 und 1000 Tieren. Ihre Schlammnester, in die sie ein einziges Ei legen, werden oft überflutet. Sie kommen in Salzlagunen auf den Inseln James, Santa Cruz, Isabela, Floreana und Rábida vor.

Flugunfähiger Kormoran: Diese riskante Spielart der Natur, bei der die Flügel im Lauf der Evolution aus Mangel an natürlichen Feinden zu Stummeln degenerierten, präsentiert sich als wen-

Dem Geheimnis aller Geheimnisse auf der Spur

Am 15. September 1835 landet Charles Darwin mit der ›Beagle‹ vor den Galápagos-Inseln. Was er dort während seines fünfwöchigen Aufenthalts sieht, hält er in seinem Tagebuch (›The Voyage of the Beagle‹) fest.

Er sammelt so viele Pflanzen als nur irgendmöglich, doch die Ausbeute ist mager, und es sind »derartig elendig aussehende kleine Kräuter«, daß sie seiner Meinung nach »einer arktischen Flora viel besser anstehen als einer äquatorialen«. Bei der weiteren Erkundung wird er für das ermüdende »Kriechen über die rauhe Fläche und die verwirrten Dickichte ... durch die fremdartige zyklopische Szenerie« reichlich belohnt. Er sieht die ersten Riesenschildkröten: »Diese ungeheuren Reptilien in dieser Umgebung von schwarzer Lava, blutlosen Sträuchern und großen Kakteen erschienen meiner Phantasie wie vorsintflutliche Tiere.« Schon früh erkennt er, daß die Tier- und Pflanzenarten der Galápagos-Inseln zwar mit denen auf dem südamerikanischen Festland verwandt, aber im Laufe der Jahrtausende eigene Entwicklungswege gegangen sind. »Die Naturgeschichte dieser Inseln ist in hohem

diger Schwimmer bei der Jagd nach Fischen und Tintenfischen am Meeresgrund. Die etwa 700–800 Brutpaare leben nur im westlichen Teil des Archipels auf den Inseln Isabela und Fernandina. Typisch für ihren komplizierten Balztanz ist das ›Hals-Schlängeln‹, das beim Partner auch als Grußform beibehalten wird. Das Weibchen baut das 40–50 cm breite Nest, in das es 1–3 große Eier legt (meist wird jedoch nur ein Junges aufgezogen); bei der Brutpflege wechselt sich das Paar ab, bei jedem Wachwechsel wird ein Zweig mitgebracht und in das Nest eingebaut, so daß es während der Brutzeit fortwährend wächst.

Galápagos-Albatros: Der größte Vogel in den tropischen Gewässern des Ostpazifiks ist an der Südküste der Insel Española beheimatet. Auf ebener Erde hat der Vogel aufgrund seines Gewichts (3–6 kg) extreme Startprobleme, deshalb sucht er sich als Lebensraum steile Klippen, von denen er sich mit seinen bis zu 2 m spannenden Flügeln fallen lassen kann. Größere Fische und Tintenfische, die er weit auf der offenen See jagt, stehen auf seinem Speiseplan.

Albatrosse gehen eine Ehe fürs Leben ein. Ihre Balztänze, die vor allem im Dezember zu beobachten sind, gehören zu den schönsten Schauspielen auf Galápagos. Das einzige große Ei wird etwa Mitte April gelegt und während der zweimonatigen Brutzeit oft zu anderen Plätzen gerollt.

Galápagos-Bussard: Die Zutraulichkeit des einzigen Greifvogels der Galápagos-Inseln erstaunte schon Charles

Grade merkwürdig und verdient sehr wohl Aufmerksamkeit. Die meisten organischen Erzeugnisse sind einheimische Schöpfungen, die sich nirgendwo anders finden; es besteht sogar eine Verschiedenheit zwischen den Bewohnern der verschiedenen Inseln, doch alle zeigen eine ausgesprochene Verwandtschaft mit denen von Amerika, obschon sie von diesem Kontinent durch ein Stück offenes Meer von 500 Meilen Breite getrennt sind. Der Archipel ist eine kleine Welt für sich ... «

Gut 20 Jahre später formuliert Charles Darwin seine Theorie »Über den Ursprung der Arten durch natürliche Auslese oder die Erhaltung begünstigter Rassen im Kampf ums Dasein« (1859), zu der ihm die Beobachtungen auf den Galápagos-Inseln entscheidende Impulse gegeben hatten. Seine darin dargelegte These, daß die einzelnen Arten sich durch immer wieder neue und erfolgreiche Anpassung an die Umwelt

veränderten und weiterentwickelten, gipfelt schließlich in der Annahme, daß der Mensch entwicklungsgeschichtlich vom Affen abstammt. Ironie des Schicksals, daß ausgerechnet der studierte Theologe, der sich auf eine fünfjährige Weltumseglung begab, um die biblische Schöpfungsgeschichte zu beweisen, die Evolutionstheorie mit nach Hause brachte und damit das abendländische christliche Weltbild vollkommen umstürzte.

Meerechse

Darwin; vielen Exemplaren kostete sie in der Vergangenheit allerdings das Leben, da Siedler sie als Feinde ihres Geflügels ansahen und erschlugen. Dennoch hat er seine Neugier bewahrt, so daß man ihm gut bis auf 10 m nahekommen kann. Der unserem Mäusebussard ähnliche Raubvogel ernährt sich u. a. von Tauben, Finken, Ratten, Echsen und Landleguanen.

Galápagos-Pinguin: Die einzige Pinguinart, die auf dem Archipel vorkommt, ist zugleich die kleinste überhaupt. Sie lebt in Kolonien nahe der Kaltwasserzonen an der Westküste von Isabela und Fernandina und ist verwandt mit dem größeren Humboldt-Pinguin von den Küsten Chiles und Perus. Zur Zeit gibt es auf den Galápagos-Inseln etwa 2000–4000 Exemplare.

Maskentölpel: Leicht an seinem maskenhaften ›Gesicht‹ und seinen dunklen Flügeldecken zu erkennen, ist er der größte Vertreter seiner Familie. Seine zwei Eier legt er direkt an den Klippenrand, wo ihm die Aufwinde schnelles Starten ermöglichen; meist zieht er nur ein Junges groß. Er kommt auf fast allen Inseln vor.

Prachtfregattvogel: Mit seiner Flügelspannweite von über 2 m ist er einer der elegantesten Segler des Archipels. Da seine Federn nicht wasserabweisend sind, vermeidet er die Berührung mit der See. Man kann ihn häufig dabei beobachten, wie er anderen Vögeln die Beute im Flug wegschnappt. Die Männchen besitzen einen roten Kehlsack, der auch außerhalb der Balzzeit zu erkennen ist.

Rotfußtölpel: Die kleine Tölpelart erkennt man an ihren roten Füßen und dem blauen Schnabel, wobei das Gefieder unterschiedlich gefärbt sein kann: braun oder weiß. Der Rotfußtölpel jagt auf hoher See vor den nördlichen Inseln, wo er auch in einer stattlichen Kolonie von mehreren 10 000 Exemplaren in Salzbüschen, Mangrovenbäumen oder Balsambäumen nistet.

Reptilien

Galápagos-Riesenschildkröten: Die riesigen Landschildkröten der Galápagos-Inseln sind vom Aussterben bedroht. Es gibt zwei verschiedene Typen: den etwas kleineren, z. B. auf Española heimischen, beweglichen mit Sattelpanzer, dem große Hitze ebensowenig anhaben kann wie schwieriges Gelände und dürre Vegetation, und den massigen mit rundem Panzer, der in den üppiger grünenden höheren Regionen zu finden ist. Beide können das Wasser, das sie mit der Nahrung aufnehmen, literweise in Körperhöhlen speichern. Ihr Fortpflanzungsrhythmus ist eng verbunden mit dem Wechsel von Regen- und Trockenzeit. Die Brunftzeit der Männchen beginnt mit der Regenzeit, nach der Paarung ist das Weibchen bis Ende der Regenzeit trächtig und legt dann zu Beginn der Trockenzeit 8–20 etwa 5 cm große Eier in ein gescharrtes Erdloch. Nach 4–6 Monaten – wenn wieder Regenfälle den Boden aufweichen – schlüpfen die Jungen; sexuell reif sind sie erst zwischen 20 und 40 Jahren, dafür erreichen sie auch ein Lebensalter von bis zu 200 Jahren.

›Lonesome George‹ von der Darwin-Station, letzter Vertreter der einst auf Pinta heimischen *abingdoni*-Galápagos-Riesenschildkröte, für den seit Jahren vergebens eine passende Partnerin gesucht wird, steht längst symbolisch für die kritische Situation, in der sich das Wahrzeichen und der Namengeber der Galápagos-Inseln befindet: Drei der ursprünglich insgesamt 14 endemischen Arten, d. h. sie kommen nur auf dem Archipel, z. T. nur auf einer Insel vor, sind inzwischen ausgestorben; seit 1965 begann die Charles-Darwin-Forschungsstation mit der systematischen Nachzucht der Tiere. Sie nahm auch die Restpopulation der auf Española heimischen *hoodenis*-Schildkröten (zuletzt 2 Männchen und 12 Weibchen) auf. Von den vier Arten der Inseln San Cristóbal, Santiago und Isabela blieben zusammen rund 100 Exemplare, deren Nestlinge durch verwilderte Haustiere bedroht sind. Einzig in den Vulkanen Wolf, Darwin und Alcedo auf der Insel Isabela leben noch gesunde Populationen der dort heimischen Arten. Auf Santa Cruz (überwiegend im Schildkrötenreservat La Caseta/El Chato) zählt der Bestand heute wieder rund 3000 Exemplare der hier ansässigen *randenburghi*-Schildkröte.

Grüne Meeresschildkröte: Sie ist die einzige auf Galápagos nistende Meeresschildkrötenart. Ihre Paarungszeit liegt zwischen November und Januar. An der Küste kann man dann Paare bei der bis zu 7 Stunden dauernden Kopulation beobachten. Das Weibchen kommt nachts mit der Flut an den Strand und scharrt eine Nestkammer für rund 85 weichschalige Eier. Nach der Eiablage bedeckt sie diese wieder mit Sand und überläßt das Brüten den Sonnenstrahlen. Nach 7–9 Wochen schlüpfen die Jungen und rennen um ihr Leben ins Wasser – nur wenige entgehen den lauernden Seevögeln, die sich sofort nach dem Schlüpfen auf sie stürzen.

Landleguan: So groß wie der einst größte lebende Drache von Seymour,

Pelzrobben

der eine Länge von 1,3 m erreichte, werden die heimischen Landleguane selten, normal ist 1 m bei einem Körpergewicht von rund 6 kg. Eine rund 300 Exemplare zählende Population dieser einst auf Baumstämmen vom Festland eingereisten Spezies lebt auf Plaza Sur. Die Männchen tragen einen ausgeprägteren Rückenkamm und sind intensiver gelb gefärbt. Ihr Terrain verteidigen die Vegetarier das ganze Jahr über, Nebenbuhlerkämpfe können mitunter in blutige Beißereien ausarten. Die Weibchen vergraben etwa 5–15 Eier in der Erde und bewachen den Platz etwa 3 Wochen, die Jungen schlüpfen jedoch erst nach 3–4 Monaten. Fortpflanzungsfähig sind die Echsen zwischen 6 und 10 Jahren bei einer Lebensdauer von rund 70 Jahren.

Meeresechse: ›Kobolde der Finsternis‹ nannte Darwin diese auf Galápagos zu flinken Schwimmern mutierten ehemaligen Landechsen, die zahlreich Klippen und Mangrovenwälder bevölkern oder zahm in Puerto Ayoras Hotelgärten leben. Die Vegetarier säbeln mit ihren spitzen Zähnen Algen und andere Seegräser unter Wasser ab, wo sie sich bis zu einer Stunde aufhalten können, bis sie zum Atemholen wieder auftauchen müssen.

Säugetiere

Nur sechs verschiedene Säugetierarten leben auf den Galápagos-Inseln: die Seelöwen, die Pelzrobben und jeweils zwei Arten von Ratten und Fledermäusen.

Seelöwen: Zutraulich, neugierig bis gelassen – es sei denn, es ist Brunftzeit und es handelt sich um Bullen mit der typisch steilen Stirn – so begegnen die Galápagos-Seelöwen den Besuchern und verschaffen ihnen durch die ungewohnte Nähe zwischen Mensch und wildem Tier das ersehnte Galápagos-Glücksgefühl. Die Unterart des kalifornischen Seelöwen lebt in Kolonien, die die bis zu 300 kg schweren Männchen gegen Eindringlinge heftig verteidigen. Jeder Bulle hält sich einen Harem von ca. 30 Weibchen. Nach der Kopulation vergeht knapp ein Jahr, bis das einzelne Junge geboren wird; die Mutter säugt es bis zur Geburt des nächsten.

Pelzrobben: Sie sind kleiner als die Seelöwen und haben einen runderen Kopf mit größeren Ohren und Augen. Sie bevorzugen die Klippen und Höhen der Lavaküste, gleichen im Sozialverhalten den Seelöwen aber sehr.

Von Insel zu Insel

Santa Cruz (Indefatigable)

Als struppiges flaches Eiland ohne menschliche Siedlungen präsentiert sich **Baltrá** 1, durchzogen von nur einer Straße, die das Flughafengebäude quer über die Insel mit dem Kanal verbindet, wo die Fährboote nach Santa Cruz übersetzen. Die nur 27 km² kleine Insel, die in den 40er Jahren den USA als Militärstützpunkt diente, hat heute die Funktion der Landebahn für die Jets aus Quito und Guayaquil übernommen. Neben dem weniger frequentierten Flughafen auf San Cristóbal und dem neu eröffneten kleinen Airport bei Puerto Villamil auf Isla Isabela ist er derjenige, auf dem die meisten Galápagos-Besucher ankommen.

Die Fähr- und Busfahrt vom Flughafen auf Baltrá hinüber zur Insel **Santa Cruz** und quer über den Inselrücken bis zur Inselhauptstadt Puerto Ayora dauert etwa 45 Minuten. Dabei passiert der Bus im letzten Drittel der Strecke zwei rechts und links der Straße liegende riesige Einsturztrichter, die unter dem Namen **Los Gemelos** bekannt sind. Beim Bauerndorf Santa Rosa erhebt sich der dicht bewachsene, 864 m hohe erloschene Schildvulkan Cerro Crocker. Dahinter werden die Siedlungsausläufer immer

zahlreicher, bis es über das Dorf Bellavista hinunter zur Inselstadt geht.

Puerto Ayora 2 breitet sich entlang der Bahía de la Academia (Academy Bay) aus, in der stets zahlreiche Yachten und Ausflugsboote ankern. Der kleine Mercado Municipal beim Fähranleger und dem modernen Hafengebäude mit den Büros der Nationalpark-Führer ist das kaum nennenswerte Zentrum und zugleich Bushaltestelle des kleinen Orts. Gegenüber führt ein etwa 5 km langer markierter Weg nach Westen zur stillen **Bahía Tortuga,** romantischer Treffpunkt zum *sunset* – fast immer sind an dem mangrovengesäumten weißen Strand auch Tiere wie Pelikane oder Reiher zu sehen.

Hauptstraße von Puerto Ayora ist die Avenida Charles Darwin, die sich von der Bushaltestelle am Küstenufer entlang bis zur Pelikan-Bay ostwärts zieht, gesäumt von Hotels, Restaurants, Discos, zahlreichen Souvenirläden, einer Bank und einem Reisebüro. Sie endet beim Zugangspfad zur Nationalparkverwaltung und zur Forschungsstation.

Die **Charles-Darwin-Forschungsstation** 3, wissenschaftliches Zentrum von Galápagos, ist in die dichte, von riesigen Säulenkakteen durchsetzte natürliche Vegetation der Küstenzone eingebettet; rotbraune Spazierwege führen an beschilderten Pflanzen vorbei zu ›Lonesome George‹ und den Gehegen der Schildkröten-Aufzuchtstation, einem Futterplatz und zur Van-Straelen-Ausstellungshalle, in der die Naturgeschichte des Archipels an Hand von Fotos, Graphiken, Tierskeletten und Modellen veranschaulicht wird. Finanziert wird die Stationsarbeit von der 1959 unter Unesco-Schutz gegründeten Internationalen Darwin-Stiftung, die u. a. Gelder und Spenden vom World Wildlife Fund und der Zoologischen Gesellschaft von 1858 in Frankfurt erhält. Nach der Eröffnung der wichtigsten Gebäude im Jahr 1964 begannen die Wissenschaftler mit der Entwicklung von Programmen, die das empfindliche Ökosystem auf dem Archipel schützen sollen. Zu einer weiteren Hauptaufgabe wurde inzwischen die Nachzucht bedrohter Tierarten wie der Landleguane oder der Galápagos-Riesenschildkröten. Das an die Charles-Darwin-Forschungsstation angegliederte Schildkrötenreservat **La Caseta/El Chato** 4 liegt im Landesinnern. Wer an keinem organisierten Ausflug teilnimmt, kann es auch mit dem Bus über Santa Rosa erreichen, muß dann allerdings etwa 5 km bis zum Beginn des Schutzgebiets zu Fuß spazieren oder sich in Santa Rosa ein Pferd für den Trip mieten. Die auf Santa Cruz heimische *porteri*-Riesenschildkröte lebt hier in so stattlicher Zahl (2000–3000 Exemplare), daß man viele dieser riesigen Tiere sozusagen in freier Wildbahn zu Gesicht bekommt.

Noch ein paar andere sehenswerte Ziele liegen ganz in der Nähe: Von Bellavista führt ein etwa 5 km langer Wanderpfad über Viehweiden und Wiesen mit vereinzelten Büschen zum **Media-Luna-Krater** 5; von hier oben bietet sich ein herrlicher Weitblick über die Insel und das Meer. Östlich von Bellavi-

sta befindet sich am Ende eines 2 km langen Wegs auf einem Privatgelände ein riesiger, 2 km langer und 10 m hoher **Lavatunnel** 6; er gehört zu den größten der Welt. Die Besuchsgebiete an der Westküste der Insel sind nur mit dem Boot erreichbar; dazu gehören die **Bahías Ballena** 7 und **Conway** 8, wo häufig Meeresschildkröten beobachtet werden können.

Die Inseln um Santa Cruz

Die Ausflugsboote kreuzen täglich ab Puerto Ayora auf anderer Route und besuchen auf diese Weise nach und nach meist folgende Inseln in der nächsten Umgebung von Santa Cruz.

Islas Daphne 9: Die zwei stark erodierten Vulkankegel ragen östlich von Baltrá aus dem Meer. Besucht werden darf z. Zt. nur der größere von beiden – die Isla Daphne Mayor – und dieser wegen der Erosionsgefahr auch nicht immer. Im Innern des 120 m hohen, gleichmäßig geformten Tuffsteinkraters brüten Blaufußtölpel und an den Kraterrändern lebt die größte Maskentölpel-Kolonie des Archipels. Auch inseltypische Darwin-Finken (Grundfink, Kaktusfink) können beobachtet werden. Die spärliche Vegetation besteht aus Pionierpflanzen, Galápagos-Balsambäumen oder Sesuvien.

Seymour Norte und Mosquera 10: Beide Inseln liegen nördlich von Baltrá. Auf Seymour Norte erschließt ein Küstenwanderweg das ganze Inselrund bis auf den westlichen Teil – er führt an Gabelschwanz-, Seelöwen- und Meerechsen-Kolonien vorbei. Im Innern der flachen Insel brüten Blaufußtölpel und Prachtfregattvögel. An den Stränden der winzigen Insel Mosquera leben große Seelöwen-Kolonien.

Isla Pinta

Canal de Pinta

Isla Marchena (Bindloe)

Canal de Marchena

Roca Redonda

Punta Calle

24 Punta Albemarle

Pazifischer Ozean

Cabo Berkeley

Volcán Wolf ▲ 1646 m

Punta Vicente Roca

Volcán Darwin ▲ 1280 m

Punta Espinosa **29**

13 Isla Santiago (San Salvador/James)

Caleta Bucanero

Bahía James

Cerro Inn

Bahía Sullivan

22 Punta García

Bahía Espumilla

Puerto Egas

Isla Bartolomé **15**

Volcán La Cumbre ▲ 1463 m

Bahía Urbina **27** Volcán Alcedo ▲ 1097 m **23**

Sombrero Chino

Islas Daphne

Isla Seymour **10**

Tagus Cove **28**

Isla Rábida (Jervis) **14**

9

Isla Baltra

Isla Sa

Isla Fernandina (Narborough)

Istmo Perry

Bahía Conway

Cerro Crocker ▲ 864 m

(Indefa

Bahía Elizabeth **26**

Bahía Cartago

Bahía Isla Pinzón (Duncan)

8

Isla F

Media-Luna-Krat

Punta Moreno **25**

Isla Isabela (Albemarle)

Bahía Ballena

Los **7** Gemelos Santa Rosa

5 **6** Lavatun

Bellavista

La Caseta El Chato **4**

Charles-Da **3** Forschungs

Volcán Sierra Negra ▲ **21**

Punta Ballena

2

Puerto Ayora

Bahía Acaden

Cerro Azul ▲ 1689 m

Tomás de Berlanga

Islas Los Hermanos (Grosmann)

Isla Santa (Barringt

Caleta Iguana

20 Puerto Villamil **19**

Laguna de Villamil

Isla Tortuga

Post Office Bay

16

Punta Cormorant **17**

18 Puerto Velasco Ibarra

Isla Floreana (Santa María/Charles) Punta Sur

N

0   40 km

Plaza Sur (South Plaza) 11: Wie eine schräg ins Meer gekippte Lavaplatte, so erhebt sich die 13 ha große Insel vor der Ostküste von Santa Cruz: Im Süden ragt sie bis zu 25 m aus dem Wasser, im Norden läuft sie flach aus. Wenn die Trockenzeit naht, wechseln die Sesuvien-Sträucher ihre Farbe und verwandeln die Insel in einen korallenroten Teppich, aus dem vereinzelt grüne Baumkakteen herausragen. Der Weg führt vom Landesteg, den oft Seelöwen belagern, zur Steilküste, wo Blaufußtölpel, einige Maskentölpel und Prachtfregattvögel beobachtet werden können. In der Sonne dösen Landleguane.

Isla Genovesa (Tower)
Bahía Darwin

uz
e)
11

Canal de Santa Fé
Isla Santa Fé
Isla San Cristóbal
(Chatham)
Bahía de Hobbs
Cerro Brujo ▲
33 Punta Pitt
Puerto Grande 32
31 Isla Lobos
896 m ▲
El Junco 34
Bahía Rosa Blanca
Puerto
Baquerizo Moreno 30
El Progreso
Bahía de Agua Dulce

Isla Española
(Hood)
Punta Suárez 35
Bahía Gardner 36

Auf Santa Fé lebt eine ureigene Land-
leguanart, die sich durch eine stärkere
Gelbfärbung und einen ausgeprägten
Rückenkamm auszeichnet. Daneben gibt
es Galápagos-Tauben und Galápagos-
Spottdrosseln zu sehen, vielleicht huscht
auch eine ungiftige Galápagos-Schlan-
ge auf der Jagd nach einer Galápagos-
Reisratte über den Weg, der nach der
Landung am östlichen Sandstrand hinauf zu den Landleguanen führt.

Santiago (James) 13: Die viertgrößte Insel des Archipels (585 km^2) breitet
sich nordwestlich von Baltrá und Santa
Cruz aus. Seit die Piraten aus der von
einer gewaltigen Tuffklippe geschützten
Caleta Bucanero abzogen und die Nor-
weger ihre Siedlungsversuche aufgaben, ist sie nur noch von Tieren und
Pflanzen bewohnt. In Puerto Egas an der
James Bay befinden sich noch Ruinen
einer Salzmine. Am Landeplatz der
Bahía Sullivan kann man gut verschiedene Lavaformen studieren. Geister-
krabben bevölkern zahlreich den Strand
in der Bahía Espumilla; dort führt ein
Rundwanderweg vorbei an Mangroven
zu Balsambaum-Wäldern, in denen viele
einheimische Landvögel vorkommen.
Eine weitere Attraktion Santiagos liegt
vor der Südostküste: Sombrero Chino.
Das Eiland besteht aus einem schön geformten Krater, der tatsächlich ein wenig wie ein chinesischer Hut aussieht.
An seinen Strandrändern tummeln sich
Seelöwen, die sich auch schon mal zu
den Schnorchlern, die hier eine bunte
Unterwasserwelt erwartet, gesellen.

Rábida (Jervis) 14: Der von Seelöwen besetzte rote Lavastrand der 5 km^2
großen Insel vor der Südküste der Isla
Santiago ist eine Hauptattraktion der
Galápagos-Inseln und ein beliebtes Fo-
tomotiv. Der Besucherweg führt an einer

Santa Fé (Barrington) 12: Der südöstlich vor Santa Cruz gelegenen 24 km^2
großen Insel ist ihr vulkanischer Ursprung kaum noch anzusehen: Kräftige
Baumopuntien und dichte Buschvegeta-
tion überziehen das auf 259 m aufsteigende Lavaplateau und geben ihm
einen fast idyllisch grünen Charakter.

Lagune mit Flamingos vorbei zu einer Nistkolonie von Braunen Pelikanen.

Bartolomé (Bartholomew) 15: Die spektakuläre Landschaft dieser kleinen Vulkaninsel in der Sullivan Bay im Osten der Isla Santiago gehört nicht nur für Fotografen zum großen Erlebnis von Galápagos. Sie bietet das bizarr-bunte Bild schwarzer, von roten Klippenkrabben besetzter Lavafelsen vor weißen Sandstränden, an denen sich smaragdgrün schimmerndes Wasser kräuselt. Die Hintergrundkulisse bilden graubraune Schlackenkegel und von erstem Grün überzogene Tuffkegel, dazwischen ragt die berühmte Felsnadel Pinnacle Rock steil aus dem Wasser. In der surreal anmutenden archaischen Landschaft tummeln sich Lava- und Meerechsen, der Pflanzenfreund findet Pionierpflanzen, Lavakakteen, Salzbüsche und Mangroven, den Schnorchler erwarten Doktorfische, Engelfische, der Galápagos-Kaiserfisch und andere bunte Exoten der Steinkorallen-Welt.

Isla Floreana (Santa María/Charles)

Die meisten Galápagos-Besucher lernen nur die nördliche Seite dieser 173 km^2 großen Insel, die in der Besiedlungsgeschichte des Archipels eine tragende Rolle spielte, kennen. Hier deponierte 1783 ein Seefahrer namens Colnett in der **Post Office Bay** 16 ein Faß als Postkasten in der Hoffnung, folgende Seeleute würden die Briefe mitnehmen, soweit ihre Route in die Nähe des Adressaten führte. Was früher eine hölzerne Tonne war, ist heute ein Holzverschlag mit Briefkasten, und an die Stelle der

Blick über die Isla Bartolomé mit dem Pinnacle Rock

Seeleute traten die Touristen, die die Postkarten anderer bis nach Japan, Neuseeland oder Europa mitnehmen und dort aufgeben. Die Postoffice Bay ist eine schöne Badebucht, die man mit ein paar Seelöwen oder Meeresleguanen teilt; ein Dünenweg führt vorbei an einer Flamingolagune hinüber zur Bucht der **Punta Cormorant** 17, wo Meeresschildkröten ihre Eier ablegen und Seelöwen im Wasser spielen. Vor der Rückfahrt drosseln die Ausflugsboote noch einmal kurz die Fahrt beim ›Corona del Diablo‹-Felsen, auf dem Gabelschwanzmöwen und Rotschnabel-Tropikvögel nisten. Gute Taucher (Vorsicht: starke Strömungen!) erwartet um den erodierten Vulkankegelrest eine schillernde Unterwasserwelt.

Puerto Velasco Ibarra 18, heute mit nur etwa 100 Einwohnern das beschauliche Überbleibsel einer überaus dramatischen Besiedlungsgeschichte (s. S. 266), steht selten auf den Plänen der Ausflugsdampfer. Die deutschstämmige Familie Wittmer betreibt hier eine Gästepension und eine Poststelle mit Souvenirgeschäft.

Isla Isabela (Albemarle)

Mit der Eröffnung eines kleinen Flughafens bei der Hafenstadt Puerto Villamil erwacht die größte Insel von Galápagos allmählich aus ihrem beschaulichen Dasein abseits des Touristenstroms. Mit 4588 km^2 nimmt sie zwar gut die Hälfte der Archipellandfläche ein, doch wohnen in Puerto Villamil an der südöstlichen Küste und im Bergdorf Tomás de Berlanga bis heute kaum mehr als 1000 Ecuadorianer. Geologisch besteht Isabela aus fünf tätigen Vulkanen, die sich in einem Bogen von Nord nach Süd an-

Das Galápagos-Drama

Der Berliner Arzt Friedrich Ritter, ein Anhänger Nietzsches, ist 43, seine Geliebte Dore Strauch, eine in ihrer Ehe gelangweilte Bankangestellte, 32 Jahre alt, als beide 1929 den Entschluß fassen, sich von ihren Ehepartnern zu trennen, ihren gesamten Besitz zu verkaufen und auf Galápagos ein neues Leben zu beginnen. Als wollten sie die Endgültigkeit ihres Entschlusses noch unterstreichen, lassen sie sich alle Zähne ziehen und ersetzen sie durch ein Stahlgebiß. Zeitungen berichten in großer Aufmachung von ihrem Unternehmen.

Es dauert jedoch nicht lange, bis Dores Traum von der großen Liebe zerbricht. Auf Floreana angekommen, behandelt der Hobbyphilosoph seine Dore immer mehr, wie es sein Vorbild Nietzsche fordert: mit Verachtung. Auch Ritters Traum vom Paradies bekommt einen ersten Knacks, als sich die solide Siedlerfamilie Wittmer auf ›seiner‹ Insel niederläßt. Ausgeträumt ist er endgültig mit der Ankunft der Österreicherin Elouise Wagner-Bousquet, die sich ›Baronin‹ nennt und zwei Geliebte mit sich führt. Die Dame verdrängt ihn nicht nur mit lancierten Pressemeldungen aus den Schlagzeilen, sondern sie münzt auch Nietzsches Philosophie, ›nie zum

Weib ohne Peitsche zu gehen‹, auf ihre Männer um. Für Ritter ist sie der Satan persönlich. Ihre Liebhaber spielt die Baronin gegeneinander aus. Den endgültig Entthronten bestraft sie, indem sie ihn wie einen Sklaven behandelt. Als die Domina schließlich den Wittmers mitteilt, sie würde mit ihrem Favoriten nach Tahiti segeln, nimmt ein nie vollkommen geklärtes Drama seinen Lauf. Sie verschwindet zwar mit ihrem Liebhaber, aber niemand sah sie je abreisen. Und obwohl beide verschwunden bleiben, sucht sie keiner. Vielmehr verkauft der Ex-Liebhaber alle Habseligkeiten seiner Peinigerin an die Wittmers und verläßt die Insel mit dem Fischkutter Dinamita – aber auch er, ohne je sein Ziel zu erreichen. Sein vertrockneter Leichnam wird Monate später auf der wasserlosen Insel Marchena gefunden.

In der Zwischenzeit will auch Ritter seine Geliebte Dore loswerden, seinem Wunsch nach soll sie mit dem nächsten Schiff abreisen. Doch dazu kommt es nicht, denn Ritter erkrankt plötzlich an einer Fleischvergiftung. Als Dore die Wittmers herbeiholt, ist es für Hilfe schon zu spät. Sie erleben nur noch, wie der Mann stirbt – angeblich nicht, ohne im letzten Atemzug seine ehemalige Gefährtin zu verfluchen.

einanderreihen; erst ihre zusammenfließenden Lavamassen ließen in vorgeschichtlicher Zeit den Inselsockel entstehen. Als Beweis für die ursprüng-

liche Unabhängigkeit der fünf Vulkane werden die pro Vulkan unterschiedlichen Riesenschildkröten-Unterarten angeführt. Die Entstehung der Vulkankette läßt sich aus der Lage von Isabela über dem *Hot Spot* (s. S. 253) erklären. Die tätigen Vulkane Cerro Azul, Sierra Negra und Wolf werden offenbar noch aus dem *Hot-Spot*-Magmafeld gespeist, während die nicht mehr so aktiven Vulkane Alcedo und Darwin sich offenbar von ihm entfernen.

Puerto Villamil 19, das 1897 wie das Dorf Tomás de Berlanga im Hinterland unter Don Antonio Gil gegründet wurde, breitet sich zwischen den Ausläufern der Sierra Negra und einem strahlend weißen Strand aus, den die Promenade Malecón Los Delfines vom Hafen her mit kleinen Hotels, Bootsanlegern, Lokalen, Läden und einigen öffentlichen Gebäuden begleitet. Die Stichstraße Calle 16 de Marzo führt ins Ortszentrum zur Plaza mit dem Rathaus. Im Westen, an der Abzweigung ins Landesinnere vorbei, führt die Avenida Antonio Gil zum Muro de las Lágrimas (›Mauer der Tränen‹), einer 150 m langen und fast 10 m dicken Mauer, die die Sträflinge von Porvenir, der berüchtigsten der drei in den 40er Jahren auf der Insel eingerichteten Strafkolonien, errichten mußten. Nah am Ort liegen auch Brackwasserlagunen wie die von Flamingos bevölkerte **Laguna de Villamil** 20. Zeitaufwendiger sind Ausflüge ins Landesinnere; bis Tomás de Berlanga gibt es noch eine Piste (18 km) und einen Pendelbus, doch um den Rundweg um den Kraterrand des 1490 m hohen Vulkans **Sierra Negra** 21 zu erreichen, muß man dann zu Fuß oder zu Pferd rund 9 km aufsteigen. Oben angelangt, blickt man in den gigantischen Einsturzkrater mit den dampfenden Chico-Vulkankegeln im Norden (letzter Ausbruch 1978) und den Sulphur Volcano genannten Schwefelfeldern im Westen. Mit 12 km Durchmesser gehört die Caldera zu den größten der Welt.

Die übrigen besuchbaren Regionen der Insel werden mit Booten von der Küste her angefahren. Die beiden einzigen Landestellen an der langen Ostküste liegen dicht nebeneinander. An der **Punta García** 22 sind Flugunfähige Kormorane zuhause; an der rund 15 km südlich gelegenen Landestelle beginnt der Aufstiegspfad zum 1113 m hohen **Vulkan Alcedo** 23. In und um seinen bewaldeten und in der Regenzeit schlammigen Einsturzkrater lebt noch die größte Population von Galápagos-Riesenschildkröten (rund 5000); an der südlichen Innenseite rauchen Fumarolen. Bei der Anlegestelle **Punta Albemarle** 24 hoch im Norden nisten Meerechsen, Flugunfähige Kormorane und Galápagos-Pinguine auf frischen Lavafeldern.

An der Westküste liegen vier Besuchsgebiete: In **Punta Moreno** 25 kontrastieren harsche Lavafelder mit von Libellen umschwirrten und von Mangroven umstandenen Brackwasserbecken, in denen Teichhühner, Bahama-Enten und Flamingos gründeln. Nördlich in der Beuge der Insel folgt die sehr belebte **Bahía Elisabeth** 26; die Küstenzone teilen sich Galápagos-Seelöwen, Meerechsen, Blaufußtölpel, Braune Pelikane, Galápagos-Pinguine und Flugunfähige Kormorane. Ein schmaler Pfad durch das Dickicht roter und weißer Mangroven führt zu stillen klaren Meereseinbuchtungen, in denen Wasserschildkröten, Rochen und mitunter auch Haie umherschwimmen. Weiter nördlich, schon gegenüber der vorgelagerten Vulkaninsel Fernandina (Narborough), ist beim Landeplatz **Bahía Urbina** 27 ein 6 km langes Küstenstück zu bewundern: Es tauchte erst 1954 aus dem Meer auf, als sich das Land zu Füßen des Alcedo um etwa 5 m hob. Noch ist das Stück von Korallen und anderen abgestorbenen Meeresorganismen übersät. Die rund 20 km weiter südlich gelegene **Tagus Cove** `28` schließlich, die 1814 nach einem britischen Kriegsschiff benannt wurde, das hier wie zuvor zahlreiche Piraten und Walfänger ankerte, erinnert mit seinen zahlreichen, in den Fels geritzten Datumsangaben an den alten Brauch der Seeleute, sich so zu verewigen. Nur eine schmale Landbrücke trennt die Bucht vom dahinter liegenden **Darwin-See.** Bei seiner Umrundung sind zahlreiche einheimische Pflanzen und Tiere zu sehen, darunter Galápagos-Baumwolle, Darwin-Finken, Galápagos-Spottdrosseln und Galápagos-Tyrannen.

Isla Fernandina (Narborough)

Bei Nacht, z. B. vom Kreuzfahrtschiff aus, lassen sich die gelegentlichen Feuerstöße des aktivsten Vulkans von Fernandina, La Cumbre (1494 m), besonders gut beobachten. Sie geben freilich nur eine schwache Ahnung von den spektakulären Ausbrüchen der Vergangenheit, die zur Geburt dieser 643 km^2 großen Insel im äußersten Westen des Archipels führten. Ohne Zweifel sitzt Fernandina genau auf dem *Hot Spot* (s. S. 253). Von Erdbeben, Explosionen und Ascheregen begleitet war 1968 der Einsturz des Kraterbodens in die Magmakammer. Die letzte große Eruption im Jahr 1988 veränderte wiederum das Aussehen der Insel und vergrößerte sie durch angehobenen Boden.

Besucher können nur an der sehr sehenswerten **Punta Espinosa** `29` im Nordosten an Land gehen. Die Küstennase gibt einen Eindruck von den dicht bevölkerten Randzonen des Vulkans. Meerechsen, Flugunfähige Kormorane

und Galápagos-Seelöwen leben in großen Kolonien auf Lavafeldern und Sandstreifen, ein Wanderweg durch Mangrovenbusch führt an Stricklavaflüssen vorbei zu einem Blocklavafeld, auf dem leuchtendgelbe Lavakakteen wachsen.

Isla San Cristóbal (Chatham)

Weit entfernt vom *Hot Spot* und damit auch von vulkanischer Aktivität ist der Cerro Joaquín (896 m), der einzige Vulkan auf San Cristóbal. Längst erodiert und von dichter Vegetation überzogen, gehört die 558 km^2 große östlichste Insel zu den ältesten des Archipels. Mit Süßwasser gefüllte Kraterseen und nie versiegende Bäche verlockten früh zu Besiedlungsversuchen. Schon 1860 wurde in der Wreck Bay im Westen das Hafenstädtchen **Puerto Baquerizo Moreno** `30` gegründet. Seit der Eröffnung des Flughafens 1988 wuchs es auf 5000 Einwohner an. Einige Kreuzfahrtschiffe beginnen hier ihre Inseltörns. Lebhafteste Spaziermeile im Ort ist die Avenida Charles Darwin mit Restaurants, Cafeterias, Souvenirläden, Disco und Bootsanlegern. Behörden, Banken und das kleine, von Franziskanermönchen eingerichtete Inselmuseum findet man in der Avenida Northia zwei Parallelstraßen weiter. Drei Ausflugsziele liegen in der Nähe der Stadt: Am **Frigatebird Hill,** nur einen Spaziergang am östlichen Ortsrand entfernt, leben Pracht- und Bindenfregattvögel gemischt in einer Kolonie. Rund 5 km weiter liegt die kleine Seelöwen-Insel **Lobos** `31` vor der Küste; sie ist nur mit dem Boot zu erreichen. Etwa in der Mitte der langgestreckten Ostküste lädt der ebenfalls nur mit dem Boot erreichbare schöne Badestrand **Puerto Grande** `32` in der Caleta

Sapho zum Sonnenbaden ein. In der Sonne dösend kann man den Einsiedlerkrebsen zuschauen oder die seltsame Form des aus dem Meer ragenden Tuff-Felsens ›León dormido‹ (›schlafender Löwe‹, Kicker Rock) betrachten. Kreuzfahrtschiffe passieren **Punta Pitt** 33, die an der nordöstlichen Inselspitze gelegene gemeinsame Niststelle von Masken-, Blaufuß- und Rotfußtölpeln. Es ist der einzige Platz, an dem alle drei Arten versammelt sind. Im Inselinnern liegt das Ausflugsziel **El Junco** 34, ein 700 m hoch in einem Explosionskrater gelegener, verwunschen von Guave-Dickicht umwucherter Süßwassersee. Man erreicht ihn mit dem Bus (19 km) nach El Progreso. Das Seeufer rahmen Binsen, die zahlreichen Wasservögeln Schutz bieten.

Isla Española (Hood)

Kaum ein Kreuzfahrtschiff läßt sie aus, die südwestlich von San Cristóbal, etwa auf halbem Seeweg nach Floreana gelegene 60 km² große Insel. Sie ist zwar nur der erodierte Überrest eines uralten Schildvulkans mit einer nur noch 206 m hohen Krone, aber auf ihr brüten die seltenen Galápagos-Albatrosse, die größten und schwersten Seevögel. Rund 12 000 Exemplare wurden hier gezählt. Im Besuchsgebiet **Punta Suárez** 35 kann man sie beobachten. Der Rundgang beginnt bei einer Seelöwen-Kolonie und führt hoch zum Hochplateau, auf dem die schwerfälligen Albatrosse hin- und herwatscheln. An seinem Abbruch breiten sie die Flügel aus und lassen sich in den Aufwind fallen. Am Ende des Rundgangs liegt ein Blasloch, durch das Brandungswasser emporschießt und das Meerechsen, Blaufuß- und Maskentölpel umlagern. Der zweite Be-

Fregattvogel

sucherstandort, die **Bahía Gardener** 36, ist eine weite weißsandige Strandbucht, die Schnorchler, Badende oder Sonnenbadende mit Seelöwen teilen.

Isla Genovesa

Etwa 60 km nördlich von Baltrá verläuft der Äquator quer durch den Galápagos-Archipel. Ein paar Kilometer weiter liegen seine nördlichsten Inseln: Pinta (Abington), Marchena (Bindloe) und **Genovesa (Tower)** 37. Die 14 km² große Insel Genovesa ist die einzige, die besucht werden kann und deshalb von Kreuzfahrtschiffen nach der obligatorischen Äquatortaufe angelaufen wird. Ihre Oberfläche wird vom Kraterrand eines aus dem Meer aufsteigenden Schildvulkans gebildet. Der 1000 m breite Einsturzkrater liegt 76 m über dem Meeresspiegel. Im Süden haben die Wellen die Vulkanwand zu einer Bucht ausgehöhlt, in deren Steilabbrüchen zahlreiche Seevögel, darunter Lava- und Gabelschwanzmöwen, leben. Im Innern der Bucht sammelte sich Sand zu einem kleinen Strand, den die Galápagos-Seelöwen und Meerechsen bevölkern. Ein Pfad führt von hier entlang des Kraterrands zu Rotfußtölpel-, Maskentölpel- und Gabelschwanzmöwen-Kolonien.

Information

Unterkunft

Sehenswert

Restaurants

Strände

Aktivitäten

Einkaufen

Feste

Nachtleben

Bus

Fährverbindung

Flugverbindung

Serviceteil

Serviceteil

So nutzen Sie den Serviceteil richtig

▼ Das erste Kapitel, **Adressen und Tips von Ort zu Ort**, listet die im Reiseteil beschriebenen Orte in alphabetischer Reihenfolge auf. Zu jedem Ort finden Sie hier Empfehlungen für Unterkünfte und Restaurants sowie Hinweise zu den Öffnungszeiten von Museen und anderen Sehenswürdigkeiten, zu Festen, Unterhaltungsangeboten etc. Piktogramme helfen Ihnen bei der raschen Orientierung.

▼ Die **Reiseinformationen von A bis Z** bieten von A wie ›Anreise‹ bis Z wie ›Zeitungen‹ eine Fülle an nützlichen Hinweisen – Antworten auf Fragen, die sich vor und während der Reise stellen.

Inhalt

Adressen und Tips von Ort zu Ort

Abkürzungen der Ländernamen:
KOL = Kolumbien; EC = Ecuador

Preiskategorien der Hotels:
$ = EZ unter 30 US-$
$$ = EZ 30 US-$
$$$ = EZ 50 US-$
$$$$ = EZ 100 US-$
$$$$$ = EZ 200 US-$

Adressen: Folgt einem Straßennamen der Zusatz ›Nr.‹, so bezeichnet die erste folgende Ziffer die nächste kreuzende Querstraße, die zweite Ziffer die Hausnummer.

Alausí (EC)
Vorwahl: 07

 Hotel Americano,
Calle García Moreno 159,
✆ 93 01 59; einzige empfehlenswerte Herberge, neu erbaut, saubere Zimmer mit Bad, heißes Wasser; $.
Hotel Panamericano, an der Bushaltestelle, ✆ 93 01 56; abgenutzte Zimmer mit Bad, aber beliebtes, einfaches Restaurant; $.

An der Hauptstraße gibt es ein paar **einfache Restaurants,** angenehmer ist die **Cafeteria** am Busbahnhof.

Es fahren Züge nach **Durán** (oder Bucay). Abfahrt gegen 9 Uhr; der Fahrkartenschalter ist ab 7.30 Uhr geöffnet. Die Tour wird auch von deutschen Spezialveranstaltern angeboten (s. S. 332).

In Achupallas, 25 km von Alausí entfernt, beginnt der historische **Inka-Pfad** nach Ingapirca. *Camperos*-Transport zwischen 9 und 12 Uhr. Der Trip dauert 3 Tage. Eine gute Karte, Campingzeug und Verpflegung sind unerläßlich.

 Überlandbusse nach Riobamba und Cuenca.

Ambato (EC)
Vorwahl: 03

CETUR, Calle Guayaquil/Rocafuerte (direkt neben dem Hotel Ambato), ✆ 83 18 00.

Hotel Ambato, Calle Guayaquil/Rocafuerte, ✆ 82 75 98; das ›kleine Hilton‹ der Stadt, mit Casino und sehr gutem Restaurant; $$–$$$.
Villa Hilda, Av. Miraflores 600, ✆ 82 27 30, Fax 84 55 71; Villa mit gepflegten Zimmern, schönem Garten und Pool, von einem deutschen Paar geführt; $–$$.

Quinta de Mera, Calle Atocha; tgl. 9–12 und 14–18 Uhr; ehemaliges Landhaus des Schriftstellers Juan León Mera.
Museo de Ciencias Naturales, Calle Sucre zw. Lalama und Martínez; Mo–Fr 8–12.30 und 14–17.30 Uhr; Naturkundemuseum, u. a. Fotos vom Cotopaxi-Ausbruch.

 Markt jeden Mo in der Av. Cevallos.

La Fiesta de las Flores y las Frutas (in den beiden letzten Februarwochen).

 Überlandbusse starten auf dem Hügel Bellavista nach Quito (2,5 Std.), Baños (45 Min.) und Riobamba (1 Std.).

Armenia (KOL)
Vorwahl: 967

 Corporación Municipal de Fomento y Turismo, Calle 20 Nr. 15 – 31, ✆ 41 04 41.
Fondo Mixto de Promoción del Quindío, Cra. 14 Nr. 23 – 15, 4. Stock, ✆ 41 28 10.

 Posada Alemana, km 14 vía a Pereira, ✆ 45 20 92; ruhig; $$–$$$.
Hotel Centenario, Calle 21 Nr. 18 – 20, ✆ 44 31 43, Fax 41 13 21; Zimmer mit Satelliten-TV, 2 Suiten, 2 Apartments, Sauna und Fitneßraum; $$$.
Hotel Internacional, Calle 20 Nr. 14 – 56, ✆/Fax 4 12 92; zentral gelegen und gepflegt; $$.
Kaffee-Haciendas: Reservierungen für den Urlaub auf einer von rund 20 Kaffee-Haciendas, z. B. der über 80jährigen Hacienda La Cabaña in Calarcá (6 Zimmer, 3 mit Bad), über den Fondo Mixto de Promoción del Quindío, Cra. 14 Nr. 23 – 15, 4. Stock, ✆ 41 28 10.
Naturreservat Acaime: Buchung der Cabañas bei der Fundación Herencia Verde, Cra. 6 Nr. 2 – 17 (im Preis sind drei Mahlzeiten enthalten).

 Rincón Quindiano, Calle 19 Nr. 14 – 47; lokaltypische Küche.
La Fogata, Av. Bolívar Nr. 14N – 39; erstklassige internationale Küche zu stolzen Preisen. In derselben Straße sind auch andere gute Restaurants zu finden.

 Museo Quimbaya, Banco de la República, am Ende der Av. Bolívar im modernen Centro Cultural; Di–Fr 10–18, Sa und So 10–17 Uhr; sehr sehenswerte Sammlung präkolumbischer Keramik und Goldarbeiten; eine Stippvisite lohnt auch die ständig wechselnde Ausstellung zeitgenössischer Kunst im Nachbartrakt.

 Parque Nacional del Café Montenegro, km 6 vía Montenegro–Pueblo Tapao (rund 20 km westlich von Armenia); Di–So 9–16 Uhr, ✆ 53 60 95; Freizeit- und Kaffeepark.
Café & Turismo, Cra. 13 Nr. 18 – 10, ✆ 44 47 67, veranstaltet Ausflüge zu *fincas cafeteras* (auch Vermietung) und in den Kaffeepark Montenegro.

 Korbwaren aller Art finden sich in reicher Auswahl auf der Pl. Mercado, Cra. 18 zw. Calle 17 und Calle 19.

 Busse nach Bogotá (7 Std.), Medellín (7 Std.), Cali (4 Std., Abfahrt alle 20 Min.) und Pereira (1 Std.). Der Busterminal (✆ 47 24 06) befindet sich Ecke Cra. 19/Calle 35; Auskünfte: Flota Occidental ✆ 47 56 86, Expreso Palmira ✆ 47 22 20, Velotax ✆ 47 46 33. Die *microbuses* nach Salento fahren etwa stdl. ab Cra. 16/Calle 13.

Atacames (EC)
Vorwahl: 06

 Hotel Arco Iris, am Strand, ✆ 73 10 69; schön unter Palmen gelegen, teuerstes Ferienhotel im Ort; $.

Cabañas El Alemán, direkt am Strand, ✆/Fax 73 13 76; deutsch-ecuadoriani-sche Besitzer, gut und preiswert; $.

 Nahverkehrs- und Überland-busse von der Hauptstraße nach Muisné und Esmeraldas.

Ayangue (EC)
Vorwahl: (04)

 Hotel Cumbres de Ayangue, Carretera Ayangue–Santa Elena, ✆ 85 16 73, Fax 91 60 41; einsame Idylle auf dem Felsen neben der Bucht des alten Fischerorts, Zimmer aller Kategorien bis zur Suite, Traumblick vom Pool; $–$$$$.

 Bus (oder Taxi) nach La Libertad, von dort Busse nach Guayaquil.

Bahía de Caráquez (EC)
Vorwahl: 06

CETUR, Calle Arenas/ O. Viteri, ✆ 91 11 24; Mo–Fr 9–17 Uhr.

Hotel La Piedra, Calle Circun-valación/Bolívar, ✆ 69 07 80, Fax 69 01 54; bestes Haus in Bahía, gutes Restaurant, Pool; $$–$$$.
Hotel Las Hamacas, Calle San Vicente, ✆ 7 67 41 34; Unterkunft in Hütten oder im Haupthaus, Pool, Restaurant, Bar und Disko, Ausflugsprogramm; $$–$$$.

Genesis, an der Fährstation nach San Vicente; beliebtes Meeresfrüchte-Restaurant.

 Guacamayo bahíatours, Av. Bolívar/Areas, ✆ 69 05 97, Fax 69 14 12; mehrtägige Ausflüge, u. a. zu den Islas Fragatas.

Strände **Napo la Canoa** und **Punta Brava** in San Vicente.

 Vom Flughafen in San Vicente **Flüge** nach Quito und Guayaquil.
Busse nach Portoviejo (2 Std.), Esmeraldas (8 Std.) und Quito (8 Std.).

Bahía Solano (KOL)
Vorwahl: 9816

Hotel Balboa Palacio, Cra. 2 Nr. 6 – 73, ✆ 2 70 74; 5-Sterne-Haus im mediterranen Stil; $$$$–$$$$$.
Ecotel Rocío del Mar, in Nuquí beim Parque Nacional Natural de Utría, Reservierung über Medellín, Calle 10 Nr. 42 – 45 Of. 532, ✆/Fax (94) 3 81 50 58 und 3 12 68 54 (oder pauschal beim deutschen Spezialveranstalter Miller Reisen); das schönste Ferienhotel in der Gegend, die Zimmer verschiedener Kategorien liegen in zweistöckigen palmengedeckten Villen, großes Ausflugsangebot, eigenes Boot für Tauchausflüge; $$$$.
Bahía Tebada Lodge, in der Nachbarbucht, Reservierung über Bogotá, Cra. 10 Nr. 96 – 25 Of. 202, ✆ 6 10 22 81, Fax 6 10 21 81; schöne Anlage mit palmengedeckten Holzbungalows (Bad, Moskitonetze), Tauchschule und Dschungelausflüge, von Bahía Solano Transfer mit dem Boot; $$–$$$.
Hotel Las Gaviotas, zwischen Bahía Solano und El Valle, Reservierung über Medellín, Cra. 43A Nr. 10 – 47, ✆ (94) 2 68 00 52; familienfreundliche Anlage mit Holzhäusern; $$–$$$.

 **Sportfischen** und **Tauchen** in der Bahía Tebada oder in Nuquí (Bootstransfer).

 Flugverbindung von/nach Bogotá und Medellín über Quibdó.
Das **Schiff** ›María Rita‹ steuert in unregelmäßigen Abständen Buenaventura an.
Busse zum Fischerdorf El Valle und von dort nach Quibdó (über Las Animas).

Baños (EC)
Vorwahl: 03

🛏 **Hotel Luna Rutún,** Caserío Rutún km 6, ✆ 74 08 82/83, Fax 74 03 76; im Hang erbautes, rustikales Luxushaus, auch Suiten; umfangreiches Ausflugsprogramm (u. a. Wandern, Reiten, Radfahren) $$$–$$$$.
Hostería Viña del Río, Patate, ✆ 87 01 43 und 87 03 14; Fax 87 01 39; wunderschön in den Bergen bei Patate gelegenes Ferienhotel mit Pool; großes Ausflugsprogramm (u. a. River-Rafting); $$$–$$$$.
Hotel Sanguay, Plazoleta Isidro Ayora 101, ✆ 74 04 90, Fax 74 00 56; direkt neben dem Thermalbad gelegen, Sauna, Whirlpool, Dampfbad und Pool, Tennis und Squash; $$$–$$$$.
Villa Gertrudis, Calle Montalvo 2975, ✆ 7 40 44; behagliche private Pension mit kleinem Pool im blühenden Garten, unbedingt vorher reservieren; $$–$$$.
Hotel Café Cultura, Calle Montalvo/Santa Clara, ✆/Fax 74 04 19; Ableger des beliebten In-Hotels von Quito; $$.
Hotel Flor de Oriente, Calle Ambato/Maldonado, ✆ 74 04 18, Fax 74 07 17; 3 Zimmer mit Balkon, alle mit Bad und sauber, Frühstück inklusive; $$.

🍴 **Central Chifa,** Calle Ambato 636; günstige Nudel- und Fleischgerichte.
Higuerón, Calle 12 de Noviembre 270/Luis Martínez; einheimische und vegetarische Kost, schöner Garten.
Le Petit Restaurant, Calle 16 de Diciembre/Montalvo; Haute cuisine, der Inhaber stammt aus Paris.
Regines Café Alemán, Calle 12 de Noviembre/Montalvo; Frühstücks- und Info-Treff für Traveller.

🚶 **Willie Navarrete,** Mitglied der Klettervereinigung ASEGUIM, im Café Higuerón, guter Bergführer.
Christian und Gaby Albers, Calle T Halflants 1 – 31/Juan Montalvo, ✆ 74 06 09, vermieten Pferde (nur an Fortgeschrittene).
Esther und Héctor Romo-Oester, P.O. Box (Casilla) 18-02-1933, ✆ 74 07 03; River-Rafting, Trips auf den Flüssen Patate und Pastaza.
Tsantsa Expeditions, Calle Oriente/Eloy Alfaro, ✆ 74 09 57; Urwaldausflüge, der Inhaber ist ein Shuar.
Centro de Español Baños, Calle Montalvo/E. Alfaro, ✆ 74 07 99; Sprachschule.
Thermalbäder: Piscina El Salado (rund 2 km außerhalb des Ortes, max. 55°), Baños de la Virgen (gegenüber vom Hotel Sangay, max. 53°), Baños modernos (53°), Piscina Santa Clara (24°), Piscina Agua de la vida (22°); alle tgl. 5–17 Uhr.

🚌 **Überlandbusse** starten vom neuen Terminal bei den Zuckerrohrständen nach Riobamba (1,5 Std.), Ambato (40 Min.) und nach Puyo in den Oriente (2 Std.).
Nahverkehrsbusse (z. B. nach Agoyán) fahren an der Südseite des Parque Basílica ab.

Barichara (KOL)
Vorwahl: 977

 Tinajas Hostal, Calle 7 Nr. 7 – 39, ✆ 26 71 61; *casona* mit gepflegten Zimmern und familiärer Atmosphäre; $$.
Hotel Bahía-Chala, Calle 7 Nr. 7 – 61, ✆ 26 70 36; Restaurant, Pool und Zimmer mit Bad, Filmplakate erinnern an Filme, die in Barichara gedreht wurden; $$.
Hotel Misión Santa Bárbara, Calle 5A Nr. 9 – 12, ✆ 26 71 73; sauber und preiswert, begrünter Innenhof, einige Zimmer sind mit Bad ausgestattet; $.

🍴 **La Casona,** Cra. 6 (gleich um die Ecke vom Parque Principal); Treffpunkt der Tagestouristen, einfacher Tagestisch (Churrasco, Suppen) auf überdachter Hausterrasse.

🚶 **Spaziergang** (30 Min.) zum 80 m hohen Salto del Mico (›Wasserfall des Affen‹).
Tageswanderung über den Steinplattenweg Camino Real zum niedriger gelegenen Indiodorf Guane (10 km), wo ein kleines Museum mit einer Fossiliensammlung einen Besuch lohnt (in der Nachbarschaft nach dem Schlüssel fragen).

🚌 **Busse** fahren nach San Gil (45 Min.).

Barrancas (KOL)
Vorwahl: 954

🛏 **Hotel Iparu,** Calle 9 Nr. 7 – 11, ✆ 74 80 89, Fax 74 81 65; bestes Haus am Platz, Pool, Restaurant, Bar, Disko; $$$–$$$$.

 El Cerrejón, größte offene Kohlemine Lateinamerikas.

 Busse verkehren regelmäßig zwischen Cuatro Vias (Kreuzung der Straßen Riohacha–Maicao, Uribia–Valledupar) und Valledupar.

Barranquilla (KOL)
Vorwahl: 953

ℹ **Fondo Mixto,** Cra. 54 Nr. 75 – 45, ✆ 45 44 58.

 Hotel El Prado, Cra. 54 Nr. 70 – 10, ✆ 48 01 11, Fax 45 00 19; erstklassiges Grandhotel der Jahrhundertwende; $$$$–$$$$$.
Hotel Virrey Inn, Cra. 47 Nr. 76 – 49, ✆ 45 19 46, Fax 45 06 19; erschwingliches Stadthotel in guter Lage; $$$–$$$$.
Hotel Majestic, Cra. 53 Nr. 54 – 41, ✆ 51 29 33, Fax 41 37 33, ›Mittelklasse-Tempel‹ im maurischen Stil mit Pool; $$$.
Hotel Caribeño, Cra. 46 Nr. 70 – 17, ✆ 56 09 95, Fax 45 69 05; einfache Zimmer in zentral bei den Karnevalsbühnen gelegenem Haus; $$.
Hotel Victoria, Calle 35 Nr. 43 – 140 (Paseo Bolívar), ✆ 41 06 23, Fax 51 07 86; einfaches, ordentliches Stadthotel; $–$$.

 La Fonda Antiqueña, Cra. 52 Nr. 70 – 73; antioqueñische Küche in urigem Ambiente.
El Tremendo Guandú, Cra. 43 Nr. 74 – 141; spezialisiert auf Suppen.
Bismarck, Cra. 46 Nr. 64 – 32; beste Adresse für Meeresfrüchte.
El Calderito, Cra. 52 Nr. 72 – 107; gute einheimische Küche.

Museo Romántico, Cra. 54 Nr. 59 – 199, ☎ 32 45 91; Mo–Fr 9.30–11.30 und 14–17 Uhr; Ausstellung zur Stadtgeschichte und zum Karneval.

Museo Antropológico y Etnológico, Calle 68 Nr. 53 – 45, ☎ 34 12 17; Mo–Fr 9.30–11.30 und 14–17 Uhr; kleine Auswahl präkolumbischer Keramiken.

Carnaval de Barranquilla, Höhepunkt der Festlichkeiten 40 Tage vor Ostern; Informationen über das Programm sind beim Festivalbüro, Pl. de la Aduana, Vía 40 Nr. 36 – 135, ☎ 51 78 97, erhältlich.

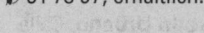 **Flugverbindungen** zu allen größeren Städten Kolumbiens.

Busse von der Agentur Rápido Ochoa u. a. nach Santa Marta (1,5 Std.) und von La Costeña u. a. nach Cartagena (1 Std.).

Bogotá (KOL)
Vorwahl: 91

Fondo de Promoción de Bogotá, Calle 94 Nr. 9 – 84, ☎ 2 57 07 25 und 2 36 19 70, Fax 6 21 90 62.

Instituto Distrital de Cultura y Turismo, Calle 10 Nr. 3 – 61, ☎ 3 34 60 10 und 2 86 55 54; Informationen über La Candelaria, auch Altstadtrundgänge.

Instituto Geográfico Augustín Codazzi (IGAC), Cra. 30 Nr. 48 – 51, ☎ 2 68 07 00; Mo–Fr 8–16.30 Uhr; Verkauf von Landkarten, Stadtplänen und Spezialliteratur mit Kopiermöglichkeit.

Hotel Bogotá Royal, Calle 100 Nr. 8A – 01 (Norte), ☎ 6 10 00 66, Fax 21 83 26; Business-Hotel der Luxusklasse, das zu den ›Leading Hotels of the World‹ zählt, 143 Zimmer und Suiten auf 12 Etagen; $$$$–$$$$$.

Hotel de la Opera, Calle del Coliseo/ Calle 10 Nr. 5 – 72, ☎ 3 41 87 17 und 3 37 46 17, Fax 2 83 94 39, E-Mail: cayerbe@colomsat.net.co; im Stadtteil La Candelaria, ein Traum für Liebhaber restaurierter Kolonialpaläste, bisher einziges Haus mit Zentralheizung, angeschlossen ist das vornehme Restaurant La Scala; $$$$–$$$$$.

Hotel Tequendama, Cra. 10 Nr. 26 – 21, ☎ 2 86 11 11, Fax 28 22 86 60; zentral, trotz abbröckelnder Fassade immer noch die beste Adresse in der gehobenen Klasse; $$$$–$$$$$.

Gran Hotel del Parque, Cra. 5 Nr. 23 – 34, ☎ 3 36 36 00; Casino, Pool, Bar, elegante Zimmer; $$$$.

Hotel Los Urupanes, Cra. 13 Nr. 83 – 19, ☎ 21 81 18 89; privater als das Bogotá Royal, günstig zur Zona Rosa gelegen; $$$–$$$$.

Hotel Charlotte, Cra. 15 Nr. 87 – 94, ☎ 2 18 16 25, Fax 2 18 17 89; kleines, feines Hotel; $$$–$$$$.

Dann Colonial, Calle 14 Nr. 4 – 21, ☎ 3 41 16 80, Fax 3 34 99 92; sympathische Mittelklassehotels; $$$.

Hotel del Duc, Calle 23 Nr. 9 – 38, ☎ 3 34 00 80, Fax 2 84 57 66; etwas plüschig, freundlicher Service; $$–$$$.

Las Terrazas, Calle 54 Nr. 3 – 12, Alto Chapinero, ☎ 2 55 57 77, Fax 2 55 68 34; ordentlich geführtes Haus mit schlichtem Restaurant und geräumigen Zimmern; $$.

Tramonti, im Andenhang von La Calera; panorama-verglastes Waldhaus, erstklassige kolumbianische Küche.

La Casa de San Isidro, auf dem Montserrate, Seilbahnbetrieb Mo–Sa 9–24, So 6–18 Uhr; Top-Restaurant.

Casa Brava, km 4,5 vía a La Calera, ✆ 6 12 41 06 und 2 46 08 66; tgl. 12–24 Uhr, samstags Musik und Tanz bis 3 Uhr; erste Wahl für Steak-Liebhaber.

Asi es Colombia, Calle Quince/Ecke Pepe Sierra; die gelungenste *cazuela de mariscos* wird hier serviert, dazu gibt es am Abend gratis eine Folkloreshow; man diniert neben betuchten Lokalgrößen.

El Buque, Calle 101 Nr. 18 – 18, ✆ 2 56 19 79; nautisch gestylt; hier läßt sich die fischbegeisterte Creme der Society sehen.

Casa Vieja, Cra. 10A Nr. 26 – 50, ✆ 2 84 73 59; der Koch hat sich auf Hausmannskost bester Qualität spezialisiert.

Hatsuhana, Cra. 13 Nr. 93A – 27, ✆ 2 36 33 79; Japaner; teuer wie alle, aber sehr gut.

Café Oma, Cra. 15 Nr. 82 – 58; tgl. 9–24/1 Uhr; bei der Schickeria und den zugezogenen Ausländern beliebter ›Boheme-Treff‹; angeschlossen ist ein bis 24 Uhr geöffneter Buch- und Plattenshop).

👁 **Museo del Oro,** Cra. 6 Nr. 15 – 82/Parque Santander; Di–Sa 9–16.30, So 10–16.30 Uhr; Führungen in englischer und spanischer Sprache; weltberühmtes Goldmuseum, präkolumbische Goldarbeiten.

Museo Nacional, Cra. 7 Nr. 28 – 66; Di–Sa 9.30–17.30, So 11–17 Uhr; Spaziergang durch die Geschichte Kolumbiens.

Museo de Arte Colonial, Cra. 6 Nr. 9 – 77; Di–Sa 9.30–18, So 10–17 Uhr; Kunst aus der Kolonialzeit in einem ehemaligen Kloster.

Santa Clara, Calle 9 (Santa Clara)/Cra 8; Mo–Sa 9–13 und 14–17 Uhr; Führungen in englischer und spani-

scher Sprache; kostbar ausgestattete Kirche eines Nonnenklosters.

Museo Arqueológico, Cra. 6/Calle 7, in der Casa del Marqués de San Jorge; präkolumbische Keramik.

Museo de Arte Religioso, Calle 12 Nr. 4 – 21; Mo–Sa 9–17, So 9–13 Uhr; religiöse Kunst.

Museo Militar, Calle 10 Nr. 4 – 92, ✆ 2 81 31 31; Di–So 9–18 Uhr; Ausstellung zum Unabhängigkeitskampf, altes Kriegsgerät.

Casa de la Moneda, Calle 11 Nr. 4 – 93, ✆ 2 43 72 00; Mo–Fr 9–17 Uhr; alte Münzen und Geldscheine.

Museo de Desarrollo Urbano, Calle 10 Nr. 4 – 21; Di–Sa 10–19, So 12–18 Uhr; Museum für Stadtentwicklung.

Quinta de Bolívar, Calle 20 Nr. 3 – 23 Este, Di–So 9–17 Uhr; ehemaliges Landgut des Libertadoren Simón Bolívar, heute Bolívar-Museum.

Stierkampfmuseum, Calle 27, Cra. 6; Mo–Fr 9.30–12.30 und 14–17.30, Sa 10–15 Uhr; in einer Katakombe der Arena Santamaría.

Museo de Artes y Tradiciones Populares, Claustro San Agustín, Cra. 8 Nr. 7 – 21, Di–Sa 9–17 Uhr; das Museum gibt einen guten Überblick über Kolumbiens Kunsthandwerk.

Museo de Trajes Regionales de Colombia, Calle 10, Cra. 6 – 36, Di–Fr 11–17 Uhr; Trachtenmuseum.

Museo de Arte Moderno, Calle 26 Nr. 6 – 00; Di–Sa 10–19 Uhr, So 12–18 Uhr; ständige Ausstellung mit Werken von Botero, Wiedemann, Alejandro Obregón oder Enrique Grau, daneben wechselnde Präsentationen zeitgenössischer Künstler.

Galería Garcés Velásquez, Cra. 5A Nr. 26 – 92, ✆ 2 84 59 75; beste Galerie Bogotás, Werke der Avangarde.

Tagestrips (City Tour, Shopping Tour, Night Tour, Zipaquirá, Guatavita) bietet z. B. die Agentur Aviatur in der Av. 19 Nr. 4 – 62, ✆ 2 82 71 11, Fax 2 86 78 28, an.

Dampflokfahrt nach Nemocón, 15 km vor Zipaquirá; Buchung bei Aviatur (s. o.) oder bei Turístren Ltda., Transversal 17A Nr. 98 – 17, ✆ 2 57 14 59, oder Tierra Mar Aire, ✆ 2 88 20 88; Abfahrt Sa, So und an Festtagen um 8 Uhr von der Estación de la Sabana (Calle 12/Cra. 19) oder um 9 Uhr von der Station Calle 110/Cra. 10.

Salzkathedrale in Zipaquirá, Di–So 10–16 Uhr; Sonntagsgottesdienst um 11 Uhr.

Nationalpark Chingaza: Das Besucherzentrum liegt etwa 1 km südlich des Campamento Chuzo. Auskünfte: Unidad Administrativa Especial del Sistema de Parques Nacionales Naturales (UAESPNN), Cra. 10 Nr. 20 – 30, ✆ 2 43 16 34, E-Mail: dirp@dnp.gov.co.

 Mercado de las Pulgas, jeden So vor dem Museum für Moderne Kunst an der Cra. 7/Calle 24; Flohmarkt.

Kunstgewerbemarkt Usaquén, jeden So in der Calle 123/Cra. 5. Außerdem findet man **Kunsthandwerk** *(artesanía)* preisgünstig im Minimarkt gegenüber vom Hotel Tequendama (s. o.).
Teuer aber echt (Zertifikat) sind **Smaragde und Goldschmuck** in den ›Joyerías‹ der Shoppings-Malls wie dem Centro Comercial (CC) Tequendama im Centro, dem CC Andino in der Zona Rosa und dem CC Unicentro in Santa Bárbara. Unerreichte Spezialistin für Modeschmuck nach präkolumbischen Motiven ist die Galería Cano (Filialen im CC Tequendama und Andino).

Lederkleidung (besonders preiswert) bekommt man in den Boutiquen der Calle Quince (Cra. 15) auf der Höhe der Zona Rosa (Calle 82). Der bekannteste Markenfabrikant, Addax, betreibt sein Geschäft in einem Glashaus in der Quince nahe der Calle 100.

 **Fería Artesanal,** Kunsthandwerksmesse auf dem Messegelände (im Dez.).

Stierkämpfe: Schauplatz der *corridas* ist die alte Arena Santamaría im Centro, Cra. 6 Nr. 26 – 50; die Saison beginnt im Dezember.

Das Nachtleben spielt sich in der Zona Rosa vor allem zw. Calle 82 und 80 ab. Hier einige Tips: **Mister Babilla** (Calle 82 Nr.12 – 15) ist die angesagteste Disko, gefolgt von der **Music Factory** (Cra. 13/Calle 81). Ein Insidertreff ist die **Bar Charlotte** (Calle 82 Nr. 12 – 31). Reggaefreunde gehen ins **Johnny Cay** (Calle 85/Cra. 15). Wer motorisiert ist, fährt am Wochenende den Andenkamm hinauf (vía a La Calera). Die Nr. 1 ist dort das **Massai** (km 4 vía a La Calera, ✆ 2 73 37 00 – nur Mi–Sa).

Bogotá ist die Drehscheibe für den innerkolumbianischen **Flugverkehr.** Ziele wie San Andrés, Cartagena, Leticia, Cali und Medellín werden tgl. angeflogen. Der moderne Terminal für **Überlandbusse** liegt in der Calle 33B Nr. 69 – 13; von hier starten Busse u. a. nach Muzo (7 Std.), Tunja (3 Std.), Villa de Leyva (3,5 Std.) und Cúcuta (16 Std.) sowie nach Santa Marta und Cartagena (19 bzw. 23 Std.); westwärts geht es nach Manizales (8 Std.), Medellín (9 Std.) oder Cali (12 Std.) sowie San Agustín (9 Std.).

Innerstädtischer Verkehr mit gelben **Taxis oder Stadtbussen,** deren Fahrtrichtung an der Windschutzscheibe angezeigt wird.

Borbón (EC)
Vorwahl: 06

 Hotel Pampa de Oro, im Ortszentrum, Reservierung in Quito, ✆ (02) 52 57 53; das einzige empfehlenswerte Hotel, Bad, Moskitonetze, der Inhaber ist ein einheimischer Lehrer; $.

Lodges im Hinterland: El Encanto, eine Bootsstunde flußaufwärts am Río Cayapas, Reservierung über Neblina Forest, Calle Ramírez Dávalos 136/Amazonas, P.O. Box 17-17-1212, Quito, ✆ (02) 55 18 09, Fax 56 78 28 oder 43 38 54, E-Mail: mrivaden@pi.pro.ec; *cabañas* mit gemeinsamem Bad (kaltes Wasser), Mindestaufenthalt 3 Nächte, Vollpension und Ausflüge inklusive; $$.

Playa de Oro, 3 Std. den Río Santiago flußaufwärts, Reservierungen bei Orion Ecoturismo, Av. Atahualpa 955/República, Ed. Digicom, Planta Baja, Quito, ✆ (02) 46 20 04, Fax 43 28 91; ökotouristisches Projekt mit der Afro-Cayapas-Gemeinde San Miguel, Unterkunft in verschiedenen Häusern, Mindestaufenthalt 5 Tage, Vollpension und Ausflüge inklusive; $$$$.

Busse nach Esmeraldas (5 Std.).
Boote nach San Lorenzo (3,5 Std.).

Bucaramanga (KOL)
Vorwahl: 976

Oficina de Turismo, Cra. 19/Calle 35 (im Hotel Bucarica), ✆ 30 15 92 und 2 22 37.

 Hotel Bucarica, Calle 35/Calle 19 (Parque Santander), ✆ 30 15 92, Fax 30 15 94; Hotel der gehobenen Klasse in einem denkmalgeschützten Haus aus den 30er Jahren (Bauhausstil), gutes Restaurant im schönen Innenhof, große Zimmer; $$$–$$$$.

Hotel Farallones, Calle 34 Nr. 17 – 73, ✆ 42 72 88, Fax 42 72 88; Stadthotel der Mittelklasse mit 48 Zimmer (mit oder ohne Air-condition), Restaurant, Bar und Privatparkplatz; $$–$$$.

 Di Marco, Calle 48/Cra. 29; gehört zu den besten Adressen in der Stadt.

La Tranquera, Cra. 33/Calle 40; gutes Baby-Beef.
Los Notables, Cra. 18/Calle 34/35; gutes Frühstück.

Casa Bolívar, Calle 37 Nr. 12 – 15; Mo–Fr 8–12 und 14–18 Uhr; Gedenkhaus für den *Libertador.*

Museo de Arte Moderno, Calle 37 Nr. 26 – 16; Di–Sa 9–12 und 15–19 Uhr; zeitgenössische Kunst.

Ausflug nach **Girón,** dem 9 km entfernten Tabakzentrum am Río de Oro, und zur **Casa del Fraile** (Geburtshaus des Botanikers Eloy Valenzuela), Pl. Principal; tgl. 14–18 Uhr.

Während der **Semana Santa** wird die Spezialität *hormigas culonas* (›geröstete Ameisen‹) auf den Straßen verkauft.

Bucaramangas ›Zona Rosa‹ erstreckt sich über die Cra. 33; im **Barbaroja** (Cra. 27 Nr. 28) wird Salsa getanzt.

Zahlreiche internationale **Flüge** vom Aeropuerto Palonegro.

Busse starten vom Terminal (zwischen City und Girón) nach Bogotá (10 Std.), Cúcuta (6 Std.), Valledupar (8 Std.) und Santa Marta (9 Std.).

Buenaventura (KOL)
Vorwahl: 9224

 Corporación Regional de Turismo de Valle, Calle 1 Nr. 1A – 88; ✆ 2 44 15; Mo–Fr 9–12 und 14–17 Uhr.

Hotel Estación, Calle 2A Nr. 1A – 08, ✆ 2 43 40 70, Fax 2 43 41 18; legendäres Hotel von 1928, Pool, Restaurant, Blick auf die Muelle Turístico; $$$–$$$$.
Hotel Cascajal, Cra. 2A Nr. 1A – 20, ✆ 2 42 28 06, Fax 2 42 28 06; Zimmer mit Klimaanlage, Kabel-TV, beliebtes Restaurant; $$–$$$.
Hotel Asturias, in Juanchaco (Ortszentrum), ✆ 6 02 04 und 6 02 40; Hotel des Fährbootunternehmens, 18 Zimmer mit Kühlschrank, Ventilator, Moskitoschutz; $$.
Hotel Felipe II, Cra. 3A Nr. 2 – 44, ✆ 2 28 20 und 2 27 75, Fax (9222) 2 34 93; bestes Haus der unteren Preisklasse, Klimaanlage, Zimmer mit Bad, Restaurant, zentral gelegen; $–$$.

Los Balcones, Calle 2/Cra. 3; gutes Selbstbedienungsrestaurant.
La Sazón de Merceditas, Cra. 19/Calle 5A; sehr gute Fischgerichte.

Walbeobachtung u. a. in Juanchaco (25 km) zwischen Aug. und Okt.

Disko El Rey, Calle 1 Nr. 5B – 01; Salsa.
Christine, Calle 1 Nr. 2 – 45; Rockcafé mit Super-Video-Leinwand.

 Wochentags **Flüge** mit Cali-Aires nach Cali.
Schiffe fahren zu den Pazifikküsten im Norden, z. B. nach Nuquí und Bahía Solano; Auskünfte bei Navemar, Calle 1 Nr. 2A – 25, ✆ 2 25 71; Abfahrt ab El Piñal Dock.
Kleine **Fährboote** ab dem Muelle Turístico zu den Stränden von Juanchaco und Ladrilleros (Fahrzeit rund 30 Min.); ab El Piñal Dock fahren Boote über den Río San Juan nach Istmina im Chocó.
Busse vom Terminal in der Cra. 5/Calle 7 nach Cali oder Buga.

Cali (KOL)
Vorwahl: 92

 CORTUVALLE (Corporación Regional de Turismo del Valle del Cauca), Av. 4N/4N – 20, ✆ 6 60 50 00, E-Mail: cortuval@colombianet.net.
Fondo Mixto de Promoción del Valle del Cauca, Calle 8N Nr. 3 – 14, 13. Stock, ✆ 8 82 32 71.
Deutsches Honorarkonsulat, Apartado Aéreo 1788, ✆ 6 68 53 11, Fax 8 83 16 39.

Hotel Intercontinental, Av. Colombia Nr. 2 – 74, ✆ 8 82 32 25, Fax 8 89 10 89; hier übernachtet der Präsident, wenn er in Cali weilt; Sauna, Casino; $$$$–$$$$$.
Hotel Torre de Cali, Av. Américas Nr. 18N – 26, ✆ 6 67 49 49, Fax 6 67 18 17; 5-Sterne-Hotel im höchsten Gebäude von Cali; $$$$.
Casa del Alférez, Av. Norte Nr. 9N – 24, ✆ 66 18 11, Fax 60 14 00, E-mail:

dhare@colnet.com.co; erstklassiges
Haus im feinen Viertel; $$$$.
Pensión Stein, Av. 4A Norte Nr. 3 – 33,
☎ 6 61 49 99, Fax 6 67 53 46; sehr schön
gelegen, Zimmer im spanischen Kolo-
nialstil, von Schweizern geführt; $$$.
Camino Real, Calle 9 Nr.3 – 54,
☎ 8 83 46 85, Fax 8 84 39 33; kleines
Stadthotel in zentraler Lage; $$.
Los Reyes, Calle 9 Nr. 3 – 38,
☎ 8 83 56 55, Fax 8 80 67 36; mit Reise-
agentur; $$.
Casa Turística Hostal Sharon, Barrio
San Antonio, Cra. 12 Nr. 2 – 54,
☎ 8 84 48 85; beste Herberge der Low
Budget-Kategorie; $.

Las Dos Parilladas, Av. 6N/
Calle 35, ☎ 6 68 46 46; Steaks.
Cali Viejo, 200 m vom Zoo entfernt,
☎ 8 88 17 89 und 8 88 17 90; einem
hübsch zum Restaurant umgestalteten
Kolonialhaus wird die typische Küche
des Caucatals serviert.
El Cortijo Andaluz, Cra. 38/Calle 53;
spanische Spezialitäten, angenehmes
Ambiente.
La Terraza, Calle 16 Nr. 6N – 14;
elegant und gepflegt, mit Tanz.
La Cazuela, Av. Roosevelt Nr. 26 – 30,
☎ 56 72 90/1; beste Adresse für Freunde
von Fischgerichten.

**Museo de Arte Colonial y
Religioso,** Cra. 4 Nr. 6 – 117 (bei
der Iglesia la Merced), ☎ 8 80 47 37;
Mo–Sa 8.30–12 Uhr; Museum für Kolo-
niale und Religiöse Kunst.
Museo Arqueólogico, Eingang an der
Cra. 4 Nr. 6 – 59, ☎ 8 81 32 29; Mo–Fr
8.30–12.30 und 14.30–18 Uhr; archäolo-
gisches Museum.
Museo del Oro Calima, Calle 7
Nr. 4 – 69, ☎ 8 83 43 53, Mo–Fr 8–12 und
14–18 Uhr; Goldmuseum des Banco de
la República.

Museo de Arte Moderno la Tertulia,
Av. Colombia Nr. 5 – 105 Oeste; Di–Sa
9–13 und 15–19 Uhr, So 15–19 Uhr; süd-
amerikanische Kunst.
Casa Pro Artes, Cra. 5N Nr. 7 – 02
(gegenüber vom Teatro Municipal);
wechselnde Kunstausstellungen.

Zoológico Municipal, Cra. 2A
Oeste/Calle 14, im Barrio Santa
Teresa, ☎ 8 83 31 79/80; tgl. 9–17 Uhr;
800 Tiere auf 8 ha.
Hacienda Piedechinche, ca. 30 km
nordöstlich (über Palmira), ☎ 6 60 50 00,
Di–So 9–17 Uhr; altes Haciendagebäude
mit Zuckerrohrmuseum (Di–So 9.30 bis
15.30 Uhr).
Hacienda El Paraíso, ca. 30 km nord-
östlich (über Palmira), ☎ 6 60 50 00,
Di–So 9–17 Uhr; Austellung über Jorge
Isaacs.
Viajes Oganesoff, Calle 22 Norte
Nr. 4N – 22, ☎ 6 67 31 31, Büro im Hotel
Intercontinental ☎ 8 82 28 40; Ausflüge
zu den Haciendas in der Umgebung.
Oliverio Tours, Calle 8 Nr. 5 – 19,
☎ 88 95 51; Hacienda-Touren.
Profesional Académia de Baile,
Cra. 4B Nr. 44 – 24, ☎ 4 46 27 65;
Salsaschule.
Nationalpark Los Farallones: Aus-
flüge auf eigene Faust (Besuchserlaub-
nis bei Fundación Farallones, Cra. 24B
Nr. 2A – 99, ☎ 56 83 35) oder mit der
Agentur Ecotour, Cra. 56 Nr. 5 – 29,
☎ 5 51 72 48.

Shoppingzone ist die Avenida 6
zwischen Calle 30 und Cra. 5.
Bücher: Librería Nacional (mit Café),
Cra. 10/Calle 10 und im Centro Comer-
cial Chipichape, ☎ 6 59 21 57.

 Juanchito Karneval (im Juni).
Feria de Cali (25.–30 Dez.) mit
Wahl eines Salsakönigs.

Stierkampf: Dez.–Jan. in der neuen Arena außerhalb der Stadt.

 Teatro Municipal, Cra. 5 Nr. 6 – 64, Fax 8 83 91 07; Stadttheater von 1927, Schauspiel, Musik und Tanz.

Teatro Jorge Isaacs, Cra. 3 Nr. 12 – 28, ✆ 8 89 03 20; historisches Theater.

Applause Club, Calle 20 Norte Nr. 6 AN 49 (im Barrio Versailles), ✆ 6 61 17 33; Do–Sa 20–4 Uhr; angesagte Disko-Bar im Norden.

Neonpalast Auditorium, Cra. 36/ Diagonal 28–46 ✆ 5 56 75 98, Do–Sa 10–4 Uhr; Salsa, Reggae, Pop, ›Euro Dance‹ und Trance.

Taberna latina, Calle 5/Cra. 36; klein und nett.

Chiva-Busse steuern freitags und samstags um 20 Uhr – meist ab dem Hotel Intercontinental – die **Salsadiskotheken Changó, Baracoa oder Tropical Club** in Juanchito an. Buchungen über Hotels und Reisebüros.

 Direktflüge nach Bogotá, Medellín, Cartagena, San Andrés und Esmeraldas (Ecuador); der Aeropuerto Alfonso Bonilla Aragón liegt an der Straße nach Palmira; Informationen unter ✆ 42 26 24.

Busse vom Terminal de Transporte Terrestre an der Calle 25/Av. 2N (✆ 68 36 55 und 67 60 68) nach Buga (1,5 Std.), Cartago (4 Std.) und Armenia (7 Std.), Buenaventura (3 Std.), Manizales (6 Std.), Medellín (9 Std.) und Popayán (2 Std.).

Capurganá (KOL)
Vorwahl: 9816

Hotel Eco-Decameron (All-inclusive) und **Hotel Almar** sind die beiden besten Ferienhotels am Ort (pauschal beim Spezialveranstalter Miller-Reisen zu buchen); $$.

Hotel Punta Azul, am Strand, ✆ 4 21 22 67, Fax 2 51 06 43; preiswert, schön gelegen, Zimmer mit Bad; $.

 Parque Nacional de Los Katíos: Haupteingang beim Anleger Santatá, 10 Min. mit dem Boot zum Besucherzentrum; in den Hotels werden Ausflüge in den Park angeboten.

Flugverbindung Mo, Do und So von/nach Cartagena. **Schnellboot** tgl. von/nach Turbo.

Cartagena de las Indias (KOL)
Vorwahl: 95

Fondo Mixto de Promoción Turística de Cartagena, Cra. 3 Nr. 36 – 57 (im Casa Marqués de Valdehoyos), ✆ 6 64 70 15.

Deutsches Honorarkonsulat, Cra. 2 Nr. 43 – 58, El Cabrero, ✆ 6 64 81 27, Fax 6 64 42 10.

Hotel Intercontinental, Bocagrande, Av. San Martin/Calle 6A, ✆ 6 65 88 11, Fax 6 65 82 69; hypermodernes neues Luxushotel; $$$$$.

Hotel Cartagena Hilton, Bocagrande, ✆ 6 65 06 66, Fax 6 65 22 11; früher bestes Hotel von El Laguito, leicht angeschlagen durch den zeitweise wegen Verschmutzung gesperrten Strand; $$$$–$$$$$.

Hotel Caribe, Bocagrande, Cra. 1 Nr. 2 – 87, ✆ 6 65 01 55, Fax 6 65 37 07; einziges Grandhotel alten Stils; $$$$–$$$$$.

Hotel Santa Clara, Valle del Torno, Barrio San Diego, in der Altstadt,

6 64 60 70, Fax 6 64 70 10, E-Mail: santaclara@rednet.net.co; zum Luxushotel umgebauter Konvent (Schauplatz des Romans »Von Liebe und anderen Dämonen« von García Márquez); $$$$.

Hotel El Dorado, Bocagrande, Av. San Martín Nr. 4 – 41, 6 65 04 74, Fax 6 65 04 79; preiswert, Zimmer mit Blick auf den Strand, viele deutsche Pauschaltouristen; $$$–$$$$.

Hostal San Diego, Calle de las Bóvedas Nr. 39 – 120, 6 60 09 83, Fax 6 60 09 89; nettes Altstadthotel; $$.

Hotel Bellavista, Marbella, Av. Santander Nr. 46 – 50, Playa Marbella, 6 64 06 84, Fax 6 60 03 79; sympathisches Haus der unteren Preisklasse, ruhig am Ostrand der Altstadt gegenüber einem wenig belebten Strand gelegen; $–$$.

Auf Isla Grande (Islas del Rosario):
Hotel Majagua, Reservierungen in Cartagena (Bocagrande), Cra. 4 Nr. 7 – 173, 66 55 56; angenehmes Hotel unter Palmen; $$$

Hotel Caribe Resort, Reservierungen in Cartagena (Bocagrande), Cra. 5 Nr. 7 – 15, 6 65 20 29, 6 65 53 07; Hotel mit gutem Komfort; $$$.

Classic de Andrej, Calle de las Damas/Ricaurte, 6 64 26 63; gutes Fischrestaurant mit Sushi-Bar.

Bodegón la Candelaria, Calle de las Damas Nr. 3 – 64, 6 64 48 33; besonders schön sitzt man im Patio.

Club de Pesca, La Manga, Fuerte de San Sebastián del Pastelillo, 6 60 45 94; romantisch, mit Blick auf die von Lichtern erstrahlte Bucht.

Baccus, El Cabrero, Calle Real 44–46, 6 64 94 52; Gartenlokal, italienische Spezialitäten.

 Convento de la Popa, tgl. 8.30–18 Uhr; 1607 gegründeter Konvent auf einem 150 m hohen Hügel, sehenswertes Museum.

Palacio de la Inquisición, Pl. Bolívar; Mo–Fr 8–17.30 Uhr; Inquisitionspalast.

Museo del Oro, an der Pl. Bolívar; Mo–Fr 8.30–12 und 14–18 Uh; Goldmuseum.

Museo de Arte Moderno, Pl. de San Pedro Claver/Calle 30 Nr. 4 – 08, 6 64 58 15; Di–Fr 8.30–12 und 14–18 Uhr, Sa 9–13 Uhr; moderne Kunst

Museo Naval del Caribe, Calle San Juan de Dios, 6 64 24 40; Di–Sa 9–12 und 15–18 Uhr; Geschichte der Seefahrt.

Casa de Núñez, Calle Real del Cabrero Nr. 41 – 89; tgl. 8–17.30 Uhr; ehemaliges Wohnhaus des ›Präsidenten der Erneuerung‹: Rafael Núñez.

Fort San Felipe de Barajas, am San Lázaro Hügel; tgl. 8.30–17 Uhr; Festung mit unterirdischen Gängen.

 Club Campestre, an der Carretera a Turbaco, 6 63 71 04; Golf und Tennis.

Ausflug zu den Islas del Rosario: Abfahrt tgl. ab Muelle Turístico gegen 8 Uhr, Rückkehr gegen 17 Uhr, Tickets in den Hotels.

Ausflug nach Boquilla: In dem ehemaligen Fischerdorf etwa 20 km östlich von Cartagena geht es sehr zünftig zu. Informationen über den **Yachthafen** von La Manga erhält man beim Club de Pesca, Fuerte de San Sebastián del Pastelillo, 6 60 45 94.

Internationales Filmfestival (1.–2. Maiwoche).

Festival de Música del Caribe (Ende März).

Mister Babilla, Av. del Arsenal, 6 64 70 05; hierher drängt die Prominenz.

La Escollera, Bocagrande, Cra. 1/
Calle 5, ✆ 6 65 30 30; gleichermaßen
beliebt bei Touristen und Einheimi-
schen.
La Escollera Marina, Calle Antonio
Ricaurte; Restaurant-Disko in einem
Lagerhaus des 16. Jh.
La Quémada, Calle de la Amargura/
Calle de la Nuestra Señora; verräu-
cherte Jazzkaten-Atmosphäre.
Paco's, Pl. Santo Domingo,
✆ 6 64 42 94; in dieser Bar nimmt die
Schickeria ihren Cocktail, bevor sie zu
den Diskotheken aufbricht.
Café Bar El Baluarte und **Café Ga-
lería Libro** in den Kasematten des Boll-
werks von Santo Domingo; hier treffen
sich Künstler, Literaten und Romantiker
auf ein Bier, es werden auch kleine
Speisen angeboten.

 **Flüge** vom Aero-
puerto Rafael Núñez in
alle größeren Städte Kolumbiens.
Frachtkähne fahren über Turbo und
Riosucio den Atrato flußaufwärts bis
nach Quibdó (4–5 Tage) oder bis nach
Sapzurro an der Grenze zu Panama (1,5
Tage).
Schnellboote verkehren tgl. zw. der
Muelle und den Islas del Rosario.
Busse starten vom modernen Terminal
am südlichen Stadtrand nach Barran-
quilla (2 Std.), Sincelejo (3 Std.), Ma-
gangue (Mompós) und Medellín (12
Std.).

Ciudad Mitad del Mundo (EC)
Vorwahl: 02

 Museo de Sitio Intiñan, ✆/Fax
39 41 19; tgl. 10–16 Uhr; zu sehen
sind u. a. die Galápagos-Schildkröten
Pancho und Lolita, eine Sonnenuhr und
eine Ausstellung zur Salasaca- und

Shuar-Kultur. Im Aussichtsturm auf
dem Gelände befindet sich auch das
Museo Etnográfico (tgl. 10–16 Uhr).
In jeder Etage wird eine andere indi-
gene Kultur vorgestellt.

Calimatours, Barrio Los
Correos, Of. Nr. 11, ✆ 39 47 96,
Fax 39 48 46; tgl. 9–18 Uhr; diverse
Ausflüge u. a. zum Pululahua-Krater.
The Green Horse Ranch, Astrid Mül-
ler, Casilla 17-12-602, Quito, ✆ 52 38 56,
Fax 50 47 73, E-Mail: ranch@accessin-
ter.net; Reiten im Pululahua-Krater.

Im Ort kann man **Taxis** oder
einen **Leihwagen** mieten.

Coca (EC)
Vorwahl: 06

La Selva Jungle Lodge, 3 Std.
flußabwärts, Buchungen über La
Selva, Calle 6 de Diciembre 2816/James
Orton, P.O. Box 635/Suc 12 de Octubre,
Quito, ✆ (02) 55 09 95 und 55 46 86, Fax
56 72 97, E-Mail: lodge@laselva.ecx.ec;
1985 erbaute Lodge mit Beobachtungsturm; $$$$$.
Hotel La Misión, Calle 18 de Septiem-
bre 413/Av. Amazonas (am Flußquai),
✆ 56 14 78, Fax 56 46 75; saubere Zimmer mit Bad (heißes Wasser) und Air-
condition, gutes Restaurant; $.
Hotel Oasis, neben dem Hotel Misión,
✆ 88 01 64; einzig akzeptable Alternative, Zimmer mit Bad, Ventilator; $.
Hacienda Primavera s. S. 293
Sacha Lodge s. S. 314

 **Flüge** von/nach Quito.
Boote nach Ahuano
(6–7 Std.), Puerto Misahuallí (8 Std.),
Nuevo Rocafuerte (10–11 Std.).

Busse nach Lago Agrio mit Coop. Ciudad del Coca und Petrolera Shushufindi, nach Putumayo (3 Std.) und Tena mit Coop. Valle de Quijos sowie nach Jumandy (6–7 Std.), Quito und Baños (12 Std.) mit Coop. Putumayo und Transportes Baños.

Cotacachi (EC)
Vorwahl: 06

 Hostería La Mirage,
℗ 91 52 37 und 91 55 61,
Fax 91 50 65, E-Mail: mirage1@mirage.
com.ec; Oase des Luxus am Stadtrand,
Preise inklusive HP (Frühstück und
Abendessen); $$$$–$$$$$.
El Méson de los Flores, Calle
García Moreno/Sucre, ℗ 91 50 09, Fax
91 58 28; ehemalige Hacienda mit
Patio-Restaurant, Live-Musik; $$–$$$.

 Museo de las Culturas, im
ehemaligen Rathaus; Di–Fr 10–12
und 15–17 Uhr; sehr sehenswertes
Museum zur Geschichte der Region.

 Laguna Cuicocha, Teil der
Cotacachi Cayapas Reserva
Ecológica; Ausflugslokal Mirador.

 Ledergeschäfte in der Calle
10 de Agosto; exklusive Ledermode bietet z. B. Pompeij.

🚌 **Bus** ab Marktplatz nach Otavalo.

Cúcuta (KOL)
Vorwahl: 975

ℹ️ **Fondo Mixto,** Calle 10
Nr. 0 – 30, Edificio Rosetal,
℗ 71 89 81; Mo–Fr 8–12 und 14–18 Uhr.

Honorarkonsulat der Bundesrepublik Deutschland, Apdto. Aéreo 501,
℗ 78 04 96, Fax 78 08 94.

 Hotel Casino Internacional
Cúcuta, Calle 11 Nr. 2E – 75,
℗ 71 18 18, Fax 71 23 30; bestes Haus
am Platz, mit Spielcasino und Pool;
$$$–$$$$.
Hotel Casa Blanca, Av. 6 Nr. 14 – 55,
℗ 72 16 01, Fax 72 29 93; gutes Mittelklassehotel mit Pool und gepflegten
Zimmern; $$–$$$.
Hotel Amaruc, Av. 5A/Calle 10,
℗ 71 76 25, Fax 72 18 05; lautes, sehr
zentral gelegenes Stadthotel mit
Dachrestaurant; $$–$$$.
Hotel Internacional, Calle 14
Nr. 4 – 13, ℗ 71 27 18 und 71 39 87;
Low Budget-Herberge mit Swimmingpool in ruhiger, zentrumsnaher
Lage; $.

🚶 In **Villa del Rosario** (10 km)
kann man die Quinta Santander
(Geburtshaus von Francisco de Paula
Santander; tgl. 8–12 und 14–18 Uhr),
den Templo Histórico (1819 Verfassung
für Großkolumbien; tgl. 8–12 und 14–18
Uhr) und die Casa de la Bagatela (tgl.
8–12 und 14–18 Uhr, Mo geschl.) besichtigen.

✈️🚌 **Flüge** tgl. von/nach Bogotá.
Busse vom Busbahnhof in
der Av. 7 und 8/Calle 2 nach Bucaramanga (6 Std.) sowie *taxis colectivos*
nach Pamplona.

Cuenca (EC)
Vorwahl: 07

ℹ️ **CETUR,** Calle Hermano Miguel
686/P. Córdova; Mo–Fr 9–16 Uhr,
℗ 83 93 37.

Hotel Oro Verde, Calle Ordóñez Lasso, ✆ 83 12 00, Fax 83 28 49; Luxushotel unter Schweizer Leitung, bestes Haus am Platz, etwas außerhalb der Stadt gelegen; $$$$.

Hotel Crespo, Calle Larga 93, ✆ 84 25 71, Fax 83 94 73; Traumhotel am Altstadtufer des Río Tomebamba; $$$$.

Hotel El Molino, Carretera Panamericana Norte km 7, Capulispamba, ✆ 87 53 67, Fax 87 53 58; gemütliches Hotel in alter Mühle; $$$.

Hotel El Dorado, Calle Gran Colombia 787/Luis Cordero, ✆ 83 13 90, Fax 83 16 63; Stadthotel in zentraler Lage mit Cafeteria, Restaurant und Nightclub; $$–$$$.

Hotel Cuenca, Calle Borrero 69/Gran Colombia, ✆ 83 37 11, Fax 83 38 19; Traditionshaus im Zentrum, saubere große Zimmer mit TV, Frühstück inklusive; $$–$$$.

Hotel Atahualpa, Av. Sucre Nr. 3 – 50, ✆ 82 69 06; gepflegtes sauberes Hotel im Stadtzentrum; $$–$$$.

Hotel Conquistador, Calle Gran Colombia Nr. 6 – 65, ✆ 83 07 88; unkompliziertes Haus mit Disko (Fr und Sa), Frühstück inklusive; $$–$$$.

Cabañas Cabogana, Calle San Miguel de Putuzhi vía el Caja, ✆ 89 40 44; familiäre Unterkünfte beim Area Nacional de Recreación Cajas (nähere Infos erhält man im Café Austria, s. Restaurants).

🍴 **El Jardín,** Calle Córdova Nr. 7 – 23, ✆ 82 11 20; internationale Küche in vornehmer Atmosphäre.

El Puente, Calle Roberto Crespo Nr. 1 – 20/Av. Solano; internationale Küche, die Konkurrenz des El Jardín, allerdings lockt hier eine Bar zusätzlich Gäste an.

Café Austria, Calle B. Malo/Juan Jaramillo, ✆ 84 08 99; köstliche österreichische Backwaren, sehr gutes Frühstück.

Café Wunderbar, Calle Honorato Miguel/Calle Larga; beliebter Treffpunkt nicht nur für *alemanes*.

La Mansión del Recuerdo, Av. Huayna Cápac Nr. 5 – 35/Honorato Vazques, ✆ 82 54 60; preiswerte Küche.

 Museo de Artes Populares, Av. 3 de Noviembre/Hermano Miguel; Trachten, Schmuck, Keramik und Musikinstrumente der Cañari.

Museo del Banco Central, Calle Larga/Huayna Cápac; Di–Fr 9–18 und Sa 9–12 Uhr; Pumapungo.

Museo Municipal Remigio Crespo Toral, Calle Larga/Bórrero; Di–Fr 9–12 und 14–16 Uhr; Gold- und Keramikfunde, religiöse und koloniale Kunst der Stadt.

Museo del Monasterio de las Conceptas, Calle Juan Jaramillo/Hermano Miguel; Di–Fr 9–16.30 und Sa 10–12.30 Uhr; die bedeutendsten Kunstwerke aus der Klosterkirche ›La Concepción‹.

🚶 **Expediciones Apullacta,** Calle Gran Colombia Nr. 11 – 02, 2. St., Büro 111, ✆ 83 78 15, Fax 83 76 81, E-Mail: apu@az.pro.ec; Ausflüge in die Area Nacional de Recreación Cajas.

Juan Gabriel Carrasco, Ecotrek, Calle Larga Nr. 7 – 108/Luis Cordero, ✆ 84 25 31, Fax 83 53 87; Trips in den Oriente.

Río Arriba, Calle Hermano Miguel Nr. 7 – 14/Presidente Córdova, ✆/Fax 84 00 31, 88 37 11; diverse Ausflüge.

🛍 **Arte Artesanías y Antigüedades,** Calle Bórrero/Córdova; Schmuck, Textilien und Antiquitäten.

Galería Claudio Maldonado, Calle Bolívar Nr. 7 – 75; Schmuckkollektion nach präkolumbischen Vorbildern.

Joyería Turismo, Calle Gran Colombia Nr. 9 – 31; der Besitzer Leonardo Crespo führt auf Wunsch auch durch seine Schmuckwerkstatt.
Markt tgl. auf der Pl. Rotary; besonders viele Händler finden sich donnerstags ein.

 Flüge vom Flughafen Simón Bolívar, ☏ 86 22 03, nach Quito und Guayaquil.
Überlandbusse fahren vom Busbahnhof nach Quito (8 Std.), Loja (5 Std.), Guayaquil (5 Std.) und Machala (5 Std.).

Esmeraldas (EC)
Vorwahl: 06

 CETUR-Vertragsagentur, Calle Bolívar/Amazonas, ☏ 88 65 36.

 Hotel Apart Esmeraldas, Av. Libertad 407/Tello, ☏ 72 87 00, Fax 72 87 04; das beste Geschäftshotel in der Stadt; $$$.
Costa Verde Suites, Calle Luís Tello 809/Hilda Padilla, ☏ 72 87 17, Fax 72 87 16; im besten Stadtteil Las Palmas, einen Block vom Strand entfernt, elegante Zimmer, angeschlossen ist das Spitzenrestaurant La Fragata; $$$.
Steve's Lodge, Casilla 187, 45 Min. mit dem Boot den Río Cayapas flußaufwärts gelegen, E-Mail: nagy@pi.pro.ec; einige Zimmer mit Bad (nur kaltes Wasser); $.

Doña Mencha, 6 de Diciembre/Quito; Disko mit Wochenend-Marimba-Schule und *peña*.

 Flugverbindungen nach Quito und Cali (KOL). Der Flughafen ist etwa eine Fahrstunde von der Stadt entfernt.

Überlandbusse nach Quito über Santo Domingo (5 Std.) und nach Bahía de Caráquez (8 Std.).

Galápagos-Inseln
Vorwahl: 05

Puerto Ayora (Isla Santa Cruz): CETUR, Av. Charles-Darwin (schräg gegenüber vom Hotel Sol y Mar), ☏ 52 61 74.
Servicio Parque Nacional Galápagos, ☏ 52 61 89, Fax 52 61 90, E-Mail: png@ga.pro.ec.
Puerto Baquerizo Moreno (Isla San Cristóbal): CETUR, Av. Northia.
Oficina Parque Nacional (Nationalparkbüro), ☏ 52 01 38.
Puerto Villamil (Isla Isabela): Informationsbüro, im Municipio (Rathaus) an der Calle 16 de Marzo; Mo–Fr 9–12 und 14–16 Uhr.

 In Puerto Ayora (Isla Santa Cruz): Hotel Galápagos, ☏ 52 63 30, Fax 56 46 36 und 52 63 30, E-Mail: jgallar@ga.pro.ec; Traditionshotel mit 14-Zimmern nahe der Darwin-Station mit unabhängiger Tauchschule Scuba Iguana; $$$–$$$$.
Hotel Delfin, Buchung über Metropolitan Touring, Av. República de El Salvador 970, Quito, ☏ (02) 2 46 47 80, Fax 2 46 47 02; 21-Zimmer-Haus mit Privatstrand, an der Bahía de Academia (kostenloser Transfer für Hotelgäste), mehrtägige Yachtausflüge ab Hotel möglich; $$$–$$$$.
Hotel Sol y Mar, gegenüber der Touristeninformation, ☏ 52 62 81; gemütlich eingerichtete Zimmer verschiedener Kategorien, auf der Terrasse tummeln sich Meerechsen; $$$–$$$$.
Hotel Estrella de Mar, Calle 12 de Febrero (gegenüber der Polizeiwache),

✆ 52 64 27; familiär, Zimmer nur mit Ventilator, Blick auf die Bucht; $.

In Puerto Baquerizo Moreno (Isla San Cristóbal): Gran Hotel Cristóbal, zw. Av. Northia und der Hafenstraße Av. Charles Darwin, ✆ 52 03 38; das ruhig gelegene Haus ist das beste im Ort; $$–$$$.

Hostal Mar Azul, ✆ 52 01 39; preisgünstiges Hostal mit Garten und Restaurant; $–$$.

In Puerto Velasco Ibarra (Isla Floreana): Hotel Wittmer, an der Bahía Negra; kleines gemütliches Haus vor einem schönen Strand, wird von der deutschstämmigen Familie Wittmer betrieben, Vollpension inkl.; $.

In Puerto Villamil (Isla Isabela): Cabañas Ballena Azul, ✆ 52 91 25; einfache *cabañas,* Inhaberin ist die Schweizerin Dora Gruber; zum Strand und zum Malecón de los Delfines sind es nur ein paar Minuten; $$.

In Puerto Ayora (Isla Santa Cruz): Die Lokale befinden sich fast alle auf der Av. Charles Darwin, beliebt ist La Garrapata.

In Puerto Baquerizo Moreno (Isla San Cristóbal): Rosita und Nathaly sind die besten Adressen.

In Puerto Villamil (Isla Isabela): Die beste Küche bietet das kleine Hotel Loja, ein Treffpunkt ist Rincón Willy.

In Puerto Ayora (Isla Santa Cruz): Estacíon de Charles Darwin, ✆ 52 61 46/47, E-Mail: cdrs@fcdarwin.org.ec.; Mo–Fr 8–12 und 13–16 Uhr, Sa 8–12 Uhr; Naturgeschichte des Archipels.

In Puerto Baquerizo Moreno (Isla San Cristóbal): Museo Municipal, Av. Moreno (beim Hospital); Mo–Fr 8.30–12 und 15.30–17.30 Uhr; Naturkundemuseum.

Scuba Iguana, Puerto Ayora, Isla Santa Cruz, ✆ 52 62 96, Fax 52 63 30, Internet: http://www.scuba-iguana.com; Tauchen mit einem erfahrenen, gut ausgerüsteten Veranstalter.

Kreuzfahrten: Die Preise – ohne Flug und Transferkosten – betragen je nach Dauer der Kreuzfahrt durchschnittlich zwischen 550 US-$ (3 Nächte), 650 US-$ (4 Nächte) und 1100 US-$ (7 Nächte).

Yachten Tip Top II und III, Rolf Wittmer; Adresse in Quito: Av. Amazonas 621/Carrión, P.O.Box 17-07-8989, Quito, Ecuador, ✆ (02) 55 34 60, Fax 44 81 73; Internet: http://www-pub2.ecua.net.ec/rwittmer/index.html; Yachten mit Platz für 16–18 Passagiere, 8-Tage- und 7-Nächte-Kreuzfahrten (Fr–Fr) ab/an Baltra South Plaza.

Metropolitan Touring, Av. República de El Salvador 970, Quito, Ecuador, ✆ (02) 2 46 47 80, Fax 2 46 47 02, Internet: http://www.ecuadorable.com; mehrere Yachten unterschiedlicher Größe, auch kurze Kreuzfahrten (3 Nächte) möglich.

Kleintours, Av. Shyris 1000/Ilolanda, Quito, Ecuador, ✆ (02) 43 03 45, Fax 44 23 89, E-Mail: kleintou@uio.satnet.net; elegante kleine Motoryachten mit gutem Qualitätsniveau.

GALASAM, Pinto 523/Av. Amazonas, Quito, Ecuador, ✆ (02) 52 33 39, Fax 56 76 62; E-Mail: galapagos@galasam.com; preiswerte Touren mit weniger luxuriösen Kreuzfahrtschiffen für 8–12 Personen.

In Puerto Ayora (Isla Santa Cruz): Galería-Cafetería Capricho, Pelikan Bay, ✆/Fax 52 63 64; gute Bücher und schöne Souvenirs, in der Cafeteria wird ein reichhaltiges Frühstück serviert; Inhaberin ist die seit

Jahren in Ecuador lebende Deutsche Maria Schumacher.

 **In Puerto Ayora (Isla Santa Cruz):** La Panga und die 5-Fingers-Bar sind die bestbesuchten Diskos. **In Puerto Baquerizo Moreno (Isla San Cristóbal):** Beliebt sind die Diskos Blue Bay (beim Polizeigebäude) und La Terraza Yolita (am Strand, Restaurant).

Flüge von/nach Quito und Guayaquil von den Flughäfen der Insel Baltrá und der Isla San Cristóbal. Kleine Maschinen fliegen auch von diesen Flughäfen zur Isla Isabela.
Fähren verkehren zwischen der Isla Santa Cruz (Puerto Ayora, INGALA-Büro, ✆ 52 61 51 oder Capitanía del Puerto, ✆ 52 61 63) und den Inseln San Cristóbal, Floreana und Isabela.
Auf Santa Cruz fahren **Busse** nach Bellavista, Santa Rosa und zum Fähranleger für Baltra (mehrfach vor den Flügen), auf Isabela von Puerto Villamil nach Santo Tomás.

Guayaquil (EC)
Vorwahl: 04

CETUR, Malecón/Calle Aguirre, ✆ 32 83 12; Mo–Fr 9–17 Uhr.

 Hotel Hilton Colón, Av. Francisco de Orellana, ✆ 68 90 00, Fax 68 91 49, Internet: http://www.hilton. com; jüngstes Luxushotel der Stadt mit 2 Pools und 4 Restaurants; $$$$–$$$$$.
Hotel Oro Verde, Av. 9 de Octubre/García Moreno, ✆ 32 79 99, Fax 32 93 50, E-Mail: ecovg@gye.sat-net.net; Traditionshaus der Luxus-klasse mit erstklassigen Restaurants; $$$$–$$$$$.

Hotel Continental, Av. 10 de Agosto/Chile, ✆ 32 92 70, Fax 32 54 54; Haus der holländischen Golden Tulip-Kette; der Coffeeshop ist ein beliebter Treffpunkt; $$$$.
Grand Hotel Guayaquil, Av. Boyacá 1600/10 de Agosto, ✆ 32 96 90, Fax 32 72 51, E-Mail: grandhot@gye.-satnet.net; selbst eine Sauna fehlt in dieser beliebten Nobelherberge nicht, gutes Restaurant; $$$$.
Hotel Boulevard, Calle 9 de Octubre 432, ✆ 56 28 88, Fax 56 00 76; Hotel mit Casino, sehr zentral gelegen; $$$$.
Hotel Unipark, Calle Clemente Ballén 406, P.O. Box 09-01-563, ✆ 32 71 00, Fax 32 83 52, E-Mail: ecuni@gye.sat-net.net; der Treff aller Europäer, elegant; $$$–$$$$.
Hotel El Doral, Av. Chile 402/Aguirre, ✆ 32 71 33, Fax 32 70 88; zentrales, ordentliches Stadthotel; $$.
Hotel Sol de Oriente, Av. Aguirre 603/Escobedo, ✆ 32 55 00, Fax 32 93 52; gutes Preis-Leistungs-Verhältnis; $$.
Ecuahogar, Av. Isidro Ayora (Sauces) ✆ 24 83 57, Fax 24 83 41, E-Mail: yout-host@gu.pro.ec; unkompliziertes Wohnen in Jugendherbergsgästehaus, Zimmer mit Bad, Terrasse, viele Tips von der Inhaberin Patricia Buschmann; $.

Cafetería im Unihotel, Calle Ballén 406; tgl. 6–24 Uhr; ausgezeichnetes Buffet.
El Pirata, Malecón/Calle Rendón; schwimmendes Meeresfrüchterestaurant.
Olmo, Calle Pedro zw. Caza 705 und Boyacá, ✆ 30 27 56; Spezialitäten der Küste.
Parillada del Nato, Av. V. E. Estrada 1221/Laureles, ✆ 38 70 98; saftig gegrillte Steaks.
Costa Vasca, Calle 18 de Septiembre/Paz; spanische Küche und Weine.

Museo Arqueológico del Banco Central, Calle José de Antepara/9 Octubre; Di–Sa 10–17 Uhr; neben Exponaten zur Archäologie auch moderne Kunst.

Museo Arqueológico del Banco Pacífico, Calle P. Ycaza 113/Pichincha, ☎ 56 60 10; Mo–Fr 10–18 Uhr, Sa und So 11–13 Uhr; Sammlung präkolumbischer Keramik- und Goldfunde.

Museo Nahim Isaías Barquet, Calle Pichincha/Ballén, ☎ 32 93 06; Mo–Sa 10–17 Uhr; ebenfalls präkolumbische Keramik- und Goldfunde.

Museo Naval, Malecón Simón Bolívar/Clemente Ballén; Mo–Fr 8.30–15.30 Uhr; Spaziergang durch die nautische Geschichte der Hafenstadt.

Casa de la Cultura, Av. 9 de Octubre/Moncayo; Di–Fr 10–17 Uhr; präkolumbische Goldfunde.

Museo Municipal, Calle P. Carbo/Sucre; Mi–Fr 9–16, Sa 10–15 Uhr, So 10–13 Uhr; im Untergeschoß Archäologie- und Kolonialmuseum (Keramikgegenstände, Gemälde) und im Obergeschoß Ethnologiemuseum (u. a. Federschmuck und echte Schrumpfköpfe der Shuar).

 El Cerro Blanco, Fundación Pro-Bosque, km 16 vía a la Costa, ☎/Fax 87 22 36; tropisches Paradies mit Wasserfall.

Cabodros, Calle Urdaneta Nr. 14–18/ Av. del Ejército, ☎ 45 37 70, Fax 28 78 51; diverse Ausflüge.

Ecoventura, Av. C.J. Arosemana km 2,5, ☎ 20 30 80, Fax 20 29 90; diverse Ausflüge.

Kunsthandwerk gibt es in der Avenida 9 de Octubre, z. B. bei Artesanías del Ecuador.

Shopping-Malls: Unicentro (Calle Aguirre/Chile), Riocentro (Av. Sambo-rondón), Policentro (Av. San Jorge/Kennedy) und Alban Borja (Av. Arosemana km 2,7).

 Fast alle angesagten Diskos und Bars, z. B. das **Amnesía** (Av. Victor Emilio Estrada 505/Av. Las Monjas) oder das **Bola Ocho** (Circunvalación Norte/Calle Primera) liegen im Stadtteil Urdesa. Zu Nachtclubausflügen starten chiva-Busse freitags um 21.30 Uhr beim **Infinity** in der Calle Estrada 913.

 Flüge vom Flughafen Simón Bolívar auf die Galápagos-Inseln, nach Quito oder Loja.

Eisenbahn: Von Durán (auf dem jenseitigen Ufer) nach Alausí/Riobamba; Auskunft über Abfahrtszeiten unter ☎ 80 00 36.

Vom Busbahnhof (nordöstlich des Stadtzentrums) fahren **Busse** nach Cuenca (5 Std.), Playas (1,5 Std.) oder Salinas (2 Std.).

Hacienda La Ciénaga (EC)

Vorwahl: 03

Hostería La Ciénaga, Lasso, ☎ 71 90 93 und 71 90 52, Fax 71 91 82; antik eingerichtete Komfortzimmer, gutes Restaurant, auch Alexander von Humboldt hat hier schon genächtigt; $$$–$$$$.

Hacienda Primavera (EC)

Hacienda Primavera, 2 Std. auf dem Río Napo flußabwärts ab Coca, Reservierung in Quito, ☎ (02) 56 59 99, Fax (02) 22 57 74; Zimmer mit Bad, Strom von 19.30– 22 Uhr; $$$$$.

Hostería Atamari (EC)

 Hostería Atamari, Reservierungen über Quito, ☎ (02) 22 78 96, Fax 50 83 69; traumhaft gelegene Oase des Luxus an der Pazifikküste bei Machalilla; $$$$.

Ibarra (EC)
Vorwahl: 06

 CETUR, Calle Colón 743, ☎ 95 53 66.

 Hotel Ajavi, Calle Mariano Acosta 1635, ☎ 95 52 21 und 95 55 55, Fax 95 24 85; gepflegtes Haus, alle Zimmer mit TV; $$.
Hotel Chorlavi, Panamericana Sur km 4, ☎ 93 22 22, Fax 93 22 25; in einem alten Haciendagebäude, stilvoll im Kolonialstil eingerichtete Zimmer mit TV und Telefon; $$–$$$.

 El Dorado, Calle Oviedo/Sucre; gute, preiswerte Fischgerichte.

 Museo Fray Pedro, Cra. Simón Bolívar an der Plazoleta Boyacá; Mo–Sa 9–12 und 15–18 Uhr; religiöse Kunst, z. T. aus der Kirche Santo Domingo.

 Intipungo, Calle Rocafuerte 447/Garcia Moreno, ☎ 95 52 70; Ausflüge.
›**Pelota nacional**‹: jedes Wochenende in der Nähe des Busbahnhofs.

 Busse nach Tulcán (2 Std.), Quito (2–3 Std.) und Otavalo (30 Min.) sowie nach San Lorenzo (10 Std., mit Coop. Valle de Chota).
Der **Autoferro** nach San Lorenzo verkehrt z. Zt. nur unregelmäßig.

Ingapirca (EC)
Vorwahl: 07

 Posada Ingapirca, Reservierung unter ☎ 83 86 08, 83 23 39, Fax 83 23 40; sehr gepflegte Posada, 500 m von der Ruine entfernt; sehr gute lokaltypische Küche; $$–$$$.

 Archäologisches Museum, am Eingang des Complejo Arqueológico de Ingapirca; tgl. 9–17 Uhr, zahlreiche Funde aus der Zeit der Cañari wie der Inka.

 Markt (jeden Fr).

 Busse um 13 und um 15 Uhr direkt nach Cuenca; häufigere Busverbindungen auch nach Riobamba gibt es vom Nachbarort Tambo.

Ipiales (KOL)
Vorwahl: 9 27 25

 Hotel Mayasquer, vía Panamericana (in der Nähe des Grenzübergangs), ☎ 26 43; bestes Haus am Platz, gepflegte, saubere Zimmer mit Bad (heißes Wasser), Restaurant; $$.
Hotel Los Andes, Cra. 5 Nr. 14 – 44, ☎ 43 38, Fax 61 73; rundum gutes Stadthotel, Zimmer mit Bad und TV, Restaurant; $.

 Sanctuario de las Lajas, 8 km.

 Mehrmals in der Woche **Flugverbindungen** vom Aeropuerto San Luis (7 km nordwestlich der Stadt) nach Bogotá, Cali und Popayán.

Busse fahren tagsüber mehrmals in der Stunde nach Pasto (2 Std.) sowie zweimal tgl. nach Tumaco (6 Std.); die Haltestellen befinden sich an der Plaza La Pola. Vom Taxistand an der Puente Rumichaca kann man sich auch zum *Terminal terrestre* von Tulcán, dem nächstgelegenen ecuadorianischen Busbahnhof, bringen lassen.

Isla Gorgona (KOL)

Fähren legen zw. 16 und 20 Uhr vom El Piñal Dock (10 Std.) in Buenaventura ab. Vor Fahrtantritt muß eine Genehmigung im Büro des UAE-SPNN (Bogotá, Calle 3 Nr. 2 – 50, ✆ (91) 2 38 62) eingeholt werden. Vom südlicher gelegenen Fischerort Guapí – mit dem Flugzeug erreichbar – dauert die Überfahrt nur 1 Std. 40 Min. (Boote nur bis 12 Uhr mittags).

Ein **organisierter Besuch** der Isla Gorgona wird auch von Ecotur (Cali, Cra. 56 Nr. 5 – 31, ✆ (92) 5 51 72 48) und Panturismo (Cali, Calle 8 Nr.1 – 38, ✆ (92) 8 89 31 35) angeboten.

Kapawi Lodge (EC)
Vorwahl: 03

Kapawi Lodge, 1,5 Std. mit dem Boot flußabwärts auf dem Río Pastaza, Buchungen über Canodros S. A., P.O. Box 8442, Guayaquil, ✆ (04) 28 57 11 und 28 01 64, Fax 28 76 51, E-Mail: eco-tourism1@canodros.com.ec; 1996 fertiggestellte Luxuslodge, Ausflugsprogramm im Kapawi Ecological Reserve mit Shuar-Indios, Vollpension und Ausflüge inkl.; $$$$$.

Lago Agrio (EC)
Vorwahl: 06

El Cofan, Av. 12 de Febrero/ Av. Quito, ✆ 83 00 09; ordentliche Zimmer mit TV, mittelmäßiges Restaurant; $.

Guacamayos, Av. Quito, ✆ 83 06 01; beste Frühstücksadresse; Zimmer unterschiedlicher Kategorien, alle sehr einfach; $.

Außerhalb: Amazon Jungle Resort, km 33 vía a Chiritza, Buchungen über ✆ (02) 89 15 84; am Nordufer des Río Aguarico gelegenes elegantes Resort; $$$.

San Rafael Lodge, zw. Baeza und Lago Agrio, Buchungen über das Hotel Quito, Av. Gonzalez Suárez 2500, Quito, ✆ (02) 54 46 00, Fax 56 72 84; Lodge an den höchsten Wasserfällen Ecuadors, einfache Zimmer, gemeinsames Bad; $$$$ (inkl. VP, Transport $$$$$).

Paradise Huts, 1 Std. mit dem Boot ab Chiritza den Río Aguarico flußabwärts, Buchungen über Orient Gal, Av. Río Amazonas 816/Veintimilla, Quito, ✆ (02) 56 11 04, Fax 50 14 19; einfache Hütten mit Bad, preisgünstiger guter Ausgangspunkt für Cuyabeno-Ausflüge; $$$–$$$$.

Cuyabeno River Lodge, im westlichen Teil des Cuyabeno-Reservats, erreichbar über den Río Cuyabeno, Buchungen bei Nuevo Mundo Travel and Tours, Quito, Casilla 1703-402-A, Av. Corú 1349/Orellana, ✆ (02) 55 38 18, Fax 56 52 61, E-Mail: nmundo@qui.telconet.net; $$$$.

Hotelschiff Flotel-Orellana, Buchungen bei Metropolitan Touring, Quito, Av. República de El Salvador 970, ✆ (02) 46 47 80, Fax (02) 46 47 02; 3stöckiger Hoteldampfer für 3–5tägige Kreuzfahrten auf dem Río Aguarico; Vollpension und Ausflüge inkl.; $$$$.

Mi Cuchita, Av. 12 de Febrero/ Av. Quito; gute Adresse für Freunde knuspriger Hähnchen.

Native Life Travels, Calle Joaquin Pinto 446/Amazonas, Quito, ℘ (02) 50 51 58, Fax 22 90 77; E-Mail: natlife1@natlife.com.ec; diverse Ausflüge.

Busse nach Coca oder Putumayo (3 Std.) mit Coop. Ciudad del Coca und Petrolera Shushufindi. **Bootsfähren:** Coca–Ahuano (6–7 Std.), Coca–Puerto Misahuallí (8 Std.), Coca–Nuevo Rocafuerte (10–11 Std.).

Las Salinas (EC)
Vorwahl: 04

Hotel Miramar, Malecón de Salinas/Calle 37, ℘ 77 25 96, Fax 77 21 15; Strandhotel mit Seeblick; $$$. **Hotel El Carruaje,** Malecón 517, ℘/Fax 77 42 82; im Zentrum des Malecón, freundlicher Service, Meerblick, verschiedene Zimmerkategorien; $$–$$$. **Hotel Mediterrano,** Av. 9 zw. Calle 20 und 21, ℘ 77 20 78, Fax 77 23 13; angenehmes kleines Ferienhotel in der Parallelstraße zum Strand; $$. **Hostal San Francisco 1,** Av. Gral. Enriquez Gallo/Rumiñahui (gegenüber vom Geschäft Mundo Marino), ℘ 77 35 44, Fax 77 41 06; schick eingerichtet, Pool, Bar, Restaurant; $$.

Farallón Dillon, im Norden der Bucht (Ballenita) vor der Punta Barandua, ℘ 78 66 43, sehr gutes Meeresfrüchterestaurant.

 ›In‹ ist die Disko **Club Monaco.**

Busse fahren über La Libertad nach Guayaquil (ca. 1 Std.) sowie an der Küste entlang nach Manta.

Latacunga (EC)
Vorwahl: 03

Hotel Rodelú, Calle Quito 7331, ℘ 80 09 56, Fax 81 23 41; sauberes nettes Hotel – das beste im Ort, Zimmer mit Bad und TV, Restaurant; $. **Außerhalb: Hotel Rumipamba de las Rosas,** Panamericana Sur km 100, Salcedo, ℘ 72 61 28, Fax 72 71 03; sehr gepflegtes Ferienhotel im Haciendastil, Palmengarten mit Pool, gutes Restaurant; $$–$$$.

Casa de los Marqueses, Calle Sánchez de Orellana/Juan Echeverría, ℘ 80 14 10; Kolonialkunst und archäologische Funde.

Markt in Latacunga (Sa und Di), im nahen Pujilí (Mi und So), in Saquisilí (Do).

Mama Negra Festival (im Nov.) mit farbenprächtigen Kostümen und Masken.

Überlandbusse fahren ab Plaza El Salto nach Quito (1,5 Std.), Ambato (1 Std.) oder Baños (2 Std.); die Busse im Nahverkehr fahren ab Calle Subia/5 de Junio (Pujilí) oder ab Calle Benavídez Valencia (Saquisilí).

Leticia (KOL)
Vorwahl: 9819

Cámara de Comercio del Amazonas, Cra. 11 Nr. 11 – 09, ℘ 2 78 43. Bei Ausflügen nach Peru oder Brasilien sind keine Formalitäten nötig; bei der Aus- oder Einreise müssen die Grenzformalitäten im DAS-Büro (Calle 9 Nr. 9 – 62) erledigt werden.

Hotel Anaconda, Cra. 11 Nr. 7 – 84, ✆ 2 71 19, Fax 2 70 05; etwas abgenutzter traditioneller Treffpunkt der gehobenen Reiseszene, Zimmer mit Air-condition, gutes Restaurant am Pool, Souvenirshop und Reiseagentur im Haus; $$$–$$$$.

Hotel Parador Ticuna, Cra. 11 Nr. 6 – 11, ✆ 2 71 93, Fax 2 72 84; schönstes Haus mit moskitodichten *cabañas* (Terrasse, Bad, Air-condition) um einen tropischen Poolpark; $$$.

Hotel Amazonas, Calle 8 Nr. 10 – 32, ✆ 2 80 26, Fax 2 80 27; modernes Stadthotel für Geschäftsleute, Zimmer mit Air-condition, TV, Restaurant; $$$.

Residencias Fernando, Cra. 9 Nr. 8 – 80, ✆ 2 73 62; vergleichsweise sauberes Billigquartier; $.

Tierras Colombianas Restaurante, am Parque Orellana; schöne Aussicht über den Hafen, Tagesgerichte, Projektion von Videoclips.

Sancho Panza, Cra. 8 Nr. 72 – 80; besonders netter Service und gute Standardküche, u. a. leckere Suppen.

Cream El Faro, Cra. 11 Nr. 9 – 42, ✆ 2 79 74; internationale Küche, Hamburger, Eis und Säfte.

Museo del Hombre Amazónico, Cra. 11 zw. Calle 9A und 10; Mo–Fr 8–12 und 14–18 Uhr, Sa 9–12 Uhr; Ausstellung von Alltagsgegenständen der Huitoto, Ticuna und Yucuna.

Parque Zoológico, auf halber Strecke zum Flughafen in der Av. Vázquez-Cobo; tgl. 7–17 Uhr; Tapire, Krokodile, Anacondas und eine Strei-chel-Seekuh; wer ein lebendes Huhn mitbringt, kann die Anaconda füttern.

Anaconda Tours, Cra. 11 Nr. 7 – 34, ✆ 27 11 19, 2 18 46 79, Fax 6 11 23 58; Dschungeltrips.

Amaturs, Cra. 11 Nr. 7 – 34, ✆ 2 70 18 (in Bogotá: Calle 85 Nr. 16 – 28 Of. 203, ✆ (91) 2 56 11 35, Fax (91) 2 18 21 13, E-Mail: amaturs@impsat.net.co); Dschungeltrips.

Turamazonas, Apartado Aéreo 074, Cra. 11 Nr. 10 – 11, ✆/Fax 27 27 43; Dschungeltrips.

 Uirapurú, Calle 8 Nr. 10 – 35, ✆ 2 70 56; erstklassig sortierter Souvenirladen; ein kleines Privatmuseum ist angeschlossen.

Markt tgl. am Parque Orellana. Zahlreiche Läden in der Calle 7 und 8 sowie den Querstraßen bieten **Trekkingausrüstungen** an (z. B. Gummistiefel).

Beliebt ist die Disko **L'Boom,** Calle 9 Nr. 10 – 54, 2. Stock.

 **Flüge** tgl. mit wechselnden Fluggesellschaften nach Bogotá.

Boote der Reedereien Tres Fronteras und Lineas Amazonas fahren tgl. ab Puerto Nariño zum Eingang des Nationalparks Amacayacu (Auskünfte: Transportes Fluviales del Amazonas, Calle 8/Cra. 12, ✆ 2 75 29).

Kleinbus nach Tabatinga (Brasilien).

Loja (EC)
Vorwahl: 07

 CETUR, Calle B. Valiviezo 822/10 de Agosto, ✆ 57 29 64.

 Grand Hotel Loja, Av. Manuel Agustín Aguirre/Rocafuerte,

₳ 57 52 01, 56 24 47, Fax 57 52 02; alteingeführtes Stadthotel, gutes Restaurant; $$–$$$.

Hotel Libertador, Calle Colón 14 – 30/Bolívar, ₳ 56 07 79, 57 82 78, Fax 57 21 19; hier steigt die internationale Geschäftswelt ab.

 Museo de la Historia y la Cultura Lojana del Banco Central, Calle 10 de Agosto/Bolívar, ₳ 57 30 04; Mo–Fr 9–13 und 14–16.30 Uhr; archäologisches Museum.

 Parque Nacional Podocarpus, Besucherzentrum Cajanuma (vía Loja–Vilcabamba); Informationen: INEFAN/Fundación Natura, Calle Azuay Nr. 12 – 44 (zw. Olmedo und Bernardo Valdivieso), ₳ 57 15 34 und 56 31 31
Hidaltur, Calle Bolívar/Miguel Riofrío, ₳ 57 10 31; Ausflugsagentur.

 **Feria Internacional,** Kunsthandwerksmesse mit Feuerwerk (1.–15. Sept.).

 **Direktflüge** von/nach Quito und Guayaquil.
Überlandbusse vom Busbahnhof nach Cuenca (5 Std.).
Taxis colectivos fahren zwei Blocks südlich vom Grand Hotel nach Vilcabamba (45 Min).

Macas (EC)
Vorwahl: 07

 Peñon de Oriente, Calle Amazonas, ₳ 70 01 24; saubere Zimmer mit Bad (warmes Wasser); $.

 Chifa Pagoda China, Calle Amazonas Nr. 15 – 05; gute chinesische Speisen in großen Portionen.

 Salesian Sevilla-Don Bosco Mission, eine halbe Busstunde von Macas entfernte Missionsstation mit kleinem archäologischen Museum und Park.

Ikaam, Calle Domingo Comin, ₳ 70 04 57; diverse Ausflüge.

 Flugverbindungen von/nach Quito. Angeflogen werden auch die kleinen Landepisten der Salesianer-Missionsstationen im tieferen Urwald.
Busse nach Puyo, Cuenca und Zamora.

Machachi (EC)
Vorwahl: 03

 Hotel La Estación de Machachi, in einer alten *posada* neben dem Bahnhof, ₳ 31 52 46; antikes Mobiliar, Kaminfeuer, hauseigenes Ausflugsprogramm (Anmeldung erforderlich); $$$–$$$$.

Hacienda San José del Chaupi, zwischen Machachi und Lasso, ₳ 57 00 74 und 57 08 69; die Eigner Susana und Rodrigo bieten Reitausflüge auf den Iliniza-Gipfel an; $$–$$$.

 Organisierte Ausflüge in den **Cotopaxi-Nationalpark** (Anmeldung im Hotel La Estacíon, s. o.).

 Nahverkehrsbusse nach Quito, außerdem **Taxis.**

Maicao (KOL)
Vorwahl: 954

 Hotel Maicao Plaza, Calle 10 A Nr. 10 – 28, ₳ 26 65 97, Fax 26 73 32; bestes Haus am Platz; $$$.

Busse nach Riohacha. **Kleinbusse** oder **Sammeltaxis** fahren über die Grenze nach Maracaibo in Venezuela.

Manizales (KOL)
Vorwahl: 968

 Oficina de Fomento y Turismo, Cra. 22 Nr. 21 – 16, ✆ 84 62 11 und 84 63 16.
Deutsches Honorarkonsulat, Aptdo. Aéreo 2558, ✆ 84 86 54, Fax 84 90 80.

Hotel Las Colinas, Cra. Nr. 20 – 20, ✆ 84 20 09, Fax 84 15 90; beliebtester Geschäftstreff im Zentrum, überteuert; $$$–$$$$.
Hotel Camino Real, Cra. 21 Nr. 20 – 45, ✆ 84 55 88, Fax 84 61 31; etwas dunkles, funktionales Stadthotel im Zentrum; $$$.
Hotel Escorial, Calle 21 Nr. 21 – 11, ✆ 84 76 96, Fax 84 77 22; ein Hauch Grandhotelatmosphäre, sehr gepflegt und zentral gelegen; $$–$$$.

Cuezzo, Cra. 23 Nr. 73 – 09, teures gutes Steakrestaurant mit Blick auf die Stadt.
El Platanal, Cra. 21 Nr. 18 – 55, ✆ 83 18 02; beste lokaltypische Gerichte.
Atardeceres en Chipre, Av. 12 de Octubre 9C – 51, ✆ 82 76 89; gute internationale Küche.
Mirador Los Sauces, Av. Centenario Nr. 33 – 50, ✆ 82 88 05; gepflegtes Aussichtslokal mit internationalen Spezialitäten.

Museo del Oro Quimbaya, Cra. 23/Calle 23, 2. Stock; Mo–Fr 8–12 und 14–18 Uhr; kleines Goldmuseum des Banco de la República.

Centro de Museos Universidad de Caldas, Cra. 23 Nr. 58 – 65, Sede Palogrande, Mo–Fr 10–18 Uhr; Museumskomplex, zu dem das Naturkundliche, das Geologische und das Museum für Quimbaya-Archäologie (Keramik) gehören.
Museo de História Natural, Cra. 18 Nr. 71 – 33, Alta Suiza; Mo–Fr 13–19 Uhr; naturhistorisches Museum mit rund 1700 Ausstellungsstücken.

 Excursiones Nevado del Ruiz, Javier Echeverria, Kontakt über das Touristenbüro oder direkt unter ✆ 80 83 00 und 74 01 16; Ausflüge zu den Fincas der Umgebung und in den Parque Nacional Natural de los Nevados.
Viajes Agentur, Calle 23 Nr. 21 – 41, ✆ 86 11 23 und 81 03 20, Fax 86 06 16, E-Mail: agentur@emtelsa.com.co; Touren in den Nationalpark Los Nevados.

Einkaufen kann man besonders gut in der Carrera 23. Hier befindet sich u. a. die Buchhandlung Librería Palabras (Cra. 23 Nr. 23 – 50).

Feria de Manizales (in der ersten Januarwoche) mit Stierkämpfen und Wahl der Kaffeekönigin.
Festival Latinoamericano de Teatro (im Sept.).

 Flüge nach Bogotá, Medellín und Cali; der Flughafen La Nubia liegt 8 km vom Zentrum entfernt; Auskünfte bei Avianca (✆ 84 65 83) oder Aces (✆ 87 74 48).
Busse nach Medellín, Bogotá und Cali; der mehrstöckige *Terminal terrestre* befindet sich im Stadtzentrum, Cra. 14–17/Calle 16, ✆ 83 54 25.

Manta (EC)
Vorwahl: 05

 CETUR, Paseo José M. Egas, ℘ 62 29 44.

 Hotel Manta Imperial, Malecón de la Playa Murciélago, ℘ 62 19 55, Fax 62 30 16; eines der besten Hotels, Zimmer mit Bad, einige mit Air-condition, sichere Lage; $$–$$$.

 Museo del Banco Central, Malecón Alfaro/Calle 9; Di–Fr 9.30–15 Uhr; archäologische Funde der Manta-Kultur.

 Flüge von/nach Quito und Guayaquil.
Busse vom Busbahnhof nach Portoviejo (30 Min.), Santo Domingo de los Colorados (5 Std.) und Bahía de Caráquez (2 Std.).

Medellín (KOL)
Vorwahl: 94

 Oficina de Turismo de Medellín, Sede Principal, Calle 57 Nr. 45 – 129, ℘ 2 54 08 00, Fax 2 54 52 33, Internet: http://www.educame.gov.co.

Hotel Park 10, Cra. 36B Nr. 11 – 12, El Poblado, ℘ 2 66 88 11, Fax 2 66 61 55; exklusives Suitenhotel in der Zona Rosa von Medellín mit Gourmetrestaurant, englischem Pub, modernem Fitneßcenter und Sauna; $$$$–$$$$$.
Hotel Nutibara, Calle 52A Nr. 50 – 46, ℘ 9 80 04 22 22 (innerhalb Kolumbiens gebührenfrei), Fax 2 31 37 13; *das* Grandhotel im Zentrum, 234 Zimmer, Restaurant, Pool, Disko und Geschäfte; $$$$–$$$$$.

Hotel Intercontinental, Calle 16 Nr. 28 – 51, ℘ 26 66 06 80, Fax 2 66 15 48; ›El Inter‹, einst das erste internationale Hotel in Medellín, verfügt als einziges der Welt über eine eigene Stierkampfarena; 294 Zimmer der Luxusklasse, gutes mexikanisches Restaurant; $$$$–$$$$$.
Hotel Metropol, Calle 47 Nr. 45 – 11, ℘ 5 13 78 00, Fax 2 51 56 96; angenehmes Mittelklassehotel in gutem Viertel; $$–$$$.
Hotel Caldas Plaza, Cra. 50 Nr. 52 – 63, ℘ 2 78 28 37 und 2 78 04 85, Fax 2 78 64 94; ordentliches Stadthotel zentrale Lage am Parque Berrío, 24 Zimmer mit Bad, Kabel-TV, Parkplatz; $.
Hotel Arod, Calle 44 Nr. 69 – 80, San Juan con la 70, ℘ 2 60 14 41, Fax 2 60 14 26–28; in der Nähe der Cra. 70 gelegen, preiswert und funktional, die Zimmer zur Straße sind allerdings laut; $.

Piemonte, Cra. 43A Nr. 5A – 170, ℘ 3 11 49 43; exklusives französisches Patio-Restaurant mit guter Küche.
Sakurahana, Cra. 43A Nr. 3S – 98, ℘ 3 11 62 51; bestes japanisches Restaurant der Stadt.
San Jorge Suisse Treff, Cra. 48 Nr. 23S – 42, Loma de Los Benedictinos, ℘ 3 12 58 97; während des Racletteessens kann man den Reitunterricht verfolgen.
Trattoria, Calle 38 Nr. 75 – 06, ℘ 4 12 13 31; gute italienische Küche.
Las Cuatro Estaciones, Calle 16B Nr. 79; spanische Gerichte vom Feinsten.
Frutos del Mar, Cra. 43B Nr. 11 – 51, ℘ 2 66 57 66; in Wohnzimmeratmosphäre serviert Ignacio Goncalves seit über einem Jahrzehnt – unverändert gut und teuer – Meeresfrüchte.
Chocolo, Cra. 70 Nr. C3 – 28, ℘ 2 60 67 91; antioqueñische Küche.

Three Amigos Café, Calle 4S Nr. 43A – 83, ✆ 3 11 96 32; angesagtes Café im kalifornischen New Wave-Stil.

👁 **Museo de Antioquia,** Cra. 52 Nr. 51A – 29, ✆ 2 41 27 10; Di–Fr 9–17.30 Uhr, Sa 9–14 Uhr; Werke der namhaftesten kolumbianischen Künstler, darunter Fernando Botero.

Museo de Arte Moderno de Medellín, Cra. 64B Nr. 51 – 64, ✆ 2 30 51 64; Mo–Fr 9–12 und 14–17.30 Uhr; 240 Ölgemälde und Aquarelle der Medelliner Künstlerin Debora Arango sowie Werke anderer zeitgenössischer Künstler; angeschlossen ist ein Kino.

Museo El Castillo, Calle 9 Sur/Los Balsos 32 – 269, ✆ 2 66 09 00, Mo–Fr 9–12 und 14–17.30 Uhr; Porzellan, Vitrinen, Gobelins und Gemälde in dem neugotischen Schloß der Familie Echavarría; im Erdgeschoß guter Antiquitätenladen.

Museo Etnográfico Miguel Ángel Builes, Cra. 81 Nr. 52B – 120, ✆ 2 34 58 50; Di–Fr 8–12 und 14–17 Uhr; bedeutende Sammlung von *indígena*-Kunst und Kunsthandwerk (Emberá, Katío und Tukano).

Fundación Casa Museo Pedro Nel Gómez, Cra. 51B Nr. 85 – 24, ✆ 2 33 26 33; Mo–Fr 9–12 und 14–17 Uhr, Sa 9.30–12.30 Uhr; ehemaliges Wohnhaus des Bildhauers und Malers mit rund 1500 seiner Werke.

Museo de La Madre Laura, Cra. 92 Nr. 34D – 21; Di–Fr 9–17 Uhr und Sa 9–14 Uhr; Ausstellungstücke aus dem Chocó, der Cuna, Paez, Guajira sowie Kunsthandwerk der Indianer aus Ecuador und Bolivien.

🚶 **Parque Zoológico Santa Fe,** Cra. 52 Nr. 20 – 63, ✆ 2 35 13 26; Schlangen, Tiger, Löwen und ein historisches Museum (alte Hacienda).

Cerro Nutibara, Calles 30A/33/Cra. 65/Autopista Sur, ✆ 2 35 64 96; Aussichtsberg mit dem Bilderbuchdorf ›Pueblito Paisa‹.

Destino Colombia, Cra. 65 Nr. 49B – 21, Local 209, Bloque B, Centro Comercial Los Saumes, ✆ 2 60 68 68, Fax 2 30 77 50; Museumstour (4 Std.), Tagestrip zur Hacienda Fizebad (8 Std.), Ausflüge nach Peñol und Guatapé (8 Std.) sowie Santa Fé de Antioquia (9 Std.), Nachttour mit der *chiva* (4 Std.).

📓 **Mercado de San Alejo** (Kunstgewerbemarkt) jeden 1. Sa im Monat auf dem Parque Bolívar.

🎭 **Feria Taurina de La Candelaria** (Stierkampfsaison) im Januar und Februar auf der Plaza de Toros la Macarena.

Feria de las Flores mit großem Umzug der blumengeschmückten *silleteros* (›Fußtaxis‹), 1. Augustwoche.

Desfile de Mitos y Leyendas, Umzug mit Kostümen, die sich auf Mythen und Legenden der Region beziehen (7. Dez.).

🎭 **Teatro Metropolitano,** Calle 41 Nr. 57 – 30, ✆ 5 12 46 69; gesellschaftlicher Treffpunkt für bis zu 1634 Zuschauer.

Teatro Matacandelas, Calle 47 Nr. 43 – 47, ✆ 2 39 12 43); Puppentheater, Leseraum und kleine Bar; Vorstellungen Do–Sa 19.30 Uhr.

Organización Artística Vos Tango, Calle 34 Nr. 66A – 13, ✆ 2 65 93 52; Tangoshows.

Zum Tanzen trifft man sich in der Zona Rosa an der Variante Las Palmas (El Poblado), wo sich die Diskotheken konzentrieren; die angesagtesten sind das **Babylon,** die **Harley Davidson Bar,** das

El Candil und das **El Bolero** (am Parque del Poblado, ℰ 2 68 04 05).

Internationaler **Flugverkehr** vom Aeropuerto Internacional José María Córdova in Rionegro (ca. 45 Min. mit dem Bus von Medellín, ℰ 2 60 12 12 und 2 60 38 12); nationaler Flugverkehr vom Aeropuerto Olaya Herrera, ℰ 2 85 99 99 (15 Min. vom Zentrum entfernt).
Vom Terminal Sur (Cra. 65 Nr. 88 – 91, ℰ 3 61 11 86, gegenüber vom nationalen Flughafen) fahren **Busse** in den Süden (Ruta del Café, Manizales, Cali, Popayán, Pasto); am Terminal Norte (Cra. 64C Nr. 78 – 580, ℰ 2 30 79 77) starten die Busse Richtung Karibikküste (Turbo, Cartagena) und Quibdó (Chocó, 12 Std.).
Von der **Metro-Station** Estación Caribe (gegenüber vom Terminal Norte) fährt man vier Stationen bis ins Zentrum (Estación Berrío).

Misahuallí (EC)
Vorwahl: 06

Cabañas Cotococha, zw. Puerto Napo und Misahuallí, Buchung über Ecuadorian Tours, Calle Amazonas 329/Av. G. Washington, Quito, ℰ (02) 56 04 88, Fax 50 10 67; sehr schöne Lodge aus Naturmaterialien, individuell gestaltete Zimmer mit Bad, Ausflüge, Mindestaufenthalt 3 Tage, Vollpension; $$$$.
Bungalowanlage Anaconda, auf der Insel Anaconda, Buchung in Quito, ℰ (02) 54 54 26; 10 Bungalows mit Toiletten und Duschen, Moskitonetze, kein elektrisches Licht, Ausflüge mit spanischsprachigen Führern, $$.
Lodge Jatún Sacha/Cabañas Aliñahui, rund 8 km flußabwärts (25 Min. Fahrt), Reservierung über Fundación Jatún Sacha, Av. Río Coca 1734, Casilla 17-12-867, Quito, ℰ (02) 25 32 67, Fax 25 32 66, E-Mail: aliñahui@jsacha.ecx.ec; Öko-Camp, mit biologischer Station, Lehrpfade; $–$$ (inkl. VP).
Misahuallí-Jungle Hotel, am gegenüberliegenden Flußufer, Reservierung in Quito, Calle Ramírez Dávalos 251, ℰ (02) 52 00 43, Fax 45 41 46; Hotelcamp mit Hütten für bis zu 6 Personen; $–$$ (inkl. VP).
Jaguar, 1,5 Bootsstunden von Misahuallí entfernt, Reservierungen in Quito, Calle Luis Cordero 1313, ℰ (02) 23 05 52; auf dem Speiseplan steht auch Vegetarisches, sehr gute Ausflüge; $ (inkl. VP, Ausflüge).
Lodge Casa del Suizo, rund 1 Std. flußabwärts am Río Napo gegenüber der Isla Anaconda, Buchung über die Schweizer Agentur Explorer Tours, Calle Reina Victoria 1235/Lizardo García, P.O. Box 1608, Quito, ℰ (02) 22 25 31 und 50 88 71, Fax 22 25 31, E-Mail: beniet@uio.satnet.net.

amaZOOnico, La Punta, 30 Bootsminuten von Misahuallí entfernt; Auffang- und Wiedereingliederungsstation für gefährdete Tiere, Regenwaldexkursionen, Besuche bei Shuar-Indios; einfache Unterkunft im nahen Ökohotel Runa Huasi.

Von Puerto Misahuallí mit dem **Boot** auf dem Río Napo nach Ahuano (1,5 Std.), Puerto Rico (4 Std.) und Coca (6 Std.).

Mompós (KOL)
Vorwahl: 952

 Mompox-Tours, Calle 16 Nr. 2 – 133, ℰ 85 51 04.

Hostal Doña Manuela, Calle
Real del Medio Nr. 17 – 41,
✆ 85 56 20; erweitertes altes Kolonialhaus mit einem mächtigen Suan-Baum
im Patio, große Zimmer mit Bad und
Air-condition, Pool, Restaurant; $$–$$$.
Posada del Virrey, Calle Real del
Medio, Ecke Callejón de la Sierpe; vielbesuchte Posada mit gutem Service,
die Zimmer (mit Bad, Balkon und Air-
condition) liegen im 1. Stock; $$.
Villa de Mompós, Calle Central
Nr. 14 – 108, ✆ 85 52 08; gepflegte ein-
fache Posada-Pension an der Haupt-
straße, auch Zimmer mit Air-condition,
zur Semana Santa (Osterwoche) recht-
zeitig reservieren, die Preise sind dann
um ca. 40 % höher als sonst; $.

 San Andrés, an der Hauptstraße
Nr. 18 – 23; hier treffen sich die
Einheimischen, Fisch und wechselnde
Tagesgerichte; auch Vermietung von
einfachen Zimmern.
Fuafu's y Tebe's, an der Pl. Bolívar,
✆ 85 58 14; nettes Lokal mit wechseln-
den Tagesgerichten.

 Casa de La Cultura, Calle Real
del Medio; Mo–Fr 8–12 und 14–17
Uhr, Sa 9–12 und 15–17 Uhr, So 9–12;
Stadtmuseum in einem Kolonialhaus.
Museo Cultural, Calle Real del Medio;
Mo, Mi, Sa und So 9.30–12 Uhr, Di, Do
und Fr 9.30–12 und 15.30–17 Uhr; reli-
giöse Kunst und Dokumente zu Bolívars
Besuchen.

Große mehrstündige **Osterpro-
zessionen** am Gründonnerstag
und Karfreitagnacht.

Es besteht eine Direktverbin-
dung mit **Bussen** nach Car-
tagena (ca. 7 Std. – einschließlich Über-
querung des Brazo de Loba mit der

Fähre). Schneller geht es, wenn man
den Bus nach Magangue nimmt, in die
chalupa umsteigt und bis La Bodega
fährt. Dort setzt man die Fahrt mit dem
campero-Taxi bis zum Marktplatz von
Cartagena fort (Dauer bei nahtloser Ver-
bindung etwa 3,5 Std.).

Nationalpark Cotopaxi (EC)

 Eine **Karte** vom Park ist in Quito
beim Instituto Militar (Av. T. Paz/
Mino) erhältlich.

 Übernachtungsmöglichkei-
ten bieten die **Camping-
plätze** bei der Laguna Limpio Pungo
und die **Schutzhütte José Ribas** in
4800 m Höhe (30 Betten).

Anfahrt über die Panamericana
nördlich von Latacunga; der Ein-
gang zum Park ist tgl. 7–15 Uhr geöff-
net. Besucher müssen sich dort regi-
strieren lassen.

Nationalpark Machalilla (EC)

Informationsbüro am Parkein-
gang 7 km nördlich von Puerto
López.

 Hostería Atamari, s. S. 294

 Reiten: In Agua Blanca kann
man Pferde mieten.
Bootsausflüge von Puerto López zur
Isla de la Plata.

 Busverbindungen nach
Guayaquil (5–6 Std.) und
(über Santo Domingo) nach Quito
(12 Std.).

Mit dem **Taxi** vom/zum Flughafen Manta (eine Strecke 1,5 Std.).

Otavalo (EC)
Vorwahl: 06

Informationen geben die ansässigen **Ausflugsagenturen**, z. B. Zulaytour, Calle Sucre/Colón, ☎ 92 11 76.

Hotel Ali Shungu, Calle Quito/Miguel Egas, Casilla 34, ☎ 92 07 59; von Amerikanern geführtes Haus mit schönem Garten und gutem Restaurant, Zimmer mit Bad, am Wochenende Volksmusik; $$$–$$$$.
El Indio Inn, Calle Bolívar 904, ☎ 92 29 22, Fax 92 03 25; vielleicht das beliebteste Hotel im Ort, sauber, auch Suiten; $$–$$$.
Hotel Otavalo, Calle Roca 504/ J. Montalvo, ☎ 92 04 16; einfache Herberge mit schönem Innenhof, freitags indianische Musik; $–$$.
Hotel Valle del Amanecer, Calle Roca/Quiroga, ☎ 92 09 90, Fax 92 02 86; familiäre Atmosphäre in hübschem altem Kolonialhaus, Fahrradverleih; $–$$.
In der Umgebung: Hostería Cabañas del Lago, Lago San Pablo, ☎ 91 80 01 (oder über Quito unter ☎ 02/43 59 36 und 46 13 16); ältere Ferienhotelanlage am Nordostufer des Lago San Pablo (5 km von Otavalo entfernt), nettes Restaurant und Bootsverleih, neun Zimmer und neun Suiten; $$$.
Hostería Cusín, beim Dorf Gonzalez Suarez, ☎ 91 80 13, Fax 91 80 03; Hotel in umgebauter 300 Jahre alter Hacienda, 37 Zimmer (z. T. mit Kamin), Pool, Bücherei, wunderschöner Garten, großes Ausflugsprogramm (auch Reitausflüge); $$$$.

Hacienda Guachala, an der Straße nach Cangahua, Reservierung in Quito unter ☎ (02) 56 37 48; wunderschön restaurierte Hacienda aus dem Jahr 1580, Zimmer mit Kamin, erstklassiges Essen und Pool; $$$$.

Cafetería Shanandoa Pie Shop, Calle Salinas/Jaramillo; beliebter Frühstückstreff, zu guten Kuchen, Eiscreme und Milchshakes laufen zwischen 17 und 19 Uhr tgl. Filme. **Fontana de Trevi,** Calle Sucre zw. Salinas und Morales; tgl. 18–24 Uhr; gutes italienisches Restaurant im Obergeschoß eines Eckhauses am Marktplatz.
Quino Pequeño, Calle Roca 740/Juan Montalvo; deftige einheimische Küche.
Café Galería, Pl. de Ponchos; Mo, Mi, Fr und Sa; vegetarisches Restaurant im Zentrum des Marktgeschehens.

Instituto Otavaleño de Antropología, Av. de los Sarances, ☎ 92 03 21; Di–Sa 8–12 und 14–18 Uhr; Museum zu Geschichte und Kultur der Otavaleños, u. a. Webvorführungen an einem alten Webstuhl, angegliedert ist eine kleine Buchhandlung.
Museo Arqueológico César Vásquez Fuller, Calle Roca/Montalvo (neben der Pensión Los Andes); Mo–Sa 14–18 Uhr; Sammlung präkolumbischer Funde aus der Umgebung.

Turaven Cía. ltda., Calle Sucre Nr. 11 – 10/Colón, ☎ 92 14 36, Fax 92 07 37; u. a. Trekkingtouren und Reitausflüge zu den Lagos de Mojanda oder zur Laguna Cuicocha.
Ecuapanorama, Calle Calderón/Roca, ☎ 92 08 89; Ausritte und naturkundliche Ausflüge.

 Gemüsemarkt, Pl. 24 de Mayo und Pl. Copacabana; Sa 7–14 Uhr.

Kunstgewerbemarkt, Pl. de Ponchos; tgl. 7–18 Uhr.

Tiermarkt, Barrio San Juan; Sa 6–10 Uhr.

The Book Market, Calle Jaramillo 6–28 Salinas/Morales; gut sortierte Buchhandlung.

Jatun Pacha, Av. 31 de Octubre 19/ Panamericana; Laden einer Kunsthandwerkskooperative, in dem man besonders schöne Stücke erwerben kann.

 Peña Amauta, Calle Jaramillo/ Salinas und Jaramillo/Morales; Fr und Sa ab 22 Uhr; beste *peña* (Mischung aus Folklorebar und Disko), gute Folkloregruppen.

 Busse ab der Pl. Copacabana nach Ibarra und Quito.

Paipa (KOL)
Vorwahl: 987

 Hotel Casablanca, km 1 vía a Piscinas, ✆ 85 02 15, Fax 85 05 21; bestes Haus mit zahlreichen Suiten; $$$–$$$$.

Dann Sochagota, km 2 vía a Piscinas, ✆ 85 05 00, Fax 8 50 50; Ferienhotel der gehobenen Bogotaner Stadthotelkette; $$$–$$$$.

Hacienda La Salitre, vía a Toca, ✆ 85 06 03; denkmalgeschützte Hacienda aus dem 18. Jh. mit 7 Zimmern verschiedener Kategorien; $$–$$$$.

Hotel El Pobre Antonio, km 1 vía a Piscinas, ✆/Fax 85 05 19 und 85 19 24; kleines familiäres Hotel auf dem Weg zu den Thermalbädern, moderne Ausstattung, gutes Restaurant mit lokalen Küchenspezialitäten; $–$$.

 Parque Acuático Termomineral, km 4 vía a Paipa, ✆ 85 00 68, Fax 85 05 85; tgl. 8–21 Uhr; 4 Schwimmbecken (eines für Kinder), Rutschbahn, Restaurant, Cafeteria und Souvenirshop.

Centro Terapéutico de Agua Termomineral, gegenüber vom Parque Acuático Termomineral, 9–19 Uhr; Therapiezentrum.

Paipa Tours, Cra. 3 Nr. 6 – 27, ✆ 85 06 73 und 85 09 60; kleine, auf die Region spezialisierte Reiseagentur.

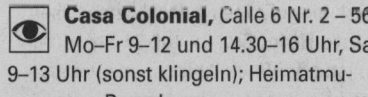 **Concurso Nacional de Bandas,** großes Festival der Folkloremusikgruppen (im Sept.).

Mi Bohio, vía a Piscinas, ✆ 85 07 05; die Disko ist ein beliebter Urlaubertreff.

Kleine **Flugzeuge** starten vom Aeropuerto Juan José Rondón (✆ 85 50 43) nach Bogotá und Medellín.

Busse über Duitama nach Tunja und Sogamoso ab der Hauptstraße.

Pamplona (KOL)
Vorwahl: 978

Oficina de Turismo, Cra. 5A Nr. 6A – 19 (hinter der Kathedrale), ✆ 68 12 50; Mo–Fr 8–12 und 14–18 Uhr.

Hotel Cariongo, Cra. 5/Calle 9/ Plazuela Almeyda, ✆/Fax 68 15 15 und 68 29 44; 10 Min. von der Plaza entfernt, Betonbau mit Poolgarten und Aussichtsrestaurant; $$$.

Casa Colonial, Calle 6 Nr. 2 – 56, Mo–Fr 9–12 und 14.30–16 Uhr, Sa 9–13 Uhr (sonst klingeln); Heimatmuseum von Pamplona.

Museo de Arte Religioso, Cra. 5 (neben dem Erzbischöflichem Palast); Di–Sa 9–12 und 14–18 Uhr; erstklassige Ausstellung religiöser Kunstwerke.
Museo de Arte Moderno Ramírez Villamizar, an der Plaza (Parque Aguela Gallardo); Mo–Fr 9–12 und 14.30–16 Uhr, Sa 9–13 Uhr; Werke des expressionistischen Künstlers.

 Semana Santa mit feierlicher Prozession.

 Busse nach Bucaramanga; mit dem *taxi colectivo* nach Cúcuta. Als Terminal fungiert der Parque Aguela Gallardo.

Pasto (KOL)
Vorwahl: 927

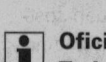 **Oficina Departamental de Turismo,** Calle 18 Nr. 25 – 25, ✆ 23 49 62.

 Hotel Don Saúl, Calle 17 Nr. 23 – 52, ✆ 23 06 18, Fax 23 06 22; sauberes modernes Geschäftshotel mit gutem Restaurant; $$$.
Hotel Sindagüa, Calle 20 Nr. 21B – 16, ✆ 23 03 71 und 23 54 04, Fax 23 18 15; etwas abgenutzte, doch große Zimmer (mit Bad und TV), Restaurant; $$.
Kola Inn, Calle 18 Nr. 22 – 37; schon legendärer Travellertreff mit familiärer Atmosphäre; $.

🍴 **Suizo El Chalet,** Calle 20 Nr. 41 – 80; vertraute Kost für europäische Mägen.
China, Cra. 39 Nr. 16C – 23; kolumbianisch eingefärbtes chinesisches Essen.
Punto Rojo, Cra. 24; tgl. 24 Std. durchgehend geöffnet; Ableger des vorzüglichen Bogotaner Schnellrestaurants.

 Museo Casa de Taminango, Calle 13 Nr. 27 – 67; Mo–Fr 9–12 und 14–18 Uhr; Kunsthandwerk der Region im ältesten Haus der Stadt.
Museo del Oro/Banco de la República, Calle 19 Nr. 21 – 27; Mo–Fr 8–12 und 14–18 Uhr, Sa 8–12 Uhr; Goldfunde der Tumaco- und Nariño-Kultur.
Museo Alfonso Zambrano, Calle 20 Nr. 29 – 78; tgl. 9–11 und 14–16 Uhr; Atelier für religiöse Schnitzkunst.

 Ausflüge zur 27 km entfernten **Laguna de Cocha** und auf den **Vulkan Galeras** (Jeep notwendig).

 Casa de Barniz, Calle 13 Nr. 24 – 92; Masken, Schachteln, Figuren aus der Fruchtmasse des *mopa-mopa*-Baums (Putomayo).

 Blancos y Negros: Früher malten sich die Weißen für dieses Fest schwarz und die Schwarzen weiß an. Heute ist es egal, welche Hautfarbe sich unter der Kohle- oder Kreideschicht verbirgt; zum Fest gehört auch, daß jeder mit Wasser beschüttet wird (4.–6. Jan.).

✈🚌 **Flüge** von/nach Bogotá und Cali.
Busse mehrmals tgl. nach Popayán (und Cali), nach Tumaco (Supertaxis del Sur, 6 Std.) und tagsüber etwa einmal stdl. nach Ipiales (2 Std.). Der Busbahnhof liegt etwas außerhalb der Stadt.

Pereira (KOL)
Vorwahl: 963

ℹ️ **Corturis,** Compañía Regional de Turismo de Risaralda, Centro Comercial Alcides, Arévalo Of. 308, ✆ 35 64 27 und 35 64 89.

Hotel Melía Pereira, Cra. 13 Nr. 15 – 73, ✆ 35 07 70, Fax 35 06 77; Haus der spanischen First-Class-Hotelkette; $$$$–$$$$$.

Gran Hotel, Calle 19 Nr. 9 – 19, ✆ 33 86 44, Fax 35 77 98; zweitbestes Hotel der Stadt, Restaurant, Bar, Zimmer mit Bad und TV; $$$–$$$$.

Ecohotel La Casona, km 6 vía a Armenia, ✆ 33 68 99; Finca; $$.

Ecohotel Los Lagos, Marsella, ✆ 68 51 64; Finca; $$.

Hotel Fontana, Cra. 9A/Calle 16, ✆ 34 20 61; zentral gelegenes Low Budget-Hotel, saubere Zimmer mit Bad, Restaurant; $.

 La Piara, Cra. 13 Nr. 14 – 06, ✆ 35 69 48; Grillgerichte.

A Mis Amigos, Cra. 15, Calle 5, ✆ 35 53 95; kolumbianische und internationale Speisen.

 Museo del Oro, Cra. 9 Nr. 18 – 23; Mo–Fr 8.30–11.45 und 14–17.45 Uhr; Quimbaya-Keramik und einige Goldfunde.

 Zoológico de Matecaña, gegenüber vom Flughafen; tgl. 8–17.30 Uhr; der Zoo war weltberühmt für seine Löwentiger-Kreuzung, der ›Ligre‹ hat mittlerweile allerdings das Zeitliche gesegnet.

Parque Nacional Natural Tatamá, 50 000 ha großes Naturschutzgebiet mit 400 Vogelarten, schöne *páramo*-Landschaft.

Ecosueños, Calle 25 Nr. 6 – 57, ✆ 25 78 68, 33 99 55; Ökotrips.

Turismo, Café y Montaña, Cra. 6A Nr. 17 – 62, ✆ 25 07 38; Ausflüge in die Berge und zu Kaffeefincas.

Pereira Travel, Cra. 7A Nr. 19 – 28, ✆ 25 21 31, diverse Touren.

 Flüge tgl. von/nach Bogotá, Medellín und San Andrés. **Busse** fahren in kürzeren Abständen nach Armenia und Manizales sowie nach Bogotá und Cali. Abfahrt vom Terminal de Transporte, Calle 17 Nr. 23 – 157, ✆ 35 44 37.

Playas (EC)
Vorwahl: 04

 Hostería Bellavista, ✆ 76 76 00; der Besitzer ist Schweizer; $–$$.

Hostería Los Patios, km 1,5 vía a Playas, ✆ 76 03 27; schön eingerichtete große Zimmer; $$.

 Busse fahren alle 30 Min. ab Av. Paquisha nach Guayaquil (1,5 Std.).

Popayán (KOL)
Vorwahl: 928

Oficina de Turismo, Calle 3 Nr. 4 – 70, ✆ 24 22 51.

Hotel Monasterio, Calle 4 zw. Calle 10 und 11, ✆ 24 21 91, Fax 24 34 91; luxuriöses Haus in den Mauern eines fast 450jährigen Franziskanerklosters; Disko, Casino; $$$$.

Hotel Camino Real, Calle 5A Nr. 5 – 59, ✆ 24 12 54 und 24 15 46; klein und fein, vor allem das Restaurant ist Spitzenklasse; $$$.

Casa Grande, Cra. 6 Nr. 7 – 11, ✆ 24 09 08 und 24 06 04; sehr gut geführte Pension der unteren Preisklasse; große Zimmer mit Bad und z. T. mit Balkon; $–$$.

Italiano, Calle 4 Nr. 8 – 83; gute Steaks.

Restaurant des Hotels Camino Real, Calle 5 Nr. 5 – 59; erstklassige französische Fünf-Gänge-Menüs.

 Museo Casa Mosquera, Calle 3 Nr. 5 – 14, ☏ 24 06 83; Di–So 8–18 Uhr; Kolonialkunst und präkolumbische Keramikfunde der Region.

Museo Arte Religioso, Calle 4 Nr. 4 – 56, ☏ 24 27 59; Di–Fr 9–12 und 14–17 Uhr, Sa und So 10–14 Uhr; Retrospektive religiöser Kunst über drei Jahrhunderte.

Museo de Arte Moderno, Calle 5/ Cra. 10, ☏ 24 45 46; moderne Kunst aus Iberoamerika.

Casa Negret, Calle 5/Cra. 10, ☏ 24 45 46; tgl. 9–12.30 und 14–17.30 Uhr; Museum für den zeitgenössische Kunst.

Casa Guillermo Valencia, Calle 3/ Cra. 6, Di–So 9–18 Uhr; den großen Dichtern der Stadt gewidmetes Museum.

 Ausflüge nach **Silvía** und zu den archäologischen Parks im Hinterland **Tierradentro** und **San Agustín.**

 Jeden Di **Markt der Guambiano-*indígenas*** in Silvía.

 Seit über 450 Jahren feiert man die **Semana Santa** mit einer großen Prozession, die über 22 Straßenblocks führt und dabei die Form eines Kreuzes ›nachzeichnet‹. Zeitgleich findet das **Festival der religiösen Musik** statt.

 Flüge vom Marchángara Airport u. a. nach Bogotá und Cali, Auskünfte: ☏ 24 03 35 (Interkontinental) und 24 21 36 (Satena). **Busse** nach Cali und Pasto mit Expreso Palmira (☏ 23 19 99) oder Expreso

Bolívariano (☏ 23 29 27), außerdem nach Silvía, Inzá, San Andrés de Pisimbalá (Tierradentro, 5 Std.) und San Agustín (andere Route, Fahrzeit ca. 10 Std.) mit Cootranshuila (☏ 23 21 14) oder Trans. La Gaitana (☏ 23 36 87).

Portoviejo (EC)
Vorwahl: 05

 CETUR-Vertragsagentur, Calle Morales 613/Sucre, ☏ 63 08 77.

 Hotel Ejecutivo, Calle 18 de Octubre zw. 10 de Agosto und Pedro Gual, ☏ 63 08 40, Fax 63 08 76; überteuertes Hotel für Geschäftsreisende, aber das einzig empfehlenswerte, Zimmer mit Bad, heißes Wasser, Air-condition; $$–$$$.

 Museo de la Casa Cultura, Calle Sucre/G. Moreno; Mo–Fr 9–12 und 14–18 Uhr, Sa 9–14 Uhr; ecuadorianische Musikinstrumente.

 Flüge nach Quito und Guayaquil.
Vom Busbahnhof (1 km außerhalb der Stadt) fahren **Busse** nach Manta (1 Std.), Santo Domingo (5 Std), Quito (8 Std.) und Bahía de Caráquez (2 Std).

Providencia (KOL)
Vorwahl: 9811

 Touristeninformationsbüro, am Aeropuerto El Embrujo, ☏ 4 81 76.

 Posada Hotel del Mar, Aguadulce, ☏ 4 81 68, Fax 4 81 68 und 4 80 52; die schönste Anlage, große

Zimmer mit Bad und Balkon, sehr gut geführt; $$–$$$.

Hotel El Pirata Morgan, Aguadulce, ✆ 4 81 04, 4 82 32; neue Zimmer mit Bad und Air-condition über dem einzigen Supermarkt von Aguadulce; $$.

Cabañas Santa Catalina, auf der Isla Catalina, ✆ 4 80 37; familiär und einfach, Zimmer mit Bad und Ventilator; $.

 Miss Elma's in Aguadulce ist für gute Langusten berühmt.

Donde Martin, im Caribbean Plaza; beste Adresse für Frühstück, Mittag- und Abendessen, Touristentreffpunkt.

Strandrestaurants an der Playa Manzanilla und der South West Bay.

Tauchlehrerin Sonja Gubler, Kontakt über das Restaurant Donde Martin im Caribbean Plaza oder das Diving Center, South West Bay, ✆/Fax 4 84 54; Tauchkurse und Unterwasserausflüge.

Cooperativa Transportadores Marítima Turística, Aguadulce, ✆ 4 82 27; Bootsausflüge.

Body Contact, Tour Operator, Santa Isabel, ✆ 4 84 53/Fax 4 80 14; diverse Ausflüge.

Artesanía, am Ortsausgang von Aguadulce, ✆ 4 82 97; ausgesucht schöne Souvenirs aus Providencia und aus Mittelamerika.

Sr. Kiron, im Caribbean Plaza; Schmuck- und Textilkunst direkt vom Hersteller.

La Caverna del Marinero, Aguadulce, ✆ 4 81 60; Treffpunkt all jener, die der Ruhe mal entfliehen wollen.

Tgl. **Flüge** nach San Andrés.

Puerto López (KOL)
Vorwahl: 986

 Hotel Tío Pepe, Cra. 5 Nr. 7 – 35, ✆ 5 01 40, Fax 5 04 00; hier steigen die großen Viehhändler ab, Zimmer mit Klimaanlage, Pool; $$$.

Busse fahren nach Puerto Gaitán (2,5 Std.) und Villavicencio.

Puerto Nariño (KOL)
Vorwahl: 9819

 Refugio Amazónico Cabañas, Villa Andrea, 10 km von Puerto Nariño, ✆ 2 81 90 und 2 81 91; Anlage mit palmengedeckten Hütten, sehr schön am Río Loertoiacu gelegen, Bar, Restaurant, Disko, Ausflüge; $$.

Brisas del Amazonas, Calle 8 Nr. 11 – 101, ✆ 2 74 27; sehr einfache Zimmer ohne Bad; $.

Boote nach Leticia (2 Std.).

Puyo (EC)
Vorwahl: 03

 CETUR, Calle Francisco Orellana/27 de Febrero, ✆ 88 32 27.

Europa International, Calle 9 de Octubre/Orellana, ✆ 88 54 07; Zimmer mit Bad, gutes Restaurant, freundlich und sauber; $.

Parque Pedagógico Etno-Botánico Omaere, Paseo Turístico, El Balneario, Casilla 770, ✆/Fax 88 30 01, E-Mail: parque@ omaere2.ecx.ec; tgl. 8.30–18 Uhr; rund 16 ha großer Amazonas-Park mit Lehrpfaden, Häusern der Huaorani, Shuar und von Schamanen.

Atacapi Tours, Calle 9 de Octubre/ Atahualpa, Antiguo Municipio, ✆/Fax 88 38 75; diverse Ausflüge.

 Busse fahren vom alten Busbahnhof aus nach Baños (3–4 Std.; z. Z. nur Mo), Tena (3,5 Std.) und Macas (3 Std.).

Quibdó (KOL)
Vorwahl: 949

 Casa de la Cultura, Cra. 4A/ Calle 25, ✆ 71 14 50.

 Hotel Los Farallones, Calle 28 Nr. 1 – 70, ✆ 71 25 70, Fax 71 25 70; ordentliche Zimmer mit Bad und Klimaanlage; $$.
Hotel Citará, Cra. 1 Nr. 30 – 63; akzeptable Unterkunft; $$.

El Borinquén, Cra. 1 Nr. 27 – 18 (an der Flußpromenade); gute Adresse für *churrasco*.
Los Faroles, Cra. 3 Nr. 25 – 78; gute wechselnde Tagesgerichte (*almuerzo*).

Chocotour, Cra. 4A Nr. 24 – 164, ✆ 71 12 03; Ausflüge im Chocó: Bootstouren nach Tutunendo und zu den Wasserfällen von Chaparraidó und Icho; außerdem Touren über den Río Munguidó zum Jardín Botánico bis zum Parque Nacional de Los Katíos.

 **Flüge** (nur kleine Maschinen, Aces, Avianca, Aerovías del Pacifico) ab Flughafen El Caraño ›Nicolas Rey Zúñiga‹ nach Medellín und Bahía Solano.
Schnellboote (*voladores*) fahren tgl. einmal den Atrato hinunter nach

Sautatá (Eingang des Nationalparks Los Katíos) und Turbo (10–12 Std.).
Lastkähne benötigen für die Strecke nach Cartagena ca. 3 Tage. Informationen erhält man bei den Kapitänen (während der Trockenzeit, Jan./Feb., ist u. U. kein Schiffsverkehr möglich).
Busse der Agentur Trans Progreso del Chocó (Büro Calle 24, Yescagrande, ✆ 71 37 49) fahren nach Istmina (4 Std.); Rápido Ochoa (✆ 71 14 92) nach Medellín (12 Std.).

Quito (EC)
Vorwahl: 02

 CETUR, Calle Reina Victoria 514/ Roca, ✆ 23 90 44, Fax 50 75 64, E-Mail: ecuainfo@interactive.net.ec; Internet: http://www.cetur.org.

Hotel Hilton Colón Internacional, Av. Río Amazonas/Patria, ✆ 56 13 33, Fax 56 39 03; Haus mit allem Komfort, am Park El Ejido an der Flaniermeile der Neustadt, herrlicher Ausblick vom 20. Stock; $$$$–$$$$$.
Holiday Inn Crown Plaza, Calle Shyris 1757/Naciones Unidas, ✆ 44 53 05, Fax 25 19 85; alle Annehmlichkeiten der bekannten Hotelkette (u. a. Nichtrauchersuiten); $$$$–$$$$$.
Hotel Oro Verde, Av. 12 de Octubre 1820/Cordero, P.O. Box 21 05 65, ✆ 56 64 97, Fax 56 91 89, E-Mail: ecovq@uio.satnet.net; Quito's Renommierhaus an der Pforte zum feinen Viertel am Guápulo-Hügel; $$$$–$$$$$.
Hotel Alameda Real, Calle Roca 653/Av. Río Amazonas, P.O. Box 170 33 58, ✆ 56 23 45, Fax 56 57 59; renoviertes Traditionshotel; $$$–$$$$.
Hotel Dorado, Av. de Septiembre/Manuel Carrea; ✆ 52 50 72 und 52 16 83, Fax 22 85 11; zentral in der Neustadt ge-

legenes Mittelklassehotel, Zimmer mit TV und Telefon; $$$–$$$$.

Chalet Suisse, Calle Calama/Reina Victoria, ✆ 56 27 00, Fax 56 39 66; Schweizer Gastfreundlichkeit im Herzen der Neustadt; $$$.

Hotel Café Cultura, Calle Robles 513/ Reina Victoria, ✆/Fax 22 42 71; E-Mail: cafecult@pi.pro.ec; Internet: http://www.cafecultura.com; hübsches altes Kolonialhaus mit individuell eingerichteten Zimmern; $$$.

Hotel Embassy, Calle Presidente Wilson 441/6 de Diciembre, ✆ 56 19 90 und 56 31 03, Fax 56 31 92, E-Mail: hembassy@uio.satnet.net; ruhig, aber günstig zur Av. Amazonas gelegenes Stadthotel mit gutem Service, Restaurant; $$–$$$.

Hotel Palm Garden, Av. 9 de Octubre/Cordero, ✆ 52 39 60, Fax 56 16 71; Wohnoase in einer Villa unter deutschecuadorianischer Leitung, holzgetäfelte Zimmer mit Kamin oder eigener Sonnenterrasse, kleine Bar und sehr gutes Restaurant; $$–$$$.

Hotel The Magic Bean, Calle Foch Nr. 681/Juan León Mera, ✆ und Fax 56 61 81, E-Mail: bhunt@ecnet.ec; unkompliziertes Haus, internationales junges Publikum, kleines gutes Gartenrestaurant; $$–$$$.

Hotel L'Auberge Inn, Av. Colombia 1138/Yaguaclu, ✆/Fax 56 98 86; ordentliches Hostal mit einem Herz für Familien in der Altstadt, man spricht deutsch; $–$$.

Hotel Rincón de Castilla, Calle Versailles 1127/Carrion, ✆ 54 80 97, Fax 22 43 12; sauberes Haus im alten Quito, unter deutsch-ecuadorianischer Leitung; $–$$.

🍴 **La Cueva del Oso,** Edificio Pérez Pallares, Pl. de la Independencia/Calle Venezuela, ✆ 58 38 26; internationale Küche im Art-deco-Ambiente; der Name knüpft an ein legendäres Boheme-Lokal aus den 20er Jahren an.

Café Libro, Calle J. L. Mera/Veintimilla, ✆ 52 68 27; angesagtes Gartenlokal bei der Libri Mundi-Buchhandlung.

Cevicheria Las Redes, Av. Amazonas 1845/Veintimilla, ✆ 52 56 91; Traditionstreffpunkt von *ceviche*-Freunden, die Auswahl an diesen Rohfischcocktails ist besonders groß.

Chalet Suisse, Calle Calama 312/Reina Victoria; Restaurant beim gleichnamigen Hotel, Anziehungspunkt für Liebhaber der Schweizer Küche.

Humanizarte, Av. Amazonas 1667/La Niña, ✆ 52 86 46; internationaler Treffpunkt, Kulturzentrum, Restaurant.

La Choza, Calle 12 de Octubre/Cordero, ✆ 23 08 39; das Personal serviert in Folkloretrachten beste ecuadorianische Küche.

La Terraza del Tartaro, Av. Amazonas/Veintimilla, ✆ 52 79 87; Aussichtsrestaurant im obersten Stockwerk des Edificio Amazonas.

Rincón la Ronda, Av. Belo Horizonte 400, ✆ 54 04 59; veredelte Hausmannskost für Quiteñer Geschäftsleute.

La Querencia, Av. Eloy Alfaro 2530/Catalina Aldaz, ✆ 46 16 64; größte Auswahl an spanischen und französischen Weinen in der Stadt.

Shorton Grill Steakhouse, Calle Calcua 216/Diego de Almagro, ✆ 52 36 45; beste Adresse für Steakfreunde.

Columbus, Av. Amazonas/Atahualpa; exzellente Steaks.

Taberna Austriaca, Calle Muros 243/Av. González Suarez, ✆ 22 83 26; gemütliches Lokal mit deutsch-österreichischer Küche.

Taberna Piemonte, Calle C. J. Arosemena Toba 173/Eloy Alfaro, ✆ 43 36 08;

bester Italiener, schöner Blick auf das nächtlich erleuchtete Quito.

Casa de la Cultura, Museo Nacional del Banco Central del Ecuador, Av. Patria/12 de Octubre; Di–Sa 9–18 Uhr, So 10–14 Uhr; Museum der Kunst- und Kulturgeschichte des Landes.

Museo Nacional de Arte Colonial, Calle Cuenca/Calle Mejía, Mo–Fr 10–18 Uhr, Sa, So 10–15 Uhr; bestes Museum für koloniale Kunst, viele Werke von Künstlern der ›Schule von Quito‹.

Casa Benalcázar, Calle Benalcázar/ Olmedo, ☎ 21 81 02; tgl. 9–12 und 15–18 Uhr; religiöse Kunst.

Casa de Sucre, Calle Sucre; tgl. 9–12 und 15–18 Uhr; Museum für den Befreiungshelden von Quito.

Museo Municipal de Arte y Historia de Alberto Mena Caamaño, Calle Espejo 1147, Di–Fr 9–12 und 15–18 Uhr, Sa, So 9–12 und 15–17.30 Uhr; im Keller des Stadtmuseum sind die Wachsfiguren der hingerichteten Revolutionäre zu sehen.

Museo Guayasamín, Bellavista, Calle Bosmediano 543; Mo–Fr 9–12.30 und 15–18.30 Uhr; Werke von Oswaldo Guayasamín, dem bekanntesten zeitgenössischen Künstler aus Quito.

 Pasochoa-Naturpark, Verwaltung: Fundacíon natura, Av. América 5633/Vozandes, ☎ 44 73 41; Naherholungsgebiet.

Markt tgl. außer So in der Calle Chile/Guayaquil.

Libri Mundi, Av. Juan León Mera 851, ☎ 23 47 91 (Filialen in den Hotels Hilton-Colón und Oro Verde); internationale Buchhandlung mit großer Auswahl an Landesliteratur (z. T. auch auf deutsch), Karten und Belletristik.

Altamontaña, Av. George Washington 425/6 de Diciembre, ☎ 52 44 22; Trekkingausrüstung, auch Verleih.

Artesanías Incario, Av. Juan Léon Mera 709/Veintimilla, ☎ 23 63 36; handgefertigte Textilien, Wandteppiche und andere Kunstgewerbeartikel.

Fundación Sinchi Sacha Tianguez, Pl. de San Francisco; Kunsthandwerk, Bilder und Bücher.

Mall El Jardín, Av. Río Amazonas 2654/República; elegante Shopping-Mall.

Die drei besten Adressen für **Alpaca-pullover oder -schals** sind:

Hilana, Av. 6 de Diciembre 1921/Baquerizo Moreno.

The Ethnic Collection, Calle Amazonas 1004/Wilson.

Sweater Store, Juan León Mera 1313 zw. Cordero und García.

Pacha Camac, Av. George Washington 530/Juan León Mera; Platzreservierung unter ☎ 23 48 55 und 24 51 89; Do–Sa; bekannteste *peña* (Folklorelokal) Quitos mit Restaurant und erstklassigem Showprogramm.

Arribar, Calle J. L Mera 1238/Lizardo García; Rap-Musik zum Billardspiel, der Inhaber ist ein Schweizer, 16–18 Uhr Happy Hour.

Saturno, Calle Juan León Mera/Pinto, winzige In-Bar mit edlen Speisen.

Teatro Sucre, Calle Guayaquil/Flores; Konzerte und Theateraufführungen in einem wunderschönen Theaterbau aus dem Jahr 1878. Eintrittskarten kann man bei Metropolitan Touring, ☎ 46 47 80, vorbestellen.

 Vom Nationalen Airport (gleich hinter dem Internationalen Airport Mariscal Sucre) starten **Flugzeuge** zu allen Flughäfen Ecuadors.

Wann ein **Zug** nach Riobamba fährt, kann man am Bahnhof in der Calle Maldonado 315 (zw. Sincholagua und Quilotoa) erfahren, ✆ 65 61 42/44. Vom Busbahnhof *(Terminal terrestre)* in der Calle Maldonado 3077 fahren die **Langstreckenbusse** ab. Nähere Ziele, wie z. B. Machachi im Süden, werden von kleineren Busgesellschaften von bestimmten Plätzen aus angefahren, die jeder Taxifahrer kennt.

Ráquira (KOL)
Vorwahl: 987

 Hostería Nemqueteba, ✆ 35 70 83 und 35 70 16; zentral gelegener Touristentreff mit Restaurant und kleinem Pool im begrünten Innenhof, das Personal bedient in ortstypischer Tracht; $$–$$$.
Parador La Candelaria, Reservierungen in Bogotá unter ✆ 2 51 68 86; hier wohnt man in Klosternähe, saubere Zimmer mit Bad (heißes Wasser), schöner Innenhof; $.

Museo de Artes y Tradiciones Populares, am Anfang der Hauptstraße auf der linken Seite; Di–Fr 10–16 Uhr, Sa 10–14 Uhr; im Erdgeschoß offene Keramikwerkstatt, oben Museum mit präkolumbischen Keramiken der Region.

Kloster La Candelaria, 7 km außerhalb des Orts; tgl. 9–17 Uhr; im Jahr 1597 von Augustinern gegründetes, noch von Mönchen bewohntes Kloster.

Typische **Souvenirs** für Ráquira sind Keramik-Glockenmobiles, Vasen und Tonpferdchen.

 Mit dem **Bus** oder *taxi colectivo* nach Villa de Leyva (weiter nach Tunja) und Chiquinquirá.

Riobamba (EC)
Vorwahl: 03

CETUR, Calle 10 de Agosto 2072/5 de Junio, ✆ 94 12 13.

Hostería Andaluz, vía Panamericana, ✆ 96 55 75, Fax 90 42 34; wunderschöne, zum Hotel umfunktionierte Hacienda, 2 Restaurants in ehemaligen Ställen; $$$.
Hostería El Troje, vía a Chambo; ✆/Fax 96 45 72; für Gruppen geeignet, große Zimmer (Kamin), Pool, Mini-Zoo, Sauna, Tennis; $$–$$$.
Hostal Montecarlo, Calle 10 de Agosto 2541 ✆ 96 28 44; renoviertes Hotel nahe der Bahnstation, Zimmer mit TV, Telefon, Bad (heißes Wasser); $$.
Hotel Whymper, Av. León 2310, ✆ 96 45 75; Treff der Bergsteiger, ordentliche Zimmer mit Bad (heißes Wasser), Vulkanausflüge; $.

El Delirio, Av. Primera Constituyente/Rocafuerte, ✆ 96 50 27; gutes, allerdings teures Restaurant in einem Kolonialhaus, das früher Simón Bolívar gehört haben soll.
Steak House Restaurant, Calle Dávalos/Veloz, ✆ 96 82 91; leckere Grillgerichte.

Museo de Arte Religioso, Calle Argentinos/Larrea; Di–Sa 9–12 und 14–18 Uhr; religiöse Kunst.
Museo del Banco Central, Av. Primera Constituyente, Di–Sa 9–12 und 14–18 Uhr; archäologische Fundstücke der Region sowie moderne Kunstwerke.

Asociación de Andinismo de Chimborazo, Calle Chile/Francia (✆ 96 09 16) oder im Hotel Whymper (s. o.) nachfragen; Bergtouren.

Markt mit regionalen Colta-Indios jeden Sa in der Calle 5 de Argentinos, Gemüsemarkt im Mercado Borja. Die Läden an der Pl. Simón Bolívar haben sich auf **Kunsthandwerk** spezialisiert.

Überlandbusse ab dem zentralen Busbahnhof nach Quito (4 Std.), Alausí (1,5 Std.), Cuenca (6 Std.), Guayaquil (5 Std.). **Nahverkehrsbusse** u. a. nach Guamote (1 Std.); die Haltestellen liegen in der Nähe des zentralen Busbahnhofs. **Züge** nach Alausí (dort weiter bis Durán/Guayaquil); Abfahrt Mo–Fr gegen 6 Uhr.

Riohacha (KOL)
Vorwahl: 954

Fondo Mixto de La Guajira, Av. La Marina, ✆ 27 21 81.

Hotel Arimaca, Av. 1A Nr. 8 – 75, ✆ 27 34 81, Fax 27 22 39; achtgeschossiger Seeblickbunker, lebhaft, Pool, Disko; $$$.
Hotel Gimaura, Pasando Puente Río Ranchería, Aptdo. Aéreo 029, ✆/Fax 27 22 34 und 27 45 87; ruhig hinter dem Federmann-Park gelegen, Pool, Cabañas, Strandnähe; $$$.
Hotel Musishi, Calle 7 Nr. 10 – 75, ✆ 27 34 08; schönstes Haus der unteren Preisklasse; $.

Glempi, Calle 1/Cra. 15, ✆ 27 33 56; hier wird die bessere Gesellschaft hofiert, die Spezialität sind

Meeresfrüchte, schöner Blick übers Meer und den Paseo Playa.
Restaurante y Estadero La Tinaja, Calle 1 Nr. 9 – 48, ✆ 27 39 29; auf der Tageskarte steht gelegentlich *friche* (scharf gewürztes, in Blut gegartes Ziegenfleisch).
Mi Ranchito (oder El Rancho de Rubens), Calle 1A Nr. 9 – 17 (hinter der Puente del Rito); die Restaurant-Bar ist auch abends ein Treffpunkt.

Guajira-Tours (Calle 3 Nr. 6 – 47, ✆ 27 33 85 und 27 33 25) bietet geführte Ausflüge zu zahlreichen, individuell nur schwer erreichbaren Zielen der Halbinsel.

Casa de la Manta, Cra. 6 Nr. 97 – 35; Kunsthandwerk.
Boutique-Sastrería Olga Vásquez, Cra. 8 Nr. 4 – 23; Freizeitkleidung.

Reinado Nacional del Dividi, Präsentation von Tänzen (Aug.).
Fiesta de la Cultura Wayú, Kunstgewerbeausstellungen, Konferenzen der *indígenas* etc., in Uríbia (Mai).
Nacional del Carbón mit Wahl der ›Kohle-Königin‹, in Barrancas (Okt.).

Flüge: Der Aeropuerto ›Almirante José Prudencio Padilla‹ wird regelmäßig über Bogotá angeflogen.
Busse nach Maicao, Santa Marta (Barranquilla/Cartagena) und Valledupar; Infos bei Expreso Brasilia (✆ 27 22 40) und Rápido Ochoa (✆ 27 33 02).

Sacha Lodge (EC)

Sacha Lodge, Buchungen über Explorer Tours, Calle Reina Victoria 1235/Lizardo García, P.O. Box 1608,

Quito, ☎ (02) 22 25 31, Fax 22 25 31, E-Mail: HYPERLINK mailto:beniet@uio.satnet.net; Komfort-Lodge unter Leitung eines Schweizers, fließend heißes Wasser, hervorragendes Restaurant, mit Beobachtungsturm, Schmetterlingsfarm, Ausflüge auch in deutscher Sprache. $$$$

 Anreise mit dem **Boot** ab Coca.

Salamina (KOL)
Vorwahl: 968

 Casa de la Cultura, Cra. 6 Nr. 6 – 7, Mo–Fr 10–12, 14–16 Uhr.

 Hotel Sanguitama, Cra. 6 Nr. 7 – 12, ☎ 59 51 81, 59 51 82; etwas heruntergekommener Hotelkasten, dennoch das beste Haus am Platz: Zimmer mit Bad, Restaurant, Pool; $. **Hotel El Refugio,** Cra. 8 Nr. 7 – 09, ☎ 59 52 43; einfachste Zimmer mit Bad im ehemaligen Hospital; $.

 Die **Busse** der Cooperativa de Transportes del Norte de Caldas (☎ 59 54 07) befahren die Route Salamina–Manizales (auch *taxis colectivos*).

San Agustín (KOL)
Vorwahl: 988

 World Heritage Travel Office (Viajes Patrimonio Mundial), Calle 3A Nr. 10 – 84, ☎/Fax 37 39 40; hier gibt es gegen Bezahlung gutes Informationsmaterial.

 Hotel El Osoguaico, an der Av. Parque Arqueológico, ☎ 37 30 69, Fax 6 15 24 01; $$–$$$.

Hotel Yalconia, an der Av. Parque Arqueológico, ☎ 37 30 13 und 37 00 01; beide Häuser könnten besser geführt und häufiger renoviert sein, dennoch sind sie die bequemsten, Zimmer mit Bad (heißes Wasser), Pool; $$–$$$. **Pensión El Imperio,** Cra. 13 Nr. 3 – 42, ☎ 37 30 55; Low Budget-Pension, auch Zimmer mit Bad, Restaurant im Haus, Treff deutschsprachiger Traveller; $. **Residencias Menezu,** Cra. 15 Nr. 4 – 74, ☎ 37 36 93; saubere Zimmer mit Bad (heißes Wasser); $.

 Arturo Pizza, Calle 5A Nr. 15 – 58, ☎ 37 35 85; beim weitgereisten Arturo Mosquera gibt es eine Super-Pizza. **Brahama,** Calle 5 Nr. 5 – 11; angesagtes Restaurant mit lokaltypischer Küche. **La Ricura,** Cra. 14 Nr. 3 – 83, ☎ 37 38 50; moderne Cafeteria, gutes Frühstück.

 Museum im Archäologischen Park, Di–So 9–17 Uhr; Einlaß zum Parkgelände tgl. 8–17 Uhr; neben dem Kartenschalter Informationen über die Forschungsarbeiten und über das Gelände sowie Ausgrabungsfunde.

 World Heritage Travel Office (Viajes Patrimonio Mundial) (Adresse s. o.) bietet eine Jeep-Tour zu den Kultstätten der Region an (Dauer 8–16.30 Uhr) sowie mehrtägige Ausflüge zum Páramo de las Papas.

 Edison Salazar Salazar, Calle 5A Nr. 14 – 47, ☎ 37 30 19; präkolumbische Keramiken, lokaltypische Souvenirs. Der Besitzer ist außerdem ein erfahrener Führer für die Nationalparks in der Umgebung – auch Cueva de los Guácharos.

Busse über die Zentralkordillere nach Popayán (mit Cootranshuila oder Sotracauca, rund 10 Std., schlechte Straße, alte Busse aber traumhafte Ausblicke auf *páramo*-Wiesen in der Hochgebirgsregion); nach Bogotá (über Pitalito und Neiva, 10 Std., gut asphaltierte Straße, Pullman-Busse); nachTierradentro (über Pitalito bis La Plata auf asphaltierter Straße, dann auf schlechter Piste bis Cruce de Andrés (1 km vor San Andrés de Pisimbalá, Gesamtfahrzeit 8 Std.).

San Andrés (KOL)
Vorwahl: 9811

Oficina Departamental de Turismo, Av. Newball Nr. 4 – 26, Of. 301, ✆ 2 43 46, und im Pavillon am Strand beim Hotel Cacique Toné.

Hotel Lord Pierre, Av. Colombia Nr. 1B – 106, ✆ 2 75 41, Fax 2 56 66; elegantes Haus im karibischen Stil gleich neben dem Strand, 49 Zimmer, 11 Suiten; $$$$–$$$$$.
Hotel Melía Aquarium, Av. Colombia Nr. 1 – 19, ✆ 2 31 17 und 2 31 20, Fax 2 61 74 und 2 69 38; erstklassiges Ferienhotel, ruhig; $$$$–$$$$$.
Hotel Nirvana Inn Place, vía Circunvalar km 13 und 251, Lever South End, ✆/Fax 3 00 00, 3 02 57 und 2 79 28; gepflegtes Taucherhotel in ruhiger Lage an der Riffküste; $$$–$$$$.
Gran Hotel Caribe, Av. Colón Nr. 2 – 77, ✆ 2 30 43 und 2 30 27, Fax 2 30 34; turbulentes All-inclusive-Ferienhotel mit Restaurants, Wassersport und Disko auf der Ostseite der Insel, gegenüber von Haines Cay; $$$–$$$$.
Hotel Decameron, San Luis km 20–47, ✆ 2 38 31, Fax 2 36 06; älteres All-inclusive-Hotel am Südende von San Luis, schmaler weißer Strand gleich gegenüber der Straße, Tauchschule; $$$.
La Posada de Lulu, Av. Antioquia Nr. 2 – 28, ✆/Fax 2 29 19 und 2 75 22; gute Adresse für alle, die nur zur Stippvisite kommen, 10 Min. vom Stadtstrand entfernt im Zentrum gelegen; sehr gut geführt, saubere Zimmer, Aircondition, Bad, TV; $.

Jairo Hansa, Av. Newball, ✆ 2 34 87; hier speist man in bester Gesellschaft mit Blick auf den Yachthafen, sehr gute internationale Küche, hohe Preise.
Coral View, Av. Circunvalación km 17, ✆ 3 00 73; Carrington Pomare Hudson kann stundenlang von der Insel erzählen und serviert typische afrokaribische Kost.
La Bahía, Av. Colombia Nr. 3 – 145, ✆ 2 38 55; erstklassige *cazuela de marisco* und andere gute Fischgerichte genießt man mit Blick auf die Promenade.
Rico Mc Pollo, Av. Colombia Nr. 2 – 63, ✆ 2 46 31; u. a. Hähnchen-Fast-Food, Klimaanlage und Panoramafenster zum Strand hin.

Seaquarium, vía Circunvalar km 6; tgl. 10.30–12.30 und 14.30–16.30 Uhr; es gibt nur ein paar wenige kleine Haie und andere Fische zu sehen.

Semisubmarino Nautilus II (Kopie des Disneyland-Tauchboots); Tickets bei Mundo Marino im Centro Comercial New Point Plaza, Of. 227; interessante Ausflüge zu den Korallenriffs.
Bar Boat Sea Center, neben der Naval Base an der Ostseite, ✆ 2 52 63; Kayaks, Bootsausflüge, Windsurfen.

Gema-Tours, Av. Providencia
Nr. 1 – 35, New Point Of. 108, ✆ 2 86 66;
diverse Ausflüge.
Transport zu den Badeinseln: Coo-
perativa de Transportadores de San
Andrés, Av. 20 de Julio Nr. 1 – 40, Black
Dog, ✆ 2 50 73.

Green-Moon-Festival mit internationalen Reggae-Gruppen
(meist Ende April).

Welche Disko gerade angesagt
ist, erfährt man abends beim
Schwätzchen auf der Mauer; sicher
dabei sind **Coco Night** im Cacique
Toné und das **Extasis** im Gran Hotel
Caribe, ✆ 2 30 43. Die beste Strandbar
ist **Kela's Bar,** schräg gegenüber vom
Hotel Decameron in San Luis (Cocktails
zu Reggae-Musik).

Flüge von/nach Miami, New Or-
leans, Houston (USA), San José
(Costa Rica), Panama City (Panama),
Tegucigalpa (Honduras) und Guatemala
City sowie zu allen Großstädten Kolumbiens und zur Nachbarinsel Providencia. Auskünfte: Aeropuerto International
Gustavo Rojas Pinilla, ✆ 2 32 16, Internet: http://www.avianca.com.

San Andrés de Pisimbalá (KOL)
Vorwahl: 928

Informationsbüro im Archäologischen Museum zwischen Cruce
de Andrés und dem Ort; tgl. 8–16 Uhr.

**Hotel Turístico San Andrés de
Pisimbalá,** (früher El Refugio),
✆ 25 29 04 (oft außer Funktion); herun-
tergekommene Hotelanlage, zur Zeit
die einzige Herberge, die Zimmer mit
Bad und heißem Wasser bietet; $$.

El Viajero, in dem Bambushaus
am Ortseingang wird gutes Chur-
rasco serviert.
Restaurante 86, beim Eingang zum
Archäologischen Museum; wechselnde
einfache Tagesgerichte.

Tierradentro, das archäologi-
sche Museum und der Eingang
zum archäologischen Park liegen etwa
1 km vom Ort entfernt; tgl. 8–16 Uhr;
bemalte, altindianische Grabkammern,
das Museum bietet einen Überblick
über das Gelände, die Forschungsarbei-
ten und Ausgrabungsfunde.

Busse über Totoró nach Popayán
(5 Std); nach San Agustín ab der
Cruce de Andrés (1 km vom Ort ent-
fernt) über La Plata und Pitalito (Ge-
samtfahrzeit 8 Std.).

San Gil (KOL)
Vorwahl: 977

**Instituto Municipal de Cultura
y Turismo,** Parque El Gallineral,
✆ 24 43 /2 und 24 48 88, Fax 24 56 55.

Mansión Perla del Fonce,
Cra. 10 Nr. 1 – 44, ✆ 24 32 98,
Fax 24 08 21; Zimmer mit Bad, Minibar,
TV; $$–$$$.
Hotel Bella Isla, vía a Bucaramanga,
✆ 24 29 71; Schwimmbad; $$–$$$.
Hostal Isla Señorial, Calle 10
Nr. 8 – 14, ✆/Fax 24 44 42 und 24 59 52;
zentral gelegenes, einfaches Hostal; $.

Verwunschene Vegetation auf
den Flußinseln des **Parque El
Gallineral;** tgl. 8–17.30 Uhr.

Canotaje, ✆ 24 43 72; River-Raf-
ting auf dem Río Fonce.

Busse nach Tunja und Bucaramanga; der große, moderne Busbahnhof liegt jenseits des Flußufers.

San Lorenzo (EC)
Vorwahl: 06

 Gran Hotel San Carlos, Calle Imbaburra/José Garcés, ✆ 78 02 40, Fax 78 02 84; modernes Haus in der Nähe des Bahnhofs, Zimmer mit Bad, Moskitonetz und Ventilator; $.
Hotel Pampa del Oro, Calle Tasito Ortiz/Av. 26 de Agosto, ✆ 78 02 14; neueres Hotel mit sauberen Zimmern (z. T. mit Bad); $.

 Reserva Ecológica Cotacachi-Cayapas (Übernachtungsmöglichkeiten siehe Borbón, S. 282).

 Am Wochenende Bootsverbindung zum Sandstrand der **Insel San Pedro.**

 Der **Autoferro** verkehrt nur noch unregelmäßig; die Verbindungen wurden überwiegend durch Busse ersetzt.
Busse fahren um 7 und 15 Uhr nach Ibarra.
Boote fahren um 7 und 13 Uhr nach Borbón (3 Std.) mit Stopps in Tambilla und Limones.
Grenzverkehr nach Tumaco (KOL): tgl. 7 und 14 Uhr mit dem Boot zum Grenzposten Palmarreal (1,5 Std.), dort weiter mit dem Boot nach Monte Alto, von dort nach Puerto Palmas und hier auf dem Landweg mit dem Taxi nach Tumaco (insgesamt etwa 7 Std.). Wichtig: Ausreisestempel gibt es nur in Ibarra oder Esmeraldas.

San Martín (KOL)
Vorwahl: 986

 Hotel Estero, Cra. 6 Nr. 7 – 52, Edificio Ganadero, ✆ 48 81 42; einfaches Stadthotel, Zimmer mit Bad und TV, Pool; $–$$.

 Viehmarkt (Zeburinder)

 Quadrillas de San Martín, 1735 von Missionar Gabino de Balboa ins Leben gerufenes Fest (11. Nov.).

 Busse der Flota Macarena fahren nach Villavicencio und Bogotá.

Santa Fé de Antioquia (KOL)
Vorwahl: 948

 Im kleinen Bücherpavillon im Parque Juan del Corral gibt es eine **Broschüre** über den Ort zu kaufen.

 Hotel Caserón Plaza, Pl. Mayor, ✆ 8 53 20 40 und 8 53 20 41, Fax 8 53 16 40; familiäres Hotel in altem antioqueñischen Wohnhaus (Balkon zum Hauptplatz, blühender Patio) direkt am Parque Juan del Corral, gutes Restaurant, Ausflüge; $$–$$$.
Hostal Patio del Castellano, Cra. 9 Nr. 10 – 38, ✆ 8 53 15 44; das beste Quartier im Ort, geschmackvoll mit Antiquitäten eingerichtet, Restaurant, kleiner Pool; $$.

 Museo Juan del Corral, Cra. 10/Calle 11; Di–Sa 9.30–12 und 14–18 Uhr, So 10–17 Uhr; Stadtmuseum.
Museo de Arte Religioso, Calle 11 (neben der Iglesia Santa Bárbara); Sa und So 10–17 Uhr; religiöse Kunst.

Puente Occidente, 6 km außerhalb; die älteste Hängebrücke Kolumbiens.

**Bis zur Eröffnung des Tunnels und der neuen Autobahn erreicht man Medellín mit dem *taxi colectivo* (oder dem Auto) in 3 Std.

Santa Marta (KOL)
Vorwahl: 954

Fondo Mixto de Promoción Turística de Santa Marta, Rodadero, Calle 10 Nr. 3 – 10, ✆/Fax 22 75 48.

Hotel Irotama, km 14 Carretera a Barranquilla, Rodadero, ✆ 21 80 21, Fax 21 80 77; schönes Ferienhotel, in einem tropischen Park direkt am Strand, viele Pauschalurlauber; $$$.
Hotel La Ballena Azul, Taganga, ✆ 21 66 68, Fax 21 75 80, E-Mail: ballena@rednet.net.co, Internet: http://www.ballena-azul.com; 30-Zimmer-Haus direkt am Strand, privat und komfortabel; $$$.
Hotel Panamericana, Cra. 1 Nr. 18 – 23, Santa Marta, ✆ 21 39 32, 21 29 61, Fax 21 47 51; das Restaurant ist erstklassig, das Hotel Mittelklasse; $$–$$$.
Hotel Yuldama, Paseo de Bastidas, Cra. 1 Nr. 12 – 19, Santa Marta, ✆ 21 00 63 und 21 39 19, Fax 21 49 32; zentral gelegenes funktionelles Stadthotel; $$–$$$.
Ecohabs, im Parque Tayrona, sollten einen Monat im voraus gebucht werden bei der Unidad Administrativa Especial del Sistema de Parques Nacionales Naturales (UAE), Bogotá, Cra. 10 Nr. 20 – 30, ✆ (91) 2 43 16 34; Platz für 4–6 Personen, Bad; $$–$$$

Restaurant des Hotels Panamericana, s. o; erstklassige Steaks, typische Torten der Region u. a.
Ponchos, Cra. 2 Nr. 6 – 30, Rodadero, ✆ 22 74 67; internationale Küche.
Pez Caribe, Cra. 4 Nr. 11 – 35, Rodadero, ✆ 22 70 01; Fisch und andere Meeresfrüchte.
La Ballena Azul, Taganga, direkt am Strand; seit Jahren die Nummer eins für Meeresfrüchte.

Museo Arqueológico Tayrona, Calle 14/Cra. 2 (Pl. Bolívar); Mo–Fr 8–12 und 14–17 Uhr; besonders sehenswert ist die Sala de Oro (Tayrona-Goldschmiedekunst).
Quinta de San Pedro Alejandrino/Museo Bolivariano, am östlichen Stadtrand (Ausfahrt Av. del Libertador); tgl. 9.30–17 Uhr; Sterbestätte von Simón Bolívar in einem schönen Park.
Museo Chairama, Parque Tayrona; Mo–Fr 10–12 und 14–16 Uhr; kleine Ausstellung zur Kultur der Tayrona, Funde aus Pueblito.

Eine gut ausgerüstete Tauchschule gibt es in Taganga. Ausflüge nach Chayrama (*pueblito*) im **Parque Nacional de Tayrona,** an der Straße nach Riohacha, in die Fischerdörfer Nueva Venecia und Trojas de Cataca in der **Ciénaga Grande** sowie in das nahe Naturschutzgebiet **Isla Salamanca;** 6-Tage-Tour nach **Teyuna (Ciudad Perdida)** in der Sierra Nevada de Santa Marta (nur mit Ausflugsveranstalter).
Ausflugsagenturen: Correcam, Santa Marta, Calle 15 Nr. 3 – 42, ✆ 21 45 31 und 21 46 62; flexibel und preiswert.
Makatama, Rodadero, Cra. 3/Calle 7, Lokal 4 im Centro Comercial Sorrento, ✆ 22 80 10.

Mi Ranchito, Santa Marta, Cra. 1 Nr. 18 – 77, ℰ 21 04 17; spezialisiert auf Ökotrips.

 Playa Blanca (10 Min. östlich von Rodadero), **Playa Grande** (bei Taganga), **Cañaveral, Arrecife, El Cabo** (im Parque Tayrona).

 Am Ostende des Paseo de Bastidas findet jeden Abend ein großer **Kunstgewerbemarkt** statt. Eine große Auswahl an lokalem und anderem Kunstgewerbe bieten die Almacenes Típicos El Tíburon (auch Musikinstrumente) in Rodadero (Calle 8, Ed. El Libertador, Lokal 2) und in Santa Marta (Cra. 2 Nr. 18 – 09).

 Zum Tanzen geht man nach Rodadero ins **La Escollera,** Calle 5 Nr. 4 – 1007 (am Ostende des Strands).

Täglich **Flüge** von/nach Bogotá und Medellín; der Flughafen liegt westlich von Rodadero. **Fernbusse** ab Busterminal nach Riohacha, Barranquilla, Bucaramanga und Valledupar.

Santo Domingo de los Colorados (EC)
Vorwahl: 02

 Hotel Zaracay, km 1,5 vía a Quito, ℰ 75 10 23, Fax 75 48 75; im Stil einer spanischen Hacienda erbaut, Zimmer mit Bad, heißem Wasser, einige mit Air-condition; $$–$$$.

Busse alle halbe Stunde nach Quito (2,5 Std.) und nach Guayaquil (5 Std.); außerdem regelmäßig nach Esmeraldas (3,5 Std.), Bahía de Caráquez (6 Std.) und Manta (6 Std.);

der zentrale Busbahnhof liegt in der Av. de los Tschilas.

Saquisilí (EC)
Vorwahl: 03

Hostería Rancho Muller, ℰ 72 11 03, Fax 72 11 03; von einem Deutschen geleitet, die Ranch bietet einfache saubere Zimmer, gutes Restaurant; $.

 Wochenmarkt (Gemüse, Tiere) jeden Donnerstagvormittag.

Nahverkehrsbusse nach Latacunga und Quito ab Plaza de la Concordia.

Sogamoso (KOL)
Vorwahl: 987

Hotel Sogamoso Real, in Chaparro Correa, Cra. 10A Nr. 13 – 21, ℰ 70 76 45, Fax 70 68 56; ordentliches Stadthotel; $$.
Hotel Tobaca, Calle 13 Nr. 10 – 68, ℰ 70 53 16, ℰ/Fax 70 53 77, 70 58 92; ebenfalls ordentlich, aber zentraler gelegen als das Sogamoso Real; $$.

Restaurante Lago Mar, vía a Aquitania, ℰ 71 01 28; Ausflugsrestaurant am Lago de Tota mit Blick auf den See, köstliche Forelle *(trucha)*.

Parque Arqueológico, Calle 8 (Stichstraße von der Cra. 10); Di–So 9–13 und 14–18 Uhr; Templo del Sol, heilige Quelle und sehr gutes Muisca-Museum.

Wochenmarkt (jeden Di).

Busse über Duitama nach Paipa und Tunja, außerdem zu Zielen in der Umgebung (Monguí, Aquitania).

Sucúa (EC)
Vorwahl: 07

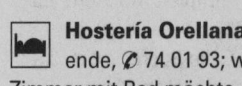 **Hostería Orellana,** am Ortsende, ✆ 74 01 93; wer das einzige Zimmer mit Bad möchte, sollte rechtzeitig reservieren; $.

⫞⫞ La Fuente, Calle Domingo Comin nahe Plaza; am Tag gute einheimische Küche, abends Bar.

👁 Federación de Centros Shuar, Calle Domingo Comín Nr. 17 – 38, ✆/Fax 74 01 08; hier bekommt man die Genehmigung für einen Besuch in einem Shuar-Dorf.

 Artesanía Shuar, Calle Domingo Comín (gegenüber der Federación); Shuar-Kunsthandwerk, Blasrohre mit (ungiftigen) Pfeilen.

Busse nach Macas (1 Std.).

Tena (EC)
Vorwahl: 06

Hotel El Mol, Calle G. Suárez/ Bolívar; ruhig, Zimmer mit Balkon, auch Suiten; $.
Hotel Auca, am Nordende der Stadt, Zimmer mit Bad, heißes Wasser, Blick über den Río Tena; $.
Hotel Jumandy, beliebte Travellerherberge der Fausto Cerda-Familie, *guides* für Dschungeltrips; $.
Lodge El Jardin Aleman, 25 km von Tena entfernt, Buchung über E-Mail:

jarnatra@pi.pro.ec, Internet: http:// www.contacto.ec, Anmeldung in Quito ✆ (02) 54 54 26; Pool, Ausflüge; $$.

🚶 Ausflugsziele: Höhlen von Jumandí, Petroglyphen von Cotundo (›Piedra Puma‹, ›Serpiente Emplumada‹, ›El Valle Sagrado‹, ›Piedra Indimama‹) und Comunidad Capirona; Buchung von Besichtigungstouren über das Hotel Jumandy, s. o.
Olmeda & Oswaldo Cerda, Calle Bellavista Baja/9 de Octubre, ✆ 88 64 19; organisierte Ausflüge in den Regenwald, auch mit deutschsprachigem Führer; Tageshonorar 25 US-$ (inkl. Transport und Mahlzeiten).

 Flüge von/nach Quito. **Busse** nach Misahuallí (mit Coop. Jumandy), Centinela del Tena (1 Std.), Coca (mit Coop. Valle de Quijos, 6–7 Std.).

Tierradentro (KOL)
siehe San Andrés de Pisimbalá

Tolú (KOL)
Vorwahl: 952

 Hotel Super Decameron, Islas de San Bernardo, Reservierung in Cartagena, ✆ (95) 6 65 62 02, oder in Bogotá, ✆ (91) 6 14 53 92; sehr gutes Ferienhotel auf der Isla Palma mit eigenem Boot für (Tauch-)Ausflüge (auch pauschal zu buchen bei Miller-Reisen, s. S.332); $$$$.
Hotel Alcira, Tolú, Av. 1 Nr. 21 – 151, ✆ 88 50 16, Fax 88 50 36; bestes Hotel im Ort, Zimmer mit Seeblick (Bad, TV und Klimaanlage); $$–$$$.
Pension Marjolein, Tolú, Cra. 4 Nr. 19 – 22, ✆ 88 54 12; einfache Zimmer mit

und ohne Bad in der Pension einer holländischen Malerin; $.

 **Toné,** Cra. 2 Nr. 11–39, ☎ 88 51 30; gute frische Fischgerichte.

Über die aktuellen **Flugverbindungen** informiert die Zentrale des Aeropuerto Tolú, ☎ 88 52 36.
Busse nach Sincelejo und Cartagena (5 Std.); Terminal in der Calle 15 gegenüber vom Parque Principal, Auskunft Expreso Brasilia, ☎ 88 52 23.
Bootstouren und Fährverkehr zu den Islas de San Bernardo ab dem Yachthafen (gegenüber der Polizeiwache).

Tulcán (EC)
Vorwahl: 06

 CETUR, Calle Pichincha 469/Bolívar, ☎ 98 38 92; Mo–Fr 9–16 Uhr.

 Hotel Saenz International, Calle Sucre/Rocafuerte, ☎ 98 19 16; das angenehmste Haus im Ort, Zimmer mit Bad, akzeptables Restaurant; $$.

 Museo Germán Bastidas Baca, Av. de la Cultura, ☎ 98 01 72; Museum für ecuadorianische Kultur.

Neblina Forest, Quito, ☎ (02) 22 36 39, Fax 56 78 28, E-Mail: mrivaden@pi.pro.ec; bietet mehrtägige Trips in die Reserva Ecológica El Ángel.

 Flüge ab/an Quito mit Tame. **Busse** über Ibarra nach Quito (2 bzw. 6 Std.).

Tumaco (KOL)
Vorwahl: 927

Bequeme Zimmer mit der hier ratsamen Air-condition sowie mit Eisschrank *(nevera)* bieten bislang nur:
Villa del Sol, ☎ 8 05, Fax 3 93; auf der Isla del Morro; komplett möblierte Cabañas; $$$–$$$$.
Villa del Mar, Calle Sucre, ☎/Fax 3 93; liegt auf der Stadtinsel La Viciosa; $$–$$$

Es gibt Boote zum **Hochseeangeln,** außerdem werden Ausflüge in den **Nationalpark Sanquianga** angeboten; Auskunft in der Capitanía del Puerto von El Morro.

 Festival de Música del Pacífico (erste Dezemberwoche).

Nachtleben: In der Calle de los Estudiantes oder immer dem Ohr nach.

 **Flüge** vom Aeropuerto La Florida auf El Morro nach Cali.
Busse der Unternehmen SuperTaxis del Sur oder Translpiales fahren nach Pasto und Ipiales (jeweils rund 6 Std.).
Schiffe steuern San Lorenzo/Ecuador (3–5 Std.; Abfahrt am Quai bei der Calle del Comercio) sowie einige Male in der Woche Guapí (Abfahrt im Isla Gorgona-Fährhafen).

Tunja (KOL)
Vorwahl: 968

Oficina Departamental de Turismo, Calle 21A Nr. 10 – 68 (im Hotel Unza), ☎/Fax 42 51 17; freundlicher Service, viel Informationsmaterial.

Corporación Fondo de Promoción Turística de Boyacá, Camara de Comercio, Calle 21 Nr. 10 – 52, ☏ 43 76 44; Fax 42 79 28; E-Mail: fonturis@tunja. cetcol.net.co.

🛏 **Hotel Hunza,** Calle 21A Nr. 10 – 65, ☏ 42 41 11; das beste Haus im Ort mit Schwimmbad; $$–$$$.
Hotel Conquistador, Calle 20 Nr. 8 – 92, ☏/Fax 42 35 34; gepflegtes Haus in zentraler Lage; $$.

🍴 **Café-Bar La Carreta,** an der Plaza; der Besuch in dem hübschen Boheme-Lokal lohnt schon wegen der vielen Tips, die es gratis vom freundlichen Besitzer gibt.
Pila del Mono, Calle 20 Nr. 8 – 19, ☏ 42 42 25; einheimische Küche und internationale Standardspeisen, Patio mit Brunnen aus dem 16. Jh.
Estrella del Mar, Av. Maldonado Nr. 27 – 33, ☏ 42 73 32; hier kann man gut Forellen (trucha) und Seefisch essen.

👁 **Casa del Escríbano,** Calle 20 Nr. 8 – 52, ☏ 42 66 11; Di–Fr 9–12 und 14–18 Uhr, Sa, So und feiertags 10–13 und 14–17 Uhr; Gedenkstätte für Juan Vargas.
Casa de Don Juan de Castellanos, Calle 19/Cra. 8A, ☏ 42 36 26; Mo–Fr 8–12 und 14–18 Uhr; Kolonialhaus.
Casa del Fundador (Suarez Rendón), Pl. Bolívar, ☏ 42 29 24; tgl. 8–12 und 14–18 Uhr; Haus des Stadtgründers, sehenswerte Deckengemälde.
Casa de la Cultura, Pl. Bolívar; Mo–Fr 8–12 und 14–18 Uhr; Kolonialhaus aus dem 16. Jh.

🎭 **Semana Santa** (Osterwoche). **Festival Internacional de la Cultura** mit Theateraufführungen, Kunstausstellungen, Lesungen (2 Wochen im Mai).

🚌 **Langstreckenbusse** nach Bogotá (Los Libertadores) und Bucaramanga; **Busnahverkehr** nach Villa de Leyva (Flota Boyacá), Sogamoso und Paipa (Rápido Duitama). Tunjas stadtnaher Busterminal bietet einen Gepäckaufbewahrungsservice.

Valledupar (KOL)
Vorwahl: 955

ℹ️ **Instituto de Cultura y Turismo,** Cra. 6 Nr. 16A – 24, ☏ 73 22 72.
Fondo Mixto de Promocíon Turística del Cesar, Ed. Camara de Comercio, Of. 208, ☏ 73 04 48.

🛏 **Hotel Sicarare,** Calle 16/Cra. 9, ☏ 73 21 37, Fax 73 14 69; Zimmer mit Bad und Air-condition, Pool, Restaurant und Bar; $$–$$$.
Hotel Vajamar, Cra. 7 Nr. 16A – 30, ☏ 73 11 25, Fax 73 18 29; Ausstattung wie Hotel Sicarare, jedoch mit Disko; $$–$$$.

🚶 **Turinsa,** Calle 16 Nr. 4 – 107, ☏ 73 06 09; diverse Ausflüge in die nähere Umgebung.

🎭 **Festival de la Leyenda Vallenata,** Wahl der besten Interpreten der Vallenato-Musik (Ende April).

✈️🚌 Täglich **Flüge** nach Bogotá. **Busse** nach Maicao, Bucaramanga und Santa Marta; Auskünfte beim Terminal de Transporte, Cra. 7A Nr. 44 – 156, ☏ 71 62 09.

Vilcabamba (EC)
Vorwahl: 07

 Hostería de Vilcabamba, ℘/Fax 58 02 71, 58 02 72, 58 02 73; gepflegtes Ferienhotel in großem Garten, sehr gutes Restaurant; $$–$$$.
Hosteria Las Ruinas de Duinara, Vilcabamba vía a Yamburara, Casilla 06–17, ℘ 57 51 96, Fax 58 03 14; idyllisch gelegenes kleines Landhotel mit Pool, Ausflugsprogramm; $$–$$$.

Villa de Leyva (KOL)
Vorwahl: 987

 Oficina de Turismo, Cra. 9/ Calle 13 (Casa del Congreso nahe der Plaza), ℘/Fax 32 02 32.

Mesón Plaza Mayor, direkt an der Pl. Mayor, ℘ 32 04 25 und 32 08 32, Fax 32 07 78; zentraler und schöner kann man kaum wohnen als in diesem alten Kolonialhotel; $$–$$$.
Hostería del Molino La Mesopotamia, Calle Silencio, ℘ 2 13 34 91, Fax 6 20 04 57; zum Hotel umgebaute Getreidemühle von 1568; $$–$$$.
Hotel El Zaguan de los Heroes, Cra. Nariño Nr. 11 – 55, ℘ 32 04 76; gemütliches Mittelklassehotel mit gutem Restaurant; $$.
Hospedería Duruelo, ℘/Fax 32 02 22 und 32 04 50; die Top-Adresse, am Hang mit Blick auf die Stadt gelegen, drei Restaurants, Tennisplatz; $$$.

Club de Caza y Pesca Antonio Ferro, Cra. 8 Nr. 13 – 94; Fisch- und Wildgerichte.
El Parrillon de los Caciques, gegenüber vom *terminal de busses,* ℘ 2 77 96 08; Grillrestaurant, gute lokal-

typische Küche, schneller Service, jeder Tisch ist im Stil der Muisca-Hütten mit einem Strohdach versehen.

 Museo Casa Luís Alberto Acuña, Di–So 10–13 und 15–18 Uhr; zahlreiche Arbeiten des Künstlers.
Casa Museo Antonio Nariño, Di–So 10–13 und 15–18 Uhr; Museum für den hier verstorbenen Übersetzer der Menschenrechte.
Museo Paleontológico, vía a Arcabuco, Di–So 10–13 und 15–18 Uhr; zahlreiche Versteinerungen.
Museo El Carmen, neben der Kirche El Carmen, Di–So 10–13 und 15–18 Uhr; religiöse Kunst.

 El Fosíl, an der Straße nach Chiquinquirá; Dinosaurierskelett
Ecce Homo, an der Straße nach Santa Sofía; ein verwildertes Dominikanerkloster von 1620.
El Infiernito/Moniquirá, an der Straße nach Santa Sofía; astronomisches Zentrum.
Agentur Villatour, an der Pl. Mayor, ℘ 32 14 53; Tagesausflüge mit der *chiva* (Fosíl, Ruinas de Moniquirá, Infiernito).
Sanctuario Iguaque, Besucherzentrum bei Arabuco nördlich der Stadt (Bus um 7 Uhr oder *taxi colectivo*); Naturschutzgebiet auf rund 3600 m Höhe, schöne Lagunenlandschaft.

Eine ausgesucht schöne Kollektion kostbarer **Wollwebstoffe** findet man in der Boutique an der Cra. 8a Nr. 14 – 31, 50 Schritte von der San Agustín-Brücke entfernt.
Markt (jeden Sa).

 Festival de La Cometa, Drachenflugwettbewerb (Mitte Aug.).
Festival de Luces (Anfang Dez.).

Cava del Marqués und **Tasca,** beide Cra. 9 zw. Calle 11 und 12.

 Busse nach Bogotá um 5 und 6 Uhr morgens sowie um 15 und 17 Uhr nachmittags, nach Ráquira um 8.30 Uhr und 18 Uhr.
Taxis colectivos nach Tunja und Ráquira; der kleine Terminal liegt an der Calle Venero, vier Blocks südlich der Altstadt.

Villavicencio (KOL)
Vorwahl: 9866

 Instituto de Cultura y Turismo del Meta, Cra. 36 Nr. 34A – 55, ✆ 3 07 10.
Fondo Mixto de Promoción Turística Departamental, Cra. 36 Nr. 34A – 55, ✆ 3 72 16.

 Hotel del Llano, Cra. 30 Nr. 49 – 77, ✆ 41119; das beste Haus, allerdings 1 km vom Stadtzentrum entfernt; $$$.
Hotel Savoy, Calle 41 Nr. 31 – 02, ✆ 2 26 66; ruhig gelegenes Stadthotel zwei Blocks vom Parque de Los Libertadores entfernt; $–$$.
Hotel Montana, Calle 38 Nr. 30A – 42, ✆ 2 62 90; das beste der Low Budget-Quartiere; $.

 Estación de Biología Roberto Franco, Cra. 33 Nr. 33 – 76; Mo–Fr 9–11.30 und 13.30–17 Uhr; Tiere der Region.

Punto Amazonico, Cra. 24 Nr. 53 – 18, Of. 202, Bogotá, ✆ (91) 2 12 00 94, Fax 2 12 00 94; Touren zum Caño Cristales, zum Orinoco (Ruta Humboldt) und in die Serranía de la Macarena.

 Viehmarkt (Mi und So).

 Festival de la Canción Colombiana (Ende Juni) und **Festival Internacional del Joropo** (Anfang Juli).

 Flugverbindungen von/ nach Bogotá, außerdem zu den Städten der Llanos (Puerto Carreño, Araracuara).
Busse der Flota Macarena fahren nach Bogotá (3–4 Std.), Puerto Lopez (2 Std), Orocué (10 Std.) und San José del Guaviare (12 Std.).

Zapatoca (KOL)
Vorwahl: 976

 La Posada de Lengerke, Cra. 10 Nr. 16 – 53, ✆ 25 22 93; einfache Zimmer mit Bad; $.

 Grab von Geo von Lengerke auf dem Friedhof, die Straße Camino del Lengerke, seine nahegelegenen ehemaligen Haciendas El Florito und Montebello.

 Busse nach Socorro (6 Std.) und und Bucaramanga (3 Std.).

Reiseinformationen von A bis Z

Ärzte

...in Kolumbien

Dr. med Paulo E. Archila, Clínica Shaio, Consultorio 14, Av. 54 Nr. 104 – 50, Bogotá: ℘ (91) 2 71 06 00/1 44; deutschsprachig.
Dr. Birgit Scholz-Gómez, Calle 184, Nr. 69 – 61, Bogotá: ℘ (91) 6 70 49 82; deutschsprachig.
Instituto Nacional de Salud, Av. Eldorado/Cra. 50, Bogotá, ℘ (91) 2 22 05 77 (für Impfungen und Tropenkrankheiten); englischsprachig.
Die beste und teuerste Klinik in Bogotá ist die Fundación Santa Fé in Santa Bárbara.

...in Ecuador

Clínica Pichincha, Paez 738/Veintimilla, Quito, ℘ (02) 56 22 96 und 56 08 20, E-Mail: cenmep@cenmep.med.ec.
Notfall   ℘ (02) 56 24 08
Ambulancia (24 Std.) ℘ (02) 50 15 65.
Clínica Alemania, S. A. Hernandez de Girón 349/Av. América, ℘ (02) 45 08 58
Clínica International, Avs. America/Atahualpa, ℘ (02) 22 72 84 und 52 35 11.
Rotes Kreuz   ℘ (02) 131
Blutbank (24 Std.)   ℘ (02) 58 24 80/81

Anreise

Die Flughäfen El Dorado in Bogotá und Mariscal Sucre in Quito werden von zahlreichen **internationalen Airlines** (u. a. Lufthansa, Iberia oder Alitalia) ab Europa, teilweise via USA, angeflogen. Die kolumbianische Airline Avianca bietet einen 30 Tage gültigen Discover-Colombia-5-Airpaß, der in Europa gekauft werden muß. Neben Bogotá und Quito fliegt die Avianca auch Galápagos an. Wer die Länder Kolumbien und Ecuador miteinander kombinieren will, kann einen sogenannten Gabelflug buchen (Ankunft in Quito, Rückflug ab Bogotá oder umgekehrt). Sparmöglichkeiten bieten Sondertarife wie der Holiday-Tarif (6 Wochen gültig, Zahlung eine Woche vor Flug) oder der Restplatzverkauf. Die Preise für Flüge nach Kolumbien oder nach Ecuador sind nahezu gleich und schwanken zwischen 1600 und 2500 DM.

Eine Anreise mit dem **Schiff** ist im Rahmen einer Kreuzfahrt möglich. Außerdem steuern Frachtschiffe die Orte Barranquilla (KOL) und Guayaquil (EC) an (Buchungen über die Hamburg-Süd-Agentur, Ost-Weststr. 59–61, 20457 Hamburg, ℘ 040/3 70 50).

Die **Galápagos-Inseln** San Cristóbal oder Baltra werden von Tame und Saeta ab Quito oder Guayaquil angeflogen. Eine Anreise mit dem Schiff (z. B. mit der ›Calicuchima‹) vom ecuadorianischen Festland ist wegen des hohen Zeitaufwands (Hin- und Rückfahrt jeweils 3 Tage) nicht zu empfehlen.

Auskunft

...in Deutschland

Die Botschaften von Kolumbien und Ecuador versenden auf schriftliche Anfrage hin Informationsmaterial über die Regionen des Landes.
Internetinfos über Kolumbien: http://www.uniandes.edu.co; über Ecuador: http://www.cetur.org.

...in Kolumbien

Nachdem die altgediente Corporación Nacional de Turismo (CNT) aufgelöst und eine Tourismusbehörde dem Ministerium für Entwicklung eingegliedert wurde, gibt es noch keine zentrale öffentliche Auskunftsadresse.

...in Ecuador

Corporación Ecuadoriana de Turismo (CETUR), P.O. Box 2454, Quito, ℰ (02) 50 75 62, Fax 50 75 64/65, E-Mail: ecuainfo@interactive.net.ec.

Diplomatische Vertretungen

...in Deutschland:
Botschaft der Republik Kolumbien, Friedrich Wilhelm Straße 35, 53113 Bonn, ℰ (02 28) 92 37 00, Fax 9 23 70 37.

Botschaft der Republik Ecuador, Koblenzer Str. 37, 53173 Bonn, ℰ (02 28) 35 25 44, Fax 36 17 65.

...in Österreich
Botschaft der Republik Kolumbien, Stadiongasse 68, 1010 Wien, ℰ (01) 4 05 42 49, 4 06 44 46, Fax 4 08 83 03

Botschaft der Republik Ecuador, Goldschmiedgasse 10, 1010 Wien, ℰ (01) 5 35 32 08, Fax 5 35 08 97.

...in der Schweiz
Botschaft der Republik Kolumbien, Dufourstr. 47, 3005 Bern, ℰ (0 31) 3 51 17 00, 3 51 17 10 und 3 51 04 34, Fax 3 52 70 72.

Botschaft der Republik Ecuador, Helvetiastr.19 a, 3005 Bern, ℰ (0 31) 43 17 55, Fax 3 51 17 55.

...in Kolumbien

Deutsche Botschaft *(Embajada de la República Federal de Alemania),* Cra. 4, Nr. 72 – 35, 6. Stock, Bogotá, ℰ (91) 2 12 05 11, Fax 2 10 42 56. Honorarkonsulate in den Städten Barranquilla, Cali, Cartagena, Cúcuta, Manizales und Medellín.

Österreichische Botschaft *(Embajada de Austria),* Cra. 11, Nr. 75 – 29, Bogotá, ℰ (91) 2 35 66 28.

Schweizerische Botschaft *(Embajada de Suiza),* Cra. 9A, Nr. 74 – 08, 11. Stock, Bogotá, ℰ (91) 2 57 52 80.

...in Ecuador

Deutsche Botschaft, Av. Patria/ 9 de Octubre, Ed. Eteco, 6. Stock, Quito, ℰ (02) 22 56 60, 56 36 97, 50 12 11 und 65 72 31, Notruf 09 49 79 67. Konsulate in Cuenca, Av. Huayna Cápac 197, ℰ (07) 83 59 80, und in Guayaquil, Av. Carlos J. Arosemana, km 2,5, Ed. Berlín, 1. Stock, ℰ (04) 20 05 00 und 20 26 88, Fax 2 02 55.

Österreichische Botschaft, Av. La Coruña 1224, Quito, ℰ/Fax (02) 56 33 44. Konsulat in Guayaquil, 9 de Octubre 1312/Quito, ℰ (04) 28 23 03.

Schweizerische Botschaft, Juan Pablo Sanz 120/Av. Amazonas, Ed. Xerox, 2. Stock, Casilla 17-1-4815, Quito, ℰ (02) 43 49 48/49 und 43 41 13, Fax 44 93 14, Notruf 09 56 36 11 oder (02) 53 93 11. Konsulat in Guayaquil, 9 de Octubre 2105/Tulcán, ℰ (04) 45 36 07, Fax 39 40 23.

Ein- und Ausreise

In beiden Ländern muß der Paß bei der Einreise mindestens noch sechs Monate gültig sein. Außerdem muß ein

Imigrationsspapier ausgefüllt werden, in dem die Dauer des geplanten Aufenthalts angegeben wird (maximal 90 Tage für Deutsche, Schweizer und Österreicher).

Bei der Ausreise auf dem Luftweg wird in Ecuador eine Ausreisesteuer von 25 US-$ und in Kolumbien von 30 US-$ fällig.

Feiertage

...in Kolumbien
1. Januar (Santa María Madre de Dios/Año Nuevo/Neujahr), **6. Januar** (Reyes Magos/Heilige drei Könige), **19. März** (San José/Sankt Josephstag), **1. Mai** (Día del Trabajo/Tag der Arbeit), **29. Juni** (San Pedro y San Pablo/Peter und Paul), **20. Juli** (Independencia Nacional/Unabhängigkeitstag), **7. August** (Batalla de Boyacá/Schlacht von Boyacá), **15. August** (Asunción de Nuestra Señora/Mariä Himmelfahrt), **12. Oktober** (Fiesta de la Raza/Tag der Entdeckung Amerikas durch Kolumbus), **1. November** (Todos los Santos/Allerheiligen), **11. November** (Unabhängigkeit Cartagenas), **8. Dezember** (Inmaculada Concepción/Tag der unbefleckten Empfängnis), **25. Dezember** (Navidad/Weihnachten).

Bewegliche Feiertage: **Semana Santa** (Osterwoche) mit Viernes Santos (Karfreitag) und Corpus Cristi (Ostersonntag), **Ascensión del Señor** (Christi Himmelfahrt) und **Pentecostés** (Pfingsten). Einen zweiten Weihnachts-, Oster- oder Pfingstfeiertag gibt es in Kolumbien nicht. Offizielle Feiertage, die auf einen Wochentag fallen, werden üblicherweise als arbeitsfreier Montag an den darauffolgenden Sonntag angehängt.

...in Ecuador
1. Januar (Neujahr), **23./24. Februar** (Karneval), **1. Mai** (Día del Trabajo/Tag der Arbeit), **24. Mai** (Batalla de Pichincha/Schlacht von Pichincha), **24. Juli** (Geburtstag von Simón Bolívar), **25. Juli** (Gründungstag von Guayaquil), **10. August** (Día de la Independencia/Unabhängigkeitstag), **12. Oktober** (Fiesta de la Raza/Tag der Entdeckung Amerikas durch Kolumbus), **1. November** (Todos los Santos/Allerheiligen), **3. November** (Gründungstag von Cuenca), **6. Dezember** (Gründungstag von Quito), **25. Dezember** (Navidad/Weihnachten).

Bewegliche Feiertage: **Semana Santa** (Osterwoche) mit Viernes Santos (Karfreitag) und Corpus Cristi (Ostersonntag), **Ascensión del Señor** (Christi Himmelfahrt) und **Pentecostés** (Pfingsten).

Fotografieren

Ungefragt geschossene Fotos werden von den *indígenas* als dreiste Übertretung persönlicher Grenzen empfunden. Selbst vorher gefragt, lassen sie sich in der Regel nicht fotografieren. Das sollte man respektieren – oder mit einem Trick umgehen, z. B. mit einer Polaroid-Kamera. Nach dem Motto ›Ich schenke Dir ein Bild, und Du schenkst mir eins‹, überwindet man solche Schwierigkeiten in Ecuador leicht, in Kolumbien wird dagegen auch diese Vorgehensweise als diskriminierend empfunden.

Geld und Banken

...in Kolumbien
Landeswährung ist der an den US-Dollar gekoppelte Kolumbianische Peso

(1 US-$ = 1230 Pesos, 1 DM = 725,41 Pesos, Stand: Mitte 1998). US-Dollars sind in Kolumbien nicht besonders gefragt – eine Folge der Dollarflut durch den Kokainschmuggel. Daher – und wegen des umständlichen Umtauschverfahrens – lohnt es sich nicht, sich mit Dollars oder Travellerschecks einzudecken. Den besten Umtauschkurs erzielen Reisende auf dem Wege der Bargeldauszahlung *(avance en efectivo)* mit einer Kreditkarte (MasterCard, VISA oder Diners Club), die bei den mit den jeweiligen Kreditkartenunternehmen kooperierenden Banken möglich ist.

Wer eine Pin-Nummer besitzt, kann die zahlreichen Internationalen Geldautomaten nutzen. Euroschecks werden von kolumbianischen Banken nicht akzeptiert.

Pesos sollte man vor der Rückreise unbedingt in US-Dollar umtauschen, denn sie sind in Europa nahezu wertlos.

Öffnungszeiten der Banken: Mo–Fr von 9–15 Uhr (auf dem Land meist 8–11.30 und 14–16 Uhr). Am letzten Freitag im Monat schließen alle Banken bereits um 12 Uhr!

...in Ecuador

Landeswährung ist der Sucre (1 DM = 2410 Sucres, Stand: Mitte 1998). Anders als in Kolumbien lohnt es sich, Dollars in bar oder Dollar-Travellerschecks als Zahlungsmittel ins Land zu bringen. Man tauscht sie am leichtesten in Wechselstuben.

Bargeldauszahlungen *(avance en efectivo)* mit Kreditkarte (MasterCard oder VISA) sind bei den mit den jeweiligen Kreditkartenunternehmen kooperierenden Banken möglich. Auch Sucres sollte man vor der Rückreise unbedingt in US-Dollar umtauschen.

Öffnungszeiten der Banken: Mo–Fr 9–13 Uhr.

Gesundheitsvorsorge

Obwohl Kolumbien und Ecuador offiziell keine Pflichtschutzimpfungen verlangen, sollte man sich vor der Abreise in Internationalen Apotheken oder bei Tropenärzten informieren, denen die neuesten Daten der Weltgesundheitsorganisation (WHO) vorliegen. Auch das Auswärtige Amt (Postfach 11 48, 53001 Bonn, ☎ 02 28/1 73 11 14, Fax 17 26 81) erteilt aktuelle Auskünfte.

Ende 1998 riet die WHO zu vorbeugenden Impfungen gegen **Gelbfieber, Hepatitis A und B, Tetanus, Typhus und Kinderlähmung**. Eine Choleraimpfung wurde nur ›Risikoreisenden‹ (Trekking- und Abenteuertouristen) geraten. Generell ist zu den offiziellen Empfehlungen zu bemerken, daß sich die vielen teuren und den Körper belastenden Impfungen z. T. sparen kann, wer nur eine zwei- oder dreiwöchige Reise in überwiegend ›zivilisierte‹ Urlaubsgebiete mit guter Hotellerie und Gastronomie plant.

Die größten Gefahren lauern in Gebieten mit schlechter Infrastruktur. Verschmutztes Wasser, mangelhaft gekühlte Lebensmittel, Ungeziefer etc. können Vergiftungen verursachen oder Krankheiten übertragen, darunter die auf Bakterien oder Amöben zurückzuführende Ruhr. Letztere ist sehr ernst zu nehmen, da sie den Flüssigkeitshaushalt des Körpers bis hin zum Kreislaufkollaps schwächen kann. Es gilt die Regel: Nichts zu sich nehmen, was mit schmutzigem Wasser zubereitet oder gewaschen sein könnte.

Malaria-Prophylaxe wird von der WHO in Kolumbien für die Pazifikküste und das Amazonasgebiet empfohlen, in Ecuador für die Regionen an den Flüssen Esmeraldas und Guayas sowie für den Oriente. Die lästige Einnahme von

Paludrine und einem Chloroquin-Präparat wie *Weimerquin forte* kann jedoch vermeiden, wer seine Haut tagsüber mit sogenannten *repellents* schützt, die (wie z. B. Autan) Dethyloluamid oder Dimethylphtalat enthalten. Nachts sollte man die Schlafräume von Mücken befreien oder unter einem Moskitonetz schlafen. Ein solches Verhalten ist auch die einzige Prophylaxe gegen das **Dengue-Fieber.**

In Höhenlagen können anfänglich Beschwerden wie **Kreislaufstörungen** auftreten. Gleiches gilt bei Abstechern in das Tiefland, bei denen extreme Klimaunterschiede verkraftet werden müssen. Das Reiseprogramm sollte deshalb Ruhetage ermöglichen, an denen sich der Körper den neuen Bedingungen anpassen kann.

Medikamente (auch antibiotikahaltige Tabletten oder Salben) kann man rezeptfrei in jeder Apotheke kaufen. Das Personal ist meist bestens über die häufigsten Krankheitsbilder informiert und kann Präparate empfehlen.

Kleidung

Für das Hochland sind warme Kleidungsstücke unentbehrlich – in den Anden kann es empfindlich kalt werden. Für die Amazonas-, Karibik- oder Pazifikregion sollte man leichte Baumwollkleidung mitnehmen, die möglichst viel Haut vor der starken Sonneneinstrahlung und eventuellen Moskitoattacken (Amazonas) schützt.

Literatur

Kolumbien

Werner Altmann, Thomas Fischer, Klaus Zimmermann (Hrsg): Kolumbien heute, Biblioteca Ibero-Americana, 62, 1997 (Vervuert Verlag, Frankfurt).

Hella Braune, Frank Semper: Kolumbien, Reisekompass, 1996 (Sebra Verlag, Hamburg).

Gerhard Dilger: Kolumbien, 1996, (C.H. Beck'sche Verlagsbuchhandlung, München); Hintergrundinformationen zu Politik und Wirtschaft.

Gabriel García Márquez: Hundert Jahre Einsamkeit, 1970; Die Liebe in den Zeiten der Cholera, 1987; Der General in seinem Labyrinth, 1989; Von der Liebe und anderen Dämonen, 1994; Nachricht von einer Entführung, 1996 (alle im Verlag Kiepenheuer & Witsch, Köln).

Ciro Krauthausen: Koka-Kokain, Reportagen, Analysen und Dokumente aus den Andenländern, 1991 (Raben Verlag von Wittern KG, München).

Jenny Pearce: Kolumbien, Im Innern des Labyrinths, 1992 (Schmetterling Verlag, Stuttgart); Informationen zu Guerilla und Mafia.

Ecuador

Peter Baumann: Valdivia, Die Entdeckung der ältesten Kultur Amerikas, 1978 (Hoffmann & Campe, Hamburg).

Enrique Grosse-Luemmern: Doce Cuentistas Ecuatorianos, Zwölf Kurzgeschichten aus Ecuador, Vorwort von Ernesto Albán Gómez, zweisprachig (spanisch-deutsch), erschienen in Ediciones Libri Mundi, erhältlich in Quito in der Libreria Internacional Libri Mundi, Juan León Mera 851.

Jorge Isaacs: Caballero im geborgten Frack, 1984 (Bornheim); Huasipungo. Unser kleines Stückchen Erde, 1977 (Bornheim).

Carmen Rohrbach: Der weite Himmel über den Anden, Zu Fuß zu den Indios Ecuadors, 1989 (Frederking & Thaler, München).

Lateinamerika allgemein

Robert Anzenender, Mario Miyagawa, Gisela Rödl-Linder: Pflanzenführer Tropisches Lateinamerika, 1993 (Goldstadtverlag, Pforzheim).
Reinhard Behrend/Werner Paczian: Raubmord am Regenwald, 1990 (Rowohlt Taschenbuch Verlag, Reinbek).
Karl Ludolf Hübener/Pilar Lozano: Weißbuch Lateinamerika, 1991 (Peter Hammer Verlag, Wuppertal, gemeinsam mit der Deutschen Welthungerhilfe).
Paul Seibert: Farbatlas Südamerika, Landschaften und Vegetation, 1996 (Verlag Eugen Ulmer, Stuttgart).

Nationalparks

Für Besuchsgenehmigungen und für weitere Informationen zuständig ist in Kolumbien die Unidad Administrativa Especial del Sistema de Parques Nacionales Naturales (UAESPNN), Bogotá, Cra.10 Nr. 20 – 30, 8. Stock, ✆ (91) 2 43 16 34, 2 83 09 64 und 2 83 25 98, Fax 3 41 53 31.

In Ecuador gibt es insgesamt 21 Nationalparks und Naturreservate; sie stehen unter der Aufsicht des Instituto Ecuatoriano Forestal y de Areas Naturales y Vida Silvestre (INEFAN), Av. Amazonas/Eloy Alfaro, Quito, ✆ (02) 50 63 12, 50 63 37 und 50 64 46. Auskunft über Naturparks und Naturtrips gibt auch die Fundación Natura, Pasaje Río Guayas 105/Av. Amazonas, Quito, ✆ (02) 46 69 93, Fax 43 44 49 (s. auch S. 62).

Öffnungszeiten

Einkaufszentren haben in beiden Ländern werktags meist bis 21 Uhr und sonntags bis 16 Uhr geöffnet. Für **Apo-**theken *(farmacias)* gelten Sonderbestimmungen; sie haben abends oft bis 20 Uhr und länger offen. Öffnungszeiten der **Banken** s. S. 329.

Die **Geschäfte** in Kolumbien sind oft auch am Samstagnachmittag geöffnet. In Ecuador werden die Ladenöffnungszeiten Mo–Fr 9–18 Uhr, Sa 8.30–14 Uhr ziemlich genau eingehalten.

Polizei

...in Kolumbien

Hilfe, z. B. nach Diebstählen, bietet die Touristenpolizei *(policía de turismo)* oder der CAI *(Centro de Atención Inmediata)*, der nächste Polizeiposten. Bei Verkehrsunfällen ist die Verkehrspolizei zu benachrichtigen *(policía del tráfico)*. Die Polizisten dieser Sicherheitsorgane sind nicht zu verwechseln mit den meist schwerbewaffneten Wächtern *(vigilantes)*, die von Geschäftsinhabern, Institutionen oder Wohnbezirken für ihre Dienste bezahlt werden. Militär ist vor allem in Krisengebieten im Einsatz. Polizei ✆ 112

...in Ecuador

Polizei (Radio Patrulla) ✆ 101
Feuerwehr ✆ 102
Verkehrspolizei ✆ 103

Post und Kurierdienste

...in Kolumbien

Ins Ausland adressierte Briefe und Karten werden ausschließlich von der Avianca befördert und erreichen ihr Ziel meist innerhalb von 7–10 Tagen. Die Eilpostzustellung *(entrega inmediata)* beschleunigt den Vorgang noch. Preis für einen Luftpostbrief bis 10 g: 1100 Pesos.

...in Ecuador

Postkarten oder Briefe von Ecuador zu versenden, ist umständlich, zumal es keine Briefkästen gibt und man seine Post direkt zu einem Postamt *(oficina de correo)* bringen muß – manchmal bietet das Hotel diesen Service. Wichtige Sendungen transportieren sicher (und teuer) private Kurierdienste, z. B. DHL Internacional, Av. de la República 300 und 396, Quito, ✆ (02) 56 50 59 mit Filialen in Guayaquil, Cuenca und Riobamba.

Reisen im Land

In beiden Ländern sind die Straßenverhältnisse auf den Hauptstrecken gut, und man kann auf eigene Faust mit dem **Mietwagen** fahren (Ausnahme: Kolumbiens Krisengebiete). Nachtfahrten sollten aus Sicherheitsgründen in jedem Fall unterlassen werden. Internationale Mietwagenfirmen findet man direkt an den Flughäfen der größeren Städte. Die Verkehrsregeln gleichen den unsrigen.

Der **Bus** ist in beiden Ländern das Hauptverkehrsmittel; mit ihm kommt man praktisch in jeden Winkel des jeweiligen Landes. Die Buslinien werden von privaten, konkurrierenden Gesellschaften betrieben, die vor allem in Kolumbien in punkto Komfort und Pünktlichkeit kaum Wünsche offen lassen. Im Überlandverkehr pendeln bequeme Pullman-Busse zwischen meist hochmodernen Busbahnhöfen *(Terminal terrestre)*. Die Preise in Ecuador sind etwas niedriger. Zusätzlich verkehren oft *taxis colectivos*. Der Fahrpreis ist meist etwas höher.

Stadtbusse halten praktisch überall, wo man den Fahrern dazu ein Zeichen mit der ausgestreckten Hand gibt. Be-

zahlt wird direkt beim Fahrer – es handelt sich stets nur um Münzbeträge. Als einzige Stadt Kolumbiens besitzt Medellín zusätzlich eine Metro. Durch Quito fährt an fester Trasse die moderne elektrische Trolley-Busbahn, daneben verkehren Busse.

In Kolumbien bieten Avianca und ihre Tochtergesellschaft Sam (die Tickets sind austauschbar), Aeropública, Aces, die preiswerte Intercontinental und die Satena **Flüge** auf gleichen Strecken an verschiedenen Tagen. In der Hochsaison sind die Preise um bis zu 50 % höher als in der Nebensaison. In Ecuador sind Flüge mit den inländischen Fluggesellschaften Tame, San und Saeta – abgesehen von den Zielen auf Galápagos – preiswerter als in Kolumbien.

Die **Bahnstrecken** in Kolumbien sind zum großen Teil stillgelegt; auf der Strecke Bogotá–Santa Marta verkehrt ein Güterzug. In Ecuador werden die Züge fast nur noch für den Tourismus eingesetzt – freilich auch von Einheimischen genutzt, die einen Bruchteil des Touristenpreises bezahlen. Bedient werden noch folgende Strecken: Quito–Riobamba (nur Sa, Abfahrt 8 Uhr, Ankunft 15.30 Uhr); Quito–Cotopaxi–Quito (nur So, Abfahrt 8 Uhr, Ankunft 10 Uhr, Rückfahrt um 14 Uhr); Riobamba–Alausí–Durán (tgl. ab 6 Uhr, Ankunft 14 Uhr). Abweichungen sind immer einzukalkulieren.

Reiseveranstalter

...in Deutschland

Äquator Tours GmbH, Schleißheimer Str. 439, 80935 München, ✆ (089) 3 14 20 25, Fax 3 14 99 45, E-Mail: aequator-tours-gmbh@msn.com; Reisen nach Bogotá, Cartagena, San Andrés.

Miller Reisen, Millerhof 1, 88281
Schlier, ✆ (0 75 29) 9 71 33 30, Fax
97 13 51; Badeurlaub auf der Isla Palma
des Archipels San Bernardo, in Capurganá am Golf de Urabá, Cartagena,
Santa Marta, San Andrés, Providencia
u. a.

Libos Fertig Touristik, Hauptstr. 83,
63897 Miltenberg, ✆ (0 93 71) 30 37 und
9 95 55, Fax 6 55 96; gute Adresse für
Individualtouristen.

Frobeen Erlebnisreisen, Richmod-
str. 6, 50667 Köln, ✆ 02 21/9 20 42-110,
Fax 9 20 42-304, E-Mail: frobeen@net-
cologne.de, Internet: http://www.ecu-
ador.de; umfassendes Ecuadorpro-
gramm.

...in Kolumbien

Bienvenidos Turismo LTDA, Transversal 29 Nr. 101 – 30, Bogotá, P.O. Box
10 23 75, ✆ (91) 6 22 33 61, Fax
2 18 05 50, E-Mail: bienvenidoscol@
compuserve.com; deutschsprachige
Agentur, Incoming-Partner für europäische Veranstalter.

Aviatur, Av. 19 Nr. 4 – 62, Bogotá,
✆ (91) 2 82 71 11, Fax 2 83 01 41; beste
inländische Reiseagentur, Filialen in
allen Großstädten.

Punto Amazonico, Cra. 24, Nr. 53
– 18, 2. Stock, Bogotá, ✆ (91) 2 12 00 94
und 2 17 15 73, Fax 2 25 01 20; Schwer-
punkte: Amazonas, Orinoco, Gorgona,
Chocó.

Amaturs, Calle 85 Nr. 16 – 28, Of. 203,
Bogotá, ✆ (91) 2 56 11 35, 2 57 23 35;
spezialisiert auf Urwaldtrips.

River Amazonas Tours, Calle 60
Nr. 10 – 31, Int. 107, Bogotá, ✆ (91)
2 11 38 78; spezialisiert auf Urwaldtrips.

Ecotravel, Av. 15 Nr. 114 – 09, L-10 Int.
7, Bogotá, ✆ (91) 2 15 34 33; Leticia und
Umgebung.

...in Ecuador

Die meisten Ausflugsveranstalter sind
in Quito zu finden. Hier eine kleine Auswahl:

Explorer Tours, Reina Victoria 1235/
Lizardo García, P.O. Box 1608, Quito,
✆ (02) 22 25 31 und 50 88 71, Fax
22 25 31, E-Mail: beniet@uio.satnet.net;
von einem Schweizer und seinem Sohn
betriebene Reiseagentur, Schwerpunkt
Amazonasgebiet.

Metropolitan Touring, Av. República
de El Salvador 970, P.O. Box 17-17-
1649, Quito, ✆ (02) 46 47 80, Fax
46 47 02; ganz Ecuador, obere Preiska-
tegorie.

Surtrek, Av. Amazonas 897/Wilson,
P.O. Box 17-03-064, Quito, ✆ (02)
56 11 29, 23 15 34 und 56 38 57,
Fax 56 11 32, E-Mail: surtrek1@surtrek.
com.ec, Internet: http://www.surtrek.
com; Abenteuerreisen.

Compañía guias de montaña,
George Washington 425/Av. 6 de Diciembre, P.O. Box 17-12-471, Quito, Fax
(02) 50 47 73, E-Mail: guiasmontania@
accessinter.net, Internet: http://www.
ecuaworld.com/guides.

Safari, Calama 380/J. L. Mera, Quito,
✆ (02) 55 25 05; Jeep-Safaris.

Biking Dutchman, Foch Nr. 714/J.L.
Mera, Quito, ✆ (02) 54 28 06, Fax (und
✆) 56 70 08, E-Mail: dutchman@ecua-
dorexplorer.com; Internet: http://www.
ecuadorexplorer.com/dutchman/home;
Mountainbike- und Motorradtouren.

Amazon Adventures, Robles 528/
R. Victoria, Quito, ✆ (02) 72 24 08, Fax
22 49 75, E-Mail: andemoto@accessin-
ter.net; Motorradtouren.

Adventour, Calama 339 zw. R. Victoria
und J. L. Mera, Quito, ✆ (02) 52 47 15,
Fax 22 37 20, E-Mail: adventou@uio.
satnet.net, Internet: http://www.ecua-
dorexplorer.com/adventour/home;
River-Rafting.

Yacu Amu Rafting, Amazonas 993/Presidente Wilson, Quito, ℂ/Fax (02) 23 68 44, E-Mail: htorres@pi.pro.ec.

Reisezeit

Kolumbien

Klimatisch günstig sind die ersten Trockenzeit- und die ersten Regenzeitmonate, also Dezember–Januar und Mai–Juli. Gegen Ende der Trockenzeit (März, April) sind die Felder dagegen verdorrt, und das Land ächzt unter der Sonne. In den Regenzeitmonaten August–November toben oft heftige Tropenstürme. Überschwemmungen machen Exkursionen in schlecht erschlossenen Gebieten dann beschwerlich. In die oben empfohlene Reisezeit fallen allerdings die Ferienzeiten der Kolumbianer (Weihnachten, Ostern und Pfingsten). Dann sind die Urlaubsgebiete überfüllt, und die Preise (Hotels etc.) erreichen Höchstniveau.

Ecuador

Klimatisch günstig sind die Monate April–August, wenn Trockenheit herrscht. Dann sind die Straßen an der Pazifikküste nicht mehr überschwemmt, und es minimiert sich dort auch das Malariarisiko. Im Hochland zeigen sich die schneebedeckten Vulkane außerdem in dieser Zeit öfter mal ohne Wolkendecke. In die empfohlene Reisezeit fallen die Ferienzeiten der Ecuadorianer. Die Preise in Hotels etc. sind dann oft um 30 % höher als sonst.

Sicherheit

Das Auswärtige Amt (Referat 331, Adenauerallee 99–103, 53113 Bonn, ℂ 02 28/17 31 14, Fax 17 26 81) gibt aktuelle Reisehinweise für zahlreiche Länder, darunter auch Kolumbien und Ecuador.

In **Kolumbien** sollte man auf jeden Fall jene Krisengebiete meiden, in denen der Frontenkrieg zwischen Paramilitär und Guerilla tobt. Wo es gerade ›brennt‹, kann man bei der Deutschen Botschaft in Bogotá (s. S. 327) erfahren oder – besser noch – von den Kolumbianern selbst. In **Ecuador** sind Gewalttaten im großen und ganzen noch die Ausnahme oder beschränken sich auf städtische Ballungsgebiete.

Allgemeine Sicherheitstips: Präventiv verhält sich, wer Kamera, Schmuck oder andere Wertsachen so am Leib trägt, daß sie ihm auch nicht durch Anrempeln oder ähnliche Tricks weggerissen werden können. Beachten sollte man, daß Stolz und Würde wichtige, über allen Gesetzen stehende Werte der Kultur in den Reiseländern sind. Mehr als anderswo wird in Kolumbien empfundene Ungerechtigkeit mit Aggressivität beantwortet. Wegen der allgemein herabgesetzten Gewaltschwelle darf dies nicht unterschätzt werden. Vorsicht besonders bei durch Alkohol, Drogen oder Leidenschaften enthemmten Personen! Es ist in jedem Fall anzuraten, Aggressionen mit Sanftmut zu begegnen.

Sprache

Die offizielle Sprache ist in beiden Ländern Spanisch. Allerdings gibt es lateinamerikanische Besonderheiten. In Kolumbien ist beispielsweise die Verwendung der Anredeform *vosotros* (ihr kommt, geht oder bleibt etc.) unüblich; verwendet wird dafür die distanzierte Form *ustedes,* die der Mehrzahl der

Höflichkeitsform ›Sie‹ (kommen, gehen oder bleiben) entspricht. Die indianische Bevölkerung Ecuadors verständigt sich untereinander fast ausschließlich in ihren angestammten Sprachen. Unter den insgesamt zehn verschiedenen Indio-Völkern zwischen Oriente und Esmeraldas am weitesten verbreitet sind Ketchua und Chibcha.

Kleiner Sprachführer
Allgemeine Redewendungen/ Begriffe

Guten Morgen	Buenos días
Guten Tag (ab 14 Uhr)	Buenas tardes
Gute Nacht	Buenas noches
Auf Wiedersehen	Adiós/Hastaluego
Vielen Dank	Muchas gracias
Bitte	por favor
Sehr liebenswürdig!	¡Muy amable!
Es tut mir leid	Lo siento
Entschuldigen Sie!	¡Disculpe!
Ich heiße ...	Me llamo ...
Wie ist Ihr Name, bitte?	¿Cual es su nombre, por favor?
Sehr angenehm!	¡Mucho gusto!
Wie geht es Ihnen?	¿Cómo está Usted?
Bleiben Sie lange hier?	¿Se queda mucho tiempo aquí?
Wir reisen heute (morgen) ab	Nosotros salimos hoy (mañana)
Bis auf bald!	¡Hasta pronto!
Ich freue mich	Me alegro
toll, klasse	chévere
wunderbar, gut	divino/a
billig	barato
(zu) teuer	(demasiado) caro
Ich möchte gerne ... kaufen	Quisiera comprar ...
Kann ich das anprobieren?	¿Me lo puedo probar?
Ich benötige eine andere Größe	Necocito otro tamaño
Was kostet das?	¿Cuanto cuesta?
Ich habe Kopf-/	Tengo dolor de
Magen-/Leib- schmerzen	cabeza/estómago /vientre
Ich habe einen Sonnenbrand	Tengo una quema- dura por el sol
Mir tut es hier weh	Me duele aquí

Örtliche und zeitliche Orientierungshilfe

Wo ist ...	¿Dónde está/queda ...?
Wo befindet sich...?	¿Dónde se encuentra ...?
das Krankenhaus	... el hospital
... die Polizei	... la policía
... das nächste Telefon	... el próximo teléfono
... eine Apotheke	... una farmacia
... ein Arzt/ Zahnarzt	... un médico/ dentista
... eine Wäscherei	... una lavandería
... eine chemische Reinigung	... una tintorería
... das Fremden- verkehrsbüro	... la oficina de turismo
... ein Reisebüro	... una agencia de viaje
... eine Wechsel- stube	... una casa de cambio
... die Post	... el correo
... eine Autover- mietung	... un alquiler de carros
... eine Tankstelle	... una estación de servicio/ gasolinera
... der Busbahnhof	... el terminal de buses
... die Bushalte- stelle	... la parada del colectivo
... ein Taxistand	... una parada de taxis
... der Bahnhof	... la estación de ferrocarril
... der Flughafen/ ... Hafen	... el aeropuerto/ el puerto
Wie komme ich nach ...	¿Como llego a(l) ...?

Ist das weit (von hier)?	¿Queda lejos (de aquí)?
Wie viele Kilometer ist das entfernt?	¿A cuántos kilómetros queda?
Wie viele Häuserblocks ist das von hier entfernt?	¿A cuántas cuadras queda de aquí?
Welches ist der kürzeste/sicherste/bequemste Weg?	¿Cuál es el camino más corto/seguro/cómodo?
Wieviel Uhr ist es?	¿Qué hora es?
Gibt es hier einen Fahrplan?	¿Existe un itinerario por aquí?
Wann kommt	¿Cuándo llega
... der Zug	... el tren?
... der Bus	... el autobús?
... das Flugzeug	... el avión?
... das Schiff an?	... el barco?
Wann fährt ... ab?	¿Cuándo sale ... ?
Gibt es keinen früheren/späteren ...?	¿No hay un ... que salga más temprano/más tarde?
Er (sie, es) hat Verspätung	Lleva retraso
Wo löst man die Fahrkarten?	¿Dónde se compra los boletos?
Eine (Hin- und Rück-)Fahrkarte, bitte!	¡Un boleto de ida (y vuelta), por favor!

Unterkunft

Ich suche ein gutes Hotel	Estoy buscando un buen hotel
Ich suche ein mittleres/preiswertes/ruhiges Hotel	Estoy buscando un hotel mediano/económico/tranquilo
Haben Sie ein Einzel-/Doppel-/Dreibett-/Vierbettzimmer?	¿Tiene una habitación individual/doble/triple/cuádruple?
mit/ohne Bad/Dusche/Frühstück	con/sin baño/ducha/desayuno
Haben Sie eine Hotelgarage?	¿Tiene garage en el hotel?

Haben Sie einen Hotelsafe?	¿Tiene una caja fuerte en el hotel?
Könnten Sie uns mit dem Gepäck helfen?	¿Nos podría ayudar con el equipaje?
Wir zahlen bar/mit Kreditkarte/in US-Dollar	Pagamos en efectivo/con tarjeta/en dólares
Wo ist der Empfang, bitte?	¿Dónde está la recepción, por favor?
Haben Sie Platz für ein großes/kleines Zelt?	¿Tiene sitio para una carpa grande/pequeña?
Haben Sie eine schattige Stelle?	¿Tiene un lugar que tenga sombra?
Wir sind	Somos
... Personen	... personas
Was berechnen Sie uns pro Tag/Woche?	¿Cuánto cobra por día/semana?
Kann man hier Lebensmittel kaufen?	¿Se puede comprar alimentos aquí?
Gibt es einen Grillplatz?	¿Hay un fogón/una parilla?
Wo befinden/befindet sich die Waschräume der Stromanschluß/ein Wasserhahn?	¿Dónde se encuentran/encuentra los baños/el enchufe para la luz/un caño de agua?

Im Restaurant

Bitte, bringen Sie mir ...	Tráigame por favor ...
... die Speisekarte	... el menú/la carta
... ein Erfrischungsgetränk	... un refresco
... ein Mineralwasser mit/ohne Kohlensäure	... un agua mineral con/sin gas
... ein Bier	... una cerveza
... ein Glas/	... una copa/

eine Flasche	una botella de
Rot-/Weißwein	vino tinto/blanco
... einen Salat	... una ensalada
... ein Fleisch-/	... un plato de carne/
Fischgericht	pescado
... eine Portion Huhn	... una porción de
	pollo
... einen Nachtisch	... un postre
... einen (Milch-)	... un café
Kaffee	(con leche)
... die Rechnung	... la cuenta

Stromversorgung

Allgemein verbreitet ist eine Strom-
spannung von 110 V; 220 Volt-Span-
nung gibt es nur in neueren Hotels.
Man sollte einen Flachstecker von zu
Hause mitbringen.

Taxifahren

Taxifahren ist in beiden Ländern sehr
preiswert. Allerdings treiben die Fahrer
beim Anblick von Touristen, besonders
in Ecuador, gern die Preise hoch. Es
lohnt immer, sich bei Einheimischen
über die ›normalen‹ Preise zu informieren, sofern das Taxi keinen Taxameter
besitzt. In den Großstädten verkehren
inzwischen nur Taxis mit dieser Zähl-
vorrichtung. Ab/an Flughafen werden
Festtarife verlangt. *Taxis colectivos*
(›Sammeltaxis‹) fahren nur auf größeren Strecken.

Telefonieren

Die kolumbianische Telecom besitzt ein
dichtes Netz von öffentlichen Büros.
Ortsgespräche kosten dort umgerech-
net etwa 8 Pf., Fern- und Auslandsge-
spräche sind sehr teuer. Ein Anruf nach

Deutschland kostet mehrere US-$
pro Minute. Günstigere Tarife gelten
von Mo–Sa zwischen 20 und 8 Uhr,
außerdem sonntags. Von Kolumbien
lautet die Vorwahl nach Deutschland 90
49, Österreich 90 43 und in die Schweiz
90 41.

Auch von Ecuador aus sind Minuten-
gespräche ins Ausland extrem teuer.
Die staatliche Telefongesellschaft heißt
hier EMETEL und betreibt Büros im
ganzen Land. Von Ecuador wählt man
für Deutschland 00 49, für Österreich
00 43 und für die Schweiz 00 41 vor. Die
Vorwahl von Europa nach Ecuador lautet 00 59 3. Für Kolumbien wählt man
die 00 57 vor, danach vor der Ortskenn-
zahl statt der 9 eine 0.

Trinkgeld

Dienstleistungen sollte man angemes-
sen (mit 500 bis 1000 Pesos oder mit
Sucres im Wert von einem oder zwei
Dollars) belohnen. Restaurants berech-
nen oft einen Servicezuschlag, dennoch
erwarten die Kellner eine Aufrundung
des Rechnungsbetrags um 5–10 %.

Unterkunft

In beiden Ländern reicht die Palette der
Unterkünfte von der schmutzigen Herberge bis zum noblen 5-Sterne-Hotel.
Insgesamt ist Kolumbien touristisch
weitaus besser erschlossen als Ecuador. Das Land wird in erster Linie von
den Kolumbianern selbst bereist, deren
Ansprüche in den letzten Jahren ständig gestiegen sind. Ecuadors Infrastruktur ist auf Städte und touristische
Zonen beschränkt. Zu beachten ist, daß
die Übernachtungspreise in Kolumbien
16 % Mehrwertsteuer (IVA) enthalten

bzw. daß diese oft nachträglich aufgeschlagen wird. In Ecuador ist mit einem Preisaufschlag von 10 % für Service und Mehrwertsteuer zu rechnen.

Jugendherbergen: Die kolumbianische Asociación Colombiana de Albergues Turísticos Juveniles (ALCOM, Bogotá, Cra. 7 Nr. 6 – 10, ✆ (91) 2 80 32 02, Fax 2 80 34 60) ist Mitglied der International Youth Hostel Federation. Bedingung für die Ausstellung einer *tarjeta joven*, die zur Benutzung der acht Jugendherbergen berechtigt, ist ein Studentenausweis. Der Inhaber darf nicht älter als 25 Jahre alt sein. Auch in Ecuador gibt es Jugendherbergen, die allerdings oft kleinen Hotels gleichen; eine Liste aller Häuser der Asociación Ecuadoriana de Albergues gibt es beim CETUR-Büro (s. S. 327). Informationen sind auch im Centro Hostelling International Quito (Pinto 325/Reina Victoria, Quito, ✆ (02) 54 39 95, Fax 50 82 21) erhältlich.

Zeit

In Kolumbien und auf dem Festland von Ecuador muß man die Uhren nach der Ankunft um 6 Std., während der europäischen Sommerzeit um 7 Std. zurückstellen. Bei der Ankunft auf den Galápagos-Inseln kommt jeweils eine weitere Stunde dazu.

Zeitungen, Rundfunk, Fernsehen

...in Kolumbien

Die auflagenstärkste Tageszeitung ist *El Tiempo*. Das Sprachrohr der Linksintellektuellen ist der *El Espectador*, dessen Redaktionsgebäude und Redakteure in den 80er Jahren Zielscheibe von Attentaten des Medellín-Kartells wurden. Daneben besitzt fast jedes größere Departamento seine eigene Regionalzeitung.

Das Fernsehen wurde Anfang der 90er Jahre privatisiert; neben *Cadena uno*, *Canal A* und *Señal Colombia*, die die Nation mit immer neuen *Telenovelas,* (›Seifenopern‹) an die Bildschirme locken, bestreiten noch *Tele Caribe*, *Tele Café*, *Tele Antioquia* und *Tele Pacífico* Lokalprogramme.

...in Ecuador

Die größten Tageszeitungen sind *El Comercio* aus Quito und *El Universo* aus Guayaquil. Fernsehen und Rundfunk sind in Ecuador ebenfalls privatisiert; die größten Sendeanstalten heißen *Ecuavisa*, *Telesistema*, *Teleamazonas*, *Gamavisión* und *TC Televisión*.

Abbildungsnachweis

Quellennachweis

Glossar

alameda: Alleen; ursprünglich mit Pappeln *(alamos)*

alcaldía: Rathaus

artesanía: volkstümliches Kunsthandwerk, Volkskunst

artesonado: Deckentäfelung mit meist geometrischer Musterung in der maurischen Kunst, s. Mudéjar-Stil

ateneo: kulturelles Zentrum

Audiencia: Bezirk eines hohen kolonialen Verwaltungsgerichts, ebenso Bezeichnung für den Gerichtshof und für das Richterkollegium

avenida: breite Hauptverkehrsstraße

azulejos: in der spanischen, portugiesischen und iberoamerikanischen Kunst und Architektur verwendete, mit pflanzlichen oder figürlichen Motiven bemalte, hart gebrannte Tonfliesen

balneario: Strandbad, auch generell für Badeort

barrio: Stadtviertel, Vorort

Basilika: längsgerichteter drei- und mehrschiffiger Kirchenbautyp

bazuco: in Kolumbien Kokainderivat

Bollwerk: eine einer Festung vorgelagerte Verteidigungsanlage

brujería: Hexerei, Zauberei

buseta: Kleinbus

cabaña: Hütte, Bungalow einer Ferienanlage

cabildo: Gebäude und Gremium des kolonialen Stadtrates

calle: Straße

campesino: Bauer, Bäuerin

capilla: Kapelle im Seitenschiff einer Kirche, in großen Klöstern auch Nebenkirche, als *capilla mayor* wird der Altarraum bezeichnet

carrera: in Lateinamerika Bezeichnung für Straßen, die im Schachbrettmuster einer Stadt in der gleichen Richtung verlaufen und die querliegenden *calles* kreuzen.

carretera: Landstraße

castillo: koloniale Festungsanlage

caudillo: im mittelalterlichen Spanien Bezeichnung für Heerführer, in Lateinamerika politisch-militärischer Machthaber

cerro: Hügel

chalupa: Bootstaxi

chiva: bunt bemalte Landbusse

cholo: Indianer der Pazifikregion

Chor: vom Gemeinderaum abgetrennter für das Gebet der Geistlichen bestimmter höhergelegener Kirchenraum mit Hauptaltar und Chorgestühl

Churriguerismus: auch Churrigeresco-Stil; ornamentreiche Prunkform des spanischen Spätbarock, benannt nach der Architektenfamilie Churriguera (17./18. Jh.)

cimarrón: entlaufener Negersklave, der sich auf eigene Faust durchschlägt

colegio: höhere Schule, oft privat

corrida: Stierkampf

costa: Küste

criollo: Kreole, in den Kolonien geborener Spanier

finca: Landhaus, Bauernhaus

gallera: Hahnenkampfarena

Generalkapitanat: militärische Verwaltungseinheit in den Kolonien

Gobernación: Gebäude und Sitz einer Provinzverwaltung

gringo: Europäer oder Nordamerikaner

hacienda: Landgut, Farm

indígena: Ureinwohner

Inti-Raymi: Inka-Fest der Sommersonnenwende

Isabellinik: Fortführung der Gotik in Kunst und Architektur unter Einschluß mudéjarer Formelemente (spätes 15. Jh.)

Kazike: indianischer Stammeshäuptling, von den Spaniern oft in die lokale Verwaltung integriert, heute auch Bezeichnung für politische Lokalgrößen

Ketchua: in Ecuador und Peru weit verbreitete indianische Sprache; ursprünglich Sprache der Inka

Konquistador: Eroberer der spanischen Kolonialgebiete

Kreuzgang: Säulengang um den Rechteckhof eines Klosters, in dem die Kreuzprozessionen stattfanden und um den sich die Klostergebäude gruppieren

Krypta: unter dem Chor gelegener unterirdischer Raum zur Aufbewahrung von Reliquien, Bestattung von Märtyrern, später auch geistlichen und weltlichen Würdenträgern

laguna: Gebirgssee

lancha: Boot, Motorboot

Llanos: Savannengebiet in Kolumbien

loma: Hügel, auch für Stadtteile benutzt, die auf einem Hügel liegen

malecón: Promenade

maloca: indianisches Gemeinschaftshaus (Amazonas)

Mestizo-Stil: Barockstil in den Kolonien, der in der Dekoration indianische Motive aufweist

mirador: Aussichtspunkt, Ausguck; auch für vergitterte Balkone an Adelshäusern oder Klöstern

mita: freiwillige Arbeitsleistung für die Gemeinschaft in der Zeit der Inka; hat sich in vielen Indiodörfern bis heute erhalten

morro: meist felsige Spitze einer Landzunge, herausragender Berg oder Hügel, oft synonym für eine darauf errichtete Festung

Mudéjar-Stil: spanisch-islamische Stilrichtung der nach der christlichen Wiedereroberung Spaniens weiterwirkenden maurisch-islamischen Künstler. Als Stilelemente wurden in den Kolonien besonders die geometrischen Dekorationsmuster der Holzdecken übernommen.

palenque: selbstverwaltete Siedlung entlaufener Sklaven

Paisa: Bewohner der kolumbianischen Provinz Antioquia

páramo: Vegetationszone im Hochgebirge unterhalb der andinen Schneegrenze, Graslandschaft mit niedrigem Pflanzenwuchs

paseo: Spazierweg

peña: Kneipe oder Restaurant mit Folkloremusik oder Tanzdarbietungen

pico: Berg

Plateresco-Stil: spanischer Dekorationsstil des 15. und 16. Jh., der filigrane Motive aus der Silberschmiedekunst aufgreift.

poporó: Kalkbehälter für den Kokagenuß

quinta: Landhaus

rajas: Fenstergitter, in der Kolonialzeit aus Holz, später aus Eisen

Rekonquista: spanisch-christliche Rückeroberung der islamisch besetzten Gebiete Spaniens zwischen 8. und 13. Jh.

resguardo: gemeinschaftlicher Landbesitz der Indianer

Sakristei: Raum neben dem Altar zum Ankleiden der Priester und zur Aufbewahrung der liturgischen Geräte

selva: tropischer Urwald des Amazonasbeckens; hochgelegene Zonen werden als *Selva alta,* niedere als *Selva baja* bezeichnet

sierra: Gebirge

Stele: bearbeiteter Steinmonolith

taxi colectivo: Sammeltaxi

telenovela: Seifenoper

vacuna: Impfung; in Kolumbien auch Schutzgeld

Register

Ortsregister

DUMONT

RICHTIG REISEN

Ägypten

Schweden

Vietnam

Süditalien

Venezuela

Nicaragua
Costa Rica · Panama

»Den äußerst attraktiven Mittelweg zwischen kunsthistorisch orientiertem Sightseeing und touristischem Freilauf geht die inzwischen sehr umfangreich gewordene, blendend bebilderte Reihe ›Richtig Reisen‹. Die Bücher haben fast schon Bildbandqualität, sind nicht nur zum Nachschlagen, sondern auch zum Durchlesen konzipiert. Meist vorbildlich der Versuch, auch jenseits der ›Drei-Sterne-Attraktionen‹ auf versteckte Sehenswürdigkeiten hinzuweisen, die zum eigenständigen Entdecken abseits der ausgetrampelten Touristenpfade anregen.«

Abendzeitung, München

»Zum einen bieten die Bände der Reihe ›Richtig Reisen‹. dem Leser eine vorzügliche Einstimmung, zum anderen eignen sie sich in hohem Maß als Wegweiser, die den Touristen auf der Reise selbst begleiten.«

Neue Zürcher Zeitung

Weitere Informationen über die Titel der Reihe DUMONT Richtig Reisen erhalten Sie bei Ihrem Buchhändler oder beim DUMONT Buchverlag • Postfach 10 10 45 • 50450 Köln • http://www.dumontverlag.de

DUMONT

REISE-TASCHENBÜCHER

»Was den DUMONT-Leuten gelungen ist: Trotz der Kürze steckt in diesen Büchern genügend Würze. Immer wieder sind unerwartete Informationen zu finden, nicht trocken eingestreut, sondern lebhaft geschrieben... Diese Mischung aus journalistisch aufgearbeiteten Hintergrundinformationen, Erzählung und die ungewöhnlichen Blickwinkel, die nicht nur bei den Farb- und Schwarzweißfotos gewählt wurden – diese Mischung macht's. Eine sympathische Reiseführer-Reihe.«

Südwestfunk

»Zur Konzeption der Reise-Taschenbücher gehören zahlreiche, lebendig beschriebene Exkurse im allgemeinen landeskundlichen Teil wie im praktischen Reiseteil. Diese Exkurse vertiefen zentrale Themen der Geschichte, Kunst und des sozialen Lebens und sollen so zu einem abgerundeten Verständnis des Reiselandes führen.«

Main Echo

Weitere Informationen über die Reihe der DUMONT Reise-Taschenbücher erhalten Sie bei Ihrem Buchhändler oder beim DUMONT Buchverlag · Postfach 10 10 45 · 50450 Köln · http://www.dumontverlag.de

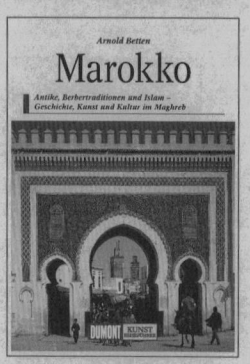

DUMONT

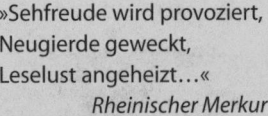

Titelbild: Zumbahua, Ecuador
Umschlaginnenklappe: Lagunas de Mojanda, Ecuador
Umschlagrückseite: Indianerin in Guamote, Ecuador
S. 8: Der Cayambe (5790 m), Ecuador
S. 9: Mädchen in Otavalo, Ecuador

Über die Autorin: Gesine Froese, geb. 1947, ehemalige Reiseredakteurin bei Die Zeit und Stern, bereist seit 1989 Lateinamerika mit z. T. mehrjährigen Aufenthalten in Kolumbien. Sie hat verschiedene Reiseführer über die Region veröffentlicht, darunter bei DuMont das Reise-Taschenbuch Guatemala.

¡Muchas gracias!
Die Autorin bedankt sich bei der Avianca für die freundliche Unterstützung.

Die deutsche Bibliothek – CIP-Einheitsaufnahme

Gesine Froese:
Kolumbien, Ecuador / Gesine Froese. – Köln: DuMont, 1998
  (Richtig Reisen)
  ISBN 3-7701-4450-3

© DuMont Buchverlag, Köln
1. Auflage 1998
Alle Rechte vorbehalten
Lektorat, Satz und herstellerische Bearbeitung: Volz + Schopp, Köln
Druck: Rasch, Bramsche
Buchbinderische Verarbeitung: Bramscher Buchbinder Betriebe
Printed in Germany   ISBN 3-7701-4450-3